Anton Zischka

Der Dollar

Anton Zischka

Der Dollar
Glanz und Elend einer Währung

Wirtschaftsverlag Langen-Müller/Herbig

»Zuletzt regiert der Bestinformierte.
Und je besser wir wissen, was geschah,
desto besser wissen wir, was wir zu tun haben.«

BENJAMIN DISRAELI
als Premierminister Großbritanniens 1874

Schutzumschlag: Christel Aumann, München
Satz + Druck: Jos. C. Huber KG, Dießen
Binden: Thomas Buchbinderei, Augsburg
Printed in Germany
ISBN: 3-7844-7172-2

Inhalt

»Der Dollar – ein anderes, fast geheiligtes Wort für Geld in jeder Sprache der Erde«

– oder Makulatur nach einer Welt-Finanzkatastrophe?

Bereits im Jahre 1836 nannte Washington Irving das amerikanische Zahlungsmittel den »almighty dollar«, den allmächtigen Dollar. Aber im Jahr darauf gab es in den Vereinigten Staaten eine Wirtschaftskrise, wie es sie noch nie und nirgends gegeben hatte, und selbst die Regierung weigerte sich, für Bodenverkäufe oder Zollzahlungen Papier-Dollars anzunehmen. Seit es die gibt, waren zu viele oder zu wenige in Umlauf, wechselten Inflations- mit Deflations-Krisen ab, und nirgends gab es derart häufige und derart krasse Konjunktur-Wandlungen wie im »Land der unbegrenzten Möglichkeiten«. Aber nichtsdestoweniger konnte 1951 der republikanische Senator für New York, Benjamin A. Javits, schreiben: »Wir Amerikaner kamen als *das mächtigste Weltreich der menschlichen Geschichte* aus dem Zweiten Weltkrieg. Unsere 250 führenden Industrie-Unternehmen produzieren mehr als alle anderen Betriebe der Welt zusammengenommen. Der Dollar wurde ein anderes, fast geheiligtes Wort für Geld in jeder Sprache ...« (the dollar has become another word, an almost sacred word, for money in every language ...«)

Damals entfiel tatsächlich *die Hälfte der Gesamtwirtschaftsleistung der Menschheit* auf das Zwanzigstel der Weltbevölkerung, das in den Vereinigten Staaten lebte, und nur mit Dollar waren auf dem Weltmarkt Nahrungsmittel, Rohstoffe und Energieträger zu kaufen. Wie von Ägypten bis Zaïre ein paar Schwarzmarkt-Dollars den Ärmsten ein sicherer Schutz vor Not schienen, betrachteten die Reichen der Welt ihre Dollar-Konten als ihre wichtigsten Besitztümer. Denn damals war der Dollar praktisch mit dem Gold identisch, brachte aber zum

Unterschied vom Gold Zinsen. Die amerikanische Handels- und Zahlungsbilanz war hoch aktiv und die Vereinigten Staaten nicht nur die reichste und produktivste Nation aller Zeiten, sondern militärisch so unangreifbar wie finanziell gefestigt. Binnen einer einzigen Generation änderte sich das völlig: Erstmals seit 1917 wurden die Vereinigten Staaten 1985 wiederum zum Netto-Schuldner des Auslandes. Da war ihr Leistungsbilanz-Defizit höher als ihre Gesamtwirtschaftsleistung des Jahres 1940 und der Anteil des amerikanischen Bruttosozialprodukts am Weltprodukt sank 1950–85 von der Hälfte auf ein Fünftel. Im gleichen Zeitraum stiegen die Ausgaben der Bundesregierung auf das fast Zwanzigfache und das Budget-Defizit auf das Siebzigfache. Da war *der Dollar das Weltproblem,* denn 1985 betrug das staatlich unkontrollierte Dollar-Volumen des »Euromarktes«, der aber längst ein Welt-Markt für im Ausland umlaufende Dollars ist, über 2500 Milliarden, das Zweihundertfünfzigfache des Jahres 1965 und das Fünftausendfache des Jahres 1960. Die internationale Kaufkraft dieser immensen Mengen von Dollars schwankte innerhalb zweier Jahrzehnte um mehr als 240 Prozent, und da nun sechs Zehntel des weltweiten Güteraustausches in Dollar abgerechnet werden, heißt das, daß vom *Dollar*-Kurs abhängt, was wir für Benzin oder Heizöl bezahlen oder wieviel die Grundstoff-Lieferanten für ihr Kupfer oder ihre Wolle erhalten. Da hängt von diesem Kurs ab, wieviel Arbeit geleistet werden muß, um die auf Dollar lautenden Schulden und ihre Zinsen zu bezahlen, und 1985 betrugen *die internationalen Schulden* etwa 1400 Milliarden Dollar oder so viel, wie 1960 die Gesamtwirtschaftsleistung aller Völker der Erde wert war.
Diese Weltschulden entsprachen 1985 etwa 4480 Milliarden DM. Anfang 1980 wären die gleichen 1400 Milliarden Dollar mit 2450 Milliarden DM zurückzuzahlen gewesen, und 1960 wären dazu 5880 Milliarden oder das 2,4fache gebraucht worden: Der Dollar-Kurs erhielt eine geradezu unvorstellbare Bedeutung, denn ein Unterschied von 3430 Milliarden DM

kommt ja der durchschnittlichen Jahresleistung von rund 500 Millionen Menschen gleich. Zwar meinen die Amerikaner, wenn sie von einer »Billion« reden, tausend Millionen, das heißt eine Milliarde. Aber auch eine Milliarde in Tausendernoten aufzuzählen erfordert (wenn zwei pro Sekunde hingelegt werden) ununterbrochen sechs Tage und sechs Nächte. Hätte jemand bei Christi Geburt begonnen, täglich tausend Mark auszugeben und sein Erbe das sofort fortgesetzt und alle weiteren Erben bis heute, so wären immer noch nicht tausend Millionen unter die Leute gebracht, sondern erst im Jahre 2737. Im Ausland umlaufende Dollars aber gibt es bereits echte zweieinhalb Billionen. Ausgeliehenes Eurogeld bringt Zinsen wie jeder Kredit, und schon durch diese Zinsen vermehrt sich das Dollar-Volumen Tag und Nacht und beim heutigen Stand und heutigen Zinsfuß um etwa 200 Milliarden jährlich, um fast 23 Millionen jede *Stunde.* Wie sich die Eurodollars krebsartig vermehren, so die in den USA umlaufenden, denn die Zinskosten der Bundesschuld betrugen im Finanzjahr 1984/85 bereits 144 Milliarden Dollar oder so viel wie die gesamten Bundesausgaben des Jahres 1967. Da wächst diese Schuld nicht nur durch die Zinsen, sondern auch durch ein chronisches Budget-Defizit, das 1975–84 rund 930 Milliarden Dollar ausmachte, im Jahresdurchschnitt 93 Milliarden oder das mehr als Zehnfache des Durchschnitts 1945–54.

Aus dem Dollar-Mangel der ersten Nachkriegsjahre wurde also eine Dollar-Lawine, und wenn Dollar-Mangel Weltkrisen bedeutete – und schon 1932 eine Welt-Arbeitslosigkeit von mehr als vierzig Millionen –, so Dollar-Schwemme Welt-Inflation, untragbare Zinssteigerungen und *Spekulation statt produktiver Investitionen:* Wie es der stellvertretende Finanzminister der USA, R. T. McNamara, am 3. Februar 1985 in Davos hervorhob, machen jetzt die zwischen den internationalen Finanzmärkten fließenden Kapitalien 20 bis 30 »Trillionen« Dollar aus, damit das Zehn- bis Fünfzehnfache des jährlichen Welt-Güter- und Dienstleistungsverkehrs. Zwar sind amerikanische »Trillionen« de facto nur Billionen, beträgt der Kapitalfluß also »nur« 20.000 bis 30.000 Milliarden Dollar, während z. B. der Handel der Industrienationen mit der übrigen Welt 1975–84 von etwa 1200 auf 2400 Milliarden Dollar stieg. Aber diese astronomische und fast unbegreifliche Zahl zeigt, in welcher Art Welt wir heute leben: in einer Welt der Fiktionen. Einer völlig irrealen Phantasie-Welt. In einem Kartenhaus, errichtet von Politikern und Bankiers, die Zahlen ein Eigenleben zuschreiben; die vor der längst unabwendbar gewordenen Zins-Katastrophe die Augen schließen und nicht begreifen, wieso es bisher nicht zur »Selbstheilung« des Dollar-Problems kam.

Eine Zeitlang schienen die ausgleichenden Kräfte der Marktwirtschaft zu wirken. Als die amerikanischen Goldvorräte nur mehr einen Bruchteil der Auslandsverpflichtungen deckten, mußte Präsident Nixon am 15. August 1971 bekanntlich die Goldeinlösung des Dollars einstellen, und es kam zu zwei Dollar-Abwertungen. Die genügten nicht; auf allen Devisenmärkten sank der Dollar-Kurs weiter. Der Dollar verlor bereits zwischen Dezember 1971 und Juni 1973 gegenüber dem Schweizer Franken rund 27 % und gegenüber der DM rund 24 % seines Wertes, und Ende Oktober 1978 mußten für DM mehr als doppelt so viele Dollars als 1971 bezahlt werden. *Der Wertverlust des Dollars gegenüber dem Gold* war noch ungleich größer: Bei der Einstellung der Gold-Konvertierung betrug der freie Goldkurs 42 Dollar die Unze. Am 18. Januar 1980 notierte sie 835 Dollar. Da mußten also für die gleiche Menge Goldes fast zwanzigmal mehr Dollars bezahlt werden. Gold zum Maßstab genommen, hätte der Dollarkurs in Frankfurt damals nicht DM 1,70 sondern 18 Pfennige betragen müssen.

Der Goldpreis hielt sich bekanntlich nicht auf 835 Dollar, betrug schon im Durchschnitt des Jahres 1980 »nur« noch 412 Dollar und sank 1985 zeitweilig auf 285 Dollar. Aber das war noch immer 6,8mal mehr als 1971, und so hätte der Dollar-Kurs etwa ein Siebentel von damals, also etwa 50 Pfennig, betragen müssen. Aber nun stand er auf 3,38. Martin Feldstein, der Chef-Wirtschaftsberater Präsident Reagans, erklärte im Februar 1984 offen, der Dollar sei um 32 % überbewertet. Aber ein Jahr später notierte er nichtsdestoweniger um eine weitere halbe Mark höher. Bereits im September 1982 ergab eine Studie der Federal Reserve Bank of New York, daß die Überbewertung des Dollars damals einen amerikanischen Exportausfall von 35 Milliarden Dollar jährlich verursache und den Verlust von einer halben Million Arbeitsplätzen mit sich brachte, gleichzeitig den Import um 10 Milliarden steigerte. Aber Berechnungen wie diese beeindruckten niemanden. Im Jahre 1984 betrug allein das Außenhandels-Defizit der USA mit Japan 37 Milliarden Dollar, der Gesamt-Einfuhrüberschuß über 123 Milliarden. Wie das Außenhandels-Defizit, wuchs das Zahlungsbilanz-Defizit und jeder Dollar Fehlbetrag vermehrt die Auslands-Dollarguthaben. Aber der Dollar blieb »fest«.

Wieso?

Der Dollar-Kurs fiel, als offensichtlich wurde, daß die Vereinigten Staaten *vom Welt-Gläubiger zum größten Schuldner aller Zeiten* wurden. Da nichts geschah, um diese Entwicklung aufzuhalten, nahmen mehr und mehr Leute an, der Dollar werde weiterfallen, schließlich ein Dollar höchstens einen Schweizer Franken wert sein. Und diese durchaus richtige Erkenntnis der inneren Schwäche des Dollars machte ihn wieder stark, ließ den Dollar-Kurs 1980–85 gegenüber der Mark, dem Schweizer Franken und dem Yen auf das etwa Doppelte steigen, verdreifachte seinen Wert gegenüber dem Pfund. Daß die amerikanische Inflationsrate fiel und die Real-Zinsen in den USA höher sind als in vergleichbaren Ländern, lockte Milliarden Auslandskapital an. Auch daß Ronald Reagan seine Wähler davon überzeugte, daß sie immer noch in »Gottes eigenem Land« leben, und Rüstungsgelder in die Wirtschaft pumpte wie kein Präsident vor ihm, spielte eine Rolle. Aber die immense Nachfrage nach Dollars, die allein den Kurs hochtrieb und hochhält, erklärt all das nicht. Diese anscheinend allen Volkswirtschaftsregeln widersprechende Nachfrage ergibt sich nur durch *die Kettenreaktion Schulden-Zinsen-noch mehr Schulden:* Mit Dollars kam nach 1945 die Weltwirtschaft wieder in Gang. Aber zu viele Dollars heizten die Welt-Inflation an. Die trieb die Zinsen hoch, ließ aber dennoch mehr und mehr Leute glauben, Schuldenmachen sei das große Geschäft. So betrugen die internationalen Schulden, wie gesagt, Anfang 1985 etwa 1400 Milliarden Dollar. Die zwingen jetzt zu etwa 170 Milliarden Zinszahlungen jährlich. Die amerikanischen Bundesschulden überschritten 1985 die zweite »echte« Billion Dollar, und die kosten nun alljährlich etwa 160 Milliarden Dollar Zins, die wie das gesamte Budget-Defizit und Zahlungsbilanz-Defizit der USA aus dem Ausland stammen. Für all diese Zinszahlungen werden *Dollars* benötigt, die auf den Devisenmärkten gekauft werden müssen. Diese Nachfrage bestimmt den Dollar-Kurs, denn wenn der Welthandel weitgehend in Dollar abgewickelt wird, so steht ja jeder Dollar-Zahlung eine Dollar-Einnahme gegenüber, Dollar-Käufen dementsprechende Dollar-Abgaben.

Am Dollar erweist sich also erneut: *Richtige Prognosen, die ernst genommen werden, verwandeln sich dadurch in falsche.* Schon Jona sagte bekanntlich im Auftrag Gottes voraus, Ninive werde seiner Laster wegen binnen vierzig Tagen vernichtet werden. Die Bewohner der Stadt glaubten ihm, erschraken so sehr, daß in ihrem Sündenpfuhl plötzlich eitel Tugend herrschte und Gott Gnade walten ließ. Niemand natürlich dankte Jona die Rettung der Stadt. Ebenso werden heute Vorausdenkende und rechtzeitig Warnende entweder nicht ernst genommen oder als falsche Propheten verhöhnt. Aber nur weil Dutzende Amerikaner und Europäer vor der hemmungslosen Dollarvermehrung warnten, kam es zur Trendwende des Dollar-Kurses. Denn wenn die Regierung in Washington taub blieb, so nahmen zahllose »Außenseiter« die Warnungen vor dem rasch schwindenden inneren Wert des Dollars ernst, und das löste

enorme Dollar-Baisse-Spekulationen aus: Wer 1960 einen Dollar-Kredit von 10 Millionen aufnahm, bekam z. B. von der Deutschen Bundesbank 42 Millionen DM ausbezahlt. Zahlte er den Kredit Anfang 1980 zurück, brauchte er für die benötigten Dollars nur etwa 17 Millionen DM einzuwechseln. An Dollarschulden war sehr viel Geld zu verdienen. Und Dollarkredite wurden von immer mehr Banken angeboten, denn dem Dollar-Wertverlust lief ja die phantastische Ausweitung des Eurodollar-Volumens paralell. In den Luxushotels der ganzen Welt drängten sich die Finanzagenten, um die Dollarfluten »umzulenken«. Die Anleihenehmer aber dachten wie Börsenspekulanten, die Aktien oder Rohwaren auf Termin »leer« verkaufen, d. h. Werte verkaufen, die sie noch nicht besitzen, aber bei Fälligkeit weit billiger zu erhalten hoffen, als sie bei Abschluß des Geschäfts kosteten. Der heutige hohe Dollar-Kurs ist (wie es z. B. auch Ferdinand Lips, der Mitbegründer und Direktor der Rothschild-Bank in Zürich sagte) »die Folge der gigantischsten ›Short-Position‹ der Weltgeschichte«.
Daß sich diese Spekulation als – vorläufig – ruinöseste aller Zeiten erwies, liegt am Ausmaß des Schuldenmachens: Je mehr Dollar-Anleihen aufgenommen wurden, desto mehr Dollar-Zinsen wurden fällig. Schließlich auch mehr und mehr Rückzahlungen. Mehr und mehr Dollars mußten gekauft werden und wurden dementsprechend teurer. So teuer, daß mehr und mehr Schuldner zahlungsunfähig wurden, die Banken ihre Kredite prolongieren müssen, dafür aber Zinsen kassieren. Allein schon diese Zinsen bedeuten heute eine übersteigerte Dollar-Nachfrage, der keinerlei reale Leistung gegenübersteht. Aber solange diese Zinsen bezahlt werden, wird sich der Dollar-Kurs halten.
Wie lange werden sie bezahlt werden?
Das ist *eine Schicksalsfrage der Westwelt:* Zwar findet sich im Register der berühmten Propyläen-Weltgeschichte das Stichwort »Dollar« (oder der Begriff »Währung«) so wenig wie im »Wissen des XX. Jahrhunderts« oder in zahlreichen anderen

Nachschlagewerken. Aber von Anfang an war die Geschichte des Dollars keineswegs nur amerikanische Wirtschaftsgeschichte und eine Chronik der sozialen und politischen Kämpfe in den Vereinigten Staaten, sondern deren Finanz- und Währungspolitik wirkten sich bereits im 19. Jahrhundert weltweit aus: Daß z. B. Präsident Fillmore 1854 die Öffnung der japanischen Häfen erzwang (und so Japans Aufstieg zur Weltmacht einleitete und den Keim zum Pazifik-Krieg legte), wurde nicht zuletzt dadurch verursacht, daß das Inselreich damals dem Gold nur den dreifachen Wert des Silbers beimaß, während es in den USA sechzehnmal so viel wert war. Die rein innenpolitisch bedingte Silberpreiserhöhung Präsident Roosevelts im Jahre 1934 wiederum zerstörte Chinas Silberwährung, zwang China zum Übergang zur Papierwährung und löste eine Inflation aus, die entscheidend dazu beitrug, daß China kommunistisch wurde: Roosevelt machte (wie sich 1949 erwies) wahr, was Lenin bereits 1905 behauptete: *»Die Zerstörung seiner Währung ist das sicherste Mittel, ein Land reif für den Kommunismus zu machen.«* Heute droht nicht die Zerstörung einer Währung, sondern aller Westwelt-Währungen, denn trotz der Bankrotterklärung Präsident Nixons vom 15. August 1971 bestimmt der Dollar-Kurs nach wie vor den Wert der Währungsreserven, und das Wachstum der im Ausland umlaufenden Dollars geht, wie gezeigt, beschleunigt weiter. In Milliarden betrug (der Bank für Internationalen Zahlungsausgleich in Basel zufolge) *die Welt-Verfügbarkeit von Dollars* etwa:

Ø 1927–29	6
Ø 1936–38	2,6
1950	10
1970	60
1980	810
1985	2600

Muß das nicht zu einer *Welt*-Finanzkatastrophe fast unvorstellbaren Ausmaßes führen? *Muß* das nicht eine fast sintflutartige Reinigungs-Krise auslösen, die weltweit die fiktiven Papierguthaben hinwegschwemmt, durch zahllose Konkurse in Europa, Asien und Afrika wie in den Vereinigten Staaten selber den Dollar-Überschuß liquidiert?

Das antike Griechenland und die griechische Kultur gingen an Bruderkriegen und der Pest, nicht zuletzt aber auch an der Erschöpfung der damals abbaubaren Silbervorkommen von Laurion zugrunde. Die hatten die Schaffung der Tetra-Drachme ermöglicht, und diese Währung Athens setzte sich im ganzen Mittelmeerraum durch, war das Finanzierungsmittel des damaligen abendländischen Handels. Mit dem Silber Laurions ließ Themistokles 485 v. Chr. die Flotte bauen, die fünf Jahre später bei Salamis der persischen Expansion und den Weltmacht-Träumen Darius' und Xerxes' ein Ende setzte. Als der Silberzufluß aus Laurion durch die Unzulänglichkeit der damaligen Wasserhaltungsmethoden (und die Vernachlässigung der Technik gegenüber der Philosophie) aufhörte, kam es zu immer schwereren Wirtschaftskrisen, ging eine Blütezeit der Menschheitsgeschichte zu Ende.

Auch dem Untergang Karthagos ging der Verlust seiner Währungsgrundlage, seiner Silbervorkommen in Spanien, voraus, dem Untergang Roms eine der übelsten Inflationsperioden aller Zeiten. Schlechtes Geld brachte immer wieder Elend über die Völker, und heute ist es auch *eine eminente Weltkriegs-Gefahr:* Der Dollar – im Sinne amerikanischer Geldinteressen – löste im 18. Jahrhundert den Siebenjährigen Krieg aus. Um Dollars ging es im 19. Jahrhundert beim Sezessionskrieg, beim Krieg gegen Mexiko 1846–48 und beim Krieg gegen Spanien 1898. Der Dollar zwang im 20. Jahrhundert die Vereinigten Staaten zum Eintritt in den Ersten und den Zweiten Weltkrieg, und eine »Konjunkturspritze« war der Korea-Krieg der Jahre 1950–53. Die Gefahr, daß eine Finanz- und Wirtschaftskrise, deren Ausmaß alle bisherigen weitaus übertreffen muß, erneut eine Flucht in den Krieg auslöst, besteht, und in Deutschland wurde 1985 argumentiert: *»Jeder in den USA investierte Dollar kauft dort gleich seine eigene Verteidigung mit.«* Aber sind

Amerikas »Militärisch-Industrieller Komplex« und der weltweite Waffenhandel der Vereinigten Staaten Mittel der Verteidigung Europas? Verschärfen sie nicht das »Nord-Süd-Problem« ebenso wie den »Ost-West-Konflikt«?
Wer Zukunftsentwicklungen abschätzen will, muß nicht nur scheuklappenfrei die Gegenwartssituation analysieren, sondern auch die Vergangenheit kennen. Seit es den Dollar gibt, ist sein Wert umstritten. Niemand wollte ihn in seiner Frühzeit haben, wiederholt verlor er neun Zehntel und mehr seiner Kaufkraft. Wie wurde er zur Weltwährung? Warum wurde er geschaffen, und wie wurde er gedeckt?
Daß der Dollar heute ein Weltproblem ist, liegt nicht nur an wirtschaftlichen und weltpolitischen Entwicklungen, sondern dazu kam es vor allem durch *die weltweite Verbreitung der Dollar-Mentalität,* durch die überhandnehmende Überzeugung, daß nur Geld zählt, Geld alleine der Maßstab allen Erfolges ist und daß es gleichgültig ist, wie dieses Geld verdient wurde. Nichts, was die Vereinigten Staaten tun oder unterlassen, ist zu begreifen und keine ihrer zukünftigen Aktionen realistisch abzuschätzen, wenn man nicht weiß, wie und wodurch sie entstanden und was aus den Europäern Amerikaner machte.
Der Aufstieg der Vereinigten Staaten war einmalig. Aber sind die Faktoren, die diesen Aufstieg ermöglichten, nach wie vor wirksam?
Als Chefberater Präsident Lyndon B. Johnsons sagte McGeorge Bundy (der »New York Times« vom 4. Juli 1965 zufolge): »Letzten Endes ist Amerika die Welt-Lokomotive, der Rest der Menschheit der Zug«, und diese Meinung teilen noch heute nicht nur unzählige Amerikaner, sondern auch sehr viele Europäer, die die (zeitweilige) Überwindung der Welt-Stagnation Präsident Reagan zuschreiben. Aber war es stets nicht eher umgekehrt? Brachen nicht alle großen Wirtschaftskrisen, seit der von 1837, von Amerika aus über Europa und die Welt herein? War es nicht immer wieder Europa, das – wenn auch unge-

wollt oder gegen den eigenen Willen – die Wirtschaft der Vereinigten Staaten vor dem Zusammenbruch rettete?
Erneut deckt fremdes Kapital die amerikanischen Schulden und hält den Dollar-Kurs. Wird es verlorengehen wie im 19. Jahrhundert; wie durch die Weltkrise der dreißiger Jahre, den Ersten und den Zweiten Weltkrieg? Wie und durch wen kam es zu Bretton Woods und zu den Hunderten Milliarden mit Papierdollars bezahlten amerikanischen Direkt-Auslandsanlagen, einer längst den amerikanischen Export vielfach übertreffenden amerikanischen Produktion hinter den fremden Zollgrenzen? Was ist aus zwei Jahrhunderten Glanz und Elend des Dollars zu lernen, um die Welt-Schuldenkrise zu überwinden und das Welt-Zinsproblem zu lösen? *Dollar und Geld wurden weitgehend identisch.* Und das heißt, daß unser aller Schicksal unauflöslich mit dem des Dollars verknüpft ist und wir uns dementsprechend informieren und endlich selber alle entsprechenden Entscheidungen treffen müssen.
Das chinesische Schriftzeichen für »Krise« setzt sich aus den zwei Symbolen »Risiko« und »Chance« zusammen. Auch die unausbleibliche große Dollar-Abrechnung bietet positive Möglichkeiten ebenso wie große Gefahren – aber nur dem, der sein Urteil auf Tatsachen gründet.

Der Geldmangel der englischen Amerika-Kolonien

Steuerzahlen mit Tabak und das erste ungedeckte Papiergeld der Welt

Die britische Besiedlung Nordamerikas begann am 14. Mai 1607 mit der Gründung von Jamestown am Jamesriver in Virginia durch die »London Company«. Von den 104 Kolonisten, die sich hier unter dem Befehl des Abenteurers John Smith niederließen, lebten im Jahre 1608, als neuer Proviant aus England eintraf, noch 38, denn die Indianer der Region taten den Fremden zwar nichts, verkauften ihnen aber auch keine Lebensmittel. Und zwar, weil die *nicht das richtige Geld* besaßen: Geld ist, was immer von Gläubigern, Gütererzeugern oder Dienste Leistenden in Zahlung genommen wird. Ob sie das tun, hängt von ihrem Glauben an den gegenwärtigen und zukünftigen Wert dieses Geldes ab. Die Kolonisten von Jamestown boten den Indianern bunte Stoffe, Zinn- und Kupfergeschirr, Glasperlen und schließlich Silber- und Goldmünzen an. Die hatten für die Indianer keinen Wert. Was die brauchen konnten, waren eiserne Werkzeuge und Pfeilspitzen aus Messing. Eventuell nahmen sie auch »Wampum«, durchbohrte Muscheln, die sie als Schmuck trugen, und Tabak in Zahlung. Und daß die Indianer rauchten, rettete schließlich Jamestown, ließ es nicht nur nicht untergehen wie die Niederlassungen, die Sir Walter Raleigh 1585 an der Küste des heutigen Nord-Karolina gegründet hatte, sondern machte Virginia zur reichsten aller britischen Nordamerika-Kolonien und schuf *das drei Generationen lang wichtigste Zahlungsmittel Nordamerikas.*

Zwar hatte den Tabak und das Tabakrauchen bereits Columbus 1492 auf Guanahani kennengelernt und das Tabakrauchen in Europa Raleigh im Jahre 1590 eingeführt. Aber nennenswerte Anbaugebiete gab es bis 1612 nur auf den westindischen Inseln, und als wahres Wunder der Natur erwies sich diese zu den Solanazeen gehörende Pflanze durch Klima und Boden erst in Virginia: Der Virginia-Tabak, die Nicotinana tabacum, bildet hier aus einem Samenkorn von einem Zehntel Milligramm binnen 90 Tagen eine bis eineinhalb Meter hohe Pflanze von zwei Kilogramm Frischgewicht, vom Zwanzigmillionenfachen des Samengewichts also.

Das wußte John Rolfe, der Nachfolger von Captain Smith, nicht, der Pocahontas, die Tochter des mächtigsten Indianer-Häuptlings der Region, heiratete und so den Frieden zwischen den Kolonisten und den Indianern sicherte, aber er wußte, was es bedeutete, daß man Tabak als Zahlungsmittel benutzen konnte und beschaffte sich aus Spanisch-Amerika die nötigen Samen. Der Tabak gedieh in den Ebenen am Jamesriver so gut und der Tabak-Export nach England brachte so große Einkünfte, daß die Siedler fast erneut verhungert wären, nur noch Tabak pflanzten. Seit 1616 gab es Anbauvorschriften, seit 1619 sollte eine hohe Steuer den »Boom« dämpfen, und im Jahr darauf beschränkte das Parlament die englische Tabakeinfuhr auf 55000 Gewichtspfund pro Jahr. Aber die Nachfrage stieg nicht nur in England, sondern in ganz Europa, und so wurde Tabak geschmuggelt. Die Ernten Virginias nahmen 1618–68 von etwa 10 Tonnen auf 12000 zu und betrugen 1785 etwa 59000 Tonnen oder 130 Millionen Gewichtspfund. Heute werden in den Vereinigten Staaten mit durchschnittlich 650000 Tonnen nur weniger als ein Zehntel der Welternte eingebracht, während es 1910 noch vier Zehntel waren, und auch die Tabak-Ausfuhr der USA, die vor dem Zweiten Weltkrieg größer war als die Exporte aller anderen Länder zusammengenommen, spielt nicht mehr die gleiche Rolle. Im 17. Jahrhundert jedoch war sie *das weitaus wichtigste Kapitalbildungsmittel* der britischen Nordamerika-Kolonien und, wie gesagt, Tabak ihr wichtigstes Zahlungsmittel.

Denn wenn in diesen Kolonien das Rechnungswesen das gleiche war wie im Mutterland, gesetzliches Zahlungsmittel die

Sterling-Währung von Pfunden, Shilling und Pence, so gelangten von diesen Münzen hier nur wenige in Umlauf. Was die Kolonisten an Bargeld mitbrachten, genügte so wenig wie das Kapital der Kaufleute, der Sold der britischen Truppen oder die Gehälter der Verwaltungsbeamten, denn der Außenhandel der Kolonien war chronisch passiv, alljährlich überstieg die Einfuhr die Ausfuhr um etwa 700 000 Pfund, und so blieben auch das Gold und Silber, das die Überschüsse des Westindien-Handels und die Tabakexporte brachten, kaum je länger als sechs Monate im Land. Zwar gab es, wie in Spanisch-Amerika, auch im britischen Nordamerika Gold- und Silbervorkommen, aber die waren bis weit ins 19. Jahrhundert nicht erschlossen.

Gab es von allem Anfang an zu wenig Geld, so wurde der Mangel an Zahlungsmitteln aber auch durch die starke Bevölkerungszunahme immer akuter: Zwischen 1610 und 1710 stieg *die Einwohnerzahl der britischen Nordamerika-Kolonien* von weniger als tausend auf 358 000, und bei Ausbruch des Unabhängigkeitskrieges waren es etwa dreieinhalb Millionen. Den Güteraustausch mußte also »Eigengeld« sichern, an Ort und Stelle gewonnene Grundstoffe, und als z. B. 1621 für die Kolonisten Virginias aus England »152 junge und unverdorbene Mädchen« importiert wurden, erfolgte die Zahlung in Tabak. Als Preis waren 100 Gewichtspfund Tabak vereinbart worden, aber die Nachfrage war so rege, daß die Mädchen schließlich nur gegen 150 Pfund pro Stück abgegeben wurden. Eine ähnliche Rolle spielte der Tabak in Maryland, wo ihn ein Bericht aus dem Jahre 1708 »das Geld, das Fleisch und Brot, Salz und Wein, Kleider und Häuser bezahlt« nennt. Hier und in vier anderen Kolonien konnten auch alle Steuern und Abgaben mit Tabak beglichen werden.

Kaum weniger wichtig war in der Frühzeit der amerikanischen Entwicklung *das Zahlungsmittel Rum,* und zwar nicht nur im Handel mit den Indianern, sondern vor allem beim Sklavenhandel: Aus Neuengland wurden Fische, Salz, Getreide und

Holz in Form von Schiffsplanken und Faßdauben nach Westindien gebracht und vorwiegend gegen Melasse eingetauscht. Aus dieser Melasse wurde in Boston und Philadelphia Rum gebrannt. Der Rum wurde in Afrika zur Bezahlung von Sklaven verwendet und die in Süd-Karolina, Maryland und Virginia versteigert, vor allem aber in Westindien abgesetzt und da wieder gegen Melasse getauscht. Dieser Dreiecksverkehr, der praktisch ohne Barkapital erfolgte, machte viele Bostoner Bürger reich, darunter Peter Faneuil, der der Stadt eine Versammlungshalle schenkte, die später »die Wiege der Freiheit« genannt wurde, weil in der »Faneuil Hall« zahlreiche Protestversammlungen gegen die britische »Unterdrückung« abgehalten wurden. Vor allem aber bedeutete dieser Dreiecksverkehr, als die Nachfrage nach Sklaven ständig stieg, *Umwandlung von Naturalien in Bargeld*, und zwar Konvertierung von etwa 100 Dollar Naturalwert in 3000 Dollar Silber oder Gold. Zwar suchte England diesen Handel schon 1733 durch das »Melasse-Gesetz« zu unterbinden, das prohibitive Zölle auf die Einfuhr von Melasse, Zucker und Rum aus den nicht-britischen Westindien-Kolonien vorschrieb. Aber dieses Gesetz blieb bis 1764 auf dem Papier, und in diesem Jahr betrug die Negerbevölkerung Britisch-Nordamerikas bereits etwa 385000. Die amerikanische Sklaveneinfuhr aus Afrika war während der ersten Hälfte des 18. Jahrhunderts kaum je geringer als 30000 jährlich, von denen etwa 20000 nach Westindien weiterverkauft wurden und 10000 auf dem Kontinent blieben. Fast nur *der Gewinn aus dem Sklavenhandel* speiste den Bargeldumlauf der englischen Nordamerika-Kolonien.

Der bestand so aus spanischen »Dolares«, spanischen »Thalern«: Thaler ist die Abkürzung von »Joachimsthaler«, dem Silber-Äquivalent des Gold-Guldens, der seit dem 14. Jahrhundert das wichtigste Zahlungsmittel in Deutschland war. Die reichen Silbervorkommen von Joachimsthal in Böhmen waren 1516 entdeckt worden, und auf Grund des Münzrechtes, das Kaiser Sigismuns 1437 dem Grafen Schlick erteilte, ließ

Stephan von Schlick, sein Enkel, zwischen 1517 und 1527 Münzen mit dem Bild des Heiligen Joachim prägen, die je eine Unze Silber enthielten. Diese Münzen aus Erzgebirgssilber fanden weite Verbreitung, weil sie nicht zu klein und nicht zu groß waren, gerade das richtige Gewicht hatten, und vor allem, weil man sich darauf verlassen konnte, daß sie aus reinem Silber bestanden und stets aus der gleichen Menge.
Praktisch identisch mit diesen »Thalern« waren die spanischen »Reales«, und als von diesen verschlechterte in Umlauf kamen, ließ Kaiser Karl V., der seit 1516 König von Spanien war, die vollwertigen »Reales« in »Dolares« umbenennen. Nachdem im Jahre 1545 in Potosi, im heutigen Bolivien und damaligen Vizekönigreich Peru, ein Silbervorkommen erschlossen wurde, das sich als das damals reichste der Welt erwies, ließ König Philipp II. dort 1575 eine Münzstätte einrichten und »Dolares« prägen, von denen immer größere Mengen nach Europa kamen: *Die Welt-Silbergewinnung* hatte im Durchschnitt der Jahre 1483–1520 nur etwa 47000 Kilo jährlich betragen. 1545–60 lieferte allein Spanisch-Amerika rund 200000 Kilo, und 1581–90 waren es mehr als zwei Millionen Kilo. Wie in allen spanischen Kolonien waren die »Dolares« gesetzliches Zahlungsmittel im Mutterland. Aber weit mehr als in Spanien liefen bald durch die Zahlmeister der spanischen Armeen, durch die Bankiers in Antwerpen, Augsburg und Mailand, die Philipp II. Kredite gewährt hatten, und nicht zuletzt durch die holländischen und englischen Freibeuter, die spanische Silberflotten abfingen, in ganz Europa um. Gleichgewichtige Silbermünzen wurden als »Philippusdaalder« auch in den Niederlanden geprägt und seit 1601 von der »Compagnie Van Verre«, der holländischen Ostindien-Kompanie, in ihrem ganzen Machtbereich verwendet. »Dollars« ließ Königin Elizabeth I. im Jahre 1600 prägen, und die gelangten durch die britische East India Company in alle Welt. *Über zu viele Dollars machte sich bereits Shakespeare Sorgen,* im ersten Akt seines 1605 entstandenen Schauspiels »Macbeth« ist von »10.000 Dollar zu unserem

eigenen Gebrauch« die Rede, von »einem Dollar« im 2. Akt von »The Tempest«.
Liefen spanisch-amerikanische Dollars in den englischen und niederländischen Kolonien ebenso um wie in den spanischen, im heutigen Indonesien und der Indischen Union also nicht anders wie auf den Philippinen oder in Westindien, so kamen sie aber auch besonders im 18. Jahrhundert, als die Silberproduktion in Spanisch-Amerika einen neuen Höhepunkt erreichte, mehr und mehr auch nach China (wo sie bis 1935 die Währungsgrundlage blieben): Aus Mexiko gingen Silber-Dolares zum Erwerb von Porzellan und Seide ins Reich der Mitte, und die chinesischen Kaufleute pflegten auf den Geldstücken einen kleinen eigenen Stempel anzubringen, um den vollen Wert des fremden Zahlungsmittels zu bestätigen. Drei Jahrhunderte vor dem heutigen nordamerikanischen, setzte sich *der spanisch-amerikanische Dollar als Welthandelswährung* durch. Südamerikanisches Silber, das das Porträt eines europäischen Königs trug und die Punzierung asiatischer Geldwechsler, war auf drei Kontinenten das allgemein akzeptierte Zahlungsmittel.
Auch in den britischen Nordamerika-Kolonien. Aber nie gab es da genug dieser »Dolares«. Mangel an Zahlungsmitteln aber bedeutet, daß sich eine Wirtschaft nicht gesund entwickeln kann. Muß das Geld »richtig« sein, d. h. den Wünschen und Bedürfnissen der Waren- und Dienste-Anbieter entsprechen, so muß auch die Geldmenge stimmen. Europas Wirtschaft war vor der Entdeckung Amerikas praktisch eine Tauschwirtschaft, weil das umlaufende Kupfer, Silber und Gold (und anderes Geld gab es damals ja nicht) insgesamt nur etwa 200 Millionen Gold-Dollar oder zwei Gold-Dollar oder acht Gold-Mark pro Kopf der Bevölkerung wert war. Um 1600 war der Geldumlauf Europas etwa achtmal so groß und im Jahre 1700 etwa zwanzigmal höher. Vor allem das Übersee-Silber veränderte den Wert des Bodens, den Preis der Nahrungsmittel und die Löhne. Es bedeutete den Aufstieg der Städte, das Ende des Rittertums und die Geld- statt der Naturalwirtschaft. Es löste

auch die erste große Inflation aus, ließ in Spanien z. B. die Getreidepreise auf das Sechsfache steigen. Aber diese Vervielfachung der Zahlungsmittel bedeutete zugleich einen geradezu explosiven Wirtschaftsaufschwung.
In den englischen Nordamerika-Kolonien betrug Alexander Hamilton zufolge 1760 der Geldumlauf etwa acht Millionen Dollar, bei damals etwa 1,25 Millionen Einwohnern rund 6,50 Dollar pro Kopf (gegen heute rund 3000 pro Kopf). Das lähmte die Wirtschaft, und dagegen war seit Generationen gekämpft worden: Zuerst wurde, wie geschildert, mit Tabak bezahlt. Dann auch mit Quittungen der Lagerhäuser über Tabak-Vorräte. Ähnlich dienten Lagerhaus-Belege über Getreide, über Biberfelle, Teer und Pottasche (die wichtige Exportartikel waren) als Geld. Und schließlich trat zu diesem durch reale (allerdings im Preis stark schwankende) Werte gedeckten Papiergeld minder solides »staatliches«: Um Soldaten zu bezahlen, die in Kanada gekämpft hatten, gab Massachusetts 1690 *das erste »staatliche« Papiergeld Amerikas* aus und sicherte die Annahme, indem es zur Steuerzahlung verwendet werden konnte. Eine zweite Emission erfolgte 1709 und wurde ebenfalls allgemein akzeptiert.
Dem Beispiel von Massachusetts folgten 1710 und 1711 Connecticut, New Hampshire, Rhode Island, New York und New Jersey. Nur gaben die weit mehr Banknoten aus, als zur Steuerzahlung gebraucht wurden und lösten es nicht jederzeit in Metall ein. Das Agio zwischen Papier und Metall wurde rasch größer, die Farmer nahmen das Papiergeld praktisch überhaupt nicht an, und 1755 erließ das britische Parlament ein striktes Verbot der Ausgabe jeder Art von »Kreditscheinen«, der Lagerhaus-Quittungen ebenso wie von Banknoten.
Nicht wenige Amerikaner empfanden das als *»bewußtes Strangulieren der Kolonisten-Wirtschaft«*, und das hatte manches für sich, denn 1750 war ja z. B. den Kolonien auch die Errichtung von Walzwerken und Gießereien, das Aufstellen von Fallhämmern und die Herstellung jeder Art Stahl »bei Strafe von 200

Pfund und Zerstörung der Einrichtungen« verboten worden. Im gleichen Jahr wurden die Kolonisten »nachdrücklich an den ›Woolen Act‹ von 1699 erinnert«: Dieses Gesetz verbot die Ausfuhr von Wollstoffen aus den Kolonien, selbst die von einer Kolonie in eine andere und ließ den Export von Rohwolle nur nach England zu. Ebenso durfte seit 1750 Roheisen nur nach England ausgeführt werden. Deutlich war in Boston und Philadelphia zu merken, daß im britischen Parlament neue Leute den Ton angaben, die Land-Aristokratie mehr und mehr an Einfluß verlor und Reeder, Kaufleute, Bankiers und Industrielle Einfluß gewannen. Der Tag war abzusehen, an dem auch die »Navigationsakte« Oliver Cromwells nicht länger nur auf dem Papier stehen würden.

In diesem am 9. Oktober 1651 vom britischen Parlament erlassenen Gesetz heißt es: »Um die Zunahme der Seemacht zu fördern und die Schiffahrt dieser Nation zu ermutigen, die unter der gütigen Fürsorge Gottes ein so großes Mittel der Wohlfahrt und der Sicherheit dieses Gemeinwesens ist, wird ... verfügt ..., daß an Gütern oder Waren welcher Art immer, die aus Asien, Afrika oder Amerika stammen, sowohl von englischen wie von anderen Kolonien, in die englische Republik auf keinem anderen Schiff eingeführt werden sollen als nur einem wirklich dem Volk dieser Republik zugehörigen und wovon Kapitän und Matrosen ... Engländer sind, unter Strafe des Verlustes aller Güter ... wie auch des Schiffes ...« Die »Navigationsakte« wurden 1660 dadurch verschärft, daß die Schiffe auch in England gebaut sein mußten, und 1663 wurde der Direkt-Import europäischer Waren durch die Kolonien und der Direkt-Export ihrer Güter unterbunden. Alle Waren, »welcher Art immer«, mußten über England geleitet und in England verzollt werden, ehe sie – auf englischen Schiffen – ihren überseeischen oder kontinental-europäischen Bestimmungsort erreichten.

Diese Bestimmungen galten für die englischen Nordamerika-Kolonien wie für alle anderen, nur waren sie, da sie außer Tabak nichts Wertvolles auszuführen hatten, praktisch nicht überwacht worden. Amerika war über ein Jahrhundert lang ein Schmuggler-Paradies, und »die 13 Kolonien erfreuten sich einer günstigen Vernachlässigung«. Aber das änderte der Siebenjährige Krieg, der die Amerikaner zwang, sich von England unabhängig zu machen; der den heutigen Dollar schuf und nicht zuletzt die »Dollar-Mentalität«, und über dessen wirtschaftliche Hintergründe nichts in den Geschichtsbüchern steht.

Die Ursachen und die Finanzierung des amerikanischen Unabhängigkeitskampfes

Die »Ohio-Gesellschaft«, die Hilfe der Könige von Frankreich und Spanien und die erste galoppierende Inflation

Wenn heute das Dollar-Problem eines der beängstigendsten aller Welt-Probleme ist, untrennbar verknüpft mit dem Welt-Schulden-, Welt-Zinsen- und damit dem Nord-Süd-Problem; ebenso untrennbar verbunden mit den immer wahnwitzigeren militärischen Ausgaben, damit mit dem Ost-West- und dem Welt-Friedensproblem; so nicht zuletzt, weil – wie der Historiker Geoffrey Barraclough es 1967 sagte – »die Geschichtsschreibung ihre Aufmerksamkeit auf die falschen Objekte konzentriert und den echten Problemen bewußt aus dem Weg geht ...«

Die ungeheuren Kräfte, die heute die westliche Wirtschaft zu zerstören drohen, sammelten sich im Verlauf von mehr als zwei Jahrhunderten an. Keineswegs alle als Untergrundströmungen im dunkeln, ihre Wechselwirkungen und gegenseitigen Steigerungen äußerten sich in Dutzenden Krisen, und jede dieser Finanz- und Wirtschaftskrisen hätte die Welt warnen müssen. Aber sie wurden nur in den Börsenberichten, bestenfalls in einigen Leitartikeln vermerkt, die Geschichtsschreibung und damit die Schulbücher ignorierten sie, und so wurden sie rasch vergessen. Aber *der Wert jedes einzelnen der 3000 Milliarden Dollar, die sich heute außerhalb der Vereinigten Staaten befinden,* ist unlösbar mit deren inneren Entwicklungen und all ihrem Tun und Lassen überall auf der Welt verbunden. Und dieses in der nahen Zukunft zu erwartende Tun und Lassen abzuschätzen erfordert spezialisierte Geschichtskenntnis. Die Kenntnis der wirtschaftlichen Ursachen des amerikanischen Unabhängigkeitskampfes z. B. und der Wurzeln der amerikanischen Wirtschafts-Mentalität. Denn die ist nicht an den Tag gebunden, unabhängig vom Wahlsieg dieses oder jenes Präsidenten; unabhängig von jeder Art »Aktualität«, welchen Lärm immer die in den Medien machen mag. Und die ist, zumindest in den Zeitläuften, auf die es heute ankommt, unabänderlich.

Diese Mentalität ist – wie jede andere – sowohl gen-bedingt wie umwelt-bedingt. Sie kam durch die verschiedenartigsten Einflüsse zustande, auch religiöse natürlich, wie sie Max Weber analysierte. Aber *was die Vereinigten Staaten von Amerika von allen anderen Staaten einzigartig unterscheidet*, ist, daß sie nicht von autochthonen, an Ort und Stelle entstandenen, Völkern gebildet, nicht von Entdeckern kolonisiert und nicht erobert wurden; sondern daß ihr riesiges Gebiet durch Käufe zustande kam: Wie Peter Minnewitt aus Wesel 1626 im Auftrag der »Neu-Niederland-Compagnie« die Insel Manhattan für Waren im Wert von 60 Gulden – damals etwa 24 Dollar – erwarb, den Quadratkilometer für einen Gulden also, so wurden zahllose derartige Landkäufe mit den Indianern abgeschlossen, und die Delawaren z. B. unterzeichneten am 7. Juni 1803 und am 18. August 1804 Abtretungsinstrumente, die ihnen für 800000 Hektar sage und schreibe eintausend Dollar brachten. Als »gerechter Preis« für Indianerland galten bis 1850 durchschnittlich ein Cent pro Hektar, und die Sioux bekamen vom Bund 1851 für acht Millionen Hektar teilweise hervorragenden Ackerlandes 50.000 Dollar oder 6,25 Cents pro Hektar.

Da wurden aber auch – wovon noch die Rede sein wird – von Frankreich 1803 die 2,3 Millionen Quadratkilometer des damaligen Louisiana für (inklusive Zinszahlungen) rund 12 Cents je Hektar gekauft und 1867 von Rußland die 1,52 Millionen Quadratkilometer Alaskas, die insgesamt 7,2 Millionen Dollar kosteten, weniger als 5 Cents pro Hektar. Es gab ähnlich günstige Erwerbungen von Mexiko und Spanien (deren Verkaufswilligkeit allerdings militärisch nachgeholfen werden mußte), und diese Art des Zustandekommens der Vereinigten Staaten

trug zum *Entstehen der »Dollar-Mentalität«* ebenso entscheidend bei wie die Tatsache, daß die fünf ältesten der britischen Kolonien Nordamerikas rein private Geschäftsunternehmen waren, durch Chartergesellschaften gegründet wurden.
Diese Zusammenschlüsse risikobereiter Kapitalbesitzer mit einflußreichen Höflingen hatten ihren Namen von den »Royal Charters«, den »Königlichen Freibriefen«, die auf dem mittelalterlichen Lehensrecht beruhten: Die Herrscher beanspruchten die Oberhoheit nicht nur über ihr eigenes Land, sondern auch über alle Gebiete, die ihre Untertanen irgendwo auf der Welt entdeckten, eroberten oder sonstwie erwarben. Da sie selber nicht das nötige Entwicklungs-Kapital besaßen, »belehnten« sie Privatgesellschaften mit den zu erschließenden Territorien und erteilten ihnen gegen feste Abgaben die nötigen Sonderrechte. Sie übertrugen ihnen die Steuereinhebung, die Gerichtsbarkeit und Verwaltung; sie durften Truppen aufstellen und übten die Polizeigewalt aus und erhielten Handelsmonopole. Jeder Teilhaber einer Chartergesellschaft hatte einen seiner Einzahlung entsprechenden Anteil an deren Gesamtbesitz und Gesamtgewinn, und da es stets fraglich war, ob es je einen Gewinn geben würde, hießen diese Anteile »Bills of Adventure« – »Abenteuer-Bescheinigungen«: Sie konnten ein riesiges Vermögen bedeuten oder völlig wertlos sein; in Chartergesellschaften Geld anzulegen war fast immer reines Glücksspiel.
Dennoch waren im 18. Jahrhundert nicht weniger als *fünfundfünfzig europäische Chartergesellschaften in aller Welt tätig*, und die britische East India Company behielt ihre Rechte über das spätere Britisch-Indien bis 1833 und regierte dieses Riesenreich bis 1858. Die Hoheitsrechte der Hudson Bay Company erwarb Kanada erst 1869.
Ging es den meisten »Chartered Companies« um Handelsprivilegien, so den nordamerikanischen um Bodenbesitz und die Naturschätze der ihnen zugeteilten Territorien, und diese hatten – zumindest theoretisch – geradezu unvorstellbare Ausma-

ße: Die erwähnte »London Company« z. B. erhielt durch ihren Freibrief »alles Land zwischen dem 34. Grad und dem 41. Grad nördlicher Breite«. Damit nicht nur das heutige Virginia und die Atlantikküste etwa von Wilmington in Delaware rund 800 Kilometer weit fast bis nach New York, sondern auch das gesamte »Hinterland«, dessen Ausdehnung damals niemand kannte, das aber »von Meer zu Meer« reichen sollte, das heißt vom Atlantik zum Pazifik, rund 4000 Kilometer von Osten nach Westen. Die 1606 von König Jakob I. ausgestellte Charter der »London Company« bedeutete eine Bodenzuteilung von mehr als drei Millionen Quadratkilometern oder der mehr als zwölffachen Fläche Großbritanniens – wurde allerdings 1624 aufgehoben, denn Virginia erwies sich als so ertragreich, daß dem König die Charter-Erteilung leid tat und er aus dieser Privat-Kolonie eine Kron-Kolonie machte.
Dieser Willkürakt aber erhielt Weltbedeutung, denn er ermöglichte drei Generationen später *die Gründung der »Ohio-Company«, der »Keimzelle« der heutigen Vereinigten Staaten*, die unmittelbar wie mittelbar eine entscheidende Rolle beim Ausbruch des amerikanischen Unabhängigkeitskampfes spielte und die schon den Siebenjährigen Krieg ausgelöst hatte.
Virginia war, wie gesagt, durch den Tabakanbau reich geworden, und seine Bevölkerung nahm alleine 1640–70 von 15 000 auf 70 000 zu. Um zu wachsen, wie er das tut, braucht der Tabak *sehr* viel Bodennährstoffe, die die damaligen Düngemethoden nicht zu ersetzen vermochten. Nur Neuland gab gute Erträge, und das wurde rasch rar, um so mehr, als seit 1619 Negersklaven auf den Tabakplantagen arbeiteten, diese Plantagen immer größer wurden und Lord Fairfax z. B. 1750 über 2,42 Millionen Hektar Ackerland verfügte. Man mußte daran denken, das »Hinterland« der Kolonie zu erschließen, deren 103 000 Quadratkilometern die 62 000 des heutigen West-Virginia und womöglich das ganze Ohio-Gebiet hinzufügen.
Dazu wurde die »Ohio-Gesellschaft« gegründet, und die erhielt 1749 ihre Königliche Charter, weil damit zugleich verhin-

dert werden konnte, daß die Franzosen durch das Ohio-Tal eine Verbindung zwischen Louisiana und Kanada herstellten, die bisher nur theoretisch »Neu-Frankreich« bildeten. Gründer der »Ohio-Company« waren der Schwiegersohn von Lord Fairfax, Lawrence Washington, der Gouverneur der Kolonie, Sir Richard Dinwiddie, der einflußreiche Londoner Großkaufmann John Hanbury und der als einer der reichsten Männer Virginias geltende Thomas Lee.

Diese Namen sind wichtig. Denn der Erbe von Lawrence Washington war dessen jüngerer Bruder George Washington, nach dem die Hauptstadt der Vereinigten Staaten benannt ist und der ihr erster Präsident war. Thomas Lees Sohn Richard beantragte am 7. Juni 1776 im Zweiten Kontinentalkongreß die Unabhängigkeitserklärung der Vereinigten Staaten. Und dessen Bruder Arthur Lee vertrat den Kongreß in Europa und brachte zusammen mit Benjamin Franklin, Großaktionär und Mitbegründer der »Walpole Company«, die mit der »Ohio Company« fusionierte, am 6. Februar 1778 das offene Bündnis Frankreichs mit der Union zustande, das den Unabhängigkeitskrieg entschied.

Die Familie Washington war seit 1657 in Virginia ansäßig. Sie stammte aus der Grafschaft Durham und verließ England nicht nur, weil sie die Puritaner-Herrschaft unerträglich fand, sondern weil sie die horrenden Steuern nicht mehr aufbrachte, die Oliver Cromwell einhob, um die Macht des Landadels zu brechen. Der erste Einwanderer, John Washington, war alles andere als reich, als er in Amerika ankam, aber er wurde durch seine Heirat mit Anne Pope reich, die zudem einen sehr mächtigen Vater hatte. Er heiratete nach dem frühen Tod seiner ersten Frau eine noch reichere Witwe und nach deren Tod die Witwe des Hauptmanns John Appleton, was seinen Bodenbesitz auf 5600 Hektar brachte. Als er starb, wurde seine Hinterlassenschaft auf 30.000 Pfund geschätzt, für die damalige Zeit eine große Summe.

John Washingtons Nachkommen beherzigten wie er den

Wahlspruch der Familie, dem später alle Herrschenden der Vereinigten Staaten nachlebten und der »Exitus acta probat« lautete, *»Der Erfolg heiligt die Mittel«*. Sie heirateten stets ebenso vorteilhaft, und ihr Grund- und Sklavenbesitz wuchs und wuchs. Agustin Washington erwarb dazu auch noch reiche Eisenerzvorkommen. Er war einer der Hauptteilhaber der »Principo Company«, die zu einer Zeit, als Englands Roheisengewinnung insgesamt 17000 Tonnen betrug, jährlich über 3000 Tonnen exportierte. Agustins ältester Sohn Lawrence heiratete, wie gesagt, in die bedeutendste und mächtigste aller Großgrundbesitzerfamilien ein, und als er 1751 starb, erbte sein Stiefbruder George Washington nicht nur Mount Vernon und den ganzen übrigen Washington-Besitz in Virginia, sondern auch Lawrences Anteil an der »Ohio Company« von etwa 200000 Hektar unerschlossenen Gebietes im Ohio-Tal.

Um diesen Besitz zu sichern, beschloß George Washington am Zusammenfluß des Monongahela und des Alleghany, die beim heutigen Pittsburgh den Ohio zu bilden beginnen, ein Fort zu errichten. Aber die Franzosen vertrieben seine Leute und bauten hier selber eine Festung, die sie Fort Duquesne nannten. Denn den Ohio und all seine Nebenflüsse hatten nicht Engländer entdeckt und erstmals befahren, sondern Franzosen. Weder 1713, bei den Friedensverhandlungen in Utrecht, die den Spanischen –, noch 1748 im Friedensvertrag von Aachen, der den Österreichischen Erbfolgekrieg beendete, waren *die britisch-französischen Grenzen in Amerika* eindeutig festgelegt worden, es hieß bloß, der »status quo« sei aufrechtzuerhalten. Und das interpretierte der Gouverneur von Französisch-Kanada, Céléron de Bienville, dahingehend, daß, »da das Ohio-Gebiet stets französisch war, es französisch bleiben müsse«. Dementsprechend ließ er an allen markanten Stellen Bleitafeln mit dem Lilienwappen und den entsprechenden Inschriften anbringen.

In der Charter der »Ohio-Gesellschaft« hieß es hingegen eindeutig, sie erhalte hiermit »im Westen alle Gebiete bis zum

Meer«, d. h. bis zum Pazifik, sie fühlte sich als Nachfolgerin der »London Company«. Da die Franzosen nicht nur die Leute Washingtons vertrieben hatten, sondern 1752 auch die Kaufleute, die die Niederlassung Pickavillany gegründet hatten, erhielt George Washington von Gouverneur Dinwiddie den Auftrag, ins Fort Le Boeuf zu reisen und die Franzosen höflich zu ersuchen, die Königliche Charter von 1749 zu respektieren. Washington wurde von Oberst Le Gardeur de Saint-Pierre sehr freundlich empfangen. Aber was er auch vorbrachte, der Franzose blieb dabei, daß er leider ganz andere Befehle habe. Gouverneur Dinwiddie berichtete das nach London, und dabei wäre es wohl geblieben, wenn Washington nicht die Bürgerversammlung von Virginia überzeugt hätte, selber die Initiative zu ergreifen, und diese nicht die Anwerbung von 300 Soldaten beschlossen hätte. Mit 120 Mann dieser Wehrmacht zog George Washington 1754 erneut an den Ohio, »um dem berechtigten britischen Besitzanspruch Nachdruck zu verleihen«.
Die Franzosen, die gute Beziehungen zu allen Indianerstämmen unterhielten, hatten von der »Mobilisierung« in Virginia erfahren und versuchten, einen offenen Konflikt zu vermeiden. Hauptmann de Jumonville wurde, von 38 Mann begleitet, Washington entgegengesandt, um ihn zur Umkehr zu bewegen. Aber zu Unterhandlungen kam es nicht: Im Morgengrauen des 28. Mai 1754 wurden die Franzosen in ihrem Nachtlager angegriffen, de Jumonville und neun seiner Leute getötet, die übrigen gefangengenommen, obwohl aus den mitgeführten Dokumenten klar hervorging, daß sie einen Parlamentär begleitet hatten. Nur der Kadett Monceau entkam, und das bedeutete, daß *der Siebenjährige Krieg von George Washington ausgelöst* worden war. Denn der König von Frankreich nahm den »Gesandten-Mord« am Ohio nicht hin. Voltaire sagte verzweifelt: »Wie ist es nur möglich, daß sich zwei große Nationen wie England und Frankreich um ein paar verschneite Wälder in Amerika raufen!« Auch Frankreichs Außenminister Rouillé schrieb 1755 an den Herzog von Mirepoix, Frankreichs

Botschafter in London: »Es ist unbegreiflich, daß ein so nichtiger Anlaß einen Krieg auslösen sollte!« Aber für die »Ohio Company« ging es um ihre Existenz und für alle englischen Nordamerika-Kolonien um ihre West-Expansion. Da ging es darum, ob Kanada französisch blieb oder englisch wurde und damit darum, ob sie Kolonien blieben oder einen eigenen Staat zu gründen vermochten. Denn solange sie die Franzosen und die mit diesen verbündeten Indianer im Rücken hatten, brauchten sie britische Truppen, blieben sie auf England angewiesen.

Und natürlich ging es für England und Frankreich nicht nur um den Ohio. Da ging es um ihre Rivalität in Indien ebenso wie in Amerika; ging es um die Seemacht und um die Vorherrschaft in Europa. Erst durch den Siebenjährigen Krieg, den Carlyle einen »Kampf, wie ihn die Welt seit dem Dreißigjährigen Krieg nicht erlebt hatte«, nannte und der mindestens 850000 Soldaten das Leben kostete, stieg England zur Weltmacht auf. Der wurde in der Karibik wie im Mittelmeer und in Afrika geführt, und in dem hatten die Franzosen Kanadas keine Chance: Frankreich besaß 1755 so gut wie keine Truppen in Amerika. Da England die Seewege beherrschte, konnten keine Verstärkungen herangebracht werden. Im Lande selber ausheben aber konnte man nicht genug, denn im Gegensatz zu den englischen Nordamerika-Kolonien, die bereits eineinviertel Millionen Europäer zählten, gab es in Kanada nur 65000 Franzosen. Der Kampf war erbittert. Aber am 13. September 1759 gewann James Wolfe die Entscheidungsschlacht von Quebec. Und im Frieden von Paris fiel Kanada 1763 an England.

Keineswegs alle Engländer empfanden das als einen gewaltigen Gewinn. Kanada galt damals als eine »Schnee-Einöde«. Die Antillen-Insel Guadeloupe hingegen, die die Engländer 1759 den Franzosen abgenommen hatten, gehörte zu den größten Zucker-Produzenten der damaligen Zeit und hätte, zusammen mit den anderen westindischen Zucker-Inseln, die England bereits besaß, ein englisches Zucker-*Monopol* ermöglicht. Mit ihren nur 1500 Quadratkilometern *war* sie 1763 wertvoller als die 9,97 Millionen Quadratkilometer Französisch-Kanadas. Vor allem Benjamin Franklin jedoch verstand es, den maßgebenden Londoner Kreisen *die Vorteile eines den ganzen Halbkontinent umfassenden »Britisch-Nordamerika«* klarzumachen.

Franklin war der zehnte Sohn und eines von 17 Kindern des Glaubens-Flüchtlings Josiah Franklin, der 1682 als Calvinist nach Amerika kam und sich als Seifensieder und Kerzenmacher in Boston niederließ. Als »Zehnten an den Herrn« sollte der hier 1706 geborene Franklin Prediger werden, aber da das Geld für sein Theologiestudium nicht aufzutreiben war, kam er als Druckerlehrling zu einem älteren Bruder. Er gründete 1726 eine eigene Druckerei und einen Papierhandel, hatte Erfolg als politischer Schriftsteller und etablierte sich als Verleger. Franklin wurde vor allem durch seinen »Poor Richard's Almanach« so reich, daß er Druckereien in Philadelphia, New York, New Haven und Charleston, aber auch auf Antigua und in Kingston auf Jamaica errichten konnte. Franklin gehörte der »New England Courant« und die »Pennsylvania Gazette«, er gründete die berühmte »Saturday Evening Post«, hatte aber seit 1748 dennoch Zeit, sich naturwissenschaftlichen Studien zu widmen. Im Jahre 1753 erfand er bekanntlich den Blitzableiter.

Die Erfindung des Blitzableiters und die Entstehung der Vereinigten Staaten scheinen miteinander so wenig zu tun zu haben wie Franklins Tätigkeit als größter Papierhändler und Druckereibesitzer der englischen Nordamerika-Kolonien. Aber seine Experimente zur Erforschung der atmosphärischen Elektrizität machten Franklin (nicht zuletzt durch dessen eigene Publizitätsmittel) als den »Mann, der den Blitz zähmte« und den »neuen Prometheus« weltberühmt. Führende europäische Wissenschaftler traten mit Franklin in Korrespondenz, und er wurde durch den Blitzableiter der damals einzige Amerikaner, den man in Europa kannte, selbst der König von Frankreich und der König von England interessierten sich für ihn. Bereits

1736 war Benjamin Franklin Sekretär der Bürgerversammlung von Pennsylvania geworden und im Jahr darauf Postmeister von Philadelphia. Im Jahr der Blitzableiter-Erfindung aber wurde er Generalpostmeister aller britischen Nordamerika-Kolonien.
Die führenden Leute des britischen Parlaments und so gut wie alle maßgebenden Leute Englands überhaupt lernte Franklin kennen, als er 1757–62 in London die Interessen der Kolonie Pennsylvania gegenüber der Familie Penn vertrat und 1764–75 Vertreter Pennsylvanias, praktisch Botschafter dieser Kolonie, bei der britischen Regierung war. Franklins Rat gab bei den Verhandlungen über die Beendigung des Siebenjährigen Krieges den Ausschlag; er vor allem setzte durch, daß Kanada britisch wurde und Guadeloupe den Franzosen zurückgegeben wurde.
Daß Benjamin Franklin diesen Rat als amerikanischer Patriot gab, ist nicht anzuzweifeln. Aber das hindert nicht, daß er auch persönlich am Britischwerden Kanadas und dem Selbständigwerden der 13 britischen Nordamerika-Kolonien interessiert war. Sowohl als Großaktionär der »Ohio Company« wie als Mitbegründer der »Walpole Company«, denn diese Chartergesellschaft besaß riesige Gebiete westlich des Ohio, die bis zum Scioto-River und der heutigen Halbmillionenstadt Columbus, Ohio, das heißt 400 Kilometer über das Alleghany-Gebirge hinausreichten. Die Anteile beider Gesellschaften aber wurden wertlos durch den 1774 vom britischen Parlament erlassenen »Quebec Act« und schon der »Stamp Act« von 1765 und die »Revenue-Akte« von 1767 hatten Franklin als Verleger, Zeitungsherausgeber und größten Papierhändler der Kolonien schwer geschädigt.
Auch diese Gesetze aber waren eine Folge des Siebenjährigen Krieges. Der machte England, wie gesagt, zur Weltmacht. Der ließ aber auch *die Schulden Großbritanniens* von 52 Millionen Pfund auf die damals riesige Summe von 147 Millionen anwachsen, und die jährlichen Zinszahlungen erforderten nun

die Hälfte sämtlicher Staatseinnahmen. Das britische Parlament beschloß, auch die Untertanen des Königs in Nordamerika an diesen Lasten teilnehmen zu lassen und erließ die »Proklamation von 1763«: Die 13 Kolonien wurden zu vier Generalgouvernements zusammengefaßt und die Verwaltung zentralisiert. Der Handel mit den Eingeborenen wurde von teuren Sondergenehmigungen abhängig gemacht, das »Melasse-Gesetz« von 1733 verschärft und damit der Westindien-Handel praktisch zum Erliegen gebracht. Vor allem aber wurde das Zollwesen reorganisiert, das bisher mehr gekostet hatte, als es einbrachte: Die Zollfahndung erhielt das Recht, jedes Gebäude bei Tag und Nacht auf Schmuggelware zu durchsuchen, und aus England kamen Aufsichtsbeamte, die an den Zollstrafen beteiligt und so nicht zu bestechen waren. Schließlich beschloß das Parlament *die Besteuerung der amerikanischen Kolonien,* wurde am 23. März 1765 der erwähnte »Stamp Act« erlassen: Keine Urkunde, Rechnung oder Quittung war fortan gültig, die nicht die entsprechende Stempelmarke trug, die zwischen einem halben Penny und zehn Pfund kostete. Aber auch keine Zeitung, Zeitschrift oder Broschüre durfte ohne Stempel erscheinen, und so hatte London mit einem Schlag nicht nur alle Kaufleute, Rechtsanwälte und Notare, sondern auch Verleger und Journalisten gegen sich. Der Widerstand der Amerikaner war so heftig, daß das Parlament im März 1766 die »Stempel-Akte« mit 275 gegen 161 Stimmen wieder aufhob.

Die Kolonisten triumphierten. Denn auch das Kabinett Grenville fiel durch diese Abstimmung. Aber die Regierung Townshend setzte im Juni 1767 Zölle u. a. auf Tee und Papier durch, die etwa 40.000 Pfund jährlich einbringen sollten, und die sehr hohen Papierzölle hatten den gleichen Zweck wie die Stempel-Akte, sie sollten amerikanische Zeitungen unerschwinglich teuer machen.

Damit wurden diese und die »Öffentliche Meinung« endgültig zu Gegnern der englischen Herrschaft, und die Agitation gegen England nahm unablässig zu. Belanglose Zwischenfälle wurden zu »Symbolen britischer Tyrannei«: Am 5. März 1770 z. B. töteten sieben englische Soldaten in klarer Notwehr drei Amerikaner und verwundeten acht. In die Geschichte ging das als »Boston Massacre« ein, als »Blutbad von Boston«. Eine Boykottbewegung gegen britische Waren wurde organisiert und schließlich am 16. Dezember 1773 durch *die »Boston Tea Party* (wie Franklin es sagte) die Lunte ans Pulverfaß gelegt«: 51 als Indianer verkleidete Amerikaner enterten ein von zwei englischen Kriegsschiffen begleitetes Tee-Schiff der East India Company und warfen Tee im Wert von 17.000 Pfund ins Meer, statt für ihn Zoll zu bezahlen. Der Vorfall wird bis heute in allen Schulbüchern ausführlich geschildert. Allerdings ohne zu sagen, wer den Überfall organisierte: Es waren die Mitglieder der Freimaurer-Loge »San Andreas«, die von ihrem Versammlungslokal in der Taverne »Zum Grünen Drachen« aufbrachen. Leiter dieser Loge war der Chirurg Joseph Warren, ein intimer Freund Benjamin Franklins ...

Und das Pulver *ging* los: Das britische Parlament reagierte auf den »Bostoner Aufruhr« am 28. März 1774 mit der Sperre des Hafens von Boston, was praktisch *die Unterbindung des gesamten Außenhandels der amerikanischen Ostküsten-Niederlassungen* bedeutete. Dies wiederum führte am 27. Mai 1774 zur Erklärung der Bürgerversammlung von Virginia, die Hafen-Sperre sei »ein höchst gefährlicher Versuch, die verfassungsmäßige Freiheit von ganz Nordamerika zu zerstören«, und alle 13 Kolonien wurden aufgefordert, Delegierte zu einem »Kontinental-Kongreß« zu entsenden, um Gegenmaßnahmen zu beraten. Der Widerhall war vorerst gering. Aber am 22. Juni 1774 erließ das britische Parlament den erwähnten »Quebec-Act«: Die Charter der »Ohio-Company« wurde aufgehoben und den Kolonisten jede Besiedlung der Gebiete westlich des Alleghany-Gebirges verboten. Das gesamte Hinterland der Kolonien Virginia, Massachusetts, Connecticut und New York, das gesamte Gebiet zwischen dem Ohio und den Großen Seen, wurde »vorsorglich« der Provinz Quebec zugeschlagen. Britisch-Kanada reichte nun noch viel weiter nach Osten als seinerzeit das französische, und *damit* war der amerikanische Unabhängigkeitskrieg unvermeidlich geworden, denn *der »Quebec Act« führte zur Interessengemeinschaft der konservativen Großgrundbesitzer Virginias und der liberalen Kaufleute und Intellektuellen Neuenglands.* Er verringerte das Gebiet der 13 Kolonien von etwa zwei Millionen Quadratkilometer auf 800000, unterband *jede* West-Expansion und *zwang* so vor allem Virginia zum Kampf. *Jetzt* hatte der Aufruf zum Zusammentritt eines »Kontinental-Kongresses« Erfolg. Der trat am 5. September 1774 in der Carpenters Hall von Philadelphia zusammen, erließ am 14. Oktober eine »Menschenrechts-Erklärung«, aber auch den »Verzicht auf jeglichen Handel mit England« und setzte Ausschüsse zur Durchführung dieses Boykotts in den einzelnen Kolonien ein. Binnen zwölf Monaten sank die britische Einfuhr von 2,6 Millionen auf 200.000 Pfund.

Haupt-Organisator dieser Boykottbewegung war John Hancock, der das Harvard-College absolviert hatte, ehe er in das Handelshaus seines Onkels Thomas in Boston eintrat, das er 1764 zusammen mit einem der größten Vermögen Nordamerikas erbte. Seit sein Schiff »Liberty« 1768 wegen Schmuggels von Madeira-Wein aufgebracht und beschlagnahmt wurde, führte er Prozesse gegen die Zollverwaltung, die ihrerseits behauptete, er schulde ihr mehr als vier Millionen Pfund. Für den 19. April 1775 war vor dem Admiralitätsgericht in Boston eine Verhandlung angesetzt, in der sich Hancock gegen die Anklage, Waren im Wert von 506.000 Pfund geschmuggelt zu haben, verteidigen sollte, und zum Erscheinen vor diesem Gericht sollte er gezwungen werden. Er hielt sich mit Amerikas führendem Publizisten Samuel Adams und mit dem späteren Präsidenten der USA John Adams in Lexington, etwa zwölf Kilometer von Boston entfernt, auf und dort sollte er festgenommen werden. Aber das verhinderten die Milizen, die seit dem Vorjahr überall in den Kolonien entstanden waren. Es kam zu

Gefechten, die heute »Schlacht von Lexington« heißen und bei denen es zuerst sieben Tote und neun Verwundete gab, nachdem die Engländer auf dem Rückmarsch nach Boston in immer neue Hinterhalte gerieten, insgesamt etwa 300 Tote. Von einer »Schlacht« kann also nicht die Rede sein. Aber auch Partisanen-Aktionen konnten die Engländer nicht hinnehmen, und so begann ein Krieg, der acht Jahre dauerte.
Ein Kampf, den die Amerikaner alleine nie hätten gewinnen können. Wie es der Amerikaner Douglas Southall Freeman in seiner Washington-Biographie sagt: »Das schwache, unerfahrene Amerika hatte keinerlei Chance, durch Waffengewalt seine Unabhängigkeit zu erzwingen, solange Frankreich nicht die britische Flotte von seinen Küsten fernhielt und eine britische Blockade verhinderte.« Das wußte auch Washington, der 1781 an dem ihm zu Hilfe gesandten französischen Admiral François Marquis de Grasse-Tilly, der am 5. September 1781 eine englische Flotte bei Cap Henry in der Chesapeake-Bucht schlug, schrieb: »Welche Anstrengungen wir auch immer machen, die Entscheidung wird auf See fallen ...«
Die Rebellen aber waren nicht nur machtlos gegenüber der britischen Flotte. Es gab auch keine einzige Pulverfabrik in den 13 Kolonien, die erste Nordamerikas gründete ein französischer Einwanderer, Eleuthère Iréné Du Pont de Nemours, 1802 in Wilmington in Delaware. Da gab es keine Waffenfabriken und überhaupt keine nennenswerte Industrie, und da gab es, wie geschildert, so gut wie kein Geld. Als am 10. Januar 1776 Thomas Paines berühmtes Flugblatt »Common Sense« erschien, in dem erklärt wird, die Kolonisten seien dabei, *»eine amerikanische Nation, die sich über den ganzen Kontinent ausbreiten wird«*, zu bilden, die der Welt das Beispiel eines Volkes geben werde, »das sich von den knechtischen Überlieferungen der Monarchie und der niedrigen Politik der Alten Welt befreie«, fanden sich innerhalb kurzer Zeit 100000 Käufer unter einer Bevölkerung von damals nur etwa drei Millionen. Aber das »Volk« der 13 Kolonien schuf die Vereinigten Staaten *nicht.*

Den sehr sorgfältigen Untersuchungen des Amerikaners S. E. Morison zufolge stellte sich höchstens ein Drittel der Bevölkerung auf die Seite der Revolutionäre, die überwiegende Mehrheit der Amerikaner »wartete ab«. *Nur* Frankreichs und Spaniens königliche »Tyrannen« und nur »die niedrige Politik der Alten Welt« ermöglichten die Gründung der Vereinigten Staaten. Erst als Frankreich und Spanien *offen* in den amerikanischen Unabhängigkeitskampf eingriffen, setzten sich auch die amerikanischen »Freiheitskämpfer« durch.

Natürlich sandten Ludwig XVI. und Karl III. nicht Waffen, Hilfsgelder und schließlich Truppen aus Sympathie für die Amerikaner über See. In Frankreich war nie vergessen worden, *wie* das von Franzosen entdeckte und von Franzosen erschlossene Kanada britisch wurde und *wie* sich England die französischen Besitzungen in Indien aneignete. Ebensowenig machte sich Spanien Illusionen über Englands Absichten auf seine amerikanischen Kolonien, vergaß es, wer Portugal zum Abfall von Spanien brachte. Die amerikanischen Aufständischen hatten das Glück, daß einer der weitsichtigsten und energischsten aller spanischen Staatsmänner, Pedro Pablo Abarca de Bolea, zehnter Graf von Aranda, seiner Agrarreformen wegen auf Drängen des spanischen Hochadels 1773 als Botschafter nach Paris abgeschoben wurde, dennoch aber der intimste Berater König Karls III. blieb und diesen 1775 überzeugte, daß *»die Schicksalsstunde für den Entscheidungskampf mit England«* gekommen sei und der nordamerikanische Aufstand »ein Augenblick, der in Jahrhunderten nicht seinesgleichen haben wird«. Er verkannte nicht, daß auch ein selbständiger nordamerikanischer Staat Europa gefährlich werden könne und schrieb 1777 an Karl III., das amerikanische Volk sei »heute ein Kind, das mit Hilfe Frankreichs und Spaniens auf die Welt komme, bald aber ein Riese sein werde ... Für England jedoch ein weit gefährlicherer als für alle anderen Mächte.«

Der gleichen Meinung war Frankreichs Außenminister Graf Charles de Vergennes und durch ihn der König Frankreichs.

Vergennes sandte bereits im Sommer 1775 einen Geheimagenten nach Amerika, der den Englandfeinden Hilfe versprach. Das war Pierre Augustin Caron de Beaumarchais, der heute nur als der erfolgreichste Lustspieldichter des 18. Jahrhunderts bekannt ist, aber eine entscheidende Rolle im amerikanischen Unabhängigkeitskampf spielte und dem Vergennes die Koordination der französisch-spanischen Hilfslieferungen und Hilfszahlungen an die Amerikaner übertrug. Bereits zu Weihnachten 1775 trafen in Boston, Lynn, Newburyport und Portsmouth als Schmuggelware Waffen und Munition sowie Geschützbauer und Artillerieoffiziere ein, und im Mai 1776 erhielten die Amerikaner die erste Million Livres französischer und die erste Million Livres spanischer Hilfsgelder, in heutiger Kaufkraft etwa 20 Millionen Dollar.

Die Könige von Frankreich und Spanien zahlten also bereits, *bevor* es am 4. Juli 1776 zur Unabhängigkeitserklärung durch den Kongreß kam, und sie zahlten immer wieder und noch im Jahre 1782, als John Jay und Benjamin Franklin bereits mit den Engländern über einen Sonderfrieden verhandelten. Denn *der chronische Geldmangel der »Kontinental-Kongresse«* behinderte den »Freiheitskampf« am meisten.

Der zweite dieser insgesamt 15 zwischen 1774 und 1788 tagenden Kongresse, der bereits aus einer beratenden Versammlung praktisch eine provisorische Regierung geworden war, Exekutive und Legislative in einem, trat am 10. Mai 1775 in Philadelphia zusammen. Er beschloß die Aushebung einer »Kontinental-Armee« und unterstellte sie George Washington. Der hatte bereits am ersten Kongreß in der Uniform eines Miliz-Obersten teilgenommen und erklärt, er werde auf eigene Kosten tausend Mann anmustern und an ihrer Spitze die Engländer aus Boston vertreiben. Aber inzwischen war klar geworden, daß ein langwieriger Krieg geführt werden mußte, und das Problem war dessen Finanzierung. Denn wenn auch der Versuch Englands, Steuern in Amerika einzuheben, *nicht* der Hauptgrund des Aufruhrs war, so hatte bereits 1761 der amerikanische Anwalt James Otis in einem Prozeß vor dem Obersten Gericht von Massachusetts erklärt: *»Besteuerung ohne politisches Mitspracherecht der Besteuerten ist Tyrannei!«* Dieser Slogan wurde einer der populärsten der Kampfzeit, Otis' Anklagerede 1773 von John Adams im »Massachusetts Spy« veröffentlicht und von Benjamin Franklin in Massenauflage als Flugblatt verbreitet. Jetzt selber Steuern einheben, ohne vom »Volk« dazu ermächtigt zu sein, konnte der Kongreß nicht, und die einzelnen Kolonien, die diese Rechte besaßen, waren keineswegs bereit, sie ihm zu übertragen. Es gab endlose Diskussionen, aber schließlich nur *ein* Mittel, das Kopfgeld und den Sold für die Truppen zu beschaffen: Am 22. Juni 1775 beschloß der Kongreß, zwei Millionen Dollar in Form von »Kreditscheinen« aufzubringen. Damit war *eine »Kontinental-Währung« und »Banknoten der Vereinigten Kolonien«* geschaffen, und wie die frühen englischen Banknoten bestanden diese »Union-Dollars« aus Vordrucken mit von Hand eingesetzten Werten, handgeschriebenen Seriennummern und echten Unterschriften.

Was allerdings bald geändert wurde, denn der ersten Ausgabe folgten schon bis Ende 1776 fünf weitere von zusammen 15 Millionen Dollar. Insgesamt bewilligte der Kongreß bis zum 29. November 1779 zweiundvierzig Papiergeldausgaben von zusammen 214,6 Millionen, und gleichzeitig gaben die Einzelkolonien weitere 209,5 Millionen Papierdollars aus. Da diesem Papier keine entsprechende Produktion gegenüberstand, ging es dem Dollar wie später den französischen Assignaten: Er wurde wertlos. Bereits 1776, als feierlich die Unabhängigkeit der 13 Kolonien erklärt wurde, waren zweieinhalb Papierdollars nur mehr einen Silberdollar wert.

Im Januar 1777 beschloß deshalb der Kongreß einen allgemeinen Preis-Stopp und setzte entsprechende Überwachungsausschüsse ein. Der einzige Erfolg war, daß alle lebenswichtigen Waren vom Markt verschwanden und nur noch schwarz gehandelt wurden. Die Preise stiegen nur noch rascher, und im

Sommer 1777 warnte John Adams vor dem »totalen Ruin und einem Bürgerkrieg«. Aber die Kolonien gaben ihre Zoll- und Steuerhoheit nach wie vor nicht auf, behielten sich dieses Alleinrecht in den am 15. November 1977 veröffentlichten »Konföderations-Artikeln« ausdrücklich vor. Dem Kongreß wurde das Recht zur Aufnahme von Anleihen zugesprochen, und er durfte gegen Requisitionsscheine das für den Kampf Nötige beschlagnahmen. Aber irgendein eigenes Bareinkommen erhielt er nicht.

Ende 1777 schlug der Kongreß den Einzelstaaten deshalb *die Enteignung der Loyalisten* vor, der England und dem König treugebliebenen Amerikaner, die John Adams zufolge etwa ein Drittel der Kolonisten ausmachten. Als der Unabhängigkeitskrieg ausbrach, wurden ihnen die Bürgerrechte abgesprochen, Tausende geteert und gefedert und nicht wenige ermordet. Gut 80000 flohen nach Kanada. Viele kämpften auf seiten der Engländer (während deutsche Einwanderer Regimenter bildeten, die gegen die von den Engländern gekauften Hessen kämpften), und so *war* der Unabhängigkeitskrieg auch ein Bürgerkrieg. Jetzt wurde der Loyalisten-Besitz versteigert, und die Bodenbesitzverhältnisse änderten sich in Amerika kaum weniger radikal als nach 1917 in Rußland. Der Kongreß-Anregung war mit Begeisterung nachgekommen worden, und da vor allem Großgrundbesitzer königstreu waren, wurden Millionen Hektar aufgeteilt und zugleich Fideikomiß-, Primogenitur- und Erbpachtrechte auch de jure abgeschafft. Der Bar-Ertrag der Enteignungen jedoch versickerte wie Wasser im Sand, und was nicht unterschlagen wurde, blieb in den einzelnen Kolonien, der Kongreß erhielt praktisch nichts. Es *gab* kein Silber und kein Gold, um die Papierdollars einzulösen, und so nahm *die erste galoppierende Inflation der Weltgeschichte* ihren Lauf: Im Winter 1779–80 kostete ein Faß Mehl 575 Dollar, ein Paar Schuhe mindestens 150 und ein Anzug 2000. Amerika fiel zurück in die Tauschhandels-Ära. Die Einzelstaaten machten ihr Papiergeld zum gesetzlichen Zahlungsmittel, verpflichteten jedermann, es als Zahlung für vor der Revolution eingegangene Schulden anzunehmen, und erklärten die sich Weigernden zu »Feinden der Freiheit Amerikas«. Aber das änderte nicht das geringste daran, daß das Verhältnis Papier:Metall nun 27:1 betrug. Ende 1779 forderte der Kongreß die Einzelstaaten zu neuen Anstrengungen auf und erklärte: »Eine bankrotte, wortbrüchige Republik ... würde sich unter achtungswerten Nationen wie eine gemeine Dirne unter keuschen und achtbaren Matronen ausnehmen. Der Stolz Amerikas empört sich gegen diesen Gedanken; seine Bürger wissen, zu welchen Zwecken diese Emissionen erfolgten und haben sich wiederholt für deren Einlösung verbürgt.« Aber drei Monate später gab es den Staatsbankrott; beschloß am 11. März 1780 der Kongreß eine »Währungsreform«: Das umlaufende Papiergeld wurde eingezogen und durch neues, statt auf den Kredit des Kongresses auf den der Einzelstaaten gegründetes ersetzt. Dieses neue Papier sollte binnen sechs Jahren in Metall eingelöst werden und wurde mit 5 % verzinst. Aber für jeden dieser neuen Dollars mußten vierzig umlaufende abgeliefert werden. Der Dollar wurde also 40:1 abgewertet. Aus 423 Millionen Dollar wurden 10,5 Millionen, die der Kongreß in silbergedeckte Staatsschuldscheine verwandeln *konnte,* weil er dazu von Frankreich zweieinhalb Millionen Livres in Metall erhalten hatte, die eine französische Fregatte nach Amerika brachte. Aber *412 Millionen Papierdollar waren Makulatur geworden,* und was das bedeutete, wird nur klar, wenn man weiß, daß die Gesamtwirtschaftsleistung der Vereinigten Staaten für das Jahr 1790 auf höchstens 140 Millionen Dollar geschätzt wird, das gesamte Volksvermögen der 13 Kolonien 1780 höchstens 500 Millionen Dollar betrug. Das waren etwa 140 Dollar pro Kopf. Die 412 Millionen Papiergeld-Abschreibung machten bei den damals dreieinhalb Millionen Einwohnern 118 Dollar aus: Wer sein Leben lang gespart hatte, verarmte. Wer bedenkenlos geborgt hatte, wurde reich. In einem Bericht der Zeit heißt es: »Ehre und Gerechtigkeit wurden von der überströmenden Flut legaler Nichtswürdigkeit hinweggeschwemmt ... Gewandte und gewissenlose Abenteurer fanden in der Entwertung und den lokalen Verschiedenheiten und plötzlichen Fluktuationen der Umlaufmittel einen mühelosen Weg zum Reichtum und *ein unheilvolles Interesse an der Fortdauer des Kampfes* ... Wir können wohl mit Sicherheit annehmen, daß nicht weniger als 20000 Menschen in Amerika ehrliche Berufsarten aufgaben, um sich auf diesen schurkischen Erwerbszweig zu verlegen ...« George Washington schrieb damals: »Spekulation, Unterschleif, Wucher, Aufkäuferei mit allem, was daran hängt, liefern zu viele traurige Beweise vom allgemeinen Verfall öffentlicher Tugend.« Während große Teile der Bevölkerung verelendeten, nahm der Luxus fast unvorstellbare Ausmaße an. Während der düstersten Periode des Unabhängigkeitskampfes gab es in Philadelphia, erneut dem Sitz des Kongresses, Orgien sinnloser Verschwendung.

Dennoch ging der Kampf weiter. Vor allem Washingtons Presseagenten und Public-Relations-Experten Thomas Paine war es gelungen, den Unabhängigkeitskrieg als *Kampf um Menschenrechte und eine bessere Welt* hinzustellen, und so wurde er nicht nur von Frankreichs und Spaniens Regierungen finanziert, sondern auch von reichen Idealisten wie dem Marquis de Lafayette, der 1777 in Georgetown eintraf, von Washington das Kommando über eine Division erhielt und für diese Freiwillige in Frankreich anwarb. Lafayette versorgte seine Truppen mit Schuhen und Uniformen, indem er sein Privatvermögen verpfändete. Er verausgabte für die amerikanische Sache nicht nur sein riesiges jährliches Einkommen, sondern auch noch 700000 Gold-Livres seines Kapitals. Da waren auch deutsche Idealisten wie der General von Steuben zu den Aufständischen gestoßen, der u. a. die heutige Elite-Militärakademie Westpoint gründete und den Plan für die Entscheidungsschlacht von Yorktown ausarbeitete. Der brachte 1777 auf seinem Schiff (das unterwegs dreimal Feuer fing) 1700 Zentner Schießpulver mit nach Portsmouth in New Hampshire. Dennoch schien die Lage der Union 1780–81 hoffnungslos. Die meisten Truppenteile hatten seit 16 Monaten keinen Sold erhalten, und selbst wo es für sie Nahrungsmittel gab, konnten sie ihnen oft nicht zugeführt werden, weil, wie Washington 1781 schrieb, »wir die Fuhrleute nicht bezahlen können, die nicht länger gegen Scheine arbeiten wollen ...« Aber erneut rettete der König von Frankreich die amerikanischen Republikaner, indem er die ungedeckten Wechsel, die Benjamin Franklin im Namen des Kongresses in Europa ausgegeben hatte, einlösen ließ. Frankreich gewährte der Union ein neues Darlehen von 4 Millionen Livres und machte ihr ein »Wiegengeschenk« von 6 Millionen. Dazu übernahm Paris die Bürgschaft für eine Anleihe von 10 Millionen in Holland.

Vor allem aber erkannte Frankreich, was 1917 die Vereinigten Staaten erkannten: Wenn das viele Geld, das seine Verbündeten erhalten hatten, nicht verloren sein sollte, mußten *eigene* Truppen in den Kampf eingreifen, mußten die amerikanischen Rebellen *offen* unterstützt werden. Bis zum 6. Februar 1778 war das strikt geheim geschehen. Aber nun gelang Benjamin Franklin und Arthur Lee als Vertretern der Union – und als Mitbesitzern der »Ohio-Company« – der Abschluß eines Offensiv- und Defensiv-Bündnisses und eines Handelsvertrages mit Frankreich, und das bedeutete *die Ausweitung des amerikanischen Unabhängigkeitskrieges zu einem Weltkrieg:* Als Antwort auf das Bündnis mit den Rebellen erklärte England Frankreich den Krieg. Auf Grund seines Bündnisvertrages mit Frankreich erklärte am 12. April 1779 Spanien England den Krieg. Am 10. März 1780 erklärte Rußland seine »bewaffnete Neutralität« und warnte England, nicht nur seine eigenen, sondern irgendwelche neutralen Schiffe auf Bannware nach oder vor Amerika zu durchsuchen. Frankreich, Spanien, Österreich, Preußen, Dänemark und Schweden schlossen sich dieser »Liga der bewaffneten Neutralität« an. Als auch Holland, das bereits am 4. September 1778 einen Freundschafts- und Handelsvertrag mit den Kolonisten geschlossen hatte, dieser Liga beitreten wollte, erklärte ihm England am 1. November 1780 den Krieg. Und so gab es Seeschlachten im Atlantik, in der Karibik und im Mittelmeer, wo die Engländer Menorca besetzten, während die Spanier bis 1783 Gibraltar belagerten. Da wurde in der heutigen Indischen Union und in Afrika gekämpft. Da wurden aber 1780 auch die ersten 4000 Mann regulärer französischer Truppen nach Amerika eingeschifft. Schließlich kämpften 16000 Franzosen in Amerika, und *die* und die von Steuben aufgestellten deutschen Regimenter entschieden den Krieg. Denn wie Washington es (in seinen Briefen von 1776, 1777, 1778 und 1780 nachzulesen) sagte: »Wir verfügen über eine Truppenmasse, die ohne Vernunft und Zweck kommt und geht, wo und wie es ihr beliebt, die Lebensmittel verzehrt, den Kriegsbedarf verbraucht und im entscheidenden Augenblick davonläuft.« Die Amerikaner ließen sich stets nur für kurze Zeit anwerben, meist nicht länger als sechs Wochen, und nur gegen ein Handgeld von zehn Dollar. »Ganze Regimenter gehen auf einmal davon ... Die Zuchtlosigkeit wirkt ansteckend, und so muß ich Ihnen gestehen, daß ich wenig Vertrauen in meine Truppen habe«, gestand Washington und fügte 1778 hinzu: »Was alle beherrscht, ist ein unersättlicher Durst nach Reichtum. *Spekulation und Diebstahl sind die Kennzeichen der Zeit,* und Partei-Streitigkeiten überschatten alle wichtigen Fragen ... Unsere Schulden nehmen unaufhörlich zu, und das entwertete Papier bedeutet Verlust allen Kredits. Mehr und mehr Offiziere verlassen den Dienst, entweder, weil sie völlig verarmt sind, oder weil sie auch reich werden wollen ...«

Das Heer Washingtons schrumpfte 1776–1780 von rund 25000 auf 12000 Mann. Im Januar 1781 meuterten 1300 Mann in Morristown, töteten zwei ihrer Offiziere und zogen mit sechs Geschützen nach Princetown, wo der Kongreß tagte. Ihr Ultimatum lautete: Soldzahlung in Metall oder Gefangennahme aller Mitglieder. Die brachten das Geld privat auf, und nun bat Washington offen um fremde Truppen, »weil sich unser

Volk, das an schwere Lasten nicht gewöhnt ist, zu den Opfern, die nun unbedingt gebracht werden müssen, selber nicht bereit findet«. Vor allem die französischen Linien-Regimenter entschieden die Schlacht von Yorktown, durch die sich am 19. Oktober 1781 Lord Cornwallis mit seinen Truppen ergeben mußte. Auf den Wällen von Yorktown wurde das Lilienbanner der Könige von Frankreich gehißt ...

Daß Ludwig XVI. nicht mehr lange König blieb, war nicht zuletzt das Werk des Marquis de Lafayette, der 1778 in die Großloge von Pennsylvania aufgenommen worden war, sich für die von dem Quäker William Penn entworfene Verfassung des Staates Pennsylvania begeisterte und aus deren Einleitung die »Menschenrechts-Artikel« übernahm, die am 26. August 1789 die Französische Nationalversammlung erließ. Wie es Kaiser Wilhelm II. nicht gut bekam, daß seine Regierung den Bolschewiken 56 Millionen Goldmark zahlte um Rußlands Zusammenbruch zu erreichen, so kam es den König von Frankreich teuer zu stehen, daß er England durch die Finanzierung der Amerikaner zu schwächen suchte. Und schon lange bevor es zur Französischen Revolution kam und lange bevor am achten Jahrestag der »Schlacht« von Lexington, am 19. April 1783, die Feindseligkeiten in Amerika offiziell eingestellt wurden, *brach* John Jay das Bündnis, das die Union mit Frankreich geschlossen hatte.

Einer aus Bordeaux eingewanderten Hugenotten-Familie angehörend, war John Jay der Sohn eines der reichsten Kaufleute von New York und heiratete 1774 Sarah Livingston, deren Familie nicht nur ebenfalls zu den reichsten der Stadt gehörte, sondern deren Vater Robert eines der prominentesten Mitglieder des ersten Kontinental-Kongresses war und durch die Finanzierung Robert Fultons eine weltgeschichtliche Rolle spielte. Jay hatte am Kings College (der jetzigen Columbia Universität) die Rechte studiert und eine rasch florierende Anwaltskanzlei eröffnet. Er wurde ebenfalls Mitglied des Kontinental-Kongresses und verfaßte 1774 dessen »Aufruf an die Völker«

von Kanada, Jamaica und Irland. Im Jahre 1777 war Jay Vorsitzender des Ausschusses, der die Verfassung des Staates New York entwarf, und wenig später wurde er dessen erster Oberster Richter.

Im Herbst 1779 sandte der Kongreß Jay nach Spanien, um ein offenes Bündnis wie das im Vorjahr mit Frankreich geschlossene zustande zu bringen und um einen Kredit von fünf Millionen Dollar zu erlangen. Spanien befand sich, wie gesagt, bereits im Krieg mit England, und seine Flotte schützte gemeinsam mit der französischen die amerikanischen Küsten und verhinderte britische Truppen- und Munitionstransporte. Aber Spanien hatte an seine eigenen Amerika-Kolonien zu denken und wollte »Revolutionäre« nicht offen anerkennen. Und die Finanzlage Spaniens war so, daß Jay sich schließlich mit 150.000 Dollar zufriedengeben mußte.

Die Erfahrungen in Madrid überzeugten ihn, daß der Krieg so rasch wie möglich beendet werden mußte. Jay setzte durch, daß er 1781 mit Bejamin Franklin, John Adams und Henry Laurens vom Kongreß beauftragt wurde, in Paris mit einem Vertrauensmann König Georges III. Friedensverhandlungen zu führen, erhielt aber wie diese den ausdrücklichen und strikten Befehl, nichts ohne das Wissen und die Einwilligung der französischen Regierung zu tun, denn im Bündnisvertrag zwischen der Union und Frankreich war jeder Sonderfrieden ausgeschlossen und diese Konsultation vereinbart worden. Jay jedoch überzeugte seine Kollegen, daß sie sich über diesen Befehl hinwegsetzen mußten. Im Winter 1778–79 hatte George Rogers Clark, ein Virginier und Aktionär der »Ohio-Company«, von Illinois aus das ganze Gebiet nördlich des Ohio, vom Alleghany-Gebirge bis zum Mississippi, in die Hand der Union gebracht, und so forderten die Unterhändler auf eigene Faust statt der Alleghanies den Mississippi als Westgrenze und statt des Ohio die Großen Seen als nördliche Grenze.

Aus welchen Gründen sie sich durchsetzten, steht nicht fest. Wie in jedem Krieg gab es im Amerikanischen Unabhängigkeitskrieg Greuelpropaganda und nicht nachprüfbare Behauptungen. Zur galoppierenden Inflation soll es gekommen sein, weil die Engländer angeblich nach der Papiergeldausgabe des Kongresses 1775 Unmengen Falschgeld in Amerika verbreiteten. Jay und seine Kollegen sollen ihren fast unglaublichen Erfolg durch Verteilung von »Ohio-Company«-Anteilen an die »richtigen« Leute erzielt haben. Fest steht jedenfalls: Am 30. November 1782 wurde im damaligen Hotel York in der Pariser Rue Jacob ein *Sonderfrieden zwischen England und der Union* unterzeichnet, der nicht nur die Unabhängigkeit der 13 Kolonien anerkannte, sondern dem neuen Staat »alle Gebiete, die nicht eindeutig besiedelte Teile Kanadas sind oder sich nicht eindeutig in spanischem Besitz befinden«, überließ. Der »Quebec Act« von 1774 wurde aufgehoben, Amerikas Recht auf West-Expansion anerkannt und der Erneuerung der »Ohio-Company« zugestimmt. Statt rund 800000 Quadratkilometer umfaßten so die Vereinigten Staaten 2248000, sie waren nun fast dreimal so groß wie zu Beginn der Kämpfe.

Damit war die neue Republik durch einen klaren Vertragsbruch zustande gekommen, aber wie es im bereits zitierten Wahlspruch der Familie Washington heißt: »Der Erfolg heiligt die Mittel.« Jay wurde bei seiner Rückkehr nach New York im Juli 1784 gefeiert wie niemand zuvor. Er wurde Ehrenbürger der Stadt, im Dezember Außenminister der Vereinigten Staaten und schließlich von Präsident Washington zum Vorsitzenden des Obersten Bundesgerichtes ernannt. Am 3. September 1783 schlossen in Versailles Großbritannien, Frankreich, Spanien und die Vereinigten Staaten den Frieden, der *alle* durch die amerikanische Erhebung ausgelösten Kämpfe beendete und am 20. Mai 1784 durch einen Frieden zwischen England und Holland ergänzt wurde: *Die Unabhängigkeit der Vereinigten Staaten* wurde von allen Beteiligten »für ewige Zeiten« anerkannt, ebenso die im amerikanisch-englischen Sonderfrieden von 1782 vereinbarten Grenzen. England und Frankreich tauschten aus, was sie sich während des Krieges in Westindien, Afrika und Ostasien gegenseitig abgenommen hatten. Spanien erhielt Florida und die Mittelmeerinsel Menorca zurück und behielt Louisiana. Sieger gab es nur einen: die Vereinigten Staaten von Amerika, deren Name ebenfalls anerkannt wurde, obwohl Amerika bekanntlich nicht nur aus Nordamerika besteht und Nordamerika nicht nur aus den Vereinigten Staaten.

Ob der neue Staat Bestand haben würde, war 1783 allerdings keineswegs sicher, denn seit 1780 war er praktisch bankrott, er besaß keine funktionsfähige Währung, und zum Unterschied vom spanischen Dollar waren *»Yankee-Dollar«* und *»völlig wertlos« gleichbedeutend.* Am 6. Januar 1783 hatte Robert Livingston Benjamin Franklin nach Paris geschrieben: »Die Armee verlangt mit Ungestüm den rückständigen Sold. Der Schatz ist leer ... und sollten die Kontributionen noch ferner wie bisher mit dem Degen in der Hand gefordert werden, so mögen die Folgen schrecklicher sein, als man sich vorzustellen vermag ... Auch der Frieden macht eine Anleihe unbedingt nötig, damit wir die Armee entlassen können, die ohne Bezahlung nicht so leicht auseinandergehen wird ...« Er irrte sich nicht, im Sommer 1783 griffen meuternde Soldaten erneut den Kongreß tätlich an. Und was das Ärgste war: Mehrere Bundesstaaten hielten es nicht länger für der Mühe wert, Vertreter in den Kongreß zu entsenden. Schließlich waren *nur noch fünfzehn Männer bereit, die Geschäfte der »Nation« zu führen.* Bereits am 4. Dezember 1783 hatte George Washington das Oberkommando der »Kontinental-Armee« niedergelegt, und im August 1786 schrieb er: »Welcher Triumph für die Verteidiger des Despotismus, feststellen zu können, daß wir nicht in der Lage sind, uns selbst zu regieren, und daß ein auf die Grundlage gleicher Freiheit gegründetes System nur trügerische Phantasie ist.«

Inzwischen aber hatte Washingtons Adjutant und intimster Berater, Alexander Hamilton, über Mittel und Wege nachgedacht, die Union zu erhalten, und der machte aus ihr eine Realität, verhinderte, daß der neue Staat in der Wiege starb.

Er schuf die Reichtums-Grundlagen dieses Staates – aber auch Spekulations-Möglichkeiten wie es sie nirgends sonstwo gab und er verschaffte der Dollar-Mentalität einen Spielraum, der sie zu einer Weltgefahr werden ließ.

Der wahre Begründer der Vereinigten Staaten

Alexander Hamiltons Staatsbank, die einigende Wirkung der amerikanischen Bundesschuld und die »Dollar-Mentalität«

Wenn heute niemand, der in der Europäischen Gemeinschaft etwas zu sagen hat, an das Zustandekommen eines Bundesstaates, der »Vereinigten Staaten von Europa«, glaubt, so schien die Bezeichnung »Vereinigte Staaten von Amerika« 1783 geradezu ein Hohn, hatte die mit der Realität so gut wie nichts zu tun. Kaum war Frieden geschlossen, nahm *die Uneinigkeit der ehemals britischen Kolonien* groteske Formen an, und mit ihren Streitigkeiten verglichen, scheinen die der EG-Mitglieder harmlos: Pennsylvania z. B. bekämpfte Siedler, die sich im Wyoming-Tal niedergelassen hatten, wie feindliche Indianerstämme und rieb sie auf. New York und Connecticut stritten um Vermont, und auch dabei blieb es nicht bei Worten; ihre Milizen lieferten sich erbitterte, blutige Kämpfe. Seit 1785 erhob der Staat New York prohibitive Einfuhrzölle auf Holz aus Connecticut und landwirtschaftliche Produkte aus New Jersey, kein Kohlkopf und kein Kilo Butter kamen frei über den Hudson-River. Darauf belegte der Staat New Jersey den von New York gebauten Leuchtturm auf Sandy Hook mit einer Jahresabgabe von 1800 Dollar und zerstörte, als die nicht bezahlt wurden, das Leuchtfeuer. Das Auseinanderfallen der Union schien unausweichlich, denn wenn heute mehr denn je die amerikanische Abfallbewegung als »Kampf um Freiheit und Menschenrechte« und als »Vorläufer der Französischen Revolution« gefeiert wird, nicht nur die Natur und damit die Wirtschaftsgrundlagen der 13 Kolonien waren überaus verschieden, ebensosehr unterschieden sich von Anfang an die Anschauungen über »Freiheit« der sklavenhaltenden Großgrundbesitzer von denen der selber arbeitenden Kolonisten.

Über *alles* gab es Meinungsverschiedenheiten, denn die 13 Kolonien waren ja von den verschiedensten Leuten besiedelt worden: Den Ton in Virginia gaben englische Aristokraten an, die sich von den daheimgebliebenen praktisch nur durch die Hautfarbe ihrer Landarbeiter unterschieden und die meist aus Protest gegen die Republik Cromwells England verlassen hatten. Maryland wurde 1632 von Lord Baltimore als Hort der Römisch-Katholischen gegründet, während Neuengland – Massachusetts, Connecticut, New Hampshire und Rhode Island – als Zuflucht der Puritaner entstanden. Hier ließen sich die extremsten der Anhänger Cromwells nieder, und so gab es in Amerika bald heftigere religiöse Kämpfe als in Europa. Vor allem um seinen in den anderen Kolonien verfolgten Anhängern ein Asyl zu schaffen, gründete der Quäker William Penn 1682 Pennsylvania. *So* wenig verband die 13 Kolonien untereinander, daß es niemals zu einer gemeinsamen Verteidigung gegen die Indianer kam. Als 1763 Indianerstämme in Virginia und Pennsylvania eindrangen, ein dreißig Kilometer breites Gebiet verwüsteten und fast alle weißen Ansiedler töteten, leisteten die Kolonisten, die sich nicht selber in Gefahr befanden, keinerlei Hilfe, und es blieb den englischen Truppen überlassen, in einem zweijährigen Krieg die Indianer zurückzutreiben.
Das erklärt, warum in der Verfassung der Vereinigten Staaten weder das Wort »Nation« noch das Wort »Demokratie« vorkommt: Als die »Gründerväter« des neuen Staates am 25. Mai 1787 im gleichen Saal Philadelphias, in dem sie 1776 dessen Unabhängigkeit proklamierten, als »Verfassungsgebender Konvent« zusammentraten, ging es nicht darum, Idealen nachzuleben, sondern darum, eine *existenzfähige* Gemeinschaft zu schaffen und ein *Herrschafts*-System, das die zentrifugalen Tendenzen der Unionsmitglieder zu überwinden vermochte. *Nicht auf Demokratie kam es an, sondern auf Autorität.* Denn die erst 1781 ratifizierten »Konföderations-Artikel« erklärten eindeutig: »Jeder Staat behält seine Souveränität, seine Freiheit und seine volle Unabhängigkeit.« Die 1787 in Philadelphia

vorgelegten Beglaubigungsschreiben der 55 Delegierten begannen alle mit ähnlichen Worten wie denen der Abordnung von Georgia: »Der Staat von Georgia, von Gottes Gnaden frei, souverän und unabhängig für immer ...« Neun der hier vertretenen Staaten hatten nun ihre eigene Marine, sieben druckten ihr eigenes Papiergeld und *alle* erhoben an ihren Grenzen Zölle von ihren Nachbarn. Da hatte einer der prominentesten Unterzeichner der Unabhängigkeitserklärung, Patrick Henry aus Virginia, die Teilnahme am Konvent abgelehnt, weil er von vorneherein jede Art Bundesregierung verwarf, ihm Virginia »viel zu groß, um von außerhalb regiert werden zu können«, schien und er nicht von den Engländern »Gebt uns Freiheit oder den Tod!« verlangt hatte, um sich nun von anderen »Fremden« regieren zu lassen. Schon daß es überhaupt zu einem »Verfassungsgebenden Konvent« kam, war deshalb keineswegs selbstverständlich gewesen, und nur weil in den Jahren 1783–87 verschiedene Unionsmitglieder in ebenso große Finanz-Schwierigkeiten wie der Kongreß gerieten, kam er zustande.

Daß diese Versammlung noch existierte, verdankte sie der »Länderverordnung« von 1785, durch die ihr sieben der ehemaligen Kolonien etwa 80 Millionen Hektar ihres »Hinterlandes« abtraten. Das durfte der Kongreß – »nicht unter einem Dollar je Hektar« – verkaufen, und das diente zugleich als »Bundes-Kapital«, mit dem die privaten Landgesellschaften entschädigt wurden, denn »Königliche Freibriefe« hatten in der neuen Republik natürlich keine Geltung mehr. Aus der »Ohio Company« wurde so die 1786 in Boston gegründete »Ohio Company of Associates«, welcher die Union 600000 Hektar zu je 1,66 Dollar sowie eine Option auf ein rund zwanzigmal so großes Gebiet überließ – allerdings erst, nachdem William Duer, der Finanzsekretär des Kongresses, und dessen Teilhaber die Hälfte der Anteile der neuen Gesellschaft erhalten hatten. Bereits im April 1788 entstand die erste Siedlung im heutigen Ohio.

Nennenswerte Einnahmen aber brachte die 1787 als »Northwest Ordinance« bestätigte Bodenzuteilung dem Kongreß nicht, denn es gab ja noch keine Masseneinwanderung, dieses »Hinterland« war verkehrsmäßig völlig unerschlossen, und es gab nach wie vor viel zuwenig Geld. Aus Bodenverkäufen erzielte der Kongreß kaum je mehr als zwei Millionen Dollar im Jahr, und selbst 1819 waren es erst drei Millionen. Und er besaß nach wie vor keine nennenswerten Einnahmen, keinerlei Vollstreckungsgewalt, kein Oberstes Gericht, keine Organisation zur Steuereinhebung und keine Kontrolle über die Währung. Er verfügte über keine Flotte, kein Heer und keine Polizei. Er besaß auch keine Möglichkeit, den Handel und die Industrie zu fördern, und wenn das Außenhandelsvolumen der 13 Kolonien im Jahre 1760 etwa 48 Millionen Dollar betragen hatte, so 1785 höchstens die Hälfte. Zwar hatte der Kongreß 1778 mit Frankreich und 1782 mit Holland Handelsverträge schließen können, aber die beruhten nicht auf Gegenseitigkeit. Erst Schweden 1783 und Preußen 1785 gestanden den Amerikanern die gleichen Rechte zu, die sie selber beanspruchten, und mit England verhandelte John Adams 1785–88 in London vergeblich über einen Handelsvertrag. Denn die englische Regierung wußte, daß der Kongreß keine Macht besaß, die Einhaltung von Verträgen durchzusetzen.
Am Außenhandel aber waren sehr mächtige Leute Amerikas interessiert, und das beschlossen Alexander Hamilton und *James Madison* (der 1809–17 Präsident der Vereinigten Staaten war) zu nutzen, um endlich eine handlungsfähige amerikanische Regierung zustande zu bringen. James Madison war der Sohn eines reichen Tabakpflanzers Virginias, fiel aber völlig aus dem Rahmen der dortigen Gesellschaft. Er hatte nie Zeit für Fuchsjagden und Bälle, war zudem klein, hatte ein verschrumpeltes Gesicht und war stets kränklich. Vielleicht dadurch, daß er oft nur drei Stunden schlief, kaum eine Nacht länger als vier bis fünf Stunden. Und Tag und Nacht las er. Er hatte in Princeton studiert, aber was es da zu lernen gab, ge-

nügte ihm nicht. Er war wohlhabend genug, um sich aus Europa an Büchern kommen zu lassen, was immer er brauchte, und so wußte er schließlich alles über alle antiken, mittelalterlichen und kontemporären Regierungen, was damals bekannt war, er kannte alle guten und schlechten Verfassungen. Virginia und Maryland stritten 1785 erbittert um die Schiffahrtsrechte auf dem Potomac und erhoben voneinander untragbare Zölle. Madison erschien das als ein Hohn: War der Unabhängigkeitskrieg nicht ausgebrochen, weil England einen Tee-Zoll einhob? Da war acht Jahre lang erbittert gekämpft worden, und nun gab es *statt einer Zollhoheit dreizehn Zollhoheiten* und statt freier Schiffahrt zerstückelte Stromgebiete mit mörderischen Kämpfen der Frachtfahrer. James Madison brachte Verhandlungen zwischen Virginia und Maryland unter dem Vorsitz von George Washington in dessen Haus Mount Vernon zustande. Es kam zu einer Einigung, und Madison brachte Washington dazu, die Schlichtung *aller* amerikanischen Schiffahrts- und Handelsstreitigkeiten zu versuchen und einen »Fluß- und Hafenausschuß« einzuberufen.
Der trat 1786 in Annapolis zusammen, »um sich mit dem Handel der Vereinigten Staaten zu befassen«. Madison und Hamilton hatten jedoch einen Gesetzentwurf vorbereitet, der *die Abschaffung aller Binnenzölle und Einführung eines fünfprozentigen Gemeinschafts-Zolls gegenüber Drittländern* vorsah, denn *nur* so – argumentierten sie – konnten auf Gegenseitigkeit beruhende Handelsverträge durchgesetzt und nur durch solche Verträge der amerikanische Außenhandel gerettet werden. Achtundzwanzig Delegierte waren in Annapolis erschienen. Die erklärten sich als für derart wichtige Fragen nicht zuständig, unterzeichneten aber einen von Alexander Hamilton als Vertreter New Yorks verfaßten Aufruf zum Zusammentritt eines Verfassungs-Konvents, um »die Überprüfung der Konföderations-Artikel zu studieren und sie mit den Notwendigkeiten der Nation in Übereinstimmung zu bringen«.
Die Verhandlungen dieses Konvents dauerten vom 27. Mai

1787 bis zum 17. Dezember 1787, und wenn von der Unabhängigkeit der Vereinigten Staaten bis zur Ausarbeitung ihrer Verfassung vier Jahre vergingen, so wurde deren Entwurf von 16 der 55 Delegierten nicht unterzeichnet, und ihre Ratifizierung dauerte weitere zweieinhalb Jahre, erst am 29. Mai 1790 erkannte sie Rhode Island als letzter Staat an. *Die heutige Weltbedeutung der amerikanischen Verfassung von 1787* beruht auf den Umständen, unter denen sie zustande kam: Sollte die Union überleben, so mußte ihre Exekutive *echte* Macht erhalten. Die Uneinigkeit zwischen den 13 Kolonien war derart, daß das Oberhaupt der Union *einzigartige* Vollmachten besitzen mußte und so heute *nur* die Regierung der Vereinigten Staaten legal nicht gestürzt werden kann. Denn da der Präsident der USA Staatsoberhaupt und Regierungschef in einer Person ist, gibt es kein »Kabinett«, kein der Volksvertretung irgendwie verantwortliches Ministerium, sondern nur »Sekretäre«, die der Präsident persönlich ernennt und entläßt und auf deren Geschäftsführung das Parlament keinerlei Einfluß besitzt. Der Präsident ist Regierungschef, aber *niemand* kann ihn stürzen, solange er kein offensichtliches Verbrechen begeht; *das amerikanische Regierungssystem ist ein persönliches Regime,* das vier Jahre lang weder durch einen Mißtrauensantrag der Volksvertretung noch durch irgendeine Art direkten Volksentscheids geändert werden kann. Und wie der Präsident seine persönlichen »Sekretäre«, die Minister, ernennt, so ernennt er *alle* Bundesbeamten und nur die allerhöchsten müssen vom Senat bestätigt werden.

Das heißt, schon durch die Ernennung des Außenministers, aller Beamten des Außenministeriums und aller Botschafter trifft der Präsident alle außenpolitischen Entscheidungen, und wenn Staatsverträge der Kongreß schließt, so »Abkommen« der Präsident. Der Kongreß alleine kann Kriege erklären und Frieden schließen. Aber der Präsident ist der Oberste Befehlshaber der Wehrmacht, er bestimmt, wo Truppen gelandet werden oder über welches Land eine Blockade verhängt wird. Präsident

Roosevelt verhängte ohne jede Konsultierung der Volksvertretung am 2. August 1941 das Öl-Embargo über Japan, das den Pazifik-Krieg auslöste, und ebenso hatte der Kongreß keinerlei Mitspracherecht beim Eingreifen der Vereinigten Staaten in Korea oder in Vietnam. Schon 1921 stellte der amerikanische Staatsrechtler Clarence A. Berdahl fest: »Wir dürfen getrost behaupten, daß der Präsident dank seiner Kontrolle der auswärtigen Beziehungen, seiner Stellung als Oberbefehlshaber sowie seinem Einfluß und seiner Autorität als Haupt-Exekutivorgan nach seinem Belieben einen Krieg tatsächlich herbeiführen oder verhindern kann.«

Das gilt uneingeschränkt bis heute. Die amerikanische Verfassung von 1787 zu kennen ist so lebenswichtig wie nur je, und da der Präsident der Vereinigten Staaten die obersten Währungsbehörden ebenso einsetzt wie die Obersten Richter, bestimmt er auch den Wert oder Unwert des Dollars. Auch das Bretton Woods-Abkommen des Jahres 1944 schloß und brach ein Präsident ohne jede Mitwirkung irgendeiner Art von Volksvertretung.

Diese Volksvertretung ist auch heute keineswegs vollkommen. In Form der ersten Bundesversammlung, die 1788 gewählt wurde, war sie rudimentär: Die Vereinigten Staaten besaßen damals 3,8 Millionen Einwohner. Rund die Hälfte waren Frauen, die erst 1920 das Wahlrecht erhielten, und 750000 waren Neger, denen erst 1870 (theoretisch) die gleichen Rechte wie den Weißen zugesprochen wurden. Blieben als volljährige Wähler also rund eineinhalb Millionen. Aber weniger als jeder Zwölfte, insgesamt 120820 Amerikaner, besaßen 1788 das Wahlrecht, denn die Verfassungsgeber waren davon ausgegangen, daß die Bundesversammlung »durch verantwortungsbewußte, erfahrene und angesehene Bürger« gebildet werden sollte.

Diese Bundesversammlung trat am 4. März 1789 zusammen und wählte am 6. April einstimmig George Washington zum ersten Präsidenten der Vereinigten Staaten. Vizepräsident wurde John Adams, Schatzsekretär Alexander Hamilton, und der setzte am 4. Juli 1789 einen einheitlichen Zolltarif für das ganze Unionsgebiet durch und sicherte dem Bund *das Alleinrecht der Zolleinhebung und damit Einnahmen, die bis zur Einführung der Einkommensteuer im Jahre 1913 die wichtigsten Bundeseinnahmen blieben,* in den Jahren 1854–56 sogar sämtliche Staatsausgaben überstiegen. Wurde die Union damit zum größten Freihandelsgebiet der Erde, so setzte Hamilton auch die Gewerbefreiheit durch, ein einheitliches Patent-Recht und das gleiche Maß- und Gewichtssystem. Seine noch viel wichtigeren Finanzpläne, die auf der Einführung einer Bundes-*Schuld* beruhten, konnte er allerdings erst 1790 verwirklichen und nur, weil bei der Verfassungs-Beratung die Frage offengelassen worden war, wo die neu zu bildende Bundesregierung ihren Sitz haben sollte.

Bundeshauptstadt wollte 1787 Boston werden, »weil hier der erste Schuß des Befreiungskrieges fiel«. Philadelphia erklärte, viel wichtiger sei, daß da die Unabhängigkeit erklärt wurde. Aber war es nicht Yorktown, »wo der Sieg errungen wurde, der Amerika die Freiheit brachte«? Da tagte der Kongreß ja auch in Trenton, Princeton, Annapolis, Lancaster und Baltimore. Und war New York nicht eine ebenso wichtige Handelsstadt und ein viel besserer Hafen als Baltimore?

Schließlich bestimmte die Verfassung, daß ein eigener Distrikt, »nicht größer als zehn Quadratmeilen«, als Regierungssitz geschaffen werden solle, der allein dem Kongreß unterstand. Wo dieser »District of Columbia« liegen und *wo* der erste »auf grüner Wiese« entstehende Regierungssitz gebaut werden sollte (dem später »künstliche« Städte wie Canberra als Regierungssitz Australiens und Brasilia als der Brasiliens folgten), wurde vorerst offengelassen, und das erwies sich als für Hamiltons Finanz- und Wirtschaftspläne und damit den Bestand und die Entwicklung der Vereinigten Staaten entscheidend wichtig: Virginia gab seinen Widerstand gegen die Übernahme der Einzelstaats-Schulden durch den Bund erst auf, als 1790 »ein Gebiet am Potomac-Fluß, zwischen der Mündung des Eastern Branch und des Connogocheague« als Regierungssitz gewählt wurde. Größter Grundbesitzer war hier George Washington. Ihm vertrauten auch 19 andere Grundbesitzer die Vertretung ihrer Rechte an. Die Hälfte der Bauplätze wurde der Öffentlichen Hand für 75 Pfund oder rund 300 Dollar pro Hektar übertragen, die andere Hälfte blieb in Privatbesitz und verviertausendfachte im Lauf der Zeit ihren Wert. Aber schon als George Washington 1799, wenige Wochen vor der Übersiedlung des Parlaments und der Regierung in die nach ihm benannte Bundeshauptstadt, starb, war er der reichste Mann des damaligen Amerika, allein die 24000 Hektar, die er in und um den »District of Columbia« besaß, hatten einen Grundsteuerwert von 530.000 Dollar.

Präsident Washingtons Finanzminister *Alexander Hamilton* war der illegitime Sohn eines verarmten schottischen Aristokraten und einer aus einer französischen Hugenotten-Familie stammenden Schönheit, die aber auch hoch gebildet war. Er kam 1757, ein Jahr nach Ausbruch des Siebenjährigen Krieges, auf der englischen Antillen-Insel Nevis zur Welt, und sein Vater verließ die Familie, als er zehn Jahre alt war, und machte 1768 Bankrott, im gleichen Jahr, in dem Hamiltons Mutter starb. Er kam zu Verwandten auf die Insel St. Croix und wurde Lehrling im Bankhaus Nicholas Cruger, das zugleich einen bedeutenden Zuckerhandel betrieb. Seine Intelligenz, sein Fleiß und sein Korrespondenzstil im Englischen, Französischen und Spanischen beeindruckten die Inhaber derart, daß sie den fünfzehnjährigen Hamilton zum Studium in die heutigen Vereinigten Staaten sandten.

Hier besuchte er seit 1772 das College von Elizabethville in New Jersey, seit 1774 das Kings College in New York und machte seine Prüfungen nach der Hälfte der üblichen Zeit. Hamilton las, wie Madison, buchstäblich Tag und Nacht. Als die Abfallbewegung der Kolonien gewalttätige Formen annahm, reiste er nach Boston und schrieb anti-britische Pamphlete, die

durch die Geschichts- und Rechtskenntnisse des Autors wie durch ihre Logik, ihren Sarkasmus und ihre kraftvolle Formulierung auffielen. Hamilton suchte aber auch alles Material zusammen, das es über das Artilleriewesen gab, wurde durch Selbstbildung zu einem Artillerie-Fachmann und organisierte eine Artillerie-Abteilung, zu deren Hauptmann er ernannt wurde. Er fiel Washington auf und wurde an seinem 20. Geburtstag dessen Adjutant und Privatsekretär im Rang eines Oberstleutnants, schließlich sein Geheimagent und praktisch sein Generalstabschef. Hamilton führte die Korrespondenz des Oberbefehlshabers der »Kontinental-Armee« mit dem Kongreß, »dessen Geldbewilligungen einer Sprotte im Magen eines Wals« glichen. Er lernte sehr viele Menschen und sehr viele Geheimnisse kennen, und da er nie ein Blatt vor den Mund nahm und sich als völlig unbestechlich erwies, wurde er Washingtons wichtigster und einflußreichster Berater.
Was nicht hinderte, daß ihn Leute wie John Adams den »Bastard-Balg eines schottischen Hausierers« nannten. Aber 1780 heiratete Hamilton die Tochter General Philip Schuylers und wurde so Mitglied einer der angesehensten Familien von New York. Er konnte im Jahr darauf eine Anwaltspraxis eröffnen, die rasch prominente Klienten fand, und war Mitbegründer und aktives Aufsichtsrats-Mitglied des ersten Kreditinstituts von New York, der im Jahre 1784 gegründeten »Bank of New York«, die 500.000 Dollar Kapital besaß und neben der ersten Bank der Vereinigten Staaten überhaupt, der von Robert Morris 1781 in Philadelphia gegründeten »Bank of North America«, die lange bedeutendste Bank der Union blieb.
Hamilton sah klar die enormen Zukunftsmöglichkeiten der Vereinigten Staaten, ebenso klar aber die Schwierigkeiten, sie zu nutzen. Ihm zufolge war der neue Staat dazu bestimmt, *»die potenteste Industrie- und Welthandels-Nation der Erde«* zu werden. Aber das setzte harte Arbeit, äußerste Sparsamkeit und einen Realismus voraus, der mit den »verschwommen-humanitären Ideen Jeffersons« nicht zu vereinbaren war. Dessen

Behauptung, »alle Menschen sind gleich geschaffen«, widersprach den offensichtlichsten Tatsachen und Erfahrungen, und Hamilton hatte den Mut zu erklären: »Alle Gemeinschaften teilen sich in die Minderheit und die Masse. Zur ersteren gehören die Reichen. Zur Masse gehören all diejenigen, die, unruhig und wechselhaft, selten richtig urteilen und den richtigen Entschluß fassen, stets mehr auf den Schein geben als auf Tatsachen.« Er trat in der Verfassungsgebenden Versammlung dafür ein, daß »Leute mit Besitz gehört werden und einen ständigen Anteil an der Regierung erhalten, nicht Pläneschmiede, die selber nichts zu verlieren haben.« Hamilton versuchte nie, ein »Volksheld« zu werden, gab sich nie als »Demokrat«, forderte aber stets gleiche Start-Chancen für alle, denn »kluge und starke Geister finden sich in allen Schichten der Bevölkerung«. Wie David Hume glaubte Hamilton: *»Menschen sind nur durch Gewalt oder durch ihre eigenen Interessen zu bewegen«*, verabscheute aber die Gewalt, »weil sie keine langfristigen Erfolge zu erzielen vermag«.

Wie aber war ein »Bund der Interessenten« zustande zu bringen?

Als die Vereinigten Staaten 1783 selbständig wurden, hatten sie – ohne die ausgegebenen Banknoten zu rechnen – eine innere Schuld von 34 Millionen Dollar und eine äußere von 8 Millionen an Frankreich, Spanien und die Niederlande. Die erste Kapital-Rückzahlung war 1787 fällig, aber die Union konnte nicht einmal die Zinsen bezahlen. Mit viel Mühe erhielt sie in Holland 1785 weitere 7 Millionen Gulden Kredit und 1787 eine Anleihe von einer Million, nun aber nur zu 8 % bei einer Auszahlung von 86, und damit war ihre Kreditfähigkeit erschöpft.

Wie bei der Verkündung der amerikanischen Verfassung von 1787 nur noch sehr wenige Ausländer daran glaubten, je ihr Geld wiederzusehen, so praktisch niemand mehr in den Vereinigten Staaten. Als die »Kontinental-Armee« aufgelöst wurde, erhielten die Soldaten ihre rückständige Löhnung und ein ansehnliches Entlassungsgeld in Form von »Interimsscheinen«,

die eingelöst werden sollten, »sobald die Union dazu imstande ist«. Die Offiziere bekamen die Hälfte ihres Soldes als Pension auf Lebenszeit, aber ebenfalls erst »sobald möglich«. Soldaten und Offiziere kehrten auf ihre Farmen oder ins Berufsleben zurück, und was der Kongreß tat oder nicht tat, interessierte sie nicht länger, denn daß der nicht zahlen konnte, war evident. Wie Hunderttausende »kleine Leute« hatten aber auch Reiche und Mächtige Anleihen gezeichnet und Requierierungsscheine annehmen müssen. Fast jedermann war *überall* in der Union freiwillig oder unfreiwillig zum Gläubiger des Kongresses oder der Einzelstaaten geworden, und so schrieb Alexander Hamilton bereits am 30. April 1781 an den Bankier und Vorsitzenden des Finanzausschusses des Kongresses, Robert Morris: *»Falls sie nicht zu groß wird, kann sich eine vom Bund getragene Staatsschuld für uns als nationaler Segen erweisen.«* Mindestens acht der 13 Kolonien waren nicht zahlungsfähig und hatten geringe Chancen, es aus eigener Kraft je zu werden. Übernahm jedoch der Bund alle Schulden, dann hatten alle Gläubiger ein Interesse daran, daß er stark wurde und ein sicheres Einkommen erhielt. Ein »Bund der Interessenten« entstand automatisch durch die gemeinsame Hoffnung der Armen wie der Reichen, der Bewohner aller ehemaligen Kolonien wie der ausländischen Geldgeber auf die Bezahlung ihrer Forderungen. Und wurde mit der Schuldenzahlung ernst gemacht und verwandelte sich wertloses Papier tatsächlich in Gold und Silber, dann war auch die Aufnahme neuer Kredite kein Problem mehr, die Union zahlungsfähig, sobald man an ihren Fortbestand und ihre wachsende Zahlungskraft *glaubte.*
Zahlen *konnte* der Bund durch die Außen-Zölle, die Hamilton, wie geschildert, durchsetzte. Die schützten aber zugleich die neuentstehende Industrie, machten die Gewerbetreibenden und Fabrikanten zu Verbündeten der Union, auch sie zu Mitgliedern des »Interessenten-Bundes«, und nicht minder die Arbeiter, die durch Zollschutz mit höheren Löhnen rechnen konnten. Industrialisiert aber mußte Amerika werden. Der

Unabhängigkeitskampf wäre sinnlos gewesen, wenn man weiter Roheisen 5000 Kilometer weit nach England sandte und verarbeitet diese 5000 Kilometer zurückkommen ließ. Lord Chatham (William Pitt d. Ä.) hatte 1760 erklärt, er werde nicht dulden, »daß die Kolonisten auch nur einen Hufnagel selber machen«, und die erste amerikanische Fabrik, die Nägel herstellte, wurde tatsächlich erst 1795 in Brownsville in Pennsylvania eröffnet. Durch den Unabhängigkeitskrieg entstanden Papierfabriken (denn die Zahl der Zeitungen stieg von 37 auf etwa 100), Gewehrfabriken und Kanonengießereien, und Rhode Island verpflichtete sich 1777, für jede Tonne in dieser Kolonie erzeugten Stahls 60 Pfund zu bezahlen. Aber als Hamilton 1791 seinen »Report on the Encouragement and Protection of Manufactures« schrieb, seine Industrieförderungs- und Schutzzoll-Pläne veröffentlichte, betrug (Tench Coxe zufolge) *der Gesamtwert der Bergbau- und Industrieproduktion der Vereinigten Staaten höchstens 20 Millionen Dollar.* Die neue Republik war ein Agrarland, nur ein Dreißigstel der Bevölkerung lebte in Städten, und fast alle Führenden wollten, daß es dabei bleibe. Neben Großgrundbesitzern wie Washington hatten in den Kontinental-Kongressen Reeder und Großkaufleute wie John Hancock den Ton angegeben, keiner der »Gründerväter« hatte je eine Fabrik von innen gesehen. Hamilton mußte erklären: »Die Anwendung von Maschinen bedeutet, daß schwache Menschenkräfte durch starke Naturkräfte ergänzt werden. Sie vervielfachen die Hände, die uns heute fehlen, und vervielfachen unsere produktiven Kräfte, ersparen zugleich den Unterhalt, den Arbeiter brauchen.« Hamilton machte den Farmern klar, daß die in Fabriken Arbeitenden und in Städten Wohnenden sichere Abnehmer ihrer Produkte werden würden. Er argumentierte, daß die Industrie mehr Erfindungen anregt als die Landwirtschaft, dem einzelnen ungleich größere Entfaltungsmöglichkeiten bietet und erklärte: »Der Reichtum einer Nation beruht darauf, daß jeder tut, was er am besten kann, frei ist, alle seine Gaben und Kenntnisse zu nutzen.

Wir müssen die Geister anregen, indem wir den Menschen die verschiedenartigsten Betätigungsmöglichkeiten bieten.«
Seine Industrie-Denkschrift wie die über »Öffentlichen Kredit« und »Eine Nationalbank« des Jahres 1790 sandte Hamilton allen einflußreichen Leuten Amerikas, und deren Ideen verbreitete sein Presse-Agent, der Herausgeber der 1789 gegründeten »Gazette of the United States«, John Fenno, während Jefferson durch Philip Freneau Einfluß auf die seit 1791 erscheinende »National Gazette« besaß und diese Ideen bekämpfte. Aber seine Erfolge verdankte Hamilton der *Mobilisierung der bis heute stärksten politischen Formungskraft, dem Gewinnstreben der Einflußreichen:* Im September 1789 war er, wie gesagt, Schatzsekretär geworden. Sechs Wochen nach seinem Amtsantritt gab es in New York, Boston und Philadelphia bereits drei voneinander unabhängige Konsortien, die gegen geringe Beträge Hartgeld die Schatzanweisungen des Bundes und der Einzelstaaten aufkauften. Als Hamilton im Januar 1790 dem Kongreß ein Gesetz vorlegte, das *die Umwandlung sämtlicher schwebender Papierschulden zum vollen Nennwert in verzinsliche Bundes-Goldanleihen* vorsah, entstanden zahlreiche weitere Konsortien, die nun auch »Interimsscheine«, Requisitions-Quittungen, Kriegsanleihen etc. etc. für 5 bis 10 Cents in Metall pro Dollar Nominale erwarben. Denn im Hinterland wußte man nichts von Hamiltons Plänen oder nahm sie nicht ernst. Die Kapitäne der Segler z. B., die Jeremiah Wadsworth, Kongreßabgeordneter für Connecticut, in die Südstaaten sandte, hatten so keine Schwierigkeit, ganze Schiffsladungen Staatspapiere nach Boston zu bringen. Ebenso erfolgreich waren die Agenten des Bankiers Morris, von Fisher Ames oder Christopher Gore.
Und die Skeptiker schienen recht zu behalten: Am 11. März 1790 lehnte der Kongreß mit zwei Stimmen Mehrheit die Anträge Hamiltons ab. Morris, der dem New Yorker »Daily Advertiser« zufolge an dem Gesetz 18 Millionen Dollar verdient

hätte, Wadsworth, der mit neun und Gouverneur Clinton, der mit fünf Millionen rechnete, schienen ruiniert.
Aber im Juni 1790 kehrte Thomas Jefferson, Hamiltons schärfster ideologischer Gegner und Führer der »Anti-Zentralisten«, aus Frankreich zurück, und ein Kuhhandel kam zustande: Hamiltons Anhänger stimmten für die Errichtung der Bundeshauptstadt am Potomac und gewannen damit zugleich die Unterstützung des Bundespräsidenten und seiner mächtigen Freunde. Jefferson sorgte für die fehlenden Stimmen Hamiltons, und am 4. August 1790 wurden sämtliche Schulden inklusive aller aufgelaufenen Zinsen, nun insgesamt 79,2 Millionen Dollar, davon 11,7 Millionen Auslandsverbindlichkeiten, in Gold-Bonds des Bundes umgewandelt. Nicht abgewertete Banknoten waren noch 78 Millionen in Umlauf. Sie wurden 100:1 »zusammengelegt«, und auch diese 780.000 Dollar sollten in Gold eingelöst werden. Aber die Banknoten waren längst für völlig wertlos gehalten worden. Nur 6 Millionen wurden zum Umtausch eingereicht und kosteten den Bund nur 60.000 Dollar. Was Hamilton und Madison bereits im April 1783 dem Kongreß vorgeschlagen hatten, die *nationale Einheit durch eine nationale Finanzpolitik* zu erreichen, kam nun in Gang.
Auch die neuen Schuldverschreibungen waren allerdings vorerst nur Papier, denn Goldreserven besaßen die Vereinigten Staaten 1790 nicht. Aber Hamilton setzte auch durch, daß der Kongreß am 25. Februar 1791 der »First Bank of the United States« eine »Federal Charter«, eine vorerst auf 20 Jahre begrenzte »Bundes-Konzession« zur *alleinigen* Banknotenausgabe, erteilte, so eine Bundes-Zentralnotenbank schuf. Jefferson und seine Anhänger widersetzten sich dieser Bankgründung, weil sie in der Verfassung nicht ausdrücklich vorgesehen war. Aber sie kam zustande und bewährte sich. Eine Zentralbank im heutigen Sinn war sie zwar nicht, denn von den 10 Millionen Dollar ihres Kapitals gehörten nur zwei dem Bund, acht waren privat, und zwar in England, aufgebracht worden. Diese 8 Millionen bestanden aus Gold und Silber und genügten für

die Zinszahlung der neuen Bundespapiere in Metall. Die »First Bank of the United States« löste ihre Noten jederzeit in Metall ein, und die hielten sich so auf pari solange sie existierte. Das Hauptbüro in Philadelphia und die acht Filialen der Zentralbank entwickelten sich zu den führenden Kreditinstituten des Landes. Ihre ausländischen Mitbegründer allerdings verloren ihr Geld, aber das gehört in ein anderes Kapitel.

Eine eigene Gold-Silber-Währung schließlich statt der nach wie vor umlaufenden spanischen »Dolares« erhielten die Vereinigten Staaten durch den »Mint Act« vom 2. April 1792: Bis zur Anerkennung der Unabhängigkeit der Vereinigten Staaten durch England war, wie gesagt, das Pfund Sterling die gesetzliche Währung gewesen. Als 1785 über ihren Ersatz durch eine eigene beraten wurde, schlug Jefferson dem Kongreß die Übernahme des spanischen Dollars vor, denn der sei »die Münze, die der Vorstellung des Volkes am geläufigsten« sei. Er empfahl, ihn nach dem Dezimalsystem zu unterteilen und schrieb: »Unsere Handelsbeziehungen werden uns mehr spanische Dollars ins Land bringen als irgendwelche anderen fremden Münzen ... Ich kenne keine Währungseinheit, die man in Konkurrenz zum Dollar in Betracht ziehen könnte außer dem Pfund. Aber was bedeutet ein Pfund? 1547 Gran Feinsilber in Georgia, 1289 Gran in Virginia, Connecticut, Rhode Island, Massachusetts und New Hampshire. 1031 ¼ Gran in Maryland, Delaware, Pennsylvania und New Jersey. 966 ¾ Gran in Nord-Carolina und New York. Welches dieser Feingewichte sollen wir übernehmen?«

Am 6. Juli 1785 erließ der am 30. November 1784 zusammengetretene 12. Kontinentalkongreß unter dem Vorsitz Richard Henry Lees das Gesetz, durch das *der Dollar die Währungseinheit der Vereinigten Staaten* wurde. Als kleinste wurde eine Kupfermünze bestimmt, von der 200 auf einen Dollar gingen, als größte 20-Dollar-Goldstücke. Der Silbergehalt des US-Dollars war der des spanischen, 375,64 Gran, und nur spanische liefen weiter um, denn erst 1792 kam die erste eigene

Münzstätte in Philadelphia in Betrieb. Dann aber nahm der Geldumlauf rasch zu, denn inzwischen kam es ja auch zur Französischen Revolution, es folgten die Napoleonischen Kriege, und der amerikanische Außenhandel blühte. In den Jahren 1791–1807 stieg dessen Volumen von 67 auf 355 Millionen Dollar, und das Handelsdefizit von 29 Millionen verwandelte sich in einen Überschuß von 247 Millionen. Dementsprechend wuchsen die Zolleinnahmen des Bundes, konnte er die Industrialisierung des Landes und seine Verkehrserschließung fördern. Alle Pläne Hamiltons reiften.
Dessen Maßnahmen waren zu wilden Spekulationen ausgenutzt worden, aber persönlich blieb er stets integer, auch seine ärgsten Feinde beschuldigten ihn niemals, sich persönlich bereichert zu haben. Viele Feinde aber hatte er durch seine Abscheu vor jeder Art Heuchelei und seine oft verletzende Offenheit. Wie John Adams ihn haßte, der als Nachfolger George Washingtons 1797–1801 Präsident der Vereinigten Staaten war, so Aaron Burr, dessen Wahl zum Gouverneur von New York er verhinderte. Hamilton nannte ihn 1804 einen »Menschen, dem man nicht vertrauen kann«, und Burr forderte ihn zum Duell. Obwohl er diese Affäre leicht hätte beilegen können, stellte sich Hamilton und wurde in Welhawken, am gleichen Ort, an dem 1801 sein zwanzigjähriger Sohn im Duell fiel, tödlich verwundet. Alles deutet darauf hin, daß er mit 49 Jahren genug vom Leben hatte, der Parteienstreit ihn anekelte. Er starb ärmer, als er vor Antritt seines Postens als Finanzminister gewesen war, hinterließ sieben Kinder, die auch nichts von seinen Geistesgaben erbten. Aber mit Recht nannte ihn Talleyrand, der ihn während seines Amerika-Aufenthalts kennengelernt hatte, »größer als Napoleon«, und der Oberste Richter der Vereinigten Staaten, George Marshall, sprach ihm die nach Washington zweitgrößte Bedeutung für Amerika zu. Guizot stellte fest: »In der amerikanischen Verfassung findet sich kein Element der Ordnung, der Stärke und der Dauer, zu dem nicht Hamilton entscheidend beigetragen hätte.«

Aber dankte er seine Erfolge nicht einem *»System des Mitverdienenlassens«, das zur Welt-Seuche wurde* und auch entscheidend zum Entstehen des Dollar-Problems beitrug?
Dieses System erfand nicht Hamilton, das bewährte sich schon lange vor ihm als britische Herrschafts- und Expansions-Methode: England schloß Bündnisse mit Portugal und Preußen, mit Indiens Fürsten und schließlich mit Japan. Es verband sich mit südamerikanischen Revolutionären und den Freiheitskämpfern Griechenlands, gleichzeitig mit arabischen Nationalisten und Zionisten. Aber für seinen Reichtum und seine wirtschaftliche Weltgeltung entscheidend waren die Tausenden und Abertausenden *finanziell* an Englands Erfolg Interessierten. Die Heerscharen von Schiffsmaklern und Versicherungsagenten, die mit der Londoner City zusammenarbeiteten, die unzähligen Bankiers in aller Welt und die Hunderttausende Kaufleute, die an Englands weltumspannendem Handel Geld verdienten.
Hamilton ließ zuerst einmal seine eigenen Landsleute an der Schuldenregelung und der Währungsstabilisierung verdienen, aber an den neuaufgelegten amerikanischen Anleihen und Aktien verdienten sehr bald auch sehr viele ausländische Makler und Banken sehr viel Geld. Nur durch dieses »Mitverdienenlassen« waren sie abzusetzen – und dabei blieb es: Ohne die Mitwirkung von Persönlichkeiten wie Erich Mende hätte z. B. Bernie Cornfelds »Investors Overseas Services« in Deutschland nie für eine Milliarde Mark Zertifikate verkaufen können. Er ließ rund 10000 »Einheimische« in 41 Ländern an der IOS mitverdienen, und wie er taten das nach dem Zweiten Weltkrieg Dutzende amerikanischer Anlagefonds, Grundstücksgesellschaften etc. etc.
Alexander Hamilton leistete dem neuen Staat unschätzbare Dienste. Aber er *konnte* ihn nicht auf einem Gemeinschaftsgefühl begründen, wie es andere Völker besitzen und das man Patriotismus oder Vaterlandsliebe nennen kann, denn die beruhen auf gemeinsamer Herkunft, Geschichte und Kultur. Er

mußte ihn auf *privates Gewinnstreben und private Interessen* gründen, denn das Geld-Denken war nun einmal das die Amerikaner beherrschende. Bereits 1796 sagte der Engländer William Priest nach zwei Jahren Aufenthalt in den Vereinigten Staaten: »Wenn ich die charakterisieren soll, würde ich sagen: Das Land der Spekulanten.« In seinem Reisebericht »Travels Throughout the U.S. of America« schrieb der Fürst de la Rochefoucault-Liancourt 1798: *»Reichwerden ist die einzige große Leidenschaft der Amerikaner«*, und Alexis de Tocqueville stellte 1835 fest: »Ich kenne kein Land, in welchem die Liebe zum Geld eine derart verzehrende Leidenschaft wäre.« Man könnte Dutzende ähnlicher Feststellungen zitieren, von den ersten Jahren des neuen Staates bis heute, und daß sie richtig waren und blieben liegt an dem gewaltigen, praktisch menschenleeren Raum und den von den europäischen Lebensbedingungen völlig verschiedenen Amerikas, die die Einwanderer zum Umdenken *zwangen.* Nie gab es und nach wie vor gibt es keine »amerikanische« und keine »europäische« menschliche Natur. Die ist überall gleich und genbedingt. Aber in Amerika wurden geistige Einstellungen, Denk- und Vorstellungsarten zu den vorherrschenden, die es immer schon und überall gegeben hatte, die sich aber *nur* hier durchzusetzen vermochten, weil sie weder durch die Natur noch die Tradition, Kultur und entsprechende Gesetze in Zaum gehalten wurden.
Bereits Aristodemos, dem Führer der Messenier im Kampf gegen Sparta, der um 750 v. Chr. lebte, wird der Ausspruch »*Geld* macht den Mann!« zugeschrieben. Schon als Bias, einer der »Sieben Weisen« Griechenlands, um 566 v. Chr. gefragt wurde, welche Beschäftigung dem Menschen das meiste Vergnügen mache, antwortete er: »Das Geldverdienen!« Und in den Episteln des Horaz, die aus dem Jahre 20 v. Chr. stammen, heißt es: *»Mach Geld! Auf ehrlich Art, wenn Du kannst, wenn nicht, Geld auf welche Art immer!«* (»Rem facias, rem. Si possis, recte, si non, quocumque modo, rem!«) Drei Generationen später stellte Juvenal in seinen »Satiren« fest: »Gewinn

riecht gut, gleich, wo er herkommt!« Prägnanter drückte das bekanntlich der römische Kaiser Vespasian im Jahre 70 n. Chr. aus, als sein Sohn die Besteuerung der römischen Bedürfnisanstalten kritisierte und mit »Pecunia non olet« – »Geld stinkt nicht« – ein bis heute geflügeltes Wort schuf. Aber Geld nicht nur *womit* immer, sondern auch wie immer zu verdienen, wurde erst in Amerika selbstverständlich, und wer das nicht tat, als Träumer oder Trottel behandelt. Denn hier *mußte* es zur *Massen-Überzeugung »Nur Geld zählt«* kommen, weil es einen anderen Erfolgsmaßstab ja nicht gab, Adels- oder Doktor-Titel so wenig wie einen Offiziers- oder Beamtenstand, der Ansehen verlieh. Nur langsam bildeten sich Gemeinschaften heraus, in denen es auf positive menschliche Eigenschaften ankam. Für Pioniere und Grenzer war Erfolg haben gleichbedeutend mit am Leben bleiben, und so wurde der bereits zitierte Wahlspruch der Familie Washington »Der Erfolg heiligt die Mittel« fast zwangsläufig zum Leitspruch der ganzen Nation. Nur auf das Sich-Durchsetzen kam es an, weder auf Herkunft noch auf Wissen und Können, auch die zählten nur, wenn sie »Resultate« brachten, und die waren und sind am einfachsten in Geld zu messen.
Schon George Savile, der spätere Lord Halifax, aber wußte 1660 auch: *»Wer überzeugt ist, daß mit Geld alles zu erreichen ist, wird auch für Geld alles tun.«* Geld alleine zählt, heißt natürlich auch »mit Geld kann man alles kaufen«. Daraus ergibt sich »mit Geld kann man *jeden* kaufen, es kommt nur auf den Preis an«. Und wenn es Korruption stets und überall gab und gibt, so nahm sie in Amerika einmalige Ausmaße an, weil nicht nur die Grenzer ihre Sheriffs wählten, sondern es bis heute bei der *Wahl* der überwiegenden Mehrheit aller Polizeichefs, Richter und Staatsanwälte blieb, nur die Bundesrichter ernannt wurden und werden. Und auch bei gleicher Moral ist eben ein auf Lebenszeit ernannter, praktisch unabsetzbarer, hochangesehener und hochbezahlter Richter weniger leicht zu bestechen als ein von seinem Parteiboß und bestenfalls von seinen Wäh-

lern abhängiger amerikanischer Richter, dessen Existenz immer nur zwei oder vier Jahre lang gesichert ist. Betrüger und Schwindler gab es stets überall. Aber sie besaßen in Amerika ganz andere Möglichkeiten als in Europa, denn z. B. eine *staatliche Überwachung des Aktien- und Börsenwesens gibt es in den Vereinigten Staaten erst seit 1934*, seit der Gründung der Securities and Exchange Commission, und mit den europäischen vergleichbare Bankgesetze erst seit dem 16. Juni 1933 und dem 25. August 1935. Auch heute noch ist die Überwachung des Kreditwesens der Vereinigten Staaten lückenhaft, es kommt bekanntlich immer wieder zu spektakulären Zusammenbrüchen. Ebenso gibt es bis heute kein Zentralbank-System wie das europäische. Statt einer staatlichen Zentralbank wurden 1914 zwölf private »Federal Reserve Banks« geschaffen, Regierungsinstanz ist nur der die Tätigkeit dieser Regionalbanken koordinierende und kontrollierende »Federal Reserve Board«, dessen sieben Mitglieder der Präsident der USA ernennt und dessen Vorsitzender alle vier Jahre wechselt.

Wie überall, ergab sich eben auch in Amerika stets eines aus dem anderen. Daß Hamilton Zölle zu den Haupteinnahmen des Bundes machte, trug den Keim des Sezessionskrieges in sich, denn die Südstaaten waren am Freihandel interessiert, der Osten und Norden an Schutzzöllen. Daß es bei den 5 % Zoll Hamiltons nicht blieb, war eine der Ursachen der Weltkrise der dreißiger Jahre, und nur daß es – mit Ausnahme der Kriegssteuern während des Sezessionskrieges – keine Einkommensteuern gab, diese erst durch eine Verfassungsänderung im Jahre 1913 eingeführt werden konnten, ermöglichte die Ansammlung der amerikanischen Riesenvermögen, die lange die größten der Erde waren, und die zugleich *exzessive* Macht bedeuteten. Aber wie Schlechtes, entwickelte sich aus Hamiltons Maßnahmen auch Gutes; er setzte gewaltige Schöpferkräfte frei. Ohne die solide Währungs- und Wirtschaftsgrundlage, die er schuf, hätten Erfindungen wie die Eli Whitneys, Robert Fultons und Cyrus Hall McCormicks niemals Weltgeltung erlangt. *Die* aber ermöglichten *eine einmalige Geldschöpfung und eine Dollar-Deckung mit der verglichen alle Notenbank-Währungsreserven verblassen.*

Die Deckung des Dollars durch die amerikanische Eigenkapital-Bildung

Der Öffentliche Bodenbesitz, die Einwanderung und Amerikas Baumwoll- und Weizen-Exporte

Was der Dollar – oder irgendein anderes Zahlungsmittel – wirklich wert ist, hängt von seiner Kaufkraft ab. Die wiederum hängt davon ab, wie dieses oder jenes Volk wirtschaftet und was es zu welchem Preis anzubieten hat. Nie und nirgends entscheidet allein die Größe des Wirtschaftsraumes oder die Bodenschätze über die Leistung, stets die Menschen; alles, was die heutigen Vereinigten Staaten an naturgegebenen Vorteilen besitzen, stand ja auch schon den Indianern zur Verfügung. Aber natürlich ist aus Nichts nichts zu machen und der riesige Raum und die enormen Rohstoff- und Energieträger-Vorkommen Amerikas waren für den realen Wert des Dollars so wichtig wie Europas Einwanderer. Nur weil es riesige freie Räume gab, kamen die in die Vereinigten Staaten, gab es im neunzehnten Jahrhundert *die weitaus größte Völkerwanderung aller Zeiten.* Und vor allem auch, weil »frei« hier nicht nur praktisch menschenleere Gebiete bedeutete, sondern auch »frei« von persönlichen Besitzansprüchen. Wie es Carl Schurz sagte, der 1877–81 Innenminister der Vereinigten Staaten war: »Das amerikanische Volk besitzt, was kein anderes Volk sein eigen nennen kann: Völlig freien Boden, der der Gemeinschaft gehört, der jedem zur Verfügung steht, der ihn zu nutzen vermag.«

Dieser Gemeinschaftsbesitz oder »Public Domain« kam, wie geschildert, durch den Verzicht der Atlantikstaaten auf alle Gebiete westlich ihrer alten Grenzen zustande, und das waren zuerst 80, später 107 Millionen Hektar. Schließlich aber waren 5,66 Millionen Quadratkilometer oder *566 Millionen Hektar Bundesbesitz,* die zweieinhalbfache Fläche der Europäischen

Gemeinschaft, deren jetzt zwölf Mitglieder nur 225 Millionen Hektar besitzen. Schon bei seiner Vereidigung am 30. April 1789 hatte George Washington als erster Präsident der Vereinigten Staaten gesagt: »Unser Land besitzt, was kein anderes bieten kann: Es ist groß genug, um für undenkliche Zeiten alle erdenklichen Bedürfnisse zu befriedigen.« Ebenso stellte Thomas Jefferson in seiner Antrittsrede als dritter Präsident 1801 fest: »Getrennt durch die Natur und ein weites Meer von der ausrottenden Verwüstung eines Viertels der Erde, leben wir im Besitz eines Gelobten Landes, mit genug Raum für die hundertste und tausendste Generation.« Aber gerade diese »ausrottende Verwüstung« – die Napoleonischen Kriege – verdoppelten das damalige Gebiet der Vereinigten Staaten, und dieser zusätzliche Raum vor allem machte sie reich und mächtig.

Napoleon Bonaparte versuchte bekanntlich *ein geeintes Europa unter französischer Führung* zustande zu bringen und Englands Einmischung in die kontinentale Politik zu beenden. Er wußte, daß er dazu auch die Hilfe Spaniens brauchte und nahm sofort nach seinem Staatsstreich vom 8. November 1799 Verhandlungen mit Madrid auf. Gemeinsam sollte Portugal gezwungen werden, sein Bündnis mit England aufzugeben, und gemeinsam sollten Spaniens Amerika-Kolonien verteidigt und England daran gehindert werden, dort Abfallbewegungen zu organisieren, wie es sie in Nordamerika gegeben hatte. Der wichtigste spanische Amerikabesitz war (nicht zuletzt wegen seiner immensen Silbervorkommen, durch die es noch heute der größte Silbererzeuger der Welt ist) das Vizekönigreich Neu-Spanien, das neben dem heutigen Mexiko auch Kalifornien und Texas umfaßte, Nevada, Arizona und Neumexiko. Da damals auch Louisiana und Florida spanisch waren, reichte der spanische Besitz vom Pazifik 3500 Kilometer weit bis zum Atlantik, und durch Kuba und die mittelamerikanischen Kolonien war der Golf von Mexiko ein spanisches Meer. Ideal zur Verteidigungs-Basis dieses Reiches geeignet war Louisiana, und das wollte Napoleon zum *Bollwerk Europas in Amerika* machen: In einem Geheimvertrag, der am 21. März 1801 in Aranjuez geschlossen wurde, übertrug Spanien Louisiana an Frankreich.

Das hatte weltpolitische und weltwirtschaftliche Folgen bis heute. Denn das damalige Louisiana umfaßte keineswegs nur den jetzigen Bundesstaat gleichen Namens, sondern 2,6 Millionen Quadratkilometer. Es bedeckte mehr als die fünffache Fläche Spaniens, reichte vom Golf von Mexiko und vom Mississippi bis Kanada im Norden und den Rocky Mountains im Westen. Aus diesem Gebiet wurden zwölf der heutigen Bundesstaaten der USA völlig oder zum größten Teil gebildet, und es war mehr als dreimal so groß wie die 13 englischen Kolonien Nordamerikas, die die ursprüngliche Union bildeten. Die neue Republik mußte über seine Westgrenze mit Spanien verhandeln, und Madrid gestand ihr als diese den Mississippi zu, gewährte ihr freie Schiffahrt auf diesem Strom und die Errichtung eines Zoll-Freilagers in New Orleans.

Für die Vereinigten Staaten waren nur diese Verkehrs- und Handelszugeständnisse wichtig gewesen. Mit Frankreich als Nachbar jedoch änderte sich die Lage völlig, denn Paris hatte sich nie mit dem Verlust Kanadas durch den Siebenjährigen Krieg abgefunden. Napoleon plante die Rückeroberung, machte schon während des zweiten oberitalienischen Feldzuges Pläne für Ausfall-Basen in Westindien. Die amerikanische Wehrmacht war nach Beendigung des Unabhängigkeitskrieges aufgelöst worden, mit Gewalt vermochten die USA die französischen Absichten nicht zu verhindern, und so beschloß Präsident Jefferson New Orleans zu kaufen. Am 18. April 1802 schrieb er seinem Pariser Gesandten Robert Livingston: »Kein Tor zum amerikanischen Kontinent darf einer starken, außeramerikanischen Macht in die Hände fallen ... Solange New Orleans spanisch war, bestand keine Gefahr, Spanien ist schwach und ohne Angriffsabsichten. Die Abtretung Louisianas an Frankreich jedoch kehrt mit einem Male die politischen Beziehungen der Vereinigten Staaten um ..., denn wenn bisher zwischen Frankreich und Amerika keinerlei Konfliktmöglichkeit bestand, so ist der Besitzer von New Orleans unser natürlicher Feind, sobald er stark und angriffslustig ist ... Die Anwesenheit Frankreichs könnte uns zwingen, uns mit der britischen Flotte und Nation zu verbünden ... Da aber eine solche Allianz kein Zustand ist, den wir suchen oder auch nur wünschen, bleibt nur eines: *die Vereinigten Staaten müssen Frankreich die Mississippi-Mündung abkaufen ...«*

Was allerdings leichter gesagt als getan war: Livingstons schriftliche Angebote blieben unbeantwortet. Frankreichs Außenminister, Charles-Maurice Duc de Talleyrand, empfing den amerikanischen Gesandten nur kurz und wich konkreten Antworten aus, denn zwei französische Armeen waren bereits nach Louisiana unterwegs, und Napoleon dachte nicht daran, die Schlüsselposition seiner Neuerwerbung aufzugeben.

Aber während Frankreichs Truppen unterwegs waren, nahm der Neger-Aufstand auf dem damals französischen Haiti eine schlimme Wendung. Dessen Negersklaven hatte der französische Konvent 1794 die Freiheit gegeben und ihre Gleichberechtigung mit den Weißen erklärt. Der Neger Toussaint l'Ouverture war 1797 zum Oberbefehlshaber Haitis ernannt worden, und der ließ sich zum Präsidenten ausrufen und löste die Kolonie von Frankreich. Zwar nahm ihn Napoleons Schwager, General Victor-Emmanuel Leclerc, 1801 gefangen, aber der Aufstand schwelte weiter, zahlreiche französische Pflanzer wurden ermordet. Die für Louisiana bestimmten Truppen wurden deshalb umdirigiert, General Rochambeau beauftragt, die Revolte endgültig niederzuschlagen. Rund 60000 Mann landeten auf Haiti – und hier entschied eine kleine Stechmücke der Art Stegomya ihr Schicksal und damit *die Zukunft der Vereinigten Staaten und der Welt:* Rochambeau und Leclerc ließen sich in ein Sumpfgebiet locken, in dem es von diesen Überträgern des Gelbfiebers wimmelte, die später auch den Bau des Panama-Kanals um drei Jahrzehnte verzögerten. Die französische Armee ging am Gelbfieber zugrunde, und mit ihren ge-

ringfügigen Resten mußte Rochambeau 1803 die Insel räumen. Auch Leclerc starb an der Seuche.
Louisiana blieb also ohne französische Truppen und Europa ohne Bollwerk am Golf von Mexiko. Napoleon hatte im März 1802 mit England den Frieden von Amiens zustande gebracht. Aber den schloß London nur, um Zeit für neue Rüstungen zu gewinnen, und der britischen Kriegserklärung vom 16. Mai 1803 folgten *zwölf Jahre Kampf in ganz Europa.* Bereits vor dieser Kriegserklärung hatte England alle französischen Schiffe, die sich in seinen Häfen befanden, beschlagnahmt und die auf hoher See befindlichen zu kapern begonnen. Wenn auch erst der Sieg Nelsons bei Trafalgar am 21. Oktober 1805 England die absolute Seeherrschaft brachte, bereits 1803 erkannte Napoleon, daß er seine Amerika-Pläne aufgeben müsse.
Präsident Jefferson hatte inzwischen James Monroe nach Europa gesandt, im Januar 1803 zum Außerordentlichen Botschafter in Paris und gleichzeitig zum Botschafter in London ernannt. Und wenn Monroe durch die nach ihm benannte »Amerika den Amerikanern!«-Doktrin des Jahres 1823 weltberühmt wurde, ungleich bedeutender für sein Land und die ganze Welt wurde *das beste Grundstücks-Geschäft aller Zeiten, der Louisiana-Kauf der Vereinigten Staaten,* den er 1803 zustande brachte.
Monroes strikt geheime Instruktionen lauteten: »Kauf von New Orleans. Falls unmöglich, Bündnis mit England.« Monroe sorgte dafür, daß sie bekannt, den Franzosen »verraten« wurden. Er nahm Kontakt mit Frankreichs Finanzminister auf, der auch Napoleons persönlicher Finanzberater war. Dieser Marquis François de Barbé-Marbois sorgte dafür, daß ihn am 11. April 1803 Talleyrand empfing, und der erklärte ihm völlig überraschend: »Ein Verkauf von New Orleans interessiert uns nicht. Aber was würden die Vereinigten Staaten für ganz Louisiana bezahlen?«
Monroe bot die 20 Millionen Francs, die Jefferson für New Orleans vorgesehen hatte, und Verzicht auf die schwebenden

französischen Schadenersatzforderungen für beschlagnahmte Schmuggelware. Talleyrand fand das Angebot lächerlich, forderte hundert Millionen. Aber am 30. April 1803 kam der Vertrag zustande, durch den die USA 60 Millionen Francs – damals 11,25 Millionen Dollar – an Frankreich zahlten und Entschädigungszahlungen an die eigenen Bürger von 20 Millionen Francs oder 2,75 Millionen Dollar übernahmen.
Damit aber verdoppelten sie keineswegs nur ihre Ausdehnung. *Erst der Louisiana-Kauf ermöglichte den Vereinigten Staaten den Aufstieg zur Weltmacht,* denn erst er öffnete ihnen den Weg zum Pazifik, brachte ihnen das Gold Kaliforniens wie das Silber Nevadas, das Öl von Texas und die gewaltigen Bodenreserven, die sie unter Europas Einwanderer verteilen konnten. Napoleon wußte, was der Verkauf Louisianas bedeutete, sagte 1803 zu Talleyrand: »Ich kenne den Wert dessen, was ich aufgebe. Dieser Gebietszuwachs befestigt die Macht der Vereinigten Staaten für immer. Man mag mir einst vorwerfen, daß *die Amerikaner in ein bis zwei Jahrhunderten zu mächtig für Europa und die Welt* werden könnten, aber eine so entfernte Möglichkeit kann ich nicht in Anschlag bringen …«
Daß die Amerikaner keine zwei Jahrhunderte für die Erringung ihrer Übermacht brauchten, danken sie aber ebenfalls Europa, und Louisiana nicht nur Napoleon, sondern auch Europas Geldgebern. Das danken sie übersteigerten Zinsen, die ihnen 1803 nicht anders als heute und während ihrer gesamten bisherigen Wirtschaftsgeschichte immer wieder das Kapital brachten, mit dem sie riesige Gewinne zu machen oder existenzbedrohende Krisen zu überwinden vermochten. Monroe wurde damals durch die Londoner City gerettet. Denn er hatte zwar einen Vertrag geschlossen, aber nicht entfernt das Geld, um ihn einzuhalten. *Die Gesamtwirtschaftsleistung der Vereinigten Staaten betrug 1803 höchstens 240 Millionen Dollar* oder rund 40 Dollar im Jahr pro Kopf der damals 6 Millionen Einwohner. Die Bundesschuld machte 12 Dollar 50 pro Kopf aus, insgesamt 75,3 Millionen, und das Bundesbudget erreichte

1803 noch keine sieben Millionen. Aus eigenen Mitteln 11,25 Millionen Dollar für die Zahlung an Frankreich aufzubringen, war für die Vereinigten Staaten 1803 völlig unmöglich.
Aber Monroe war ja auch US-Botschafter in London. Er reiste bereits am 2. Mai 1803 nach England und wandte sich an Francis Baring, der 1770 mit seinem Bruder John das Bankhaus Baring Brothers gegründet hatte, lange Direktor und 1792–93 Vorsitzender der East India Company und 1784–1806 eines der einflußreichsten Mitglieder des britischen Parlaments war. Eine Anleihe kam zustande, die zwar den für damalige Verhältnisse horrenden Zins von 6% kostete und so den Kaufpreis Louisianas schließlich auf 27.267.622 Dollar brachte. Aber die USA konnten dank Monroe, der das Geschäft auf eigene Faust machte, da es damals ja keine Kabelverbindung mit Amerika gab und die schnellsten Segler zwei bis drei Wochen unterwegs waren, den Vertrag einhalten. Finanzminister Barbé-Marbois kassierte völlig offiziell 152.000 Francs Vermittlungsprovision; die Zeichner der Louisiana-Anleihe, deren Nominale 15 Millionen Dollar betrug, 12,3 Millionen Zinsen – und die 60 Millionen Francs, die Frankreich bekam, gingen in Pulverdampf auf oder versanken bereits bei Trafalgar im Meer. Denn Napoleons Kriege kosteten ja zwischen 1800 und 1815 mehr als 7500 Millionen Francs, damals 1,4 Milliarden Dollar. Louisiana aber blieb. Es kostete die USA einschließlich der Zinszahlungen rund zwölf Cents für den Hektar. Und lebten auf diesem riesigen Gebiet 1803 insgesamt 80 000 Menschen, so heute rund 50 Millionen.
Nicht nur Louisiana gewannen die Vereinigten Staaten durch Europas Bruderkriege und vergebliche Einigungskämpfe: Die Napoleonischen Kriege bluteten Europa völlig aus. Um den Ideen der Französischen Revolution entgegenzuwirken, wurde zwar die Leibeigenschaft abgeschafft, nicht aber entsprechende Kreditmöglichkeiten für die »frei« gewordenen Bauern eröffnet. Immer drückendere Steuern sollten die Kriegskosten und Kriegsschulden decken, die Bauern flohen in die Städte

oder wurden in die Städte getrieben, denn die Bauernbefreiung in Preußen z. B. hatte 1807 auch die freie Verkäuflichkeit und die Beleihbarkeit des Bodens mit sich gebracht. Grund und Boden wurden dem beweglichen Kapital gleichgesetzt, der Boden zu einer Ware wie jede andere. Waren wandern zum Verbraucher. Der Boden aber kann nicht wandern, das muß sein Verkäufer tun, und zum Verkauf gezwungene Bauern wurden heimatlos. Zum Strukturwandel der Landwirtschaft trat der von der »Industriellen Revolution« ausgelöste. Bald gab es Hungersnöte und immer größere Arbeitslosenheere. Wer immer konnte, floh in die »Neue Welt«. *Die Zahl der europäischen Amerika-Auswanderer* betrug 1820 nur etwa 8000. Im Jahre 1842 überstieg sie erstmals 100 000. Allein 1847–53 aber gingen rund 2,23 Millionen in die USA. Hungersnöte in Europa hatte es 1816–17, 1818 und 1826 gegeben, und 1821–22 trat in Irland zum erstenmal die Kartoffelkrautfäule auf, die der aus Amerika eingeschleppte Pilz Phytophthora verursachte. Die Seuche schien harmlos, aber 1831–35 richtete sie bereits schwere Schäden an, und 1845 verursachte sie eine der schwersten Hungersnöte aller Zeiten. Vieles traf in Irland zusammen. Aber vor allem die Phytophthora trieb Millionen nach Amerika.

Insgesamt wanderten in den USA aus Europa 1820–1930 rund 38 Millionen Menschen ein. *Keines Menschen Wert erschöpft sich in seinem Geldwert.* Aber den hat die Arbeit, die er in den westlichen Industrieländern durchschnittlich während vier Jahrzehnten seines Lebens leistet. Ebenso wird kein Mensch produktiv ohne Aufzucht- und Erziehungskosten. Jeder Mensch hat einen »materiellen Geburtswert«, zu dem der »generative Wert«, seine Fähigkeit, Nachkommen zu zeugen, tritt. Und dazu tritt der »kulturelle Wert«, die Fähigkeit zu erfinden und zu entdecken und künstlerisch zu schaffen. Wie hoch diese Werte sind, berechneten erstmals Experten der Universität Harvard, und die kamen auf einen »Barwert« der 1820–1930 in die USA eingewanderten Europäer von etwa 377

Milliarden Dollar, wobei für das Großbringen bis zum 18. Lebensjahr etwa 10.000 Dollar pro Kopf angenommen wurden, die Staat und Eltern zu etwa gleichen Teilen trugen. Der »Leistungswert« der europäischen Einwanderer wurde mit dem Dreifachen der Großbringekosten angenommen, und so ohne jeden »kulturellen« Wert, ohne die zahllosen Erfindungen, die Europäer in Amerika machten, ohne deren wissenschaftliche und unternehmerische und organisatorische Leistungen *ein Einwanderungsgewinn der Vereinigten Staaten von zwölfhundert Milliarden Dollar* der Kaufkraft von 1934 errechnet.
Der Boden, den die Einwanderer vom Bund kauften, kostete 1800–1820 durchschnittlich fünf Dollar pro Hektar und wurde in »halben Sektionen« gleich 136 Hektar abgegeben. Aber auf die brauchte nur eine Anzahlung von 30 Dollar geleistet zu werden, 650 Dollar konnte der Siedler binnen fünf Jahren abbezahlen, und die erste Ratenzahlung brauchte erst zwei Jahre nach der Niederlassung zu erfolgen. Da Bodenspekulanten Mißbrauch mit diesen Bedingungen trieben, reduzierte der Bund 1820–41 den Mindestverkauf auf 32 Hektar zu je rund drei Dollar, aber die mußten bar bezahlt werden. Ein 1841–91 geltendes Gesetz ermöglichte den zahlreichen »Squattern«, den Siedlern, die sich ohne Kaufvertrag auf Bundesland niedergelassen hatten, die Legalisierung ihres Besitzes, meist zu nur 26 Cents für den Hektar. Schließlich wurde am 20. Mai 1862 *der »Homestead-Act«* angenommen, ein »Heimstätten-Gesetz«, durch das Bundesland kostenlos verteilt wurde und das die Südstaaten bisher verhindert hatten. Die Parzellen waren 64 Hektar groß, und wer sie bebaute und fünf Jahre auf ihnen lebte, wurde, ohne daß ihn das einen Cent kostete, als Besitzer ins Grundbuch eingetragen. Später wurde die Residenzzeit auf drei Jahre verkürzt, und kein Homestead-Boden konnte für Schulden in Anspruch genommen werden, die der Siedler vor der Landzuteilung gemacht hatte.
Ein ähnliches Gesetz gab es nirgends auf der Welt. Während der ersten hundert Jahre seiner Geltung wurden 108 Millionen

Hektar oder das rund Fünfundsiebzigfache aller Äcker, Gärten und Weideflächen Westdeutschlands als ihr Privateigentum an Farmerfamilien verteilt und die Wirkung des »Homestead-Act« durch den »Morill Land Grant College Act« vom 2. Juli 1862 erhöht, der die Existenzgrundlage von 68 großen, öffentlichen Erziehungsinstitutionen bildet und durch den vor allem auch die Landbauforschung und die Farmerberatung der USA finanziell gesichert wurden.

Vor allem das »Heimstätten-Gesetz« brachte Millionen Europäer nach Amerika, aber die Massen-Einwanderung setzte natürlich wie die Massen-Exporte, zu denen es durch diese Einwanderer kam, die entsprechenden Transportmittel voraus, mit Segelschiffen wären weder die Menschen- noch die Gütertransporte zu bewältigen gewesen. Aber da gab es ja auch die Amerikaner *Robert Fulton* und den schon erwähnten amerikanischen Gesandten in Paris, Robert R. Livingston.

In Pennsylvania 1765 geboren, war Fulton Maler, er hatte u. a. Benjamin Franklin porträtiert und als Einundzwanzigjähriger bereits genug Geld verdient, um nach England reisen zu können, wo er sich bei dem berühmten Maler Benjamin West weiterbilden wollte. Auch in London bekam Fulton Porträtaufträge, aber was ihn bald mehr als alle Museen faszinierte, war die rasante Industrialisierung des Landes. Riesige Spinnereien entstanden, Maschinenfabriken wurden gegründet, Häfen, Brükken und Kanäle wurden gebaut. Die Spekulation in Kanal-Werten war in vollem Gange, denn überall gab es Dampfmaschinen, die Kohle brauchten und für deren Transport Pferdefuhrwerke nicht in Frage kamen. Dutzende Erfinder waren deshalb dabei, die Dampfmaschine auf Räder zu setzen, aber Fulton sah in ihr als Schiffsantrieb noch weit größere Möglichkeiten. Denn Binnenwasserstraßen gab es bereits, gratis standen die Ozeane zur Verfügung, und die Industrialisierung mußte den Übersee-Gütertransport vervielfachen. Segelschiffe aber genügten nur für die geringfügigen Mengen, die bisher in den Welthandel gekommen waren. Fulton erkannte, daß England sehr bald riesige Mengen Rohstoffe und Nahrungsmittel brauchen werde und daß das Amerika enorme Chancen bot – falls die Transportkosten tragbar waren.

An den Bau von Dampfschiffen hatten längst auch schon andere gedacht. Aber Fulton brachte nicht nur das erste praktisch brauchbare zustande, vor allem fand er auch (wie James Watt) einen potenten Geldgeber: *Phantasie, Wissen und Tatkraft müssen stets mit Kapital, Risikobereitschaft und Organisationsgabe kombiniert werden, ehe praktische Ergebnisse zu erzielen sind.* Fulton porträtierte Robert Livingston, der nicht nur amerikanischer Gesandter in Paris, sondern, wie erwähnt, Mitglied einer der reichsten und mächtigsten Familien New Yorks war. Livingston wurde 1801 Fultons Teilhaber und finanzierte nicht nur die Dampfschiffsentwicklung, sondern ließ sich vom Staat New York auch für 20 Jahre das Alleinrecht erteilen, »auf all dessen Gewässern Schiffe zu betreiben, die die Kraft des Feuers und des Dampfes betreibt«. Im Jahre 1803 führte Fulton seinen Prototyp auf der Seine Napoleons Marineminister vor. Der begriff nicht, was ihm da angeboten wurde, und so nahm am 17. August 1807 statt in Europa in Amerika *die erste Dampfschiff-Linie der Welt* ihren Betrieb auf. Auch hier verspottete eine johlende Menge Fultons 160-Tonnen-Passagierschiff »Clermont« als »Fultons Folly« – »Fultons Verrücktheit«. Aber in 32 Stunden legte sie die 240 Kilometer zwischen New York und Albany zurück, den Hudson stromauf, allem zum Trotz, was Strömung und Wind seit Urzeiten solch einem Unterfangen entgegensetzten. Mit trockenem Fichtenholz geheizt, lieferte Fultons Kessel der Maschine Dampf von 32 Atmosphären Druck, und die drehte mit der Kraft von 20 Pferden die seitlich des Schiffsrumpfes angebrachten Schaufelräder. Binnen fünf Jahren gab es in den Vereinigten Staaten mehr als 500 Dampfer, 1840 allein auf dem Mississippi mehr als tausend. In Europa kam das erste Dampfschiff 1812 in Betrieb. Der reguläre Transatlantik-Dampferverkehr wurde erst 1840 aufgenommen. Aber *technische Hindernisse für den Welt-Güterverkehr und damit die weltweite Arbeitsteilung gab es nun nicht mehr,* und längst war ja nun auch der Binnenverkehr mechanisiert; seit 1822 zogen Stephensons Lokomotiven Kohlenzüge. Mit 36 gegen 35 Stimmen bewilligte das britische Parlament den Bau der Eisenbahn Liverpool–Manchester, und am 15. September 1830 fand deren feierliche Eröffnung statt.

Damals war Lancashire bereits das Welt-Zentrum der Textilindustrie und der Süden der Vereinigten Staaten führend im Baumwollexport der Welt. Denn die sind ja so groß, daß hier Südfrüchte ebenso wie Hartweizen gedeihen, Soja und Mais wie Zuckerrohr und Baumwolle. *Die Baumwollzone der USA ist 2300 Kilometer lang und 800 Kilometer breit,* hier könnte genug Baumwolle angebaut werden, um nicht nur den heutigen Weltbedarf, sondern den doppelten zu decken. Aber die erste Baumwollsaat wurde 1621 eingeführt, die erste erfolgreiche Ernte gab es 1790, und das waren 4000 Ballen zu je 500 Pfund oder rund 870 Tonnen. Daß heute in 13 Bundesstaaten Baumwolle geerntet wird, ermöglichte erst *Eli Whitney.*

In Westboro, Massachusetts, 1765 geboren, war Whitney der Sohn eines Bauern, der sich nebenbei als Hufschmied betätigte. Schon als kleinen Jungen faszinierten ihn die Bearbeitungsmöglichkeiten des Eisens, und als sein Vater eine englische Drehbank kaufte und vom Schmied zum Mechaniker wurde, war der damals Elfjährige sein bester Helfer. Die Whitneys stellten damals auch Nägel her, und mit achtzehn konstruierte Eli eine Maschine, die pro Stunde bis zu 90 Stück lieferte, während mit Amboß und Hammer nur 60 pro Tag zustande gebracht wurden. Er war eine Zeitlang der einzige Hutnadel-Fabrikant Amerikas und verdiente genug, um in Yale studieren zu können. Er vereinte also – wie Watt – Materialkenntnis und Handfertigkeit mit Buchwissen, und das wurde für die ganze Welt wichtig. Nicht minder allerdings auch, daß Whitney Glück hatte. Denn er lernte Mrs. Nathaniel Greene kennen, die Witwe eines Revolutions-Generals, die bei Savannah eine große Plantage besaß und sich mit ihm über die Sorgen der Südstaaten unterhielt: Reis, Mais und Weizen dienten da dem Eigenverbrauch, Bargeld brachte nur der Tabak. Aber der ist, wie bereits geschildert, ein »Bodenfresser«, und genug Dünger gab es nicht und Neuland ebenfalls nicht mehr. Indigo gedieh, aber mit diesem Farbstoff war Amerika auf dem Weltmarkt nicht konkurrenzfähig. Baumwolle gedieh ebenfalls, aber die Sorte Sea Island, die leicht zu entkernen ist, nur auf einer besonderen Art Sandboden, von dem es ebenfalls nicht genug gab. Green See Cotton war weit weniger anspruchsvoll, wuchs praktisch überall im Süden, aber die Fasern dieser Sorte haften so fest an den kleinen, zähen Samen, daß in zehn Stunden harter Arbeit nur ein Pfund zu gewinnen war. Selbst Sklavenarbeit war dazu viel zu teuer. Nur Baumwoll-Entkernungs-Maschinen vermochten das Problem zu lösen, und die hielt niemand für möglich.

Eli Whitney analysierte den Entkernungsvorgang. Er versuchte nicht, die Handbewegungen der Neger nachzumachen, sondern entwickelte ein viel rationelleres Prinzip, und zwar eines, das bis heute angewendet wird. Seine handgedrehte Maschine lieferte 50 Pfund Fasern pro Tag, leistete binnen einer Stunde, was vier Sklaven während eines Arbeitstages zustande brachten. Whitney baute einen Entkerner, der, durch einen Maultiergöpel betrieben, tausend Pfund täglich und schließlich einen durch ein Wasserrad getriebenen, der 2000 Pfund täglich lieferte.

Das bedeutete eine Rohstoff-Revolution: *Eli Whitneys Baumwoll-Entkernungsmaschine machte Baumwolle zur wichtigsten Textilfaser der Welt,* denn da Richard Arkwrights mechanischer Spinnstuhl seit 1763 die Massenherstellung von Garn ermöglichte, löste das sehr rasch einen Mangel an brauchbaren Fasern aus, und nur der »Cotton Gin« Whitneys machte den Massen-Anbau von Baumwolle möglich. George Washington persönlich unterzeichnete 1794 das Patent, das ihm den verdienten Lohn für seine Erfindung bringen sollte. Er hatte seine Maschine in einer primitiven Werkstatt gebaut, selber den

Draht ziehen müssen, den er brauchte, selber die nötigen Schrauben hergestellt. Um mit Phineas Miller, dem Verwalter der Plantage von Frau Green, der sein Partner wurde, eine richtige Fabrik in New Haven in Connecticut bauen zu können, verlangte Whitney von den Pflanzern ein Drittel der mit seinen Maschinen entkernten Baumwolle. Die Pflanzer lehnten das nicht nur als »phantastisch« ab, sondern zahlten überhaupt nichts, seine Maschinen wurden nachgebaut, und da die Richter mit den Pflanzern meist identisch waren, gewann er keinen einzigen seiner Prozesse. Schließlich bot ihm Süd-Karolina eine Abfindung von 50.000 Dollar an, die er akzeptierte. Aber ausbezahlt wurden ihm nur 20.000. Nach Jahren zahlte Nord-Karolina 10.000 Dollar, Tennessee ebensoviel. Alles in allem bekamen Whitney und Miller zusammen 90.000 Dollar. *Die Baumwollernten der Vereinigten Staaten* aber stiegen bereits 1790–1800 auf das fast Zwanzigfache, auf 73 000 Ballen, an, 1830 wurde die erste Million überschritten, und bei Ausbruch des Sezessionskrieges waren es 3,85 Millionen Ballen. Der Baumwollpreis sank während der gleichen Zeit auf etwa ein Drittel. Aber war alle Baumwolle der Vereinigten Staaten 1790 wenig mehr als eine halbe Million Dollar wert, so nun mehr als 400 Millionen. Der Anteil der USA an den Welt-Baumwollernten stieg von 0,4 % 1790 auf 80 %, und spielte die amerikanische Baumwoll-Ausfuhr vor der Erfindung des Cotton Gin keinerlei Rolle, so versechzigfachte sich während dieses Zeitraums ihr Wert, und mit 192 Millionen Dollar brachte der Baumwollexport 1861 den USA 61 % des Gesamt-Exportwertes ein. Da war *Baumwolle der weitaus bedeutendste amerikanische Exportartikel* und blieb das noch lange.

Ähnlich wuchsen die Weizen-Ernten und ebenfalls nicht nur durch die riesigen Ackerflächen, sondern durch die Mechanisierung des Ackerbaus. Baumwolle wurde von Sklaven gewonnen, die gekauft und unterhalten werden mußten, und sie war wertvoll genug, um das zu ermöglichen. Für den Weizen- oder Mais-Anbau kamen Sklaven nicht in Frage, die Arbeitskraft

der Siedler aber genügte nicht, um nennenswerte Exportmengen zu gewinnen, und so mußten entsprechende Maschinen entwickelt werden. Auch das war ein fundamentaler Unterschied zwischen Europa und Amerika: Für Millionen und Abermillionen Europäer waren während des Übergangs vom Handwerk zur Industrie die Maschinen unbarmherzige Feinde. Sie wurden »Stahldämonen« genannt, vor allem in England wurden Fabriken niedergebrannt und zahllose Maschinen zerstört. In Amerika waren *Maschinen die unentbehrlichen Helfer*, die nicht Menschen verdrängten, sondern ihnen die schwere Fron abnahmen, die fehlenden Menschenkräfte ersetzten und multiplizierten.
Solche Überlegungen stellte der 1809 auf der Farm seines Vaters in Valley of Virginia geborene Cyrus Hall McCormick zwar nicht an, aber er mußte von frühester Jugend an schwer arbeiten, weil es Landarbeiter praktisch nicht gab und Landmaschinen ebensowenig. Zwar ist schon in der »Historia Naturalis«, die Plinius um 78 n. Chr. verfaßte, von einer »Mähmaschine« die Rede, und die versuchte Capel Lloft aus Bury 1784 nachzubauen. Aber bei Phantasien und mißglückten Experimenten blieb es, weil es in der »Alten Welt« stets Hände genug gab und zudem die Bauern zu den konservativsten aller Menschen gehören. Selbst Sensen statt Sicheln setzten sich erst im 18. Jahrhundert durch. Und mit Sensen die »Great Plains« abernten, die Prärieen der Vereinigten Staaten? Die erstrecken sich 650 Kilometer breit von der Grenze Kanadas 2400 Kilometer weit bis an den Golf von Mexiko, bilden ganz oder zum Großteil zehn der heutigen Bundesstaaten der Union. Getreide muß dazu auch noch rasch eingebracht werden: Es muß reif sein, aber wenige Tage können genügen, um es zu reif zu machen und die Körner ausfallen zu lassen.
Wie viele vor ihm hatte deshalb auch Cyrus' Vater Robert McCormick eine Mähmaschine zu bauen versucht. Die Modelle konnten nur einmal im Jahr, zur Erntezeit, erprobt werden, und immer wieder versagten sie. Aber der Sohn lernte nicht nur

aus den Fehlern, sondern analysierte den Erntevorgang, wie Whitney den des Baumwollentkernens analysiert hatte, und fand ebenfalls ein Prinzip, das bis heute gültig blieb. Cyrus Hall McCormick hatte sich selber zu einem hervorragenden Mechaniker herangebildet und er erwies sich auch als tüchtiger Geschäftsmann. Auf einem Feld unweit Lexingtons bewies er 1831 den Farmern, was seine Maschine leistete und verkaufte die ersten vier Stück. Zwar kam es, bevor er eine Fabrik bauen konnte, zur großen Wirtschaftskrise von 1837, die auch seinen Vater ruinierte, und jahrelang hatten die Farmer kein Geld für Maschinen. Aber McCormick hielt sich, und der Betrieb, den er 1847 in Chicago gründete, brachte den Durchbruch, erreichte binnen zehn Jahren eine Jahresproduktion von 4000 Mähmaschinen. Er hatte einen Finanzier gefunden, konnte Langfristkredite geben und eine Exportfirma gründen. Auf der Londoner Weltausstellung von 1851 war die Mähmaschine eine Sensation, nicht minder 1855 in Paris. Drei Jahre später war McCormick Millionär. Er erfand Bindevorrichtungen, kaufte Dreschmaschinen-Patente und entwickelte den »Combine«, den Mähdrescher, den zuerst 30 Maultiere oder Pferde über die Prärien zogen und der im Jahre 1900 motorisiert wurde. McCormick stellte auch Scheibenpflüge und Sämaschinen her, schloß sein Unternehmen 1902 mit der Deering-Landmaschinenfabrik und mehreren kleineren Betrieben zur »International Harvester Company« zusammen, die acht Jahrzehnte nach ihrem Entstehen No. 73 der 500 größten Industrieunternehmen der USA war, einen Verkaufserlös von 4,7 Milliarden Dollar erzielte und 43 000 Leute beschäftigte.
Von einem einzigen Mann bedient, ernten Mähdrescher heute jeder zehn Hektar täglich ab und liefern 15 Tonnen reines Getreide. Aber bereits zwischen 1830 und 1860 ermöglichten vor allem McCormicks Erntemaschinen *die Ausdehnung der landwirtschaftlichen Nutzfläche der Vereinigten Staaten auf das fast Viereinhalbfache*, von rund 38 auf 163 Millionen Hektar. Die Weizen-Ausfuhr der 13 Nordamerika-Kolonien Englands

hatte 1760 insgesamt 12000 Tonnen betragen. Hundert Jahre später waren es 430000 Tonnen. 1860–90 aber stieg die Ausfuhr auf über 6 Millionen Tonnen, war sie fünfundvierzigmal größer als 1830. Mitte des vorigen Jahrhunderts beeinflußten die stets heftig schwankenden Weizenpreise in den USA die Weltmarkt-Preise, und als seit 1879 mehr und mehr Weizen nach Europa kam, mußten mehr und mehr europäische Bauern ihren Besitz aufgeben und nach Amerika auswandern, weil der Boden, wie schon vorgerechnet, den Bund durchschnittlich 14 Cents je Hektar gekostet hatte und Millionen Siedler ihn umsonst bekamen, dieser Boden kaum je gedüngt wurde und es Maschinen wie in den USA in Europa nicht nur nicht gab, sondern sie hier auch nicht eingesetzt werden konnten, die kleinen Bauernäcker nicht mit den unendlichen Prärien Amerikas zu vergleichen waren.

MacCormicks Erfindung hatte gewaltige Folgen: Sie trug entscheidend zum Sieg der Nordstaaten über die Südstaaten, der Freien über die Sklavenhalter, bei. Sie wirkte sich in Kanada wie in Australien aus. In Europa aber vor allem, weil Europa den Eisenbahnbau finanzierte, ohne den die Erschließung des Mittelwestens und Westens der Vereinigten Staaten so unmöglich gewesen wäre wie der Transport von Massengütern zu den Exporthäfen.

Die Vereinigten Staaten besaßen ein immenses, naturgegebenes und damit geschenktes Kapital in Form riesiger Ebenen, die Sonnenenergie in Ernten verwandelten. Aber sie besaßen nicht die gespeicherte Arbeitskraft, das Geldkapital, das die Herstellung ihrer Maschinen und vor allem *der Bau von 426000 Kilometer Eisenbahnlinien binnen drei Generationen* erforderte, von Schienenwegen, mehr als zehnmal länger als der Erdumfang am Äquator, Schienenwege, die natürlich die entsprechenden Zubringerstraßen nötig machten, ein Straßennetz, das heute über fünf Millionen Kilometer lang ist und so viele Brükkenbauten erzwang, daß niemand deren Zahl kennt. Nur durch Fremdkapital war die amerikanische Eigenkapitalbildung in Gang zu bringen gewesen und dieses Kapital war vor allem europäisches Flucht-Kapital. Kapital, das keineswegs überschüssig war, sondern wiederum als Folge der Napoleonischen Kriege, der Kombination von Not, Ungerechtigkeit und den Ideen der Amerikanisch-Französischen Revolution, Zuflucht in der »Neuen Welt« suchte.

Amerikas Fremdkapital und die Devisen-Funktion seiner Wertpapiere

Die Lagewert-Steigerung durch Eisenbahnbauten und die Gratis-Sachwertschaffung durch Bankrotte

Wenn »Wallstreet« und »Dollar« seit Generationen in einem Atem genannt werden, so weil das amerikanische Währungs-, Finanz- und Börsenwesen gleichaltrig sind, von Anfang an untrennbar miteinander verbunden waren und blieben. Als Alexander Hamilton 1790 die Bundesschuld schuf, konnten die neuen Gold-Bonds nur abgesetzt werden, wenn sie auch jederzeit verkäuflich waren. Je nach Angebot und Nachfrage variierte ihr Kurs, und den veröffentlichten seit 1791 täglich die New Yorker Zeitungen. Bereits 1790 waren auch täglich 24 Makler unter einem mächtigen, alten Baum zusammengekommen, der stand, wo heute das Gebäude Wallstreet No. 68 steht, um im Auftrag ihrer Kunden diese Staatspapiere zu kaufen und zu verkaufen, und die bildeten 1792 einen Verein. Eine einheitliche Provision von einem Prozent wurde festgesetzt und die Mitglieder verpflichtet, bei allen Geschäften einander zu bevorzugen. Damit war die New York Stock Exchange gegründet, *die heute bedeutendste Wertschriften-Börse der Welt*, an der zuerst nur Staatspapiere gehandelt wurden, sehr bald aber auch Aktien privater Unternehmer, denn lange vor einem ähnlichen Gesetz in England oder auf dem Kontinent, erließ der Staat New York 1811 sein »General Corporation Law«, das die Gründung von Aktiengesellschaften ohne besonderen Hoheitsakt in jedem besonderen Fall ermöglichte, sobald gewisse allgemeine Bedingungen erfüllt waren. Die Hauptaufgabe von Aktiengesellschaften besteht bekanntlich darin, Kapital für Unternehmungen zusammenzubringen, die die Finanzkraft einzelner übersteigen. Sie summieren heute die Ersparnisse von Hunderttausenden und Millionen, in ihrer Frühzeit die

von Hunderten und Tausenden, ermöglichen diesen die Teilnahme am Gewinn durch Dividenden und an der Wertsteigerung durch Kurssteigerungen. Stets aber bleibt die Haftung der Aktionäre für die Verbindlichkeiten ihrer Gesellschaft grundsätzlich auf ihre Einlage beschränkt. Aktiengesellschaften waren von der Zeit der »Charter-Gesellschaften« und blieben bis heute die den amerikanischen Verhältnissen bestangepaßte Unternehmensform, aber auch Aktien sind nur interessant, wenn man sie jederzeit mühelos kaufen und verkaufen kann, und dementsprechend war die Entwicklung der amerikanischen Börsen. Deren Geschäft blühte von Anfang an derart, daß Thomas Jefferson bereits 1793 schrieb: »Die Schiffe liegen untätig an den Kais, es unterbleibt der Hausbau, dem Handel und der Landwirtschaft wird das nötige Kapital entzogen, nur damit man an der Börse spielen kann und arbeitsloses Einkommen gewinnt ...« Auch Alexander Hamilton ließ in seiner »Gazette of the United States« wiederholt vor »ungesundem Spekulationsfieber« warnen, aber auch die Aktien seiner Nationalbank wurden hochgetrieben, standen im August 1791 auf 195, nur um im September auf 108 zu fallen.
Aktien und Obligationen aber waren nicht nur unentbehrlich zur Kapitalzusammenfassung im Inland, sondern *amerikanische Wertpapiere spielten die Rolle von »Devisen«* im Außenhandel, finanzierten das chronische amerikanische Handels-Defizit. »Devisen« hießen ursprünglich im Ausland zahlbare, auf ausländische Währungen lautende Wechsel, und die waren das wichtigste Transfermittel im zwischenstaatlichen Zahlungsverkehr. Heute heißen »Devisen« ausländische Zahlungsmittel jeder Art. Die mangelten bis etwa 1880 in den Vereinigten Staaten, wie sie in den 13 Kolonien gemangelt hatten, und so wurden im Ausland Aktien und Obligationen verkauft, um Pfunde, Francs etc. kaufen zu können. Früh wurden deshalb amerikanische Werte auch an den europäischen Börsen notiert – und in ihnen wie in Amerika spekuliert.
Die ersten amerikanischen Privataktien waren Bank-Anteile,

Aktien von Versicherungsgesellschaften und von Kanalbau-Gesellschaften, denn die Verkehrserschließung des riesigen Landes war ja die vordringlichste aller Aufgaben. Straßen gab es so wenige, daß erst 1783, im Jahr ihrer internationalen Anerkennung und zwei Jahrhunderte später als in England, *die ersten Postkutschen der Vereinigten Staaten* eingesetzt wurden. Noch als Washington 1799 starb, brauchte die Nachricht zehn Tage, um von Mount Vernon die rund 350 Kilometer nach New York zu gelangen. Die Abgeordneten aus Oregon waren 1830 noch mehr als 100 Tage unterwegs, wenn sie in die Bundeshauptstadt reisten. Wie zur Kolonialzeit blieben die Küsten- und Binnenschiffahrt am wichtigsten, denn die Vereinigten Staaten haben (besonders der Sowjetunion gegenüber) den großen Naturvorteil, daß ihre Ströme in die »richtige« Richtung fließen, d. h. in große Ozeane münden und nicht in Binnenmeere oder vereiste Polarmeere. Sie besitzen im 3820 Kilometer langen Mississippi (dem längsten und wasserreichsten Fluß Nordamerikas) eine hervorragende Wasserstraße, nicht minder in dessen wichtigsten von rund hundert Nebenflüssen, dem 1560 Kilometer langen Ohio, der doppelt so weit schiffbar ist wie der Rhein. Früh wurden dazu Kanäle gebaut, der erste große, der Connecticut River Canal, 1792–93 von Holländern mit holländischem Kapital. Nur durch einen Kanal wurde New York zu einer bedeutenden Handels- und Hafenstadt – und dieser Erie-Kanal löste auch die erste Eisenbahn der Vereinigten Staaten aus.

Von De Witt Clinton seit 1817 gebaut und vom Staat New York finanziert, zweigt dieser 544 Kilometer lange Kanal bei Troy, unweit Albany, vom Hudson-River ab, mündet oberhalb von dessen Fällen in den Niagara und erreicht bei Buffalo den südlichsten der fünf »Großen Seen«, den Erie-See. Mit seinen 35 Schleusen war dieser Kanal für die damalige Zeit ein »technisches Wunderwerk«. Er war aber auch ein hervorragendes Geschäft; schon bevor er 1825 fertiggestellt war, überstiegen die Benutzungsgebühren die Zinskosten des investier-

ten Kapitals bei weitem. Und er eröffnete New York ein so großes Hinterland, daß dessen Hafenumschlag und Handelsumsatz den Baltimores 1830 weit übertraf.
Diese 1729 gegründete Hauptstadt Marylands hatte zu Ende des Unabhängigkeitskrieges erst 13 000 Einwohner, zwei Generationen später aber 80 000. Ihr Naturhafen ist nach wie vor einer der besten der Welt, und 1825 war er der bedeutendste Exporthafen der USA. Um mit New York wieder gleichzuziehen, setzte der führende Bankier Baltimores, George Brown, den *Bau der ersten Eisenbahn der Vereinigten Staaten* durch: Er versammelte im Februar 1827 die maßgebenden Leute Marylands in seinem Haus, die zwei Millionen Dollar zeichneten, erhielt vom Staat Maryland drei, und den ersten Spatenstich der Linie von Baltimore an den Ohio-River tat am 4. Juli 1828 der letzte der noch lebenden Unterzeichner der amerikanischen Unabhängigkeitserklärung, Charles Carroll of Carolton. Nachdem Versuche mit Segel-Wagen den Wind als zu wenig verläßlich erwiesen, konnte am 24. Mai 1830 der Pferdebahn-Betrieb nach dem 21 Kilometer entfernten Ellicott Hills aufgenommen werden, und am 30. August 1830 wurde die erste Dampflokomotive eingesetzt. Fünf Jahre später war Baltimore mit Washington D.C. durch eine Doppelspur verbunden, 1857 erreichte die »Baltimore and Ohio Railway« St. Louis und 1874 Chicago. Bei ihrer Hundertjahrfeier besaß die Gesellschaft ein Streckennetz von rund 12 000 Kilometern.
Die Vereinigten Staaten aber besaßen auf dem Höhepunkt ihrer Eisenbahnentwicklung, im Jahre 1916, wie gesagt, 426 000 Kilometer Schienenwege, fast die Hälfte aller Eisenbahnanlagen der Welt. Waren im Jahrzehnt 1830–40 insgesamt 4550 Kilometer gebaut worden, so 1880–90 über 119 000. Von 455 Kilometern jährlich stieg die Bauleistung auf fast 12 000, auf tausend Kilometer oder die Luftlinien-Entfernung Paris–Wien monatlich.
Die durchschnittlichen Baukosten betrugen 1830–60 etwa 22.000 Dollar pro Kilometer, 1860–1916 etwa 38.000, insge-

samt 15,4 Milliarden: *Bis zum Ersten Weltkrieg war der Wert der amerikanischen Eisenbahnen höher als der aller Farmen und aller Fabriken.* Er betrug im Jahre 1913 (der Interstate Commerce Commission zufolge) einschließlich des Rollmaterials 17.796 Millionen oder ein Zehntel des damaligen Gesamt-Volksvermögens der USA.
Wie war dieses für die damalige Zeit immense Kapital aufgebracht worden? Und wie, da Eisen-Bahnen ja eine entsprechende Hüttenindustrie voraussetzen und Dampf-Eisenbahnen entsprechende Kohlegruben, die weiteren Milliarden für deren Entwicklung?
Der amerikanische Eisenbahnbau wurde finanziert durch:
Riesige Bodenzuteilungen des Bundes und die Lagewert-Steigerung dieser Gratis-Grundstücke.
Durch den Verkauf von Aktien und Obligationen, vorwiegend im Ausland.
Durch Bankrotte, die diese Schulden tilgten, aber die Schienennetze, das Rollmaterial und allen anderen Realbesitz der zahlungsunfähig gewordenen Gesellschaften bestehen ließen.
Der amerikanische Eisenbahnbau bedeutete vor allem eine riesige Lagewert-Steigerung: Stets kam es und heute kommt es mehr denn je darauf an, wo ein Grundstück liegt. Tausend Quadratmeter können unfruchtbar sein, 400 Kilo Getreide jährlich oder den zwanzigfachen Geldertrag durch Frühgemüse bringen. Auf diesen 1000 Quadratmetern kann ein Wohnhaus-Block für 100 Familien stehen, dessen jährliches Mietaufkommen eine halbe Million Mark beträgt, oder Luxusgeschäfte, die das Zehnfache bezahlen. Die 5,66 Millionen Quadratkilometer der »Public Domain« der Vereinigten Staaten waren wertlos, solange sie niemand bewohnte und nutzte. New York aber konnte zeitweilig ein Zehntel der Gesamtbevölkerung der USA durch seine Lage ernähren, und dementsprechend stiegen hier die Bodenpreise. Wie hier war es immer und zu allen Zeiten: Die Villa, die die Mutter der Gracchen in Rom bewohnte, war im Jahre 124 v. Chr. 75.000 Sesterzen oder nach heutigem

Geld etwa 15.000 DM wert. Fünfzig Jahre später wurde sie für 2,6 Millionen Sesterzen verkauft – das 33fache. Der nackte Sandboden der Mark, auf dem sich Berlin ausbreitete, war noch im Jahre 1800 so gut wie wertlos. Im Jahre 1914 betrug sein Steuerwert sechs Milliarden Goldmark, denn nun war Berlin die Reichshauptstadt, und dementsprechend betrug die Grundrente 240 Millionen Reichsmark jährlich. Daß, wie schon geschildert, George Washington als reichster Mann seiner Zeit starb, lag am neuen Lagewert, den seine Felder durch einen Kongreßbeschluß erlangten.
Ähnliche Gewinne wurden in Amerika unzählige gemacht, das riesige Astor-Vermögen entstand ebenso vorwiegend durch Bodenwertsteigerungen wie das von Henry Morgenthau sen. Aber ebenso gab es natürlich auch *unzählige mißglückte Boden-Spekulationen in Amerika*, denn immer wieder vergessen ja auch sonst kluge Leute, daß es beim Geld wie bei Wasser und Brot ist: Man muß es rechtzeitig haben. Wie den Verhungerten oder Verdursteten nichts mehr zurück ins Leben bringt, so bedeutet ein verzehnfachter oder verhundertfachter Bodenpreis für den ehemaligen Besitzer nichts, wenn der verkaufen mußte, bevor es zur Lagewertsteigerung kam. Wer seinen Wechsel nicht am genau festgelegten Verfallstag einlösen kann, ist bankrott, und das treibt immer wieder die Tagesgeldsätze auf buchstäblich hundert Prozent. Und auch das half bei amerikanischen Krisen sehr oft nicht, immer wieder war um keinen Preis mehr Geld zu leihen.
Das erfuhr schon Robert Morris, der erwähnte Helfer Alexander Hamiltons bei der amerikanischen Schulden-Konversion von 1790. Als Sohn eines Reeders 1734 in Liverpool in England geboren, kam Morris als Dreizehnjähriger nach Amerika und war, als der Unabhängigkeitskampf ausbrach, einer der reichsten Kaufleute Bostons. Er überlegte es sich sechs Wochen lang, ehe er die Unabhängigkeitserklärung von 1776 unterschrieb, aber dann setzte er auch sein gesamtes Vermögen ein, um diese Unabhängigkeit zu erringen. Er leitete 1776–78 die

Finanzausschüsse des Kongresses, und sein persönlicher Kredit war es, der Washington das Bargeld brachte, mit dem er die Überfahrt seiner Truppen von Dobbs Ferry nach Yorktown bezahlte, wo 1781 die Entscheidungsschlacht des Unabhängigkeitskrieges geschlagen wurde.

Morris verdiente, wie geschildert, an der Einlösung der Kriegsschulden für damalige Verhältnisse enorme Beträge. Aber in Bundes-Bonds, nicht in barem Geld. Er erkannte – wie Hamilton – die Zukunftsmöglichkeiten der Vereinigten Staaten und war überzeugt, daß der Boden, den der Bund für zweieinhalb Dollar den Hektar verkaufte, ungleich mehr wert war. Und das verführte ihn zum großen Fehler seines Lebens, einem Fehler, den während des ganzen 19. Jahrhunderts auch zahllose europäische Geldanleger in Amerika begingen: Morris kaufte zwei Millionen Hektar Boden im Staat New York mit in Holland geliehenem Geld. *Mit geliehenem Geld gekaufter Boden kostet Zinsen.* Jeder Kredit kostet bekanntlich Zinsen, und jeder Kredit, der nicht produktiv ist und rasch genug Einnahmen bringt, ist gefährlich. Die Zinsen laufen Tag und Nacht weiter, gleich, ob Preise steigen oder sinken, und gleich, ob das mit geliehenem Geld gekaufte Gut verkauft werden kann oder nicht. Morris wurde seinen Boden nicht rasch genug los und kam ins Schuldgefängnis, und sein Partner starb im Schuldgefängnis. Morris verlor sein riesiges Vermögen bis auf den letzten Dollar. Die Zinsen fraßen ihn auf, wie sie 1929 Millionen und Abermillionen Leute ruinierten, die Aktien auf Kredit gekauft hatten, und wie sie erneut heute Millionen und Abermillionen auffressen, die Dollar-Kredite aufnahmen, weil sie mit Wertverlusten des Dollars rechneten, zu denen es nicht kam – zumindest bisher nicht und damit für sie nicht rechtzeitig.

Verlor Morris sein Geld, weil es zwar enorme Lagewert-Steigerungen gab, aber für ihn nicht rasch genug; so wurden aus dem gleichen Grund Milliarden und Abermilliarden europäischen Kapitals verloren, das in amerikanischen Eisenbahn-Papieren nur deshalb angelegt wurde, weil die Gesellschaften *ganze Königreiche als Bau-Subventionen* erhielten. Auch heute noch sind zahllose europäische Geldanleger fasziniert von der »Erfolgs-Story Chicagos«: Dort gab es 1830 zwölf Häuser mit zusammen 70 Einwohnern. Für den Hektar besten Ackerbodens – 10000 Quadratmeter bekanntlich – wurden maximal 200 Dollar bezahlt. Als 1893 die Weltausstellung in Chicago abgehalten wurde, brachte ein gleich großes Grundstück 12,6 Millionen Dollar. In den Vereinigten Staaten zu verteilendes Bundesland aber gab es, wie gesagt, 566 Millionen Hektar, und den amerikanischen Eisenbahn-Promotoren wurden binnen einer einzigen Generation, in den Jahren 1841–75, davon mehr als ein Zehntel, 63,2 Millionen Hektar oder mit 632000 Quadratkilometern die Fläche Westdeutschlands und Japans zusammengenommen, geschenkt.

Prinzipiell waren Landschenkungen durchaus berechtigt: Wurden die ersten amerikanischen Eisenbahnlinien in besiedelten Gebieten gebaut, so fehlten Durchgangslinien, die Hunderte Kilometer weit durch unbewohnte Gebiete, wenn nicht durch Steppen und Halbwüsten führten. Der Mittelwesten wie der »Wilde Westen« der Vereinigten Staaten gehörten zwar dem Bund (und noch 1970 waren z. B. 85 % der Gesamtfläche Nevadas und 71 % allen Bodens in Utah Bundesbesitz, in den übrigen Weststaaten 25 bis 70 % Staatseigentum), aber die brachten keinen Dollar Steuereinnahmen oder irgendeinen anderen Ertrag. Und die waren unverkäuflich, solange es keine Verkehrs- und Transportmittel gab. Der Bund besaß selber kein Entwicklungs-Kapital, und so tat er, was Europas Fürsten, wie schon erwähnt, im Kolonialzeitalter durch ihre »Charter« getan hatten: Der Kongreß vergab Eisenbahnbau-Konzessionen mit entsprechenden Landzuteilungen und beteiligte sich an der Lagewert-Steigerung, indem die Gesellschaften beiderseits ihre Trasse nur jede zweite »Section« von je 256 Hektar erhielten, der Bund Besitzer der dazwischenliegenden blieb. Die Bahngesellschaften mußten selber für ihre Passagiere und ihre Frachten sorgen, indem sie ihren Boden an Einwanderer, an Bauern und womöglich auch Handwerker und Unternehmer verkauften, und ihnen gehörte auch die Kohle und das Eisen, das sich auf ihrem Land fand, während sich der Bund die anderen Mineralvorkommen vorbehielt – und vor allem auf Grundsteuern hoffte.

Nun mußten die Bahnen natürlich gebaut werden, *bevor* durch sie der Lagewert stieg, und das war möglich, weil man ja sofort nach der Zuteilung den Boden mit Hypotheken belasten konnte und so für den Bahnbau und die Entwicklung der geschenkten Ländereien 20 bis 25 Jahre Zeit hatte – *falls* die fälligen Zinsen- und Amortisationsbeträge pünktlich bezahlt wurden. Und das vergaßen die meisten europäischen Geldgeber. Ebenso sahen sie nur die Vorteile des Aktienbesitzes und nicht dessen Nachteile: Mehr als man für seine Aktien bezahlte, kann man nicht verlieren. Aber ist die Haftung beschränkt, so auch die Besitzrechte. Grundbesitz gehört der Gesellschaft, nicht den Aktionären. Auf *keinen* ihrer Realwerte können die Aktionäre die Hand legen, und auch auf das Tun und Lassen »ihrer« Direktoren haben sie praktisch so gut wie nie ausreichenden Einfluß; daß sich das Aktienkapital in *vielen* Händen befindet, heißt natürlich auch, daß nur die wenigen Großaktionäre etwas zu sagen haben.

Besaßen die europäischen Geldgeber der amerikanischen Eisenbahnen so gut wie nie Einfluß auf deren Geschäftsführung, so noch weniger natürlich auf die Wirtschaftspolitik der amerikanischen Regierung, die Geschäftsführung der amerikanischen Banken und die Praktiken der zahllosen amerikanischen Bodenspekulanten. Sie ahnten nicht, *wie* gering das Eigenkapital der USA während des ganzen 19. Jahrhunderts blieb und zwar einfach schon deswegen, weil hier alles auf einmal getan werden mußte: Zwischen 1790 und 1830 stieg die Bevölkerung um 9 Millionen, zwischen 1830 und 1860 um 20 Millionen, die nicht nur Wohnungen brauchten, Nahrung, Kleidung, Trinkwasser und Verkehrsmittel, sondern für die alles aus dem Nichts geschaffen werden mußte. Als die Vereinigten Staaten

unabhängig wurden, gab es insgesamt fünf Städte mit je mehr als 8000 Einwohnern, als größte Philadelphia mit 28000. Im Jahre 1830 gab es 44 solcher Städte und wieder eine Generation später 142. Alexander Hamilton zufolge betrug 1790 *der Geldumlauf in den Vereinigten Staaten* 40 Millionen Dollar oder rund 10 Dollar pro Kopf der Bevölkerung. Auch im Jahre 1900 aber waren es nur 27 Dollar, denn inzwischen hatte sich die Bevölkerung ja verneunzehnfacht. Die Kapitalbildung hielt sehr oft mit der Einwanderung *nicht* Schritt, denn die meisten Einwanderer waren ja Leute, die *nur* ihre Arbeitskraft besaßen. Und so gab es eben immer wieder *akuten* Geld- und Kapitalmangel. In Europa aber damals wie heute sehr viele Leute, die persönlich daran interessiert waren, daß Amerikas Schwierigkeiten übersehen, *nur* seine unleugbar enormen Möglichkeiten hervorgehoben wurden. Die europäischen Anleger wußten einfach nicht, daß es im 19. Jahrhundert nur 40 »normale« Jahre in den Vereinigten Staaten gab, 30 Jahre Hochblüte und 30 Jahre schwere Depressionen. *Während des neunzehnten Jahrhunderts gab es alle sieben Jahre eine amerikanische Wirtschaftskrise* und darunter bereits damals vier mit heftigen Auswirkungen auf Europa, nämlich die von 1837, 1857, 1873 und 1893, die fremde Kapitalanlagen von mindestens zehn Milliarden Dollar »liquidierten«, in heutiger Kaufkraft gut zweihundert Milliarden.
Schon der Unabhängigkeitskrieg brachte eine schwere Wirtschaftskrise mit sich, und der Zusammenbruch der Bodenspekulation Robert Morris' im Jahre 1795 führte nicht nur zum Bankrott seiner eigenen »Bank of North America«, sondern riß mehr als hundert der damals größten Unternehmen Amerikas mit und ruinierte seine holländischen Geldgeber. Aber ein Musterbeispiel für die besonderen *amerikanischen* Krisen-Faktoren, die *alle* Wirtschaftskrisen der Vereinigten Staaten bis heute kennzeichnen, ist *die Finanz-Katastrophe von 1837.*
Die hatte vier Ursachen, die sich wechselseitig steigerten: Im Jahre 1836 gab es eine Mißernte, durch die die Farmer die Leute

nicht bezahlen konnten, von denen sie ihren Boden gekauft hatten. Das waren vorwiegend Boden-Spekulanten, die riesige Ländereien vom Bund kauften und das Geld dazu bei Banken liehen.

In den Jahren 1830–37 wurden in den USA über 4000 Kilometer Eisenbahnen gebaut, während in ganz Europa seit 1825 nur 2800 km entstanden. Das amerikanische Eisenbahnkapital betrug nun 225 Millionen Dollar oder etwa ein Zwölftel des Gesamt-Volksvermögens, und an der Londoner Börse wurden bereits die Aktien und Obligationen von 62 verschiedenen amerikanischen Eisenbahngesellschaften gehandelt; »Yankee Rails« waren die beliebtesten Spekulationspapiere der europäischen Börsen.

Um an der Lagewert-Steigerung der städtischen Grundstücke teilzunehmen, die die Eisenbahnbauten und der allgemeine wirtschaftliche Aufschwung auslösten, verdoppelten zahlreiche amerikanische Gemeinden 1830–37 den Steuerwert dieser Grundstücke, und da dieser die Höhe der Hypotheken bestimmte, verdoppelten sich die Hypothekar-Kredite. Allein New York hatte den Steuerwert des Haus- und Grundbesitzes von 250 auf 403 Millionen Dollar erhöht. Hier verzehnfachte sich seit 1790 die Einwohnerzahl auf rund 300 000, und wenn die »Baltimore and Ohio Railway« ihre erste Strecke 1830 in Betrieb nahm, so die »New York Central Railway« im Jahre 1831. Von New York aus verlegten seit 1830 neun Eisenbahngesellschaften ihre Linien; Kanäle und Eisenbahnen brachten mehr und mehr Frachten nach New York, dessen Hafen schließlich zum größten der Welt wurde.

Das lag 1837 noch in weiter Ferne. Aber wenn sich hier die Bevölkerung binnen wenig mehr als einer einzigen Generation verzehnfachte, warum sollte sie sich nicht erneut verzehnfachen? Der Stadtrat von New York beschloß 1834 *»eine Millionenstadt-Planung«*, die »in absehbarer Zeit« eine Bevölkerung von 1,75 Millionen vorsah. Die Insel Manhattan war damals erst zu einem Drittel bebaut. Aber nun wurde sie voll parzelliert, und, da man schon beim Planen war, auch Bauplätze auf Long Island und Brooklyn abgesteckt und Staten Island parzelliert. Die Stadt verkaufte die Bauplätze für 100 bis 200 Dollar. Binnen zwei Jahren wechselten sie so oft die Hand, daß sie 1837 durchschnittlich 2000 Dollar kosteten, und die drei Spekulanten, die Staten Island für 10.000 Dollar gekauft hatten, rechneten nun mit einem Gewinn von drei Millionen.

Was in New York vorging, ließ natürlich Baltimore nicht ruhen und spornte die Gemeinderäte Dutzender Städte an. Und wo es noch keine Städte gab, wurden sie »geplant«: Hunderte Provisionsagenten reisten im ganzen Land und in Europa umher, und auf ihren Plänen waren Straßen, öffentliche Gebäude, Bahnhöfe und Grünanlagen eingezeichnet. Oft Dutzende Kilometer im Umkreis dieser Phantasie-Städte war nicht einmal eine Blockhütte zu finden, und manche lagen Hunderte Kilometer von der nächsten *geplanten* Eisenbahnlinie entfernt. Aber Grundstücke wurden verkauft. Grundstücke, die die Hälfte des Jahres unter Wasser standen (wie heute noch in Florida), und andere, zu denen Wasser zu bringen ein Vermögen gekostet hätte. Grundstücke in eisig kalten und in unerträglich heißen Gebieten, denn die Agenten waren tüchtig.

Die meisten dieser »geplanten« Städte sollten auf Bundesland entstehen, denn wo der Bund Land verschenkte, konnte er nach der Lagewertsteigerung auch Land verkaufen, und 1830–36 stiegen seine Einnahmen aus diesen Verkäufen von 1,9 auf 21 Millionen Dollar. Gleichzeitig der Banknotenumlauf von knapp sieben auf vierzehn Dollar pro Kopf, denn das Bundesland konnte mit Papier bezahlt werden.

Zur privaten Verschuldung trat die der Einzelstaaten: Bot der Bund den Eisenbahngesellschaften kostenlosen Grundbesitz, so beteiligten sich die Einzelstaaten durch Anleihezeichnungen und Aktienkäufe an den Baukosten. Die Eisenbahnen zwangen zum Bau von Zubringerstraßen, machten neue Kanäle interessant. Die Zahl der Einwanderer stieg rapide, und *so* viel Arbeit war zu tun, daß 1820–37 auch die Verschuldung der Einzelstaaten von weniger als 13 auf 170 Millionen Dollar stieg. Schon das Zusammentreffen von Mißernten mit hemmungsloser Bodenspekulation hätte genügt, eine schwere Wirtschaftskrise auszulösen. Dazu aber kamen derart hohe Schulden, daß die Zinsen unbezahlbar wurden, und dazu trat damals erstmals, seither und bis heute aber immer wieder, ein Staatseingriff, erwies sich *die weltweite wirtschaftliche Bedeutung der außerordentlichen Machtbefugnisse der amerikanischen Präsidenten.*

Seit es die Vereinigten Staaten gibt und bis heute bekämpfen sich »Zentralisten« und »Föderalisten«. Alexander Hamilton schuf durch seine »First Bank of the United States« ein Zentralbanksystem. Die »Föderalisten« verhinderten 1811 die Konzessions-Erneuerung dieser Bank. Die Finanzkrise, die das auslöste und nicht zuletzt der Protest der ausländischen Geldgeber, die dadurch 30 Millionen Dollar verloren, führten 1816 zur Gründung der »Zweiten Bank der Vereinigten Staaten«. Deren Konzessions-Erneuerung verhinderte Präsident Andrew Jackson 1836, und der hatte ihr bereits 1832 alle Staatsgelder entzogen und seinen »Pet Banks«, seinen lokalen »Lieblingsbanken«, überwiesen. Schon seit 1829, als die Präsidentschaft Jacksons begann, waren immer mehr »Staatsbanken«, d. h. von den Einzelstaaten konzessionierte lokale Notenbanken, entstanden, und *die Entwicklung des amerikanischen Bankwesens* war binnen nur acht Jahren die folgende:

	1829	1837
Zahl der »Staatsbanken«	329	788
Bank-Kapital, Millionen $	110	290
Banknotenumlauf, Millionen $	48	149
Von den Banken gewährte Kredite	137	525

War Präsident Jackson ein »Föderalist«, so war er aber auch selber durch Grundstücks-Spekulationen reich geworden und wußte, wovon er redete, als er in einer Botschaft an den Kon-

greß am 5. Dezember 1836 erklärte: »Anscheinend wuchsen die Einnahmen aus dem Verkauf öffentlicher Ländereien in noch nie dagewesenem Ausmaß an. In Wirklichkeit aber handelt es sich nur um Buchungen in den Büchern der Banken. Die verliehen ihre Banknoten an Spekulanten. Diese gaben sie an die Landagenten weiter, und von diesen flossen sie sofort wieder in die Banken zurück. Die wertvollsten öffentlichen Ländereien gerieten so in die Hände der Spekulanten, und in deren Händen befinden sie sich noch. Die Regierung aber wurde dadurch bezahlt, daß Buchhalter ein paar Ziffern in den Bankbüchern veränderten.«
Das stimmte, und darum hatte Jackson bereits am 11. Juli 1836 sein »Specie Circular« erlassen, ohne Kongreßbeschluß ab sofort den Verkauf von Staatsländereien gegen Papiergeld oder auf Kredit verboten und Barzahlung in Gold oder Silber angeordnet. Und *das* ließ die Gesamtwirtschaft der damaligen Vereinigten Staaten zusammenbrechen, denn die Spekulanten hatten auch Bundesboden verkauft, *bevor* sie ihn selber kauften. Nun brauchten sie Metallgeld, und im Mai 1837 vermochte keine einzige Bank mehr ihre Banknoten einzulösen. Der Bodenspekulation war ein vernichtender Schlag zugefügt worden. Aber die Spekulanten rissen ihre Geldgeber mit, diese zahllose solide Handelshäuser, Bauunternehmer und Fabrikanten. Von Amerikas Eisenbahnkapital mußten 137 Millionen Dollar abgeschrieben werden, das sank 1837–40 von 225 auf 88 Millionen, und den Großteil dieses Verlustes hatten Aktienkäufer und Anleihezeichner in England zu tragen. England gab die ersten großen Kredite um seine Exporte zu fördern, kaufte Kanal- und Eisenbahnpapiere, um Bagger, Schienen und Lokomotiven abzusetzen. 1832–36 stieg der Wert der englischen Ausfuhr in die USA von 5,4 auf 12,4 Millionen Pfund. 1838 betrug er 0,7 Millionen.
Natürlich hatte Präsident Jacksons »Specie Circular« das Vertrauen in *alles* Papiergeld erschüttert, und im September 1837 konnte man *für einen Silberdollar dreißig bis vierzig Papierdol-*

lars einwechseln. Da betrug der Zinssatz für Tagesgeld (call money) am 20. Juni 1837 bereits 130 %, und im Herbst war kein Zins hoch genug, um Bargeld zu erhalten. Der Geldumlauf betrug 1841 nur noch drei Dollar pro Kopf. Was aber das Ende der amerikanischen Kreditfähigkeit hätte bedeuten müssen, war, daß 1837–41 nicht weniger als sechs der damals 26 Bundesstaaten, nämlich Mississippi, Louisiana, Maryland, Pennsylvania, Indiana und Michigan, ihre Schulden einfach für null und nichtig erklärten. Und die hatten keineswegs nur von ihren eigenen Bürgern, und nicht nur in anderen Bundesstaaten, sondern auch in Europa Geld geliehen; an der Londoner Börse wurden 1835 siebzehn Anleihen von zehn US-Bundesstaaten im Nominalwert von 36 Millionen Dollar notiert. Einmalig aber war und blieb glücklicherweise der Kongreßbeschluß vom 13. August 1841, ein »Bankrottgesetz«, das *die entschädigungslose Streichung von 441 Millionen Dollar Schulden von 39000 Unternehmen und Einzelpersonen* verfügte. Heute scheint das für amerikanische Verhältnisse kein nennenswerter Betrag, denn die Gesamtverschuldung der USA wurde 1985 auf etwa sechstausend Milliarden Dollar geschätzt. Aber 1841 waren 441 Millionen etwa ein Zehntel des Gesamt-Volksvermögens und ein Drittel des damaligen Bruttosozialprodukts. Diese Schuldenstreichung bedeutete 25 Dollar pro Kopf der Bevölkerung bei etwa 70 Dollar pro Kopf Gesamtwirtschaftsleistung.

Derartige Gewaltmaßnahmen scheinen längst vergangenen Zeiten anzugehören. Aber an der Verfassung der Vereinigten Staaten änderte sich nichts, was die Selbstherrlichkeit der amerikanischen Präsidenten und ihre Machtfülle angeht. Ebensowenig an den Einflußmöglichkeiten des Bundes auf die Gesetzgebung der Einzelstaaten. Wie 1837–41 kann der Bund auch heute keinerlei Einzelstaats-Zahlungen erzwingen, er hätte damals nur die Einzelstaatsschulden übernehmen können, wie er das ja auch 1790 tat. Eine entsprechende Gesetzesvorlage wurde 1843 auch eingebracht, aber mit großer Mehrheit abgelehnt.

Insgesamt werden *die europäischen Verluste durch die Krise von 1837* auf etwa 350 Millionen Dollar oder mehr als neun Zehntel aller damaligen ausländischen Kapitalanlagen in den USA geschätzt. Die Kurse amerikanischer Wertpapiere waren 1840 um durchschnittlich 55 % niedriger als drei Jahre zuvor, und sechs Londoner Bankhäuser und eine Firma in Liverpool z. B., die zusammen etwa zehn Millionen Dollar Kapital besaßen, aber für 70 Millionen amerikanische Wechsel eskomptierten, mußten natürlich ihre Zahlungen einstellen. Hunderte europäische Firmen machten schon 1837 durch die amerikanische Krise bankrott, die jahrelang weiterschwelte und völlig erst durch die kalifornischen Goldfunde von 1848 überwunden wurde, Funde auf Auslandsbesitz, die erneut Rechtsbrüche auslösten, wie sie in der Wirtschaftsgeschichte der Welt einmalig blieben.
Die Bodenspekulation hatte Präsident Jackson natürlich dennoch nicht ausgerottet, die Bodenverkäufe des Bundes aber brachten ihm 1841 insgesamt knapp eine Million Dollar ein. Um so mehr Boden wurde an die Eisenbahngesellschaften verteilt; dies lockte erneut Auslandskapital an. Und das gab es in immer größeren Mengen in Form von *Europas Fluchtkapital*, denn die Not der Napoleonischen Kriege förderte die Ideen der Französischen Revolution; auf den »Liberalismus« reagierten die Monarchien mit immer schärferen Repressionsmethoden, und die wiederum lösten immer zahlreichere offene Rebellionen aus: Was 1819 mit schweren Unruhen in Manchester begann, setzte sich 1820 mit der Revolution in Spanien, 1825 mit einem Aufstand in Moskau und 1830 mit der Juli-Revolution in Paris fort. Ein Jahr darauf folgte der Polenaufstand, und schließlich gründeten Karl Marx und Friedrich Engels 1847 als *die erste »Organisation der internationalen Arbeiterklasse«* den »Bund der Kommunisten«. Im Jahr darauf ließen die beiden in London das »Kommunistische Manifest« drucken und sagten hier offen, wie das Bürgertum vernichtet werden würde. Bei Worten blieb es nicht, 1848 wurde »das Revolutionsjahr«:

Nachdem am 24. Februar in Paris die Republik ausgerufen worden war, revoltierten die Berliner, wurde in Wien Metternich gestürzt, und nur mit Mühe konnte die Revolution in Prag und Budapest niedergeschlagen werden. Die »Besitzenden« Europas gerieten in Panik, und die Rothschilds wie die Bank von England, deutsche und niederländische Banken transferierten immer größere Beträge von Fluchtkapital in die Vereinigten Staaten. Denn die galten nicht nur als das »Land der unbegrenzten Möglichkeiten«, sondern als »völlig unpolitisch«, einzig und allein am Erwerb interessiert.
Die Amerikaner nutzten das. Noch im gleichen Jahr 1848 wurde ein Bundesgesetz beschlossen, demzufolge es zur Gründung einer Eisenbahngesellschaft genügte, wenn 25 Personen zusammentraten und für jede zu bauende Meile Schienenstrang 1000 Dollar Kapital aufbrachten. Da die Baukosten damals durchschnittlich 35.000 Dollar für eine Meile betrugen, war also *eine fünfunddreißigfache Verschuldung gesetzlich erlaubt* und Millionenbetrügern Tür und Tor geöffnet. Jedermann hätte gewarnt sein müssen. Aber nichtsdestoweniger strömten binnen einer Generation über eineinhalb Milliarden Dollar, 6200 Millionen Goldmark, europäischen Kapitals für Bahnbauten in die USA. Denn *sehr* viele Leute verdienten an diesen Bauten Geld; keineswegs nur die amerikanischen Promotoren und die europäischen Lieferanten von Schienen und Rollmaterial, sondern auch zahllose Banken, Makler und Provisionsagenten. Und die haben für vergangene Krisen und Verluste ein kurzes Gedächtnis.
Besonders wenn daheim die Zinsen und Gewinnchancen niedrig sind: Im Jahre 1848 gab es in England einen derartigen Kapitalüberfluß, daß der Bankdiskont nur eineinhalb bis zwei Prozent betrug, und dreiprozentige Konsols auf 107 standen. Amerikanische Anleihen aber brachten 5, 6 und 7 %. Die begeisterten Berichte deutscher Auswanderer brachten nach 1848 auch mehr und mehr deutsches Kapital nach Amerika, das nicht zuletzt die in New York gegründeten deutschen Banken

vermittelten: Bereits 1837 war auf Veranlassung der Frankfurter Rothschilds August Schönberg nach Amerika gegangen, der sich dort Belmont nannte und das später eng mit dem Bankhaus Morgan zusammenarbeitende Bankhaus August Belmont & Cie. gründete. Im Jahr zuvor hatte Joseph Seligman aus Bayersdorf in der Pfalz ein Bankgeschäft in New York eröffnet, das er 1848 mit seinen sieben Brüdern zur Firma J. & W. Seligman & Co. ausbaute, die Filialen in Frankfurt, Paris und London unterhielt. Da gründete 1853 Philip Speyer, der Schwiegervater des Deutsche Bank-Direktors Arthur von Gwinner, als Filiale des Frankfurter Bankhauses Lazard Speyer-Elissen die New Yorker Bank Speyer & Co., und alle widmeten sich der Unterbringung amerikanischer Wertpapiere in Europa. Denn sie erhielten die Neuemissionen meist weit unter pari, Ausgabekurse von 80 oder 85 waren nicht selten.
Diese »Mitverdiener« (die nur Zwischenhändler waren und so kein eigenes Risiko trugen) aber fanden Kunden, weil die Vereinigten Staaten zweifellos ein Land der Superlative *waren*, hier nun *Transkontinental-Bahnen von Weltbedeutung* entstanden und die Goldfunde in Kalifornien (von denen noch die Rede sein wird) auch die größten Kredite anscheinend vielfach deckten. Diese Funde hatten bereits 1848 zur Beantragung einer Bahnbau-Konzession quer durch den Kontinent geführt, die der Kongreß jedoch ablehnte. Erst 1862 wurde der »Pacific Railway Act« angenommen, »um Kalifornien enger an die Union zu binden«, und zwei Gesellschaften entsprechende Rechte erteilt: Die »Union Pacific Railway« begann 1863 von Omaha am Mississippi aus ihre Linie nach Westen zu verlegen, die »Central Pacific Railway« gleichzeitig die ihre von Sacramento aus nach Osten. Rund 12000 Leute wurden eingesetzt, in Kalifornien aus China nach Amerika gebrachte Arbeiter, im Osten meist in Irland rekrutierte. Tag und Nacht wurde um die Wette (und dementsprechend schlecht) gearbeitet, denn jede Gesellschaft wollte durch mehr Kilometer mehr Barsubventionen und Landzuteilungen ergattern. Wie es schwere Kämpfe

mit den Indianern gab, so Kämpfe zwischen den Bautrupps, und beide Gesellschaften verloren durch Sprengungen und Brandstiftungen Materiallager. Aber am 10. Mai 1869 wurden unter großen Feierlichkeiten auf der Promontory-Höhe im damaligen Territorium Utah die zwei Schienenstränge verbunden. Die »Union Pacific« hatte 1736 Kilometer Geleise verlegt und bekam 48 000 Quadratkilometer Bundesland, die »Central Pacific« nur 1104 Kilometer, die ihr 36 000 Quadratkilometer einbrachten. Aber damit war *die 5300 Kilometer lange Eisenbahnverbindung zwischen New York und San Francisco* hergestellt, und Kalifornien, das im Jahre 1840 höchstens 40 000 Einwohner zählte, hatte vier Jahrzehnte später 800 000, dort leben heute 25 Millionen Menschen, die zu den wohlhabendsten der Erde gehören. Noch im Jahre 1850 erforderte die Durchquerung Nordamerikas mindestens 90 Tage: Die Reise führte mit Segelschiffen nach Panama. Der Isthmus wurde auf Maultieren überquert und die Reise mit Segelschiffen nach San Francisco fortgesetzt. Mit der Eisenbahn und weiter mit Postkutschen dauerte die Reise vom Atlantik zum Pazifik 1856 noch 29 Tage, 1860 dann 18 Tage. Nun genügten sieben, und zugleich war »der bequemste und rascheste Weg für Reisende aus Australien nach England« geschaffen und (da die 7020 km lange Transsibirische Eisenbahn erst 1891–1902 gebaut wurde) der kürzeste Weg von Sibirien und dem ganzen asiatischen Rußland nach Europa.

Die Amerikaner konnten also mit Recht auf ihre Eisenbahnbauten stolz sein. Nur kostete auch die »Union Pacific« sehr viele europäische Kapitalgeber sehr viel Geld, und nicht nur wegen der schweren Baufehler und nicht erst 1895, als sie in Konkurs ging, James Hill sie für einen Pappenstiel kaufte und binnen acht Jahren an seiner »Reorganisation« 1400 % verdiente, sondern schon durch die »Kapital-Verwässerungen« Jay Goulds und die Baisse-Spekulationen Edward Henry Harrimans. Wobei allerdings die Verluste der »Union Pacific«-Aktionäre gering waren im Vergleich zu denen der Anleihezeichner, durch die *die »Northern Pacific Railway« Jay Cookes* zustande kam, die zweite Transkontinentallinie, die bei Seattle, etwa tausend Kilometer nördlich San Francisco, den Pazifik erreicht und, von Ashland in Wisconsin ausgehend, etwa dem Weg folgt, den 1804–06 Lewis und Clark bei ihrer ersten Durchquerung des Kontinents nahmen. Die »Northern Pacific« führt durch die Bundesstaaten Minnesota, North Dakota, Montana, Idaho, Washington und Oregon, und durch einen Act of Congress vom 2. Juli 1864 wurde sie inkorporiert und erhielt 188000 Quadratkilometer Bundesland, ein Drittel der Fläche Frankreichs.

Ihr Promotor, Jay Cooke, war 1821 in Sandusky in Ohio geboren worden und erwies sich schon als Vierzehnjähriger als redegewandter und einfallsreicher Propagandist: Er überzeugte seinen Vater Eleutheros und dessen Freunde, daß etwas getan werden mußte, um Sandusky zur Eisenbahnstation zu machen. Ein Aktionsausschuß kam zustande, und genug Geld wurde gesammelt, um den »richtigen« Mann der »Lake Erie and Mad River Line« zu interessieren. Im Jahre 1837 hörte Cooke die für ihn »schönste Musik, das Pfeifen der ersten Lokomotive«. Rasch stieg der Wert des Grundbesitzes seiner Familie. Jay Cooke machte eine Kaufmannslehre in St. Louis und trat als Achtzehnjähriger in das Bankhaus E. W. Clark & Dodge in Philadelphia ein, damals das nach New York zweitbedeutendste Finanzzentrum der USA. Diese Bank diskontierte Wechsel gegen 9 bis 18 % und verlieh Gold gegen 20 %. Er entwickelte ein besonderes Talent, Falschgeld zu erkennen, das es damals in Unmengen gab, und kannte sämtliche Banknoten der vielen privaten Notenbanken, die nicht genügend gedeckt waren. Er rauchte und trank nicht und lebte scheinbar von der Luft, denn sein Sparkonto wuchs rapide, und 1842 war er Teilhaber von Clark & Dodge, der er bis 1858 blieb. Stolz schrieb er 1843 nach Hause: »Wir verdoppeln unser Kapital fast jedes Jahr ...«

Berühmt wurde Jay Cooke durch die Propaganda- und Ver-

kaufsmethoden, durch die er während des Sezessionskrieges die Binnen-Kriegsanleihen der Union unterbrachte, und diesen Ruf als »Finanz-Genie« nutzte er 1870, um mit Josiah Perman aus Boston die »Northern Pacific« in Gang zu bringen: Die beiden zahlten bar 200.750 Dollar ein und gaben Obligationen im Nominale von 129.816.000 Dollar aus, *Verhältnis Eigenkapital:Fremdkapital 1:65* also. Wie die Kriegsanleihen waren das »Sieben-Drei-Zehntler«, d. h., die Bonds brachten für damalige Verhältnisse einen Wucher-Zins von 7,30 %, der vor dem Zeichnen hätte warnen müssen. Aber Jay Cooke setzte tausend Provisions-Agenten ein, die diese Papiere vor allem an Pfarrer, Ärzte, Witwen und Pensionisten in der Provinz verkauften. Er brachte aber auch ein Konsortium europäischer Banken und Makler zustande, das 100 Millionen Dollar dieser Bonds (mit dem entsprechenden Rabatt) übernahm.
Nur brach 1870 der Deutsch-Französische Krieg aus, und die Unterbringung der »Northern Pacific«-Papiere in Deutschland und Frankreich stockte. Große Pakete wurden in Holland und England abgesetzt, aber Cooke mußte auch selber die Bürgschaft für Bau-Kredite übernehmen. Als am 3. August 1873 die »Canada Southern Railway« in Konkurs ging, brachte sie auch das Bankhaus Daniel Drews, Kenyon, Cox & Co. zu Fall. Dieses am 18. September 1873 das Bankhaus Jay Cooke & Co., und nun brach eine Krise aus, mit der verglichen die von 1837 harmlos war und durch die der Bau der »Northern Pacific« erst 1883 vollendet werden konnte. Die hatte 5,5 Millionen Tonnen Schienen, Radkränze, Achsen etc. in Europa bestellt. Als sie das Material nicht abnehmen konnte, sank an der Ruhr der Preis von Bessemer-Schienen 1873–74 von 407 auf 252 Mark die Tonne, war Eisen für 96 statt 270 Mark zu haben. Hatte der Bochumer Verein z. B. durch Eisenbahnbedarf 1872 rund acht Millionen Mark eingenommen, so zwei Jahre später nur 70.000 Mark. Die Aktien der Dortmunder Union fielen von 171 auf 4, an jedem dieser Anteile wurden 1670 Mark ver-

loren. Der Kurs von Phönix sank von 400 auf 20, und die Krise dauerte – wie in Amerika – jahrelang.

Dort stellten – »Bradshaws Railway Manual« zufolge – 1873–83 nicht weniger als 291 Eisenbahngesellschaften ihre Zahlungen ein, und 1476 Millionen Dollar ihres Kapitals mußten abgeschrieben werden. Das war fast ausschließlich europäisches Kapital. Die mehr als 40000 Kilometer Geleise aber, die ihnen gehört hatten, blieben wie das Rollmaterial erhalten, wurden von Leuten wie James Hill, James Gould oder E. H. Harriman aus der Konkursmasse erworben. Deren Milliarden-Vermögen waren nicht neugeschaffenes, sondern von andern verlorenes Geld.

Jahrgang 1836, hatte Hill seine Laufbahn als Kommis einer Dampfschiffahrts-Agentur begonnen. Er verdiente Geld am Sezessionskrieg, belieferte dann die »St. Paul & Pacific Railway« mit Holzschwellen und Kohle. Als sie 1873 in Konkurs ging und ihre meist holländischen Obligationenbesitzer ihr gesamtes Kapital verloren, wurde Hill ihr Besitzer, denn *amerikanische Lieferanten besaßen (und besitzen) bei der Verteilung der Konkursmasse den Vorrang*. Auch die »St. Paul and Pacific« hatte als Subvention riesige Ländereien erhalten; Hill besaß so genug Ackerland am Oberlauf des Mississippi, um eine Werbeorganisation in Skandinavien aufbauen zu können und Zehntausende Schweden und Norweger nach Amerika zu bringen, die ihm den Boden abkauften und zugleich Frachten für seine Bahn schufen. Hill konnte Dutzende anderer Eisenbahnlinien kaufen und wurde rasch so »interessant«, daß J. P. Morgan d. Ä. ihn finanzierte. Hill wurde der maßgebende Mann der »Great Northern« und der reorganisierten »Northern Pacific Railway« und brachte 1901 nach erbitterten Kämpfen ein Zusammenarbeitsabkommen mit E. H. Harriman zustande.

Der war 1848 auf Long Island als Sohn eines Geistlichen geboren worden. Er sollte ebenfalls Geistlicher werden, zog es aber vor, als Bürojunge bei einem New Yorker Börsen-Makler zu arbeiten. Ein Onkel lieh ihm 3000 Dollar, mit denen er so erfolgreich spekulierte, daß er selber eine Maklerfirma eröffnen und die Tochter des Bankiers Averell heiraten konnte. Er kaufte kleine, vor dem Bankrott stehende Eisenbahnlinien, die gut in das Netz großer paßten, spielte diese großen Gesellschaften gegeneinander aus, liierte sich mit dem Bankhaus Kuhn, Loeb & Co. des aus Frankfurt stammenden Bankiers Jacob Schiff und bekam so schließlich die »Union Pacific« in die Hand und zusammen mit Hill über 150000 Kilometer Eisenbahnen.

Jay Gould war 1836 in Roxbury im Staat New York geboren und durch Selbststudium Landmesser geworden. Er heiratete ebenfalls eine reiche Frau, suchte ebenfalls bankrottreife Firmen zu übernehmen und erfuhr, wann der richtige Zeitpunkt dazu war durch deren Buchhalter, die er bestach. Die Hundert-Dollar-Anteile der »Cleveland & Pittsburgh« z. B. kosteten ihn so nur vier Dollar. Er fusionierte sie mit anderen, bankrotten Linien, gab ihr einen neuen Namen und setzte die Anteile in Europa für 120 Dollar ab. Für 100 $ Nominale der »Union Pacific« zahlte er 1873 zwischen 14 und 30 Dollar. Schließlich spezialisierte sich Jay Gould auf *das »Verwässern« von Aktienkapital:* 1881–83 erhöhte sich das amerikanische Eisenbahn-Kapital um 2093 Millionen. Aber davon waren dem überaus eisenbahnfreundlichen Börsen-Spezialisten Henry Poor zufolge, der das nach ihm benannte Handbuch herausgab, »rund 1200 Millionen Dollar fingierte Werte«. Kapital, das nicht zum Bahnbau verwendet wurde, sondern als »Bonus« oder als Kursdifferenz durch Abtretung von Aktien weit unter pari den Gründern der Gesellschaften zufloß. Auch in H. U. Faulkners »Amerikanischer Wirtschaftsgeschichte« heißt es: »Immer wieder wurden den Bahnen große Kapital-Erhöhungen aufgezwungen, *ohne* daß das Realkapital eine entsprechende tatsächliche Vermehrung erfuhr ... Man schätzt, daß 1883 von der sich auf siebeneinhalb Milliarden Dollar belaufenden Nominal-Kapitalisierung der amerikanischen Eisenbahnen nicht weniger als zwei Milliarden einfach Wasser waren ...« Was heißt, daß dem Publikum *Papier* verkauft wurde, das ungedeckt war. Aber noch 1907 forderte Theodore Roosevelt vergeblich Abhilfe durch Bundeskontrollen. Er sagte: »Wenn wir die Nationalbanken überwachen, müssen wir auch verhindern, daß Eisenbahnen das Vielfache des Kapitals aufnehmen, das sie real anlegen und durch Verwässerung ihrer Obligationen das Publikum ausplündern. Auch das nötige Kapital wird oft nicht für das Streckennetz verwendet, sondern für Spekulationen, und eines Tages kann der ganze Eisenbahntransport zusammenbrechen.«

Wie Theodore Roosevelt (der 1901–09 Präsident der Vereinigten Staaten war) warnten zahlreiche andere Amerikaner, aber durchgreifende Reformen gab es bis heute nicht, und so erklärte schließlich im November 1978 auch das US-Transportministerium: *»Der Zusammenbruch der amerikanischen Eisenbahntransporte in den achtziger Jahren ist unvermeidlich,* wenn der Verlotterung nicht sofort Einhalt geboten wird.« Die Linienführung der Bahnen hing stets von finanziellen Überlegungen weit mehr als von denen der Ingenieure ab, wurde durch Subventionen und Bestechungen bestimmt und ist heute veraltet. Der Unterbau war selten gut und ist nun in einem derart schlechten Zustand, daß die Zahl der Unfälle in den letzten Jahren erschreckend zunahm, sich auf den schlechtesten 80000 Kilometern 1975–85 verfünffachte. Die Geschwindigkeit der amerikanischen Güterzüge mußte hier teilweise bis auf 16 Stundenkilometer herabgesetzt werden. Seit am 21. Juni 1970 die größte private Eisenbahngesellschaft der Welt, die »Penn Central Transportation«, um Einleitung des Konkursverfahrens ersuchen mußte und bald darauf fünf weitere der größten amerikanischen Eisenbahngesellschaften ihre Zahlungen einstellten, breitete sich die »Eisenbahn-Seuche« vom Nordwesten des Landes in den Mittleren Westen aus, und wenn einige Linien, zu denen heute die »Union Pacific« gehört, Geld verdienen, so denken sie nicht daran, den dahinsiechenden zu helfen. Praktisch nur der Nahverkehr ist in den USA elektrifiziert. Es gibt keine einzige durchgehende Linie, die heute für ihren Betrieb nicht völlig auf Dieselöl angewiesen wäre, und schon das ist eine Gefahr. Vollends die Verlotterung der amerikanischen Eisenbahnen aber belastet die ganze NATO, denn *der Zusammenbruch der Eisenbahntransporte würde die Vereinigten Staaten handlungsunfähig machen:* Nach wie vor beträgt ja deren Anteil an den Gesamt-Transporten (in Tonnenkilometern) 38 % (gegen die 1940 noch 63 %). Auch 1985 transportierten die amerikanischen Eisenbahnen noch sieben Zehntel aller Kohle, sechs Zehntel allen Getreides, aller Chemikalien und aller Primärmetalle. Ohne Eisenbahnen kommen 77 % der Zellulose und des Papiers und 73 % aller Traktoren und Landmaschinen nicht an ihren Bestimmungsort.

Amerikas Eisenbahngeschichte ist also so wenig »tot« wie seine Krisengeschichte und höchst lebendig leider auch die Geschichte des amerikanischen Hüttenwesens, das durch den Eisenbahnbau entstand: Als nicht mehr genug Schienen gewalzt werden konnten, wurde Panzerstahl gewalzt. Als Rüstungsindustrie verdiente die amerikanische Stahlindustrie phantastische Beträge. Aber durch die Kriegs-Konjunkturen wurde sie *zu* groß. Da sie ihr Geld zu leicht verdiente, wurde sie unmodern. Und so ist sie heute der Bannerträger der amerikanischen Protektionisten, sie verursacht immer wieder Konflikte mit Japan und der EG. Auch was Andrew Carnegie schuf und was auf den Sezessionskrieg zurückgeht, wirkt sich heute noch Tag für Tag aus und ist mitbestimmend für den realen Wert und die Zukunft des Dollars.

Die Finanzierung des Sezessionskrieges

Die Kriegsgewinne und die Entstehung der amerikanischen Stahlindustrie; die »Greenbacks« und Geldentwertung als Parteiprogramm

Spielten schon beim Entstehen der Vereinigten Staaten wirtschaftliche Faktoren eine überragende Rolle, so auch beim Ausbruch des erbitterten Kampfes um den Bestand der Union, der 1861–65 ausgefochten wurde. Wie heute die Mitglieder der Sowjetunion theoretisch »souverän« sind und so aus der Union austreten können, so waren und blieben, wie schon geschildert, die amerikanischen Einzelstaaten »souverän« und dementsprechend frei, Mitglieder der Union zu bleiben oder nicht. Die Neuengland-Staaten drohten schon 1811 von diesem Recht Gebrauch zu machen, als gegen ihren Willen Louisiana Mitglied des Bundes wurde, und seit 1832 Süd-Karolina sein Sezessions-Recht geltend machte, hörte im Süden die Diskussion über den Unions-Austritt nicht mehr auf. Die Frage der Sklaverei spielte dabei *nicht* die Hauptrolle. Denn wenn es in der amerikanischen Unabhängigkeitserklärung von 1776 heißt: »Wir halten diese Wahrheit für heilig und unleugbar, daß alle Menschen gleich geschaffen sind und vom Schöpfer die gleichen, unveräußerlichen Rechte erhielten ...«, so erkannte die Verfassung der Vereinigten Staaten 1787 in ihrem IV. Paragraphen, Absatz II ausdrücklich *die Rechtmäßigkeit der Sklaverei* an. Und noch am 4. März 1861, am Tage der Inauguration des Republikaners Abraham Lincoln als 16. Präsidenten der USA, sandte der Kongreß auf dessen Antrag ein Amendment, einen Verfassungs-Zusatz, zur Gutfindung an alle Einzelstaaten, demzufolge es ausschließlich diesen Einzelstaaten vorbehalten blieb, über die Beibehaltung oder Abschaffung der Sklaverei zu entscheiden.

Worum es wirklich ging, war *der alte Streit zwischen »Zentralisten« und »Föderalisten« und der Gegensatz zwischen »Freihändlern« und »Hochschutzzoll-Vertretern«:* Alexander Hamiltons »Schutzzoll« hatte fünf Prozent betragen. Bei seinem Tod betrug er durchschnittlich 7,5 %. Der Zolltarif von 1828 jedoch bedeutete für die Einfuhr der Südstaaten durchschnittlich 32 % Belastung und für die Luxusgüter, die sich die herrschende Schicht aus Frankreich und England kommen ließ, minimal 100 und vereinzelt 220 % Verteuerung. Hatte es im amerikanischen Unabhängigkeitskrieg »Keine Steuern ohne politische Vertretung« geheißen, so wurde in den Südstaaten immer lauter »Keine Zölle ohne unser Mitspracherecht« verlangt, und der Vizepräsident der Vereinigten Staaten, John C. Calhoun, überreichte 1832 der Gesetzgebenden Versammlung in Charleston eine Denkschrift, in der *der »grundsätzliche Unterschied zwischen Zöllen und Schutzzöllen«* mit bis heute gültigen Argumenten bewiesen wurde. Er erklärte das Zollgesetz von 1828 und seine Ergänzung von 1832 als »verfassungswidrig und für die Südstaaten unverbindlich, da dem Bund die Zollhoheit ausschließlich zu dem Zweck zugestanden wurde, ihm die nötigen Einnahmen zu verschaffen, nicht aber, um eine anti-nationale, einzelne Regionen bevorzugende Wirtschaftspolitik zu betreiben. Der Süden hat zwei Drittel aller Zoll-Lasten zu tragen, während er im Repräsentantenhaus nur über ein Drittel der Stimmen verfügt und so keinen Einfluß auf die Verwendung der Zolleinnahmen ausüben kann ...«
Diese Zolleinnahmen bildeten, wie schon erwähnt, bis zur dauernden Einführung der Einkommensteuer im Jahre 1913 die *Haupt*-Einnahmequelle der Bundesregierung, und sie genügten nicht nur, um fast sämtliche Regierungsausgaben zu decken, sondern auch zur *Senkung der amerikanischen Bundesschuld von 127 Millionen im Jahre 1816 auf praktisch Null im Jahre 1835.* So unglaublich das heute klingt, in diesem Jahr betrugen die gesamten Bundes-Verbindlichkeiten 38.000 Dollar. Sie stiegen zwar bis Mitte 1860 wieder auf 65 Millionen

oder zwei Dollar pro Kopf der Bevölkerung, aber nicht etwa durch Zollsenkungen. Der am 30. Juli 1846 erlassene Walker-Tarif brachte die Zolleinnahmen der Union auf 46 Millionen Dollar jährlich, und 1854–56 überstiegen sie, wie erwähnt, die Bundesausgaben.

Seit 1850 überstieg auch der Wert der Industrieproduktion den der Agrarprodukte, *seit 1850 waren die Vereinigten Staaten eine »Industrie-Nation«*, und das tatsächliche Mitspracherecht der praktisch rein agrarischen Südstaaten sank dadurch immer mehr. Zum Nachteil der Südstaaten wirkten sich auch die Eisenbahnbauten aus, denn stand das nördliche Mississippi-Bekken vorher nur mit dem Golf von Mexiko in Verbindung, so nun auch mit den Oststaaten, in denen die Bevölkerung ungleich rascher als im Süden wuchs: Die »Konföderierten Staaten« hatten 1861 nur 9 Millionen Einwohner, davon 3,7 Millionen Sklaven, die Unions-Staaten 22 Millionen. *Die* bestimmten, was mit den Zolleinnahmen geschah, *deren* Banken bestimmten, wer Kredite erhielt, und was z. B. der damalige amerikanische Generalkonsul und diplomatische Vertreter der USA in Ägypten, Edwin de Léon, in seinem 1862 in Paris erschienenen Bericht »La Véritée sur les Etats Confédérés de l'Amérique« sagte, wußte damals *jeder* halbwegs informierte Amerikaner: »Die Frage der Sklaverei ist für den amerikanischen Bürgerkrieg völlig nebensächlich, obwohl der Norden sie geschickt als Kriegsgrund hinstellt. Die echte Ursache sind rein wirtschaftliche Gegensätze, vor allem die Tatsache, daß der Norden industrialisiert ist und der Süden eine Agrarregion blieb.« Das heißt: *die Ursachen des Sezessionskrieges waren die gleichen wie die aller bisherigen Kriege der USA, es ging um Geld und Macht, nicht um »Menschenwürde und Gerechtigkeit«.*

In diesem Krieg, in dem erstmals im großen die Taktik der »Verbrannten Erde« angewandt und eine Hunger-Blockade verhängt wurde; in dem es zahllose »Kriegsverbrechen« gab und General Philip Henry Sheridan verlangte, auch den Zivilisten dürfe nichts gelassen werden außer »Augen, um zu weinen«; in diesem Bruderkrieg verloren 610000 Amerikaner das Leben, mehr als dreimal so viele wie im Ersten Weltkrieg und fast doppelt so viele wie im Zweiten. Im Sezessionskrieg fielen etwa 300000 der zweieinhalb Millionen Mann, die auf seiten der Nordstaaten kämpften, etwa 250000 der 1,3 Millionen Soldaten der Konföderierten. Aber er sicherte den Bestand der Union, ebnete den Vereinigten Staaten nun endgültig den Weg zur Weltmacht.

Finanziert wurde dieser Bürgerkrieg, der die Nation (David A. Wells zufolge) mindestens neun Milliarden Dollar kostete, durch weitere scharfe Zollerhöhungen und im Norden durch die Einführung einer Einkommensteuer. Die betrug zuerst 3 % aller Jahreseinkommen von mehr als 800 Dollar, 1865 dann 5 % aller Einkommen zwischen 600 und 5000 Dollar und 10 % für alle höheren. Aber diese Steuer (die 1872 vom Obersten Bundesgerichtshof als verfassungswidrig abgeschafft wurde) brachte während des Krieges nur insgesamt 1280 Millionen Dollar auf und die Zölle insgesamt 800 Millionen. Abraham Lincoln ließ Luxussteuern auf Klaviere, Billiards und goldene Uhren einheben, aber binnen vier Jahren mußte die Union mehr ausgeben als während ihrer ganzen bisherigen Geschichte, und so blieb nur, Schulden und immer mehr Schulden zu machen: *1860–65 stieg die Bundesschuld der Vereinigten Staaten auf das rund Vierundvierzigfache,* von etwa 65 auf 2846 Millionen, von zwei auf 80 Dollar pro Kopf, während die Gesamtwirtschaftsleistung pro Kopf nur von 116 auf 154 Dollar zunahm.

Für den ersten Kriegskredit verlangten die Wallstreet-Bankiers 12 % Zins. Lincoln beschloß, sich an das Volk zu wenden, und die ersten 500 Millionen Dollar Kriegsanleihe wurden 1862 in Form von Bundes-Gold-Bonds aufgelegt, die 5 ½ % Zins brachten und die das erwähnte »Finanz-Genie« Jay Cooke im Auftrag des Schatzamtes (und gegen 0,5 % Kommission) vertrieb. Dessen Bruder war ein genialer Journalist, zusammen starteten sie eine Presse-Kampagne, die an den Patriotismus der Zeichner und gleichzeitig an deren Gewinnstreben appellierte. Erstmals wurde eine Anleihe durch Zeitungs-Inserate angeboten und erstmals durch Presse-Konferenzen mit üppigen Buffets lanciert. Dazu trat die Überredungskunst von über zweieinhalbtausend Provisionsvertretern, die 100 Dollar Nominale der Bonds für 93 Dollar erhielten. Statt 500 Millionen wurden so 1200 Millionen Dollar dieser Anleihe abgesetzt, was der Kongreß natürlich sofort sanktionierte.

Am 25. Februar 1862 wurden aber auch »United States Notes«, *die ersten »Greenbacks«*, ausgegeben, die nach der grünen Farbe ihrer Rückseite benannten Bundes-Banknoten mit der Inschrift »In God We Trust« (»Wir Vertrauen auf Gott«), die »vorläufig nicht in Gold einwechselbar« waren, aber die zum »gesetzlichen Zahlungsmittel für alle Schulden, öffentliche wie private« erklärt wurden, »ausgenommen Zollzahlungen und Zinszahlungen der öffentlichen Hand«. Daß somit auch der Zins der neuen Bundes-Bonds in Metall bezahlt wurde, erleichterte deren Unterbringung entscheidend, aber damit brauchten nicht nur die Importeure Gold oder Silber, sondern auch der Bund, und *das* erwies sich rasch als die große Schwierigkeit. Denn Kredite in Europa aufzunehmen, schien für den Norden ausgeschlossen, hier hatte er drei mächtige Feinde: Kaiser Napoleon III. von Frankreich, der die Amerika-Pläne des ersten Napoleon zu verwirklichen suchte; der, als die republikanische Regierung Mexikos 1861 die Zinszahlungen der Auslandsschuld einstellte und den riesigen Bodenbesitz der Kirche beschlagnahmte, eine Strafexpedition Frankreichs, Englands und Spaniens durchsetzte; und der als Kern einer »Lateinischen Monarchie in Amerika« 1863 Mexiko zu einem Kaiserreich unter dem österreichischen Erzherzog Maximilian machte. Zweitens England und dessen Premierminister Lord Palmerston, denn für England war nicht nur die Baumwolle der amerikanischen Südstaaten lebenswichtig geworden und diese bedeutende Abnehmer seiner Fertigwaren-

exporte, sondern *England sah wie Frankreich im Zerfall der Union »eine Reduzierung der Vereinigten Staaten auf ein für Europa erträgliches, normales Maß«.* Diesen Standpunkt vertrat auch die Londoner »Times«, und das war der dritte mächtige Feind des Nordens, damals die einzige Zeitung mit Weltgeltung, die *alle* maßgebenden Geldbesitzer lasen.
Aber während Jay Cooke das Eigenkapital der Vereinigten Staaten mobilisierte und auch die zweite Kriegsanleihe, die allerdings, wie erwähnt, schon 7,3 % Zins bringen mußte, unterbrachte, reiste, mit persönlichen Briefen Präsident Lincolns und des Schatzkanzlers Salmon Portland Chase versehen, Robert James Walker nach Europa.
In Pennsylvania 1801 geboren, war Walker Anwalt in Mississippi geworden und hatte diesen Staat 1836–47 als Senator in Washington vertreten. Er verfeindete sich mit Jefferson Davis, als dieser die Zinszahlungen für die in Amsterdam und London aufgenommenen Anleihen des Staates Mississippi einstellte, und wurde 1849 Finanzagent der »Illinois Central Railroad« in England. Er veranlaßte den Freihandels-Pionier Richard Cobden und dessen Freunde, sich an der Eisenbahn zu beteiligen und besaß auch sonst gute Beziehungen nicht nur in London, sondern in fast allen Hauptstädten Europas. Über seine Tätigkeit während des Sezessionskrieges schrieb er 1867: »Die Feindschaft Louis Napoleons und des verstorbenen Lord Palmerston gegen unser Land war damals so stark, daß Papiere der Vereinigten Staaten an der Londoner und Pariser Börse nicht unterzubringen waren, während die Konföderierten-Anleihe für so gut wie Gold galt ... Damals verbrannten britische Kreuzer, als ›Konföderierte‹ getarnt, unsere Schiffe und Ladungen und vertrieben unseren Handel von den Ozeanen. *Mit der Union und dem Dollar und allem, was im Nordosten der Vereinigten Staaten durch zwei Generationen geschaffen wurde, schien es vorbei.* Aber ich hoffte auf Wohlwollen in Holland und Deutschland und bereiste 1863 beide Länder. Da ich überzeugt war, daß jeder öffentliche Aufruf für eine Anleihe so-

gleich durch die Ränke Englands und Frankreichs durchkreuzt worden wäre, gab ich meinen offiziellen Auftrag vorerst nicht bekannt, sondern veröffentlichte meine Finanzartikel unter meinem Namen als einfacher amerikanischer Bürger. Ich legte die unerschöpflichen Hilfsquellen ... unseres Landes dar und unsere Gewißheit, den Aufstand siegreich niederzuschlagen ..., und sandte diese Aufsätze an alle bedeutenden Bankiers. Nach einigen Wochen besuchte ich fast jede Stadt in Holland und Deutschland, um mit diesen Bankiers persönlich zu sprechen ..., und der Erfolg war, daß binnen kurzer Zeit das deutsche Volk ... einige hundert Millionen Dollar Anleihe zu den gleichen Bedingungen zeichnete wie unsere eigenen Bürger ... Auf diesen Obligationen aber beruhte der Kredit unserer Banknoten, in die sie umgewechselt werden konnten ... *Nur die deutschen Kredite bewahrten unsere Währung davor, im wachsenden Nebel einer Abwertung zu verschwinden.* Unsere größte Gefahr war damals finanzieller Art, nicht militärischer ... und der Finanzminister der wirkliche Generalissimus dieses harten Kampfes ...«

Diesem »Generalissimus« aber konnte Walker (der 1867–68 auch den Kauf Alaskas von Rußland vermittelte und erst dadurch Monroes Forderung »Amerika den Amerikanern!« durchsetzte) 310 Millionen Dollar in Gold aus Deutschland und 32 Millionen Dollar in Gold aus den Niederlanden überbringen, und so standen Ende 1864 die »Greenbacks« gegenüber dem Metallgeld auf 43 Cents, während der »Konföderierten-Dollar« in Metall 1,6 Cents wert war und im April 1865 nichts mehr, nicht einmal mehr Makulaturwert hatte, denn das Papier, auf dem er zuletzt gedruckt wurde, war zu schlecht. Ebenso waren nun natürlich alle Kriegsanleihen der Südstaaten völlig wertlos, denn die waren »in Gold einlösbar nach Friedensschluß«, aber eine Konföderation, die Frieden schließen konnte, gab es nun nicht mehr. Die Südstaaten waren »besetztes Gebiet« wie 1945 Deutschland, und so kostete der Sezessionskrieg England und Frankreich etwa zwei Milliarden Dollar. Europa indirekt noch ungleich mehr, denn Dutzende Spinnereien und Baumwollwebereien gingen durch den Mangel an Baumwolle zugrunde, in Lancashire verlor jeder zweite Arbeiter sein Brot, und wer immer Baumwollwaren brauchte, zahlte für den Krieg in Amerika, denn der Baumwollpreis stieg 1860–64 von 13 auf 189 Cents pro Pfund und betrug auch 1867 noch 42 Cents.

Von den »Greenbacks« waren zwischen dem 25. Februar 1862 und 3. März 1863 insgesamt 400 Millionen Dollar ausgegeben worden, deren Metalleinlösung zum vollen Nominale am 11. April 1866 begann. Binnen sechs Monaten sollten zehn Millionen Dollar und dann monatlich weitere vier Millionen eingezogen oder in jederzeit gegen Metall einwechselbare »United States Notes« konvertiert werden. Aber nur 54 Millionen wurden vorerst konvertiert, erst am 1. Januar 1879 konnten die restlichen in Umlauf befindlichen 346 Millionen eingelöst werden, denn *Amerikas »Inflationisten«* setzten am 4. Februar 1868 ein Gesetz durch, das diese Schuldenrückzahlung des Bundes stoppte: Durch den Sezessionskrieg waren die Taglöhne für ungelernte Arbeiter auf zwei Dollar und mehr gestiegen. Die Preise für Agrarprodukte verdoppelten sich, stiegen vorübergehend auf das Dreifache. Die »prime rate«, der Zinssatz, den Banken von ihren vertrauenswürdigsten Kunden verlangten, stieg mit 12 % auf den höchsten Satz der amerikanischen Geschichte, der erst 1979 (als die »prime rate« 21 % betrug) übertroffen wurde. Weite Kreise und vor allem die Farmer des Westens fürchteten eine Deflations-Krise, und schließlich wurde 1874 als erste – und glücklicherweise bisher einzige der Welt – die »Greenback-Party« gegründet, die *systematische Geldentwertung als Partei- und Regierungs-Programm* aufstellte, offen Inflation forderte, »um die Macht der Banken zu brechen«. Die Geldmenge sollte stets rascher wachsen als die Bevölkerung und das Bruttosozialprodukt, »um die Schulden tilgen zu helfen, die wie eine Dornenkrone die Stirn der Arbeitenden blutig reißen«. Die »Greenback-Party« stellte 1876 Pe-

ter Cooper als Präsidentschaftskandidaten auf, forderte statt der Einziehung die Vervielfachung der *nicht* in Metall einlösbaren Banknoten und fusionierte mit verschiedenen Farmer- und Arbeiterparteien. Sie nannte sich seit 1878 »Greenback-Labour Party« und erhielt bei den Kongreßwahlen dieses Jahres mit über einer Million Stimmen 14 Sitze im Repräsentantenhaus. Hatte der Nord-Süd-Gegensatz zum Sezessionskrieg geführt, so drohte nun *der amerikanische »Ost-West-Konflikt«* die Nation zu spalten, denn notwendigerweise war der Westen der USA mit Hilfe des im Osten angesammelten Kapitals erschlossen worden, und nur im Osten gab es Kreditinstitute, die in Europa Anleihen oder Aktien unterzubringen vermochten. Daß sie den Eisenbahn- und den anderen Entwicklungs-Krediten ihre Existenz verdankten, wollten die »Pioniere« im Westen aber nicht wahrhaben. Dem Osten in Form von Schuld-Zinsen »die Früchte ihrer mühseligen Arbeit« abzuliefern, schien ihnen krasse Ausbeutung, und daß sie Schulden über Schulden machten, weil sie sie in entwerteten »Greenbacks« zurückzuzahlen gedachten, ignorierten sie, wie die heutigen Dritte-Welt-Schuldner vergessen, daß sie es selber waren, die sich verspekulierten. Zinszahlen hieß im Westen der USA »Nichtarbeitende fett machen«. Die Weststaaten-Inflationisten fanden Verbündete in den Weststaaten-Silber-Interessenten, die (wie noch geschildert werden wird) die freie Silberausprägung für jedermann und dadurch die Vervielfachung der Geldmenge forderten, und schließlich predigten die Keynesianer, daß hemmungslose Staatsverschuldung ein Segen für die »Arbeitenden« sei: Was mit der Verhinderung der »Greenback«-Einziehung begann, der Streit zwischen Anhängern einer soliden, wertbeständigen Währung und den Anhängern des »stillen Raubes«, der Schuldentilgung durch Geldentwertung, dauert bekanntlich noch heute an.
Blieben auch die »Greenbacks« selber jahrzehntelang ein Streitobjekt, so wurde durch sie aber zumindest *das Geldumlaufs-Chaos siebentausend verschiedener, von sechzehnhun-*

dert »Staatsbanken« ausgegebener Banknoten beseitigt. »State Banks« hießen, wie erwähnt, die von den Einzelstaaten konzessionierten Privat-Banken, die das Recht der Notenausgabe erhielten. Die Verfassung von 1787 hatte der Union »die Regelung des Handels mit fremden Völkern; des Handels zwischen den Einzelstaaten und mit den Indianern; ferner die Münzprägung einschließlich der Verfolgung der Münz- und Wertpapier-Fälscher« übertragen, und in dieser Verfassung stand klipp und klar: »Kein Bundesstaat darf selber Geld prägen, Kreditgeld emittieren und irgendein anderes gesetzliches Zahlungsmittel einführen außer Gold und Silber.« Aber waren auch Banknoten »Kreditgeld«? Die Interessenten überzeugten das Oberste Bundesgericht, daß die *nicht* unter das Verbot fielen, und die Legislaturen von New York und New Jersey, von Massachusetts, Pennsylvania und Maryland begannen Bank-Freibriefe zur Notenemission auszugeben. Als erste Einzelstaats-Noteninstitute entstanden 1784 die »Bank of New York« und die »Bank of Massachusetts«. Da es bis 1811 Hamiltons »First Bank of the United States« als Bundes-Notenbank gab, hatten die lokalen Notenbanken wenig Bedeutung, aber nach deren Liquidation florierten sie. Die Gründung der zweiten Bundes-Notenbank, der »Second Bank of the United States«, im Jahre 1817 bremste die Einzelstaats-Notenausgabe erneut, aber die fiel, wie geschildert, Präsident Jackson zum Opfer. Der nannte die Zentralbank »ein Vipernnest, das ich ausrotten werde, denn wenn das Volk *die stinkende Ungerechtigkeit unseres Geldsystems* erkennen würde, hätten wir noch heute eine Revolution.« Jackson erließ 1832 ein Manifest, das die Einzelstaats-Rechte hervorhob, die Bundesbank als »Monopol ausländischer Aktienbesitzer und einer Handvoll der reichsten Bürger des Landes« hinstellte, deren Gewinne »dem amerikanischen Volk aus den Taschen gezogen werden«. Der Kampf um Jacksons Wiederwahl war damals in Gang, und den gewann er dank seines Eintretens für »das von der Plutokratie ausgebeutete Volk«: 1836 wurde auch die »Zweite Bank der Vereinigten Staaten« geschlossen.

Damit erhielten die Einzelstaats-Notenbanken endgültig freie Bahn, und bei Ausbruch des Sezessionskrieges gab es, wie gesagt, über 1600 Notenbanken in den Vereinigten Staaten. In dem 1915 in New York erschienenen Standardwerk A. Barton Hepburns, der »History of Coinage and Currency in the United States«, heißt es (auf Seite 177): »Schätzungsweise gab es in den Vereinigten Staaten damals siebentausend verschiedene Arten und Werte von Banknoten ..., und davon sollen 4000 gefälscht gewesen sein.« Im Jahre 1863 erschien in New York »Hodge's Bank Note Safeguard«, eine Sammlung von *Faksimiles von über zehntausend in den USA und Kanada ausgegebenen echten und falschen Banknoten,* die die Bank-Kassiere konsultierten wie heute die Grenzpolizei die Fahndungsbücher.

Fast alle »Staatsbanken«-Noten wurden mit einem Disagio gehandelt, oft nur zum halben Nennwert akzeptiert und auf alle Fälle auch je nach der Entfernung des Einlöse- vom Emissions-Ort bewertet. Wie den Banknoten-Fälschern waren durch dieses Chaos Betrügern aller Art Möglichkeiten geboten, wie sonst nirgends auf der Welt, und so war es eine der bedeutendsten Leistungen in der amerikanischen Wirtschaftsgeschichte, daß es Lincolns Finanzminister S. P. Chase 1863 gelang, den »National Banking Act« durchzubringen und durch dieses Nationalbank-Gesetz *eine solide und einheitliche Papiergeldwährung* zu schaffen: Vom Bund konzessionierte Banken konnten verzinsliche Staats-Schuldverschreibungen kaufen, im Schatzamt deponieren und erhielten bis zu 90 % von deren Kurswert Bundes-Banknoten ausgehändigt. *Die* setzten sich durch (nicht zuletzt, weil der Bund auf die Noten der Einzelstaats-Banken eine Steuer von 10 % einhob), und die Zahl der »Staatsbanken« sank 1860–70 von 1600 auf 325.

Zwang der Sezessionskrieg zur Sanierung des Finanzwesens, so die Lohnsteigerungen, die er auslöste, zur Mechanisierung und Rationalisierung. Und die Kapital-Konzentration, die er mit sich brachte, ermöglichte unter anderem die Schaffung der amerikanischen Stahlindustrie. Denn im Sezessionskrieg war es wie in allen Kriegen: Über den Preis von Kriegslieferungen kann nicht diskutiert werden, und so wurden durch ihn Amerikaner wie J. P. Morgan d. Ä. und Andrew Carnegie reich. Und *der* erkannte: Bahnbauten vom Ausmaß der amerikanischen und allein schon der Erneuerungsbedarf eines Schienennetzes wie des amerikanischen genügten, um eine eigene Stahlindustrie prosperieren zu lassen. Den Eisenbahnbedarf weiter aus Europa zu beziehen schien ihm unsinnig, denn Eisen *und* Kohle gab es ja im eigenen Land in geradezu unvorstellbaren Mengen. *Die Steinkohlevorräte der Vereinigten Staaten* werden auf etwa 3000 Milliarden Tonnen geschätzt, auf ein Drittel der Welt-Vorräte. Mit den heutigen Mitteln rationell nutzbar sind etwa 178 Milliarden Tonnen, 28 % der entsprechenden Vorkommen der Erde. Und was einzigartig ist, diese Kohle muß nicht aus tiefen Schächten geholt werden; etwa die Hälfte aller amerikanischen Kohlereviere, die mit 1,3 Millionen Quadratkilometern mehr als ein Achtel der Gesamtfläche der USA einnehmen, ist im Tagebau zu nutzen, d. h. auf die billigste Art der Förderung.

Genutzt wurde die amerikanische Kohle schon von den Indianern und »seit undenklichen Zeiten«, wie es in einer Beschwerdeschrift des Jahres 1766 an den Gouverneur von Pennsylvania heißt, in der Indianer Abhilfe gegen den Raub ihrer Kohlegruben durch Weiße forderten. Aber die erstmals im Jahre 1800 von Pottsville nach Philadelphia gebrachte Kohle war so schlecht (und so wenig gefragt), daß man sie zum Straßenpflastern verwendete, und noch im Jahre 1808 war »das Verbrennen schwarzer Felsstücke an der Stelle von Holz« die Attraktion eines Hotels in Philadelphia, die zahllose Neugierige anlockte. Die erste Zahlenangabe über die amerikanische Kohleförderung stammt aus dem Jahre 1810. Sie betrug 13 000 Tonnen, gleich einem Hundertstel Prozent der damaligen Welt-Kohleförderung, und entsprach 1,8 Kilo pro Kopf der Bevölkerung. Zur Dampferzeugung wurde Kohle erstmals im Jahre

1825 verwendet, dennoch aber spielte noch ein Vierteljahrhundert später der amerikanische Kohlebergbau nur eine sehr geringe Rolle, denn so unglaublich das klingt, *noch im Jahre 1850 deckte Brennholz neun Zehntel des Gesamt-Energiebedarfes der Vereinigten Staaten,* wurden, wie erwähnt, die Kesselfeuer der Dampfschiffe mit trockenem Fichtenholz unterhalten.
Die ersten großen Kohleverbraucher waren die Eisenbahnen. Sie blieben es über ein Jahrhundert lang, noch bei Ausbruch des Zweiten Weltkrieges waren acht Zehntel aller amerikanischen Lokomotiven kohlegefeuert, und die Eisenbahngesellschaften gaben für Kohle jährlich etwa 1600 Millionen Dollar aus. Kohlefrachten spielten und spielen noch heute eine große Rolle, zeitweilig brachten sie den Eisenbahnen die weitaus größten Massengut-Einnahmen ein. Seit Edison 1882 mit seiner 90-Kilowatt-Zentrale in der New Yorker Pearl-Street *das erste öffentliche Elektrizitätswerk der Welt* schuf, wurden die Kraftwerke Kohle-Großabnehmer. Gleichzeitig stieg der Koks-Bedarf der Stahlindustrie und dementsprechend die Kohleförderung der USA: Mit 36 Millionen Tonnen betrug sie 1870 das Tausendfache des Jahres 1820, und im Jahre 1900 waren es 245 Millionen. Da deckte Kohle neun Zehntel des Gesamt-Energiebedarfes.
Ausgelöst hatten diese Entwicklung die amerikanischen Eisenbahnbauten, die, wie geschildert, vorwiegend Europa finanzierte. Dafür konnte Europa lange auch die Schienen und fast das gesamte Eisenbahnmaterial liefern, aber seit dem Sezessionskrieg änderte sich das rasch, und die neuentstehenden amerikanischen Hüttenwerke sparten keineswegs nur hohe Frachtkosten, sondern schufen *eine der Voraussetzungen der amerikanischen Weltgeltung.*
Denn bereits vor zweieinhalb Jahrtausenden soll der griechische Weise Solon dem damaligen »mächtigsten und reichsten Herrscher aller Zeiten«, König Krösus, gewarnt haben: »Wenn einer kommt, der besseres Eisen zu machen versteht, dann wird er sich nicht nur zum Herrn Eures Goldes machen,

sondern Euch auch Eurer Macht berauben.« So geschah es, und immer wieder spielten Eisen und Stahl eine entscheidende Rolle in der Weltgeschichte. Zudem aber ist (wie es John Pierpont Morgan d. Ä. 1901 sagte) »das Ergehen der Stahlindustrie das Barometer, das genau zeigt, wie die Wirtschaftsentwicklung verlaufen wird«. Dienstleistungen und »Hoch-Technologie« scheinen heute wichtiger als die Schwerindustrie. Aber Stahl *bleibt* das Rückgrat auch der modernsten Wirtschaft, auch heute sind fünf Sechstel der Verbrauchsgüter nicht ohne Stahl herzustellen, und dementsprechend stieg die Welt-Stahlerzeugung 1875–1975 von 1,3 auf 646 Millionen Tonnen und betrug 1984 dann 710 Millionen.

Stahl unterscheidet sich von Eisen nur durch seinen niedrigeren Kohlenstoffgehalt (und heute durch die Zusätze von Legierungsmetallen, die ihm besondere Eigenschaften verleihen). Dieser Kohlenstoffgehalt wurde seit Jahrtausenden durch das Schmieden des Eisens verändert, und alle möglichen Verfahren wurden erfunden, um ihn zu verringern. Aber die erste Statistik über die Welt-Rohstahlgewinnung stammt aus dem Jahre 1867, und da waren es 22 000 Tonnen. *Die Massen-Stahlerzeugung* begann durch das Bessemer-Verfahren des Jahres 1856, das sich um 1860 durchzusetzen begann und binnen hundert Jahren die Produktion von rund acht Milliarden Tonnen Stahl ermöglichte. Denn hatte guter Stahl, wie ihn die Klingenschmiede brauchten und der vor allem aus Indien stammte, bis zu 150 000 Mark die Tonne gekostet, so war Massen-Stahl Ende des vorigen Jahrhunderts oft um ein Fünfhundertstel davon zu haben; der Preis für Bessemer-Schienen schwankte zwischen 250 und 420 Mark.

Henry Bessemers Idee war – wie alle genialen Ideen – »grundeinfach«, und er kam auf sie, weil er kein Fachmann war: 1813 in Charlton in Hertfordshire geboren, hatte Bessemer in der Schriftgießerei seines Vaters gearbeitet, sich dadurch für die Gießerei im allgemeinen interessiert und besonders für den Stahlguß. Stahl wurde damals durch das »Puddelverfahren« gewonnen, das Vermengen von Luft und flüssigem Eisen durch »Umrühren«. Es war nicht nur langwierig, sondern unvollkommen, denn die Luft kam mit dem Kohlenstoff des Eisens nicht ausgiebig und gleichmäßig genug in Kontakt. Aber wozu gab es Gebläse, wie sie schon die Schmiede der Antike kannten? Bessemer blies im Juli 1855 Luft in einen 20 Kilo fassenden Tontiegel und sah, was er erwartet hatte: Das Silizium wurde ausgeschieden und schwamm als Schlacke auf der Oberfläche. Dann begann ein lautes Gurgeln und dumpfes Brausen und das Eisen strahlte Hitzewellen aus. Kein Fachmann kam auf die Idee, kalte Luft in flüssiges Eisen zu blasen, denn erst Heißluftgebläse hatten die rationelle Roheisenerzeugung ermöglicht. Aber bei der Stahlerzeugung geht es nicht um Luft, sondern um deren Sauerstoff. Der vereinigt sich mit dem Kohlenstoff des Eisens und erzeugt so gleichzeitig die Wärme, die nötig ist, um den Stahl flüssig zu machen, denn der schmilzt erst bei weit höheren Temperaturen als das Roheisen. *Ohne* »Feuer« führt der Bessemer-Prozeß Roheisen in ein sehr reines Schmiedeeisen über und tut das statt wie beim »Puddeln« in 20 Stunden in 20 Minuten.

Es gab noch Schwierigkeiten genug, ehe Bessemer 1860 in Sheffield sein eigenes Stahlwerk bauen konnte, und sein Verfahren mußte 1879 durch das von Sidney Gilchrist Thomas ergänzt werden, eines anderen »Amateurs«, denn erst dieses machte auch phosphorreiche Erze für das Bessemer-Verfahren brauchbar. Aber der Siegeszug des Massenstahls war nun nicht mehr aufzuhalten, und der revolutionierte vor allem auch den Eisenbahnbau, denn Eisen-Schienen haben eine viel zu kurze Lebensdauer; erst Achsen und Räder aus Stahl machten die Lokomotiven und Waggons betriebssicher, und erst Güterwaggons aus Stahl statt aus Holz ermöglichten Massen-Transporte. Nirgends wurden so viele Eisenbahnen gebaut wie in den Vereinigten Staaten, hier genügte, wie gesagt, allein der Bedarf an Schienen, um eine eigene große Stahlindustrie zu beschäftigen, denn *jeder Meter D-Zugschienen erfordert etwa 50 Kilo*

Stahl, jeder Kilometer Geleise etwa hundert Tonnen. Schließlich waren in Amerikas Eisenbahnnetz von 426 000 Kilometern rund 42,6 Millionen Tonnen Stahl angelegt, die etwa alle 15 Jahre erneuert werden mußten.
Selber stellten die USA 1870 aber nur 40 000 Tonnen Stahl her, und wenn es im Jahre 1900 mit 10,4 Millionen Tonnen 37 % allen Stahls der Welt waren und sich der Produktionswert der Eisen- und Stahlindustrie der Vereinigten Staaten 1859–1919 von 36 auf 3620 Millionen Dollar verhundertfachte, so vor allem durch *einen* Mann: durch den schottischen Einwanderer *Andrew Carnegie.*
In einer Dachkammer des Dorfes Dumfermline 1835 geboren, war dieser Sohn eines arbeitslos gewordenen Damastwebers 1848 mit seiner Familie nach Amerika gekommen. Die Überfahrt hatte sieben Wochen gedauert, die Reise auf dem Erie-Kanal und dem Ohio von New York nach Pittsburgh dauerte weitere drei Wochen. Die Carnegies kamen in einem Hinterhaus des Armenviertels »Slabtown« unter, und Andrew verdiente als Laufbursche drei Dollar wöchentlich. Im Jahr 1850 wurde er Telegraphenbote und schaute den Telegraphisten so gut auf die Finger, bis er selber einen Morse-Apparat bedienen konnte. Vier Jahre später war er Telegraphist der Pennsylvania Eisenbahn. Sein rasches Reagieren bei einem Zugunfall machte Thomas Scott auf ihn aufmerksam, den Leiter der West-Region der »Penn Central«, er wurde dessen Privat-Telegraphist, bald eine Art Geheimsekretär dieses auch politisch sehr einflußreichen Mannes und lernte aus den Telegrammen, die er übermittelte, genug, um auch auf eigene Faust Geschäfte machen zu können. Als der Sezessionskrieg ausbrach, war Carnegie »Assistent« Scotts, der nun Vizepräsident der »Pennsylvania Railroad« war und zu dessen intimsten Freunden der Kriegsminister der Union, Simon Cameron, gehörte. Die Penn erhielt also die meisten Kriegstransporte. Carnegie hatte im Kriegsministerium die Frachtrechnungen zu kassieren und mit den Quartiermeistern die Waggonstellungen zu regeln, und er

wandte Hamiltons Prinzip des Mitverdienenlassens an. Bereits 1862 war der Reingewinn der »Pennsylvania Railroad« um 1,35 Millionen Dollar höher als im Vorjahr, und für seine »Extraarbeit« erhielt Carnegie Prämien. Als der Sezessionskrieg zu Ende ging, hatte Carnegie 40.000 Dollar, mit denen er sich (wie Scott mit zwei Millionen) an der »Columbia Oil Company« beteiligen konnte, deren Storey-Farm-Felder sich als so reich erwiesen, daß Carnegie seine erste Million »machte«.
Die benutzte er nicht zu riskanten Neugründungen, sondern zum Aufkauf von Konkursmassen und zur Beteiligung an bereits bestehenden Unternehmen mit Zukunfts-Chancen. Solch einen Betrieb besaßen die aus Preußen eingewanderten Brüder Kloman, die in Duquesne Radachsen herstellten. Am 1. Dezember 1870 wurde die Firma »Kloman, Carnegie & Co.« ins Pittsburgher Handelsregister eingetragen, und das war der Kern eines Hüttenwerks-Konzerns, der drei Jahrzehnte später der bedeutendste der Welt war. Schon seit 1861 war Carnegie Teilhaber der »Keystone Bridge Co.«, die als erste eiserne Eisenbahnbrücken baute und der es dank Carnegies Beziehungen zur »Pennsylvania Railroad« ebensowenig an Aufträgen mangelte wie dem Radachsen-Schmiedewerk. Diese Beziehungen waren immer enger geworden, wie mit Scott war Carnegie nun mit J. Edgar Thomson liiert, der seit 1852 Präsident der »Penn Central« war und der sich wie Scott 1872 an der Gründung der »Carnegie, McCandless & Co.« beteiligte, deren »Edgar-Thomson-Works« in Braddock in Pennsylvania 1875 *die ersten Stahl-Eisenbahnschienen Amerikas* walzten.
Zu dieser Firma kam es durch eine Reise, die Carnegie 1872 im Auftrag Thomsons machte. Er besuchte Bankiers und Makler in London, Amsterdam, Paris und Berlin, um Obligationen einer Tochtergesellschaft der »Pennsylvania Railway« unterzubringen, die eine Bahnlinie zwischen Pittsburgh und Davenport in Iowa bauen wollte. Die Landzuteilungen und die Bar-Subventionen, mit denen sie gerechnet hatten, kamen nicht zustande, und so wurde die Linie nicht gebaut und die sechs Mil-

lionen Dollar Obligationen, die Carnegie plaziert hatte, wertlos, während er seine Provision von 150.000 Dollar kassierte. Aber dieser Verlust war lächerlich gering im Vergleich zu dem, den Carnegie auf dieser Reise Europa dadurch zufügte, daß er Henry Bessemer kennenlernte: Er schilderte dem Erfinder die fast unbegrenzten Möglichkeiten einer amerikanischen Stahlindustrie und brachte ihn dazu, die Lizenz seines Verfahrens, die er 1864 den Eisenwerken Wyandotte in Michigan erteilt hatte, auf Carnegie zu übertragen.
Der Unterschied zwischen dem Hüttenwerk in Wyandotte und dem, das Carnegie schuf, war, daß die Leute in Michigan keine Kunden wie die »Pennsylvania Railroad« besaßen und daß sie nicht verstanden hatten, sich die richtigen Mitarbeiter zu sichern. Carnegie machte seine Werke zu den modernsten Amerikas und zeitweilig der Welt, indem er sich die Dienste von A. L. Holley sicherte, eines der hervorragendsten Hüttenfachleute seiner Zeit, der ein Fanatiker des technischen Fortschritts war, den nicht Geld, sondern nur immer rationellere Herstellungsmethoden interessierten. Carnegie kaufte die richtigen Patente und fand in Hauptmann William (»Bill«) Jones einen Techniker, der zugleich der geborene »Betriebs-Psychologe« und ein hervorragender Organisator war. Er verhinderte Streiks, indem er nur frisch Eingewanderte einstellte und Deutsche und Polen, Schotten und Iren etc. derart mischte, daß die verschiedenen Sprachen und nationalen Aversionen keine »Koalitionen« aufkommen ließen. Er stellte Schienen um 36 Dollar die Tonne her, als der Marktpreis 70 betrug, und senkte die Kosten auf 20, als sie für 65 Dollar verkauft werden konnten. Im Jahre 1877, als Jones durch eine Hochofen-Explosion ums Leben kam, betrug der Gewinn der Thomson-Werke 43 ¾ % des investierten Kapitals.
Natürlich auch, weil Carnegie damals die modernsten und leistungsfähigsten Hochöfen der Welt besaß und sich nicht scheute, eine sechs Monate alte Maschine auf den Schrotthaufen werfen zu lassen, wenn er eine bessere entdeckte. Bereits

1881 hatte er die »Carnegie Brothers & Co. Inc.« mit fünf Millionen Dollar Kapital gründen können, an der neben ihm und seinem Bruder Thomas die Erben des Pittsburgher Bankiers McCandless und Edgar Thomsons beteiligt waren. Die auszukaufen war nicht schwierig, und so konnte Carnegie stets alle Gewinne neu investieren, und diese Gewinne betrugen während der 17 Jahre 1875–1892 rund 27 Millionen Dollar, während der acht Jahre 1893–1900 bereits 106 Millionen. Als im März des Jahres 1900 die »Carnegie Steel Company« gegründet wurde, umfaßte sie 27 Gesellschaften, und ihr Nominalkapital betrug 320 Millionen. Praktisch ihr Alleinbesitzer war Andrew Carnegie.

Dessen einziger ernstzunehmender Konkurrent war *John Pierpont Morgan der Ältere,* denn der hatte, wie Carnegie, während der Krise von 1873 Dutzende bankrottreife Unternehmen der eisenschaffenden Industrie aufgekauft oder, ebenfalls wie Carnegie, Konkursmassen für lächerliche Beträge erworben. Und zwar, weil Morgan längst nicht nur das angesehenste Bankhaus seiner Zeit besaß, sondern auch zahlreiche Eisenbahnlinien, und so an billigem Eisenbahnmaterial interessiert war.

Gründer des »Morgan-Imperiums« waren George Peabody, ein Bankier aus Neuengland, und James Spencer Morgan gewesen. Sie erkannten, daß es beim Absatz amerikanischer Wertpapiere auf gute Beziehungen zu Banken in Europa ankam und gründeten deshalb 1854 die Firma »J. S. Morgan & Co.« nicht in den USA, sondern in London. Binnen 15 Jahren waren sie führend bei der Unterbringung amerikanischer Eisenbahnpapiere und Anleihen der öffentlichen Hand in Europa, und als Peabody 1869 starb, war die Bank bereits so bedeutend, daß die Barings und die Rothschilds sie als ebenbürtig betrachteten.

Zur amerikanischen Bank wurde »Morgan & Co.« durch den Sohn Junius Morgans, John Pierpont Morgan d. Ä., der, 1837 geboren, in Boston und Lausanne die Schule besuchte und in

Göttigen Mathematik und Jus studierte. 1860–64 war J. P. Morgan Vertreter der väterlichen Firma in den USA und nutzte den Krieg, um eigene Geschäfte zu machen. So erfolgreich, daß er 1864 als Partner in das Bankhaus Dabney eintreten konnte, das fortan »Dabney, Morgan & Co.« hieß. 1871 gründete die reichste Familie von Philadelphia, die Drexels, mit ihm das Bankhaus »Drexel, Morgan & Co.« Als sein Vater 1890 starb und ihm zehn Millionen Dollar hinterließ und wenig später auch die beiden Drexels starben, wurde in No. 23 der New Yorker Wallstreet die Firma »J. P. Morgan & Co.« gegründet, die rasch Weltbedeutung erhielt: Wenn der Kongreß die Regierung kurz hielt, schoß ihr Morgan Geld vor. Wenn es eine Krise gab, rief J. P. Morgan die New Yorker Bankiers zusammen, und das »Morgan-Syndikat« rettete die Wirtschaft. Morgan besaß die besten Europa-Beziehungen und konnte so in Europa mehr Geld mobilisieren als all seine Konkurrenten zusammengenommen. Er konnte, als die Vereinigten Staaten 1893 knapp vor dem Staatsbankrott standen, in Europa genug Gold auftreiben, um der Regierung 62 Millionen Dollar in Gold zu leihen (und an diesem Geschäft über zehn Millionen netto zu verdienen). Und er beschloß 1896 *»ein Stahlwerk, wie es die Welt noch nicht gesehen hat«*, zu bauen: Auf einem Gelände von zweieinhalb Quadratkilometern am Südende des Michigan-Sees wurden 16 Hochöfen von je 450 Tonnen Tagesleistung errichtet, 84 Siemens-Martin-Öfen von je 60 Tonnen Inhalt und sechs Walzwerke. In der Einöde entstand eine nach dem Vorsitzenden der »Indiana Steel Company«, Richter Gary, benannte Stadt für 50000 Menschen. Der Erfolg des Unternehmens schien gesichert, denn inzwischen besaß Morgan nicht nur 48600 Kilometer eigene Eisenbahnlinien, sondern er war auch der Finanzagent des Pennsylvania-Systems geworden, das 60000 Kilometer umfaßte, und arbeitete mit Jay Gould zusammen, dem 50000 Kilometer gehörten.
Aber mit Carnegie konnte Morgan dennoch nicht konkurrieren. Denn der besaß nicht nur weit bessere Fachleute, der ver-

stand auch stets, mächtige Verbündete zu finden und verfügte so durch seine Zusammenarbeit mit Henry Clay Frick über die beste Kokskohle der Vereinigten Staaten. Er hatte H. W. Oliver, der die Mesabi-Eisenerze erschloß, die bedeutendsten Eisenerzvorkommen des Landes, eine halbe Million Dollar geliehen, als diesem niemand auch nur einen Dollar anvertraute, und wenn es J. D. Rockefeller sen. gelungen war, sich den Löwenanteil an diesen Erzen zu sichern, so mußte er mit Carnegie einen 50 Jahre laufenden Vertrag schließen, durch den dieser frei Eriesee-Hafen hervorragendes Erz für 1,45 Dollar die Tonne bekam, für ungleich weniger als Morgan.
Der hatte 1898 begonnen, die bedeutendsten Stahl-*Verarbeiter* in seiner »Federal Steel Company« zusammenzufassen. Lange gab es in den USA zu wenige Hüttenwerke, dann aber entstanden *zu* viele, Dutzende Amerikaner wollten so rasch reich werden wie Carnegie, und 1890 gab es nicht weniger als 719. Die Zahl der Arbeiter stieg 1860–90 von 22000 auf 170000, das investierte Kapital von 23 auf 414 Millionen, und so verdienten die meisten Werke nichts. Es war wie bei den Eisenbahnen: Im Jahrzehnt 1865–74 wurden in den Vereinigten Staaten 53000 Kilometer gebaut, Schienen verlegt, die *zehn* Transkontinental-Bahnen gleichkamen und der *zehnfachen* Entfernung zwischen Amerika und Europa. Frachten für all die neuen Linien gab es nicht. Hunderte gingen in Konkurs. Aber die Schienen und das Rollmaterial blieben, wie gesagt. Sie wurden für einen Bruchteil des Sachwerts aufgekauft, und die neuen Eisenbahn-Magnaten ruinierten die alten, denn die konnten für Frachten fahren, die unglaublich scheinen: Nach dem Ende des Sezessionskrieges wurde Vieh von Chicago nach New York für einen Dollar pro Kopf transportiert, über 1200 Kilometer also oder die Entfernung Hamburg–Marseille.
Die amerikanische Getreide-Fracht war zeitweilig niedriger als die Schmieröl-Kosten. Erster-Klasse-Passagiere zahlten für die 700 Kilometer Reise von Cleveland nach New York sechs Dollar. Im Jahre 1872 hatte das Verfrachten von einer Tonne Wei-

zen von Chicago nach New York umgerechnet 38 Mark 50 gekostet. Im Juni 1893 nur noch 8 Mark. Europa wurde, wie schon geschildert, mit amerikanischem Weizen überschwemmt, und so setzten auch die russischen Eisenbahnen ihre Weizen-Tarife um vier Fünftel herab, um halbwegs konkurrenzfähig zu bleiben: Durch die amerikanische Bankrott-Gratis-Sachwertschaffung verdiente schließlich *niemand* mehr genug.

Auch Morgan verdiente an seinem Weltrekord-Stahlwerk nichts. Er hatte versucht, Carnegie zu ruinieren, aber der war nicht umzubringen. Es gab erbitterte Preis-Kämpfe. Aber eine Gesundung der amerikanischen Stahlindustrie schien solange unmöglich, wie jedes Werk 50 oder 60 verschiedene Produkte herstellte, alle sich gegenseitig unterboten. Es mußte zu einem Stahl-Trust kommen, wie es zu Rockefellers Öl-Trust gekommen war, und im Januar 1901 war es soweit: Carnegie verkaufte sein Unternehmen an Morgan für 447.416.640 Dollar, von denen er rund 300 Millionen persönlich erhielt. Die »United States Steel«, *»das größte Industrieunternehmen aller Zeiten«*, konnte gegründet werden.

Die Finanzierung dieses Stahl-Giganten erfolgte auf die gleiche Art wie die zahlreicher Eisenbahngesellschaften: Den amtlichen Untersuchungsberichten zufolge gab es für mindestens die Hälfte der Aktien, die Morgan ausgab, keinerlei reale Dekkung. Diese Aktien hatten einen Nennwert von 1.402.846.817 Dollar. Dem 1911 veröffentlichten Bericht des »Commissioner of Corporations of the Steel Industry« zufolge betrug der Gesamtwert aller Betriebsanlagen und aller übrigen Besitztümer der elf zur »United States Steel« zusammengeschlossenen Unternehmen 558,7 Millionen Dollar. Auf Seite 37 dieses Berichts heißt es: »Die Zahlen zeigen eindeutig, daß der Ausgabe von 508 Millionen Dollar Stammaktien keine wirklichen Eigentumsbestände zugrunde lagen und auch ... bis zu zwei Fünftel der Prioritäts-Papiere nicht durch wirkliches Eigentum gedeckt waren ...«

Aber als am 29. April 1901 an der New Yorker Börse 600000 US-Steel-Aktien angeboten wurden, waren sie binnen 19 Minuten verkauft, und die Presse verkündete: *»Eine unblutige Revolution fand statt: Die Herrschaft über den Stahl wurde den Händen einiger weniger entwunden und vielen gegeben.«* Binnen zweier Tage gab es tatsächlich 40000 »Besitzer« der US-Steel und damit so viele, daß das Management tun und lassen konnte, was es wollte. Die »kleinen Leute« trieben den Kurs hoch, denn Morgan hatte Jim Keene den Aktienverkauf übertragen, und der setzte ein Heer von Agenten ein, denen er 7 bis 12 % Provision bezahlte und die so im Tagesdurchschnitt 96000 und zeitweilig 120000 US-Steel-Aktien absetzten. Die »Eingeweihten« verkauften, denn die wußten, was die fusionierten Firmen wirklich wert waren. Und so kam, was kommen mußte: Am 3. Mai 1901 begann eine Börsen-Krise, die bis zum 9. Mai dauerte und von New York auf London und Paris übersprang. Die Ticker-Abkürzung »X« für United States Steel war zur wichtigsten der Hausse geworden. Jetzt wurde sie zur wichtigsten eines Kurssturzes, der ins Bodenlose zu führen schien. »Etwas Solideres als Stahl gibt es nicht«, hatte es geheißen. Aber jetzt waren Tausende und Abertausende ruiniert, und als Morgans »Rettungs-Syndikat« in Aktion trat, standen US-Steel 60 % unter dem Ausgabekurs. Im Jahre 1903 schwankten sie erneut zwischen 95 und 50, und die US-Steel-Obligationen fielen von 100 auf 65. Im Herbst des Jahres 1904 konnte man US-Steel Common Stock für 8 ¾ kaufen, und das ruinierte keineswegs nur zahllose »kleine Leute« der USA. Daß die US-Steel 1901 mit 8,9 Millionen Tonnen 65 % allen Stahls der Vereinigten Staaten erzeugte und damit 21% allen Stahls der Welt, stand ja unzweifelhaft fest, ebenso der Verkaufserlös der Tonne Stabstahl, der 1898 im Durchschnitt 21 Dollar betrug und 1902 bereits 52. Und so kauften englische Lords und österreichische Hocharistokraten ebenso US-Steel-Papiere wie deutsche Kaufleute und französische Kellner. Sie rechneten nur nicht damit, daß Börsen Märkte sind und hier

Angebot und Nachfrage den Preis bestimmen, nicht die realen Werte der gehandelten Papiere. Morgan und seine Freunde (die allein an der Gründung der US-Steel 160,76 Millionen Dollar verdient hatten) konnten jederzeit genug Anteile kaufen, um den Kurs hochzutreiben und jederzeit genug verkaufen, um ihn sinken zu lassen, deckten sich bei jeder Baisse neu ein, denn Gewinne und Verluste flossen ja in die gleiche Kasse. Die »Kleinen« blieben auf der Strecke.
Und so kostete auch die »United States Steel« Europa *sehr* viel Geld, obwohl ihr Verkaufserlös 1912 mit 745 Millionen Dollar die damaligen Gesamteinnahmen der amerikanischen Bundesregierung von 692 Millionen weit überstieg. Wer ihre Anteile über Jahrzehnte hinweg zu halten vermochte, wurde, wie die Inhaber von Standard-Oil-Papieren und einer Handvoll anderer »Super-Unternehmen« der USA, reich – falls er nicht ein Bürger von »Feindmächten« war und als Privater im Ersten oder im Zweiten oder in beiden Weltkriegen ebenso total enteignet wurde wie der Staatsbesitz der Besiegten. Enteignungen aber gab es im kapitalistischsten aller Kapitalisten-Länder immer wieder und nirgends auf der Welt je einen krasseren Fall der Rechtswidrigkeit als den des Erschließers Kaliforniens, des Schweizers Johann August Sutter.

»Das Kreuz von Gold« und »Das segensreiche Silber«

Währungs-Systeme und Währungs-Realitäten; das Gold Kaliforniens und Japans; der anglo-amerikanische Silberpreis-Kampf und die Zerstörung der Währung Chinas durch Amerikas Silber-Politik

»Währung« ist vom mittelhochdeutschen »werunge« abgeleitet, und das bedeutet »Gewährleistung«. Ursprünglich des Gewichts und Feingehalts der Münzen, heute sinngemäß der stabilen Kaufkraft des Geldes. Denn »Währung« ist auch stammverwandt mit »Wahrheit«, der Wert des Geldes muß »wahr« bleiben, darf nicht verfälscht werden. Das Geld muß Sicherheit »gewähren«, und es soll »bewahren«, Werte für den späteren Bedarf »immerwährend« sichern und erhalten.
All diese vielfältigen Funktionen zu erfüllen gelang bisher noch *keiner* Währung. Und zwar, weil Werterhaltung keineswegs in jedermanns Interesse liegt, niemals lag und heute weniger denn je liegt, und weil die Währung so in sich selber einen unüberwindlichen Gegensatz birgt: Seit es Geld im Sinne eines Zahlungsmittels gibt, dessen Wert von der Obrigkeit garantiert wird – und das gab es in Form dünner Silberplättchen mit einem Prägestempel schon im zweiten vorchristlichen Jahrtausend auf Kreta –, steht fest: Geldvermehrung bedeutet geringeren Geldwert und damit steigende Preise. Geldverminderung erhöht den Geldwert, senkt die Preise. Seit jeher wußte man auch: viel Geld senkt den Zinssatz, macht das Abtragen von Schulden leichter. Wenig Geld treibt die Zinsen hoch, macht die Schuldenlast schwerer. Und daraus ergibt sich seit Urzeiten: *Gläubiger und Schuldner haben unvereinbare Interessen, und nur neutrale Dritte können die ausgleichen.*
Dieser Dritte war seit jeher die Gemeinschaft, der Staat. Und leider war der so gut wie niemals ein ehrlicher Schiedsrichter.

Da die Herrscher, die das Geld prägten (oder die Münzrechte verpachteten), eine Wert-Garantie übernahmen, erkannten sie durchaus folgerichtig nur das Geld an, das sie selber ausgaben und verlangten zugleich, daß alle ihre Untertanen es in Zahlung nahmen. Dagegen ist nichts einzuwenden, aber leider bietet das »Münzregal« auch Möglichkeiten, wie sie Hippias von Athen bereits im Jahre 512 v. Chr. nutzte. Er erklärte alles in seinem Herrschaftsbereich umlaufende Geld für ungültig und gab Tetra-Drachmen aus, die nur halb so schwer wie die eingezogenen waren. Er gewann aus der gleichen Silbermenge die doppelte Münzenzahl, und das hieß, daß er seine Schulden halbierte und seine Gläubiger um die Hälfte ihrer Guthaben betrog. Heute gibt es bekanntlich nirgends auf der Welt mehr uninteressierte Dritte, sind *alle* Staaten derart verschuldet, daß sie an der Geldentwertung und dem »stillen Raub« interessiert sind. Bereits Nikolaus Oresme aber schrieb 1355 in seinem »De mutatione monetarum tractandus«: »Den Geldwert vermindern heißt die Sparsamen betrügen ..., und jede Art von Geldverschlechterung ist eine üble Art von Steuer ..., ja die übelste Art von allen Steuern.« In Jean Bodins »République« des Jahres 1576 heißt es: »Nichts Quälenderes gibt es als das Verschlechtern der Münzen oder die Abänderung ihres Kurswertes. Reiche und Arme, jeder für sich und alle zusammen, erleiden dadurch unglaubliche Schäden und Verluste.« Und so wurde schließlich versucht, *eine »automatische« Geldmengen-Regelung und Preis-Stabilisierung* durch den »Gold-Automatismus« durchzusetzen, der den staatlichen Einfluß auf die Währung ebenso ausschalten sollte wie den aller anderen Schuldner oder Gläubiger: Durch die englischen Gold-Gesetze von 1816 und 1821 übernahm der Staat die Garantie, Papiergeld jederzeit in eine bestimmte Menge Goldes einzuwechseln, und durch die Peel-Bankakte von 1844 wurde die umlaufende Menge von Zahlungsmitteln strikt an die jeweiligen Goldvorräte der Bank von England gebunden. Da David Ricardo bereits 1817 geschrieben hatte: »Die Erfahrung lehrt, daß kein

Staat und keine Bank jemals die unbeschränkte Möglichkeit der Papiergeld-Ausgabe besaß, ohne sie zu mißbrauchen«, regulierte fortan nicht irgendein Machthaber, sondern die *Natur* die Geldmenge, bremste man mit Hilfe des damals seltensten aller Metalle, des Goldes, den Drang zu mehr und mehr Geld, machte es aber auch den an Geldmangel und damit hohen Zinsen Interessierten unmöglich, ihre Interessen durchzusetzen.
Bedeutete die Gold-Automatik interne Preis- und Schulden-Stabilisierung, *vollwertige* Tilgung der privaten wie der Staatsschulden im Inland, so aber auch dem Ausland gegenüber. Sie bedeutete das Aufeinanderabstimmen des Preisstandes verschiedener Länder, Stabilisierung der Welthandelspreise und einen *vollwertigen* Zahlungsausgleich zwischen allen Goldstandard-Ländern, denn alle Zahlungsmittel waren jederzeit und in jeder Menge in eine ihrem Nominale entsprechende Goldmenge umzuwechseln, und zwar von Inländern und Ausländern, von Privaten wie von Banken oder fremden Noteninstituten.
Geld ist gleich Gold bedeutete: Zunehmende Goldreserven weiten den Geldumlauf aus. Das Kreditvolumen wächst, die Zinssätze sinken. Die Warenpreise steigen, regen die Einfuhr an, lassen den Export schrumpfen. Die Handelsbilanz verschlechtert sich und *zwingt,* einen Teil der Einfuhr in Gold zu bezahlen. Denn wenn z. B. Deutschland mehr in England kaufte als England in Deutschland, wuchsen die Mark-Guthaben der City, und der Mark-Kurs gab nach. Aber nur geringfügig. Denn sobald der Kursunterschied die Versicherungs- und Transport-Kosten überstieg, lohnte es sich für den deutschen Schuldner, statt in Pfunden in Gold zu bezahlen.
Das bedeutete Gold-Abfluß und Sinken der Gold-Reserven. Die Geldmenge schrumpfte und die Zinsen stiegen. Die hohen Zinsen lockten Auslandskapital an, das das Geldumlauf- und Kreditvolumen ausweiten half. Weniger Geld bedeutete sinkende Preise, damit Erleichterung der Ausfuhr, damit Han-

delsüberschüsse = Gold-Zufluß. Zahlungsbilanz-Defizite wie die heutigen amerikanischen *konnte* es nicht geben, Auslandsschulden *zwangen* zur Ausgaben- und Kredit-Einschränkung, Währungs-Manipulationen und willkürliche Wechselkursänderungen waren ausgeschlossen. Denn alle Goldwährungs-Länder bildeten ein einziges System kommunizierender Gefäße.

Das heißt, sie *hätten* es bilden können, wenn die »Gold-Automatik« auch automatisch die Beseitigung aller Handelshindernisse mit sich gebracht hätte und das war leider *nie* der Fall. Die »Gold-Automatik« beschränkte auch nicht die Macht der Regierungen, den Goldgehalt ihrer Zahlungsmittel zu verändern. Sparen in nationalen Währungen *blieb* riskant, denn in Gramm Gold entsprachen z. B.

	1914	1939
ein französischer Franc	0,3	0,02
ein Pfund Sterling	7,3	3,8
ein US-Dollar	1,5	0,8

Und schließlich blieb auch *die Kaufkraft des Goldes* nicht stabil, weil Preise ja niemals *allein* von der Geldmenge abhängen, sondern von zahllosen Faktoren und der Wert des Goldes natürlich auch von der jeweils verfügbaren Goldmenge. Blieb die Kaufkraft des Goldes im Byzantinischen Reich vom Ende des 4. bis Mitte des 13. Jahrhunderts gleich, so nahm sie (E. W. Kemmerer zufolge) 1879–96 um rund 25 % zu; 1896–1920 um etwa 70 % ab; 1920–27 erneut um 56 % zu. Der Natur die Kontrolle der Geldmenge zu überlassen war eine ideale Lösung, solange die Goldproduktion regelmäßig und etwa im gleichen Ausmaß wie die Bevölkerung zunahm. Aber nicht nur große neue Funde wie 1848 in Kalifornien, 1851 in Australien und 1885 am Witwatersrand Südafrikas ließen *die Welt-Goldproduktion* von rund 24 Tonnen jährlich im Durchschnitt der Jahre 1801–50 auf 613 Tonnen 1901–18 steigen, auf das mehr als Fünfundzwanzigfache, während sich die Weltbevölkerung während dieses Zeitraumes nur verdoppelte. Die Welt-Goldgewinnung verdreifachte sich binnen zwei Jahrzehnten, weil es seit 1891 den Zyanid-Prozeß gibt; der Glasgower Chemiker John Stewart MacArthur zeigte, wie das Gold aus bis dahin als zu arm geltenden Erzen durch Zyankalium herausgelöst und durch Zink ausgeschieden werden kann. Insgesamt wurden seit der Entdeckung Amerikas im Jahre 1493 und 1985 auf der Welt etwa 105000 Tonnen = rund 3,4 Milliarden Fein-Unzen Gold gewonnen, deren Wert auf 225 Milliarden Dollar geschätzt wird. Aber davon entfallen 40400 Tonnen oder 38 % auf die 545 Jahre 1493–1938 und 64420 Tonnen oder 62 % auf die 46 Jahre 1939–1985: *Während weniger als einem halben Jahrhundert wurde weit mehr Gold gefördert als während mehr als einem halben Jahrtausend.* Und brachte das Gold dieser 545 Jahre den Gegenwert von etwa 29 Milliarden Dollar in Umlauf, so das der letztvergangenen 46 Jahre etwa 196 Milliarden, das fast Siebenfache in wenig mehr als einem Zwölftel der Zeit.

Auch die Goldwährung war und ist also keine ideale Währung, *keine* Garantie der Stabilität, *keine* Sicherung gegen den »Stillen Raub«. John Stuart Mill sagte 1848, sie könne nur die Rolle des Schmiermittels in einer Maschine spielen, d. h. die Reibung vermindern – »falls die Maschine selber in Ordnung ist«. Aber immerhin stieg das Welthandels-Volumen in *konstanten* Preisen 1815–1914 von etwa einer auf 20 Milliarden Dollar, denn zu Beginn des 20. Jahrhunderts waren *alle* nennenswerten Welthandels-Länder »Gold-Länder«, insgesamt 52 Staaten.

Seit dem Jahre 1900 auch die Vereinigten Staaten, und die sind ein Musterbeispiel dafür, wie sehr stets und wie heute mehr denn je Theorie und Praxis in Währungsfragen auseinanderklaffen und welche Faktoren *wirklich* den Geldwert bestimmen, eine Währung solide oder »weich« machen. Die 13 britischen Nordamerika-Kolonien litten, wie bereits geschildert, ständig an Geldmangel und ebenso die jungen Vereinigten

Staaten, denn genügend Außenhandelsgüter gab es lange nicht, und die eigene Goldgewinnung betrug im Durchschnitt der Jahre 1700–1800 nur 350 Kilo jährlich, weniger als ein Fünfzigstel der Weltgewinnung. Die Silber-Produktion war völlig bedeutungslos, ergab auch 1860 nur 116000 Unzen, weniger als ein halbes Prozent der Weltgewinnung. Lange waren fremde Münzen in Umlauf, und als der neue Staat eigene auszugeben begann, waren es praktisch nur Silbermünzen, obwohl auch Goldmünzen als gesetzliches Zahlungsmittel galten. Streit, ob eine Gold- oder eine Silber-Währung vorzuziehen sei, gab es nicht, denn weder der Gold- noch der Silberbergbau spielten eine nennenswerte Rolle.
Das aber änderten *die Goldfunde in Kalifornien,* und die wurden nicht nur zur Tragödie des Erschließers dieses riesigen Landes, sondern lösten schwere soziale Konflikte aus, die noch heute weiterschwelen und die kennen muß, wer die Zukunft des Dollars abschätzen will. Mehr als ein Jahrhundert lang lieferten sich die Silber- und die Gold-Anhänger Amerikas erbitterte Kämpfe, wobei die »Silverites« die Farmer – vorwiegend des Westens der USA – waren und die Gold-Anhänger die Bankiers, Kaufleute und Industriellen – vorwiegend des Ostens. Die Silber-Politiker waren die »Verteidiger der ausgebluteten Schuldner«, die Gold-Politiker je nachdem »die Knechte der herzlosen Geschäftemacher« oder die »Vertreter der aufbauenden und Werte erhaltenden Kräfte«.
Der Mann, der diesen Gegensatz auslöste, hieß *Johann August Sutter.* In Kandern, Baden, 1803 geboren, gehörte er einer Familie an, die seit drei Generationen die bedeutendsten Papierfabriken der Schweiz besaß. Er gründete eine Druckerei, bürgte für Freunde und verlor durch deren Bankrott sein Vermögen. Sutter wanderte nach Amerika aus, arbeitete als Schweineschlächter und Pferdeputzer, wurde Mathematik-Lehrer einer Missionsschule und gewann schließlich 500 Dollar als Sieger in einem Boxkampf. Diese legte er unweit St. Louis in Land an, das er mit 6000 Dollar Gewinn verkaufen konnte. Nun ging er

nach Vancouver, weiter nach Sitka im damals russischen Alaska und fuhr mit einem russischen Schiff 1839 nach Kalifornien. Hier hatte *die »Russische Amerika-Kompanie«* das Fort Ross an der Bodega-Bucht, etwa 80 Kilometer nördlich des heutigen San Francisco, errichtet, und auf dem Schiff, mit dem Sutter reiste, befand sich ein Angestellter dieser Pelzhandels- und Kolonisierungsgesellschaft, der den unrentablen Besitz liquidieren sollte. Die Idee war gewesen, die russischen Handelsniederlassungen an der Nordwestküste der heutigen Vereinigten Staaten und in Alaska mit Getreide, Obst und Frischgemüse zu versorgen, denn in Sibirien gab es die ja nicht, und sie aus dem europäischen Rußland an ihre Bestimmungsorte zu bringen, bedeutete eine Weltreise. Aber in Kalifornien lebten damals höchstens 40000 Menschen, fast ausschließlich primitive Indianerstämme. Der Großteil dieser 400000 Quadratkilometer war Ödland, meist Trockensteppe. Außer durch Schafzucht und einige wenige oasenartige Landwirtschaftsbetriebe rund um die spanischen Missionsstationen, die Junipero Sera, ein Franziskaner aus Mallorca, seit 1769 angelegt hatte, gab es hier nichts, vor allem auch keine Arbeitskräfte und Transportmöglichkeiten, und so hatte der russische Kolonisationsversuch keinen Erfolg. Die Spanier, die Kalifornien entdeckt hatten, und die Mexikaner, denen Kalifornien und Texas zur Zeit Sutters gehörten, versuchten erst gar nicht, das riesige Gebiet zu erschließen.

Sutter aber erkannte dessen Möglichkeiten. Es gab hier nicht nur trockene, sondern auch feuchte Gebiete. Es gab die verschiedensten Klimate, und es gab vor allem zahllose Gebirgsflüsse, die man stauen konnte. Künstlich bewässert, mußte Kalifornien einem Paradies gleichen, und Sutter schuf hier ein Paradies: Er kaufte den Russen für 30.000 Dollar ihren Besitz ab und ließ sich seine Rechte auf 22000 Quadratkilometer, ein Gebiet, halb so groß wie die Schweiz, von der Regierung Mexikos bestätigen. Sutter war an den damals noch unerforschten American River gekommen und fand an der Einmündung des

Sacramento in diesen Fluß, etwa 65 Kilometer nördlich der Bucht von San Francisco, nicht nur überaus fruchtbares Ackerland, sondern auch Wälder mit hervorragendem Bauholz. Es gab Naturweiden und Steinbrüche, und hier gründete Sutter *»Neu-Helvetien«*. Er überzeugte den mexikanischen Gouverneur in Monterrey von den enormen Möglichkeiten Kaliforniens, und der unterstützte ihn, so gut er konnte. Sutter hatte vielerlei Menschen kennengelernt, seit er nach Amerika gekommen war und gewann unter diesen auch die nötigen Helfer. Vor allem einen Sägewerks-Fachmann und zwei Schiffsbesitzer. Und so begann er damit, Holz nach China und Hawaii bringen zu lassen und als *Rückfracht Chinesen und Kanaken* nach Kalifornien. Nur durch die konnte Sutter Bewässerungsanlagen bauen und immer mehr Ödland erschließen. Für dieses Neuland in der Schweiz und Deutschland Siedler zu finden war nicht schwer. Sutter ließ aus Rußland Saatgut kommen, führte den Weinbau ein und Zuchttiere für bald große Herden Rindvieh, das zugleich die Lederfabrikation ermöglichte. Apfelsinen gab es schon durch die spanischen Missionare. Sutter legte große Zitruspflanzungen an. Er organisierte den Fischfang, baute Fisch- und Fleisch-Räuchereien und konnte 1844 mit dem Bau von »Sutterstadt« beginnen, dem heutigen Sacramento, der Hauptstadt Kaliforniens mit jetzt einer Viertelmillion Einwohnern.
In unglaublich kurzer Zeit hatte Sutter aus Ödland *eines der ergiebigsten Siedlungsgebiete der Erde* gemacht, aber dann ließ er 1847 am Südarm des American River, unweit der Indianersiedlung Coloma, eine neue Sägemühle bauen. Am frühen Morgen des 24. Januar 1848 ging sein Vorarbeiter James Marshall an den Fluß, um sie in Betrieb zu setzen. Er sah am Schleusengatter ein kleines Häufchen gelben, glänzenden Metalls. Er holte es aus dem Wasser und schlug mit einem Stein darauf, und da es nicht zersprang, war es kein Kupfer- oder Eisenpyrit. Es war weich und ließ sich glattschlagen und war so kein Narrengold, sondern echtes Gold. Marshall barg den Fund in seinem Ta-

schentuch und brachte ihn ins Fort Sutter. Sutter machte den Gewichts-Test: Das Metall war viel schwerer als Silber. Er behandelte es mit Scheidewasser: Es blieb intakt. Es *war* Gold. Sutter erkannte, daß dieser Fund kein Glücksfall war, sondern seinen Ruin bedeuten konnte. Er bat Marshall um Verschwiegenheit. Der versprach sie. Ob er dieses Versprechen hielt, bleibt umstritten, jedenfalls aber wurde der Fund bekannt. Am 7. März 1848 schrieb Sutter in sein Tagebuch: »Eine Gruppe Mormonen, die bei mir beschäftigt war, zog zum Goldschürfen auf und davon. Bald folgten alle andern, vom Schreiber bis zum Koch. Sie stahlen meine Pferde und Wagen. Nur Kranke und Lahme blieben zurück ... Die Weizenernte sollte beginnen, aber niemand brachte sie ein. Das halbfertige Leder verrottete in den Bottichen ...« Am 19. Mai schrieb Sutter: »Eine schier unübersehbare Schar Leute strömte aus San Francisco zum Fort. Sie verwüsteten meine Fluren vollständig und belegten meine Häuser mit Beschlag ...«

Überall fand sich Gold: Unter Baumstümpfen, Steinen, im Flußsand. Zwei Goldsucher gruben einen 30 Meter langen, einen halben Meter breiten Graben und gewannen wochenlang jede Woche für 16.000 Dollar Gold. Ein anderer fand drei Kilo binnen 30 Minuten. Kaliforniens »Mother Lode«, der das in Jahrmillionen aus der Sierra Nevada in deren Vorberge geschwemmte Gold enthält, erstreckt sich über 277 mäandernde Meilen, über 440 Kilometer. Der Goldgehalt ist überaus verschieden, »Wunderfunde« wie die erwähnten, waren keineswegs allgemein, und es dauerte überdies bis zum September 1848, ehe sie im Osten der USA allgemein bekannt wurden. Aber dann berichtete die »Baltimore Sun« über den neuen Reichtum, und in New York wurde ein Nugget von 12 Kilo Gewicht ausgestellt. Die Rocky Mountains waren im Winter unüberschreitbar, aber die ersten Goldsucher-Segler verließen im Oktober New York, und im Januar 1849 waren es bereits 90 Schiffe, die die lange Reise rund um ganz Südamerika und das Kap Hoorn antraten, denn den Panamakanal gab es damals ja

noch nicht. Und die nur eine Reise machten, denn ihre Besatzungen desertierten in San Francisco, im Juli 1850 lagen in dessen Hafen mehr als 500 verlassene Schiffe. Ebenso desertierten zahllose Soldaten. Richter und Anwälte zogen auf die Goldfelder, Bankangestellte, Gemeinderäte und Kaufleute. Viele der Goldsucher-Schiffe waren derart überfüllt, daß die Hälfte der Passagiere unterwegs umkam. Auf einigen brach die Cholera aus, und kaum ein Goldsucher entging der Skorbut, aber bereits im Januar 1849 gab es über 8000 Glücksritter in Kalifornien, und im Frühjahr begannen die Überland-Trecks. Zahllose Goldsucher gingen im Death Valley zugrunde, zahllose wurden von Indianern skalpiert. Aber Tausende und Abertausende gelangten auf die Goldfelder. Die wenigsten hatten daran gedacht, Schaufeln mitzunehmen. Die kosteten hier 100 Dollar das Stück. Ähnlich waren alle Preise. Kartoffeln erzielten einen Dollar pro Knollen. Eine Dose Sardinen kostete vier Dollar, Mehl bis zu 800 Dollar das Faß. Den Preisen entsprachen die Glücksspiel-Einsätze und die Kosten der Feste, die mit französischem Champagner gefeiert wurden. Zu den amerikanischen Goldsuchern kamen 1850 immer mehr fremde, Bergleute aus Cornwall und Intellektuelle aus den deutschen Fürstentümern, Kanaken von den Marquesas wie Mexikaner und Chinesen. Neue »Städte« entstanden zu Dutzenden, jede mit Dutzenden »Saloons« und ihren Gangster-Banden. Zwischen 1848 und 1854 gab es in Kalifornien über 4000 Morde.
Bereits 1853 war mit einer – amtlich registrierten – Goldausbeute von 67.613.487 Dollar der Höhepunkt der Produktion erreicht worden, waren die Schwemmgoldvorkommen weitgehend erschöpft. Nun mußten Schächte und Hunderte Kilometer unterirdischer Galerien angelegt werden. Dazu war Kapital nötig, das die Goldsucher nicht besaßen. Minengesellschaften wie die »Empire Star« in Grass Valley oder »Big Bonanza« in Sonora entstanden. Einer von deren Großaktionären war George Hearst, der Vater des später berühmten Zeitungs-Magnaten. Einige wenige der ursprünglichen Goldsucher verkauf-

ten diesen Gesellschaften ihre Claims so gut, daß sie Eisenbahn-Magnaten wie Leland Stanford werden konnten oder berühmte Universitätsgründer wie Mark Hopkins. Philip D. Armour, der Gründer der Fleischfirma Chicagos, hatte sich ebenfalls als Goldsucher nach Kalifornien aufgemacht, aber dann mit deren Lebensmittelversorgung sein erstes Geld verdient. Goldsucher wie Mark Twain und Bret Harte wurden als Schriftsteller berühmt, und Bret Harte spielte eine weltgeschichtliche Rolle, denn seine Goldsucher-Romane las auch Josef Stalin, und sie veranlaßten ihn, den Sowjet-Goldtrust zu gründen …

Inzwischen kämpfte Sutter um sein Recht. Es gab 1848 im Goldgebiet praktisch keine Straße und keine Brücke, die nicht er gebaut hätte, keinen Brunnen, den nicht er graben ließ, nichts wuchs hier, was nicht er pflanzte. Aber seine Äcker verschwanden unter dem Schutt der Goldwäschereien. Die Goldsucher gründeten auf seinem Grund und Boden Gemeinden kraft ihrer Messer und Gewehre. Mexiko aber konnte Sutter nicht schützen, denn *halb Mexiko war inzwischen den Vereinigten Staaten zugeschlagen worden.* Amerikanische Viehzüchter, die sich mit Mexikos Erlaubnis 1820 am Colorado-River nieder gelassen hatten, stellen 1835 eine eigene Schutztruppe »gegen die Indianer«, die »Texas Rangers«, auf. In Wahrheit diente sie dazu, die 1836 proklamierte »Unabhängigkeit« von Texas durchzusetzen, und die Truppen, die Mexikos Präsident Santa Ana zur Niederschlagung des Aufstandes nach Coahuila sandte, wurden von den »Texas Rangers« besiegt. Sofort wurde die »Republik Texas« von den Vereinigten Staaten, aber 1838 auch von England, Frankreich, Belgien und den Niederlanden anerkannt. Mexiko protestierte natürlich. Aber die innenpolitischen Kämpfe machten es handlungsunfähig, und 1845 wurde Texas als Bundesstaat in die Union aufgenommen. Amerikanische Truppen überschritten die Grenzen Mexikos, »um die Sicherheit der Bewohner von Texas zu gewährleisten«, aber die Mexikaner zwangen General Zachary Taylor zur Kapitulation. Diese »Schmach« veranlaßte den Kongreß zur

Kriegserklärung an Mexiko; veranlaßte die Amerikaner, die sich in Monterrey in Kalifornien niedergelassen hatten, am 7. Juli 1846 auch ihrerseits ihre »Unabhängigkeit« zu erklären, und schließlich mußte Mexiko am 2. Februar 1848 den Vertrag von Guadalupe Hidalgo schließen, durch den es alle Gebiete nördlich des Rio Grande und einer von El Paso und dem Gila-Fluß zum Pazifik führenden Linie an die Vereinigten Staaten abtrat. Neben Teilen des heutigen Colorado und Wyoming das gesamte Arizona mit über 295000 Quadratkilometern; von New Mexico, das 315000 Quadratkilometer umfaßt; von Texas, das mit 693000 Quadratkilometern der nach Alaska größte aller Bundesstaaten ist; und Utah mit rund 220000 Quadratkilometern. Mexiko verlor insgesamt *1933300 Quadratkilometer, für die eine »Entschädigung« von insgesamt 25 Millionen Dollar bezahlt wurde.* Der Bund erhielt von diesen »Neuerwerbungen« 164,4 Millionen Hektar, die ihn also 15 Cents je Hektar kosteten – und die die reichsten Ölvorkommen der USA ebenso wie ihre reichsten Silber- und Goldvorkommen enthielten.

Die amtlich registrierte Goldausbeute Kaliforniens überschritt 1870 die erste Milliarde, und mindestens ebensoviel wurde »schwarz« gewonnen. Aber Sutter kämpfte damals noch immer erfolglos um sein Recht, und es gelang ihm niemals, es durchzusetzen. Er hatte den Kampf aufgenommen, indem er gegen 17221 Personen Klage wegen »gesetzwidriger Niederlassung« beim zuständigen Unions-Gericht einbringen ließ. Denn wie 1836 die »Republik Texas« hatte der Kongreß 1846 sofort auch die »Republik Kalifornien« anerkannt. Kalifornien war »als Teil der Vereinigten Staaten« am 2. Februar 1848 von Mexiko anerkannt und am 9. September 1850 der 31. Bundesstaat der Union geworden. Sutter verlangte von den auf seinem Besitz gegründeten Gemeinden 25 Millionen Dollar Abfindung für die von ihm geleistete Erschließungsarbeit und von der Bundesregierung in Washington 50 Millionen Dollar Schadenersatz, weil sie nicht das geringste unternommen hatte, um

seine Besitzrechte zu schützen. Sutter brachte einige seiner Sägewerke wieder in Gang, baute neue Farmen auf und versorgte San Francisco, das fieberhaft wuchs, mit Lebensmitteln und Wasser. Er bestritt mit dem Erlös seiner unermüdlichen Arbeit die riesigen Gerichts- und Anwalts-Kosten. Sutter organisierte Freiwilligenverbände, die das Verbrechergesindel in Schach hielten, das mit den Goldsuchern ins Land gekommen war, und wurde 1854 zum General der kalifornischen Miliz ernannt. Der Bürgermeister von San Francisco verglich ihn mit Moses und Epaminondas und nannte ihn den »Begründer des Staates«, und 1855 entschied das Oberste Gericht von Kalifornien zugunsten Sutters. Aber während er nach Washington reiste, um dieses Urteil durch das Oberste Bundesgericht bestätigen zu lassen, wurde das Gerichtsgebäude in San Francisco niedergebrannt, alle Akten vernichtet, und der Oberste Richter Thompson wäre um ein Haar gelyncht worden. Der Mob unter Führung zweier »Populisten« zog auf Sutters erhaltengebliebene Besitzungen, zerstörte seine Bewässerungsanlagen, hackte seine Obstbäume um und zündete seine Häuser und Mühlen an. Als Sutter zurückkehrte, waren seine zwei Söhne tot: Einen hatte der Mob erschlagen, der zweite, der Rechtsanwalt geworden war, um bei den Prozessen seines Vaters mitzuwirken, hatte aus Verzweiflung Selbstmord begangen.
Der Staat Kalifornien bot Sutter daraufhin eine Ehren-Pension an. Aber der wollte kein Almosen, sondern sein Recht. Er erreichte 1861 auch die Bestätigung des Urteils von San Francisco durch die höchste Bundesinstanz, und das Oberste Bundesgericht bestätigte auch, daß ihm als Grundbesitzer die Hälfte allen auf seinen 22000 Quadratkilometern gefundenen Goldes zustand. Aber wer konnte das den Goldsuchern abnehmen? Zweifellos hätte der Bund Sutters Rechte schützen müssen, und da er das nicht tat, mußte er ihn entschädigen. Aber 1861 brach ja der Sezessionskrieg aus.
Nach dessen Ende kämpfte Sutter weiter. Sein riesiges Vermögen war zerronnen. Was er neu aufgebaut hatte, zerstörte der

Mob, was übrigblieb, verschlangen die Anwalts- und Gerichtskosten, schließlich war er am Verhungern. Zeitweilig arbeitete Sutter in Washington als Tellerwäscher. Sobald er ein paar Dollar zusammenhatte, zog er seine Generalsuniform an und ging aufs Kapitol, *nicht länger um sein, sondern um das Recht zu verteidigen.* Dort traf ihn als Siebenundsiebzigjährigen am 17. Juni 1880 ein Herzschlag. Der Tote hatte 22 Cents in der Tasche.

Der Mann, der die Hauptschuld dafür trug, daß der Bund nichts zum Schutz der Rechte Sutters getan hatte, Millard Fillmore, der 13. Präsident der Vereinigten Staaten, der 1850–53 dieses »höchste Amt auf Erden« ausübte, war bereits 1874 gestorben. Berühmt als »der Schneiderlehrling, der zum Präsidenten aufstieg«, galt Fillmore als ein Musterbeispiel des amerikanischen »Selfmademan«, und inwieweit der Umstand, daß er durch einen Zufall einer der Anwälte und intimsten Berater Commodore Cornelius Vanderbilts wurde, dazu beitrug, daß er Vorsitzender des Budget-Ausschusses des Repräsentantenhauses wurde, interessierte niemanden. Auch nicht, warum ihn General Zachary Taylor 1849 im Präsidenten-Wahlkampf zu seinem Stellvertreter machte. Jedenfalls wurde er durch dessen Tod am 9. Juli 1850 Präsident und sollte darüber entscheiden, wie in Kalifornien Ordnung geschaffen werden könne. Denn es gab auch andere »Besitzende« in dem neuen Bundesstaat, die fürchteten, es könnte ihnen eines Tages gehen wie dem Schweizer. Auf die Allgemeinbedeutung des Falles wies den Präsidenten u. a. General William Tecumseh Sherman hin, der ihm auch erklärte, ohne Sutter wäre Kalifornien russisch geblieben. Aber Fillmore meinte: »Die Zeit der Fürstentümer ist vorbei«, und was sich in Kalifornien abspiele, sei »eine Volksbewegung und damit gottgewollt«. Der Präsident hatte andere Sorgen, ließ z. B. als eine seiner ersten Amtshandlungen seinen Staatssekretär Daniel Webster eine Note an den Kaiser von Österreich richten, die für die Vereinigten Staaten das Recht beanspruchte, »an dem Mißgeschick von Nationen, die

um Einrichtungen wie die amerikanischen kämpfen, stets lebhaften Anteil zu nehmen ...«, und der die Entsendung eines Kriegsschiffs folgte, das den in die Türkei geflüchteten ungarischen Freiheitskämpfer Kossuth nach Amerika brachte. Weltbedeutung aber erhielt Fillmore's Überzeugung: *»Die Abschließung Japans von allem Verkehr mit der übrigen Welt ist ein unerträglicher Gewaltakt mittelalterlicher Tyrannen, der von den zivilisierten Nationen nicht hingenommen werden kann.«* Seit Kalifornien ein Bundesstaat war und San Francisco (das bis 1847 »Yerba Buena« hieß, aus 200 Häusern bestand und insgesamt 600 Einwohner zählte) immer rascher wuchs, mußte etwas für den amerikanischen Asien-Handel getan werden. China wies alle Annäherungsversuche ab, ebenso Japan, und so sandte Fillmore am 24. November 1852 (ohne den Kongreß zu fragen) Commodore Matthew Calbraith Perry mit vier Kriegsschiffen von Norfolk aus nach Japan. Angeblich handelte es sich um »hydrographische Untersuchungen«. Aber der »New York Herald« schrieb damals: »Die schweren Geschütze? Triangulations-Instrumente natürlich, wie die vielen Kanonenkugeln nur mitgenommen wurden, um unsere Lotleinen zu beschweren. Zwar könnten unsere meteorologischen Instrumente lebensgefährlich werden. Aber brauchen denn die Japaner etwas anderes zu tun, als ihnen auszuweichen?«
Perrys schwarze Rad-Dampfer stießen riesige Wolken nach Schwefel stinkenden Rauches aus, und ihre Dampfpfeifen gellten, als sie durch die Enge von Uraga in die Bucht von Tokio einfuhren. Der Commodore landete am 14. Juli 1853 in Kurihama, 48 Kilometer südlich der heutigen Hauptstadt, begleitet von 260 Marine-Infanteristen und 40 Blechmusikanten, die pausenlos Lärm machten. Der Brief Präsident Fillmores, den Perry »nur dem Kaiser persönlich« überreichen sollte, befand sich in einer Kassette aus Rosenholz mit Goldverzierungen, die tausend Dollar gekostet hatte. Aber natürlich empfing der Kaiser Perry nicht, und sein angeblicher »Sondervertreter Prinz Sdzu« war weder ein Prinz noch ein Vertreter des Tenno, son-

dern ein kleiner Gemeindebeamter aus Osaka namens Toda. Aber was die Amerikaner wollten, erreichten sie nichtsdestoweniger: die Öffnung der Häfen Shimoda, 130 Kilometer südwestlich Tokios, und von Hakodate, dem Haupthafen der Insel Hokkaido, wenig später von acht weiteren Häfen. Denn Perry ließ seine Flotte »Salut« schießen. Die Samurai aber, die ihn empfingen, trugen Kettenpanzer und waren mit Holzkeulen bewaffnet. In Fillmores Brief stand: »Der Zweck dieser Mission nach Japan ist einzig und allein ..., Freundschaft und Handel zu begründen ...« Die »Freunde« aber mußten den Amerikanern nicht nur Häfen öffnen und Konsuln zulassen, sie durften auch keine Zölle einheben – und seine Zoll-Hoheit gewann das Inselreich erst 1899. Im gleichen Jahr erst wurde auch die Exterritorialität aufgehoben, die die Amerikaner der japanischen Gerichtsbarkeit entzogen und sie von allen Steuern befreit hatte. Vor allem aber: Bereits in dem am 31. März 1854 geschlossenen amerikanisch-japanischen Vertrag bestimmte Artikel VII: »In den ihnen geöffneten Häfen haben die amerikanischen Schiffe das Recht, Gold- und Silbergeld auszutauschen sowie Handel mit Waren zu treiben ...« Ebenso hieß es in dem endgültigen, von dem amerikanischen Generalkonsul Harris unterzeichneten Handels- und Freundschaftsvertrag von 1858: »Die japanischen und amerikanischen Zahlungsmittel werden Gewicht gegen Gewicht ausgetauscht«, und das bedeutete *Wechselgeschäfte mit phantastischen Gewinn-Margen*, denn in Japan hatte damals Gold nur den dreifachen Wert des Silbers. In den Vereinigten Staaten den sechzehnfachen Wert. Amerikanische Marineoffiziere quittierten den Dienst, um sich in Yokohama als »Bankiers« niederzulassen. Alle Banken San Franciscos und zwei aus New York errichteten Niederlassungen in Japan, und was sich da an Gold angesammelt hatte, wurde so gut wie völlig dem Land entzogen, weit müheloser als in Kalifornien gewannen die Vereinigten Staaten das Gold der Japaner. Wieviel Gold die besessen hatten und wieviel die Amerikaner ihnen abnahmen, ist nicht bekannt. Aber es muß *sehr* viel gewesen sein, sonst wäre das Gold-Silber-Wertverhältnis nicht nur 3:1 gewesen und damit das gleiche geblieben wie im 16. und 17. Jahrhundert, als Japan Handelsbeziehungen mit den Portugiesen und Holländern unterhielt. Daß Fremde zwischen 1601 und 1637 etwa 50 Millionen Unzen japanischen Goldes aus dem Land brachten, trug entscheidend zur strengen Abschließung Japans von der Außenwelt im Jahre 1637 bei, dem Verbot des Betretens japanischen Bodens durch Fremde bei Todesstrafe und des Verlassens des Inselreiches durch Japaner bei gleicher Strafe.

Welche *weltweiten* Folgen Fillmores »Öffnung« Japans hatte, die natürlich wenig später auch England und Rußland und schließlich alle europäischen Mächte nutzten, ist bekannt. Das Inselreich, das jahrhundertelang für die Welt praktisch nicht bestand, das seine Bevölkerung durch drakonische Geburtenbeschränkungs-Gesetze von 1650 bis 1850 auf 23 Millionen hielt, um unabhängig und hermetisch von der Außenwelt abgeschlossen *seine* Art Leben leben zu können, wurde *gezwungen*, in allem dem Westen nachzueifern und ihn womöglich zu übertreffen. Es wurde schon 1904–05 durch seinen Sieg über Rußland zur Weltmacht, und heute zwingt seine Wirtschaft *jede* andere auf der Erde, mit ihr zu konkurrieren. Was Fillmore tat, taten Amerikas Präsidenten aber dank ihrer übersteigerten Machtfülle immer wieder: Aus rein innenpolitischen, aus parteitaktischen Gründen oder wegen finanzieller Augenblicksvorteile wurden und werden Maßnahmen getroffen, die *weltweite* und unbegrenzt nachwirkende Folgen haben und buchstäblich Hunderte und Aberhunderte Millionen Nicht-Amerikaner ins Elend oder in Kriege stürzen.

Für die Vereinigten Staaten selber bedeutete das Gold Kaliforniens und Japans, wie gesagt, eine schwere, innenpolitische und soziale Belastung, einen *Gold-Silber-Kampf, der endgültig erst 1944 entschieden wurde:*

Das erste, am 6. Juli 1785 erlassene Währungsgesetz der Vereinigten Staaten machte, wie erwähnt, den (spanischen) Silber-

Dollar zum gesetzlichen Zahlungsmittel. Der »Mint Act« vom 2. April 1792 jedoch sah den »Bi-Metallismus«, eine »Doppel-Währung« vor, in der sowohl Gold als auch Silber gesetzliche Zahlungsmittel waren und jedermann jederzeit beide dieser Metalle kostenlos oder gegen eine geringe Gebühr von den staatlichen, allein dem Bund unterstehenden Münzstätten ausprägen lassen konnte. Der Dollar von 1792 entsprach 24 ¾ Gran Feingold *oder* 371 ¼ Gran Feinsilber, d. h., das Wertverhältnis zwischen Gold und Silber wurde mit 15 : 1 festgelegt.

Nun hat aber der Bi-Metallismus den unüberwindlichen Nachteil, daß die Staaten zwar das Wertverhältnis der beiden Metalle gesetzlich festlegen können, daß deren Marktwert aber von ihren jeweiligen Produktions-Kosten und Produktions-Mengen abhängt und das Mengen-Verhältnis zwischen Gold und Silber überaus stark schwankte und noch schwankt: *Silber war im Ägypten der Pharaonen weit wertvoller als Gold,* weil es ungleich mehr Gold als Silber gab. Gold wurde dort oft mit Silber plattiert, nicht, wie heute, umgekehrt. Erst im 15. Jahrhundert wurde Gold weit teurer als Silber, vor allem durch die Entdekkung Amerikas und die bereits geschilderte Vervielfachung der Welt-Silbergewinnung. Das »klassische« Gold-Silber-Wertverhältnis von 15 : 1 bildete sich erst im 17. Jahrhundert heraus, und das übernahmen auch die USA. Aber im Durchschnitt der Jahre 1830–50 gewannen sie 16 000 Kilo Gold jährlich und 1851–60 mit durchschnittlich 83 000 Kilo fast 42 % der damaligen Welt-Goldgewinnung. Bereits 1834 setzten die Gold-Interessenten durch, daß der Kongreß das Gold-Silber-Wertverhältnis von 15 : 1 auf 16 : 1 veränderte. Am 18. Januar 1837 wurde das bestätigt, und der amtliche Goldpreis betrug damit 20,67 Dollar die Unze. Der Marktpreis jedoch fiel ständig und betrug 1844 nur noch 7 Dollar. Dennoch blieb auch das Goldgesetz vom 3. März 1849 beim amtlichen Preis und dem Wertverhältnis 16 : 1 und das bedeutete eine *Abwertung des Gold-Dollars um 6,2 %,* denn der entsprach nun endgültig 23,22

Gran Feingold und nicht länger 24,75 wie durch den »Mint Act« von 1792.
Die Folge war, daß das Silber aus dem Geldumlauf verschwand und sich erneut »Greshams Law« bewahrheitete, das nach dem Begründer der Londoner Börse Thomas Gresham benannte, 1560 formulierte »Gesetz«, demzufolge bei gleichzeitigem Umlauf verschiedenwertigen Geldes das gute verschwindet und das schlechte bleibt. In Amerika lohnte es sich nun, Silber-Dollars einzuschmelzen und das Silber in Ländern, in denen nach wie vor das Verhältnis 15 : 1 galt, zu verkaufen, und das war in Kanada ebenso der Fall wie in England oder Indien, in Deutschland oder in Frankreich.
Nicht legal, aber praktisch wurde 1840 in den USA der Bi-Metallismus durch den Goldstandard abgelöst. In New Orleans und Charlotte, Nord-Karolina, entstanden Gold-Münzstätten, und da die Bundes-Münzstätte von San Francisco erst 1853 in Betrieb ging, prägten auch private Firmen wie Baldwin & Co. Zehndollar-Goldstücke aus. Aber das machte natürlich böses Blut. Denn *wer* konnte damals denn mit Goldstücken zahlen? Doch nur »die Reichen«. Der »kleine Mann« zahlte in Kupfer, bestenfalls in Silber. Daß Silbermünzen rar wurden, bedeutete Schrumpfen des Geldumlaufes, und so kam es, wie bereits geschildert, zur »Greenback-Party«. Da bedeutete der Gegensatz Gold-Silber zugleich *Kampf zwischen »mehr Geld« und »gesundem Geld«* (zwischen »more money« und »sound money«), zwischen den »Inflationisten« oder »Silverites« und den »Ausbeutern im Osten«, die im Gold ein Mittel zur Wertsicherung ihrer dem Westen gewährten Kredite sahen.
Daß freie Silber-Ausmünzung und Inflation identisch wurden, verursachten die Silberfunde in Nevada: Das Gold Kaliforniens hatte Tausende und Abertausende Prospektoren überall in den Vereinigten Staaten nach Edelmetallen suchen lassen und am intensivsten natürlich im Gebiet der Sierra Nevada. An deren Osthang, am Mount Davidson, etwa 30 Kilometer öst-

lich der Grenze Kaliforniens, entdeckte der Prospektor Henry Comstock 1859 ein Silber-Gold-Vorkommen, das er für 6000 Dollar verkaufte. Noch im gleichen Jahr gewann hier der Käufer Gold im Werte von mehr als 300.000 Dollar, und es gab einen neuen Gold-Rush. *Der »Comstock-Lode«* erwies sich aber vor allem auch als einer der reichsten Silberfunde aller Zeiten, und wenn hier binnen einer Generation Gold im Wert von 142 Millionen Dollar gewonnen wurde, so Silber im Wert von 198 Millionen. Der Fund führte 1860 zur Gründung von Virginia City unweit des Tahoe-Sees und ungefähr 35 Kilometer von der heutigen Stadt Reno entfernt, und er führte zur Gründung des Staates Nevada: Der Comstock Lode lag auf dem Gebiet des damaligen Territoriums Utah. Aber die neue Gemeinde fand, von dem weit entfernten Salt Lake City aus könne das Minengebiet nicht ausreichend geschützt werden und Mormonen seien nicht die richtigen Leute für dessen Entwicklung. Im Jahre 1861 wurde das 285000 Quadratkilometer umfassende Territorium Nevada geschaffen und drei Jahre später als Bundesstaat in die Union aufgenommen. Es wurde nun – wie alle anderen – von zwei Senatoren in Washington vertreten, obwohl die Einwohnerzahl nur 6850 betrug und 1870 dann 42500.

Ob die noch lange Existenzmöglichkeiten besaßen, schien damals fraglich. Zwar zieht sich die Erzregion, zu der der Comstock Lode gehört, 150 bis 180 Meter breit über sechs Kilometer von Nordosten nach Südwesten. Die reichsten Lagerstätten aber schienen in den siebziger Jahren ausgebeutet zu sein. Nur John William Mackay behauptete, die reichsten Silberadern seien noch gar nicht gefunden worden. Als Neunjähriger 1840 aus Irland nach Amerika gekommen, hatte Mackay eine Schiffbauer-Lehre in New York absolviert und war 1851 mit Goldsuchern nach Kalifornien gezogen. Dort wurde er reich. Aber reich nicht nur an Geld, sondern auch an Kenntnissen. Was immer damals über Bergbau und Erzaufbereitung bekannt war, lernte er. Als der Comstock-Fund bekannt wurde, zog er nach

Virginia City und überzeugte drei Partner, daß hier nur der Tiefbau echte Chancen bot, man die Primär-Lagerstätte finden mußte. Und 1873 fand er sie, Mackay entdeckte in 400 Meter Tiefe den »Great Bonanza«, *eine Silberader, wie sie noch nie und nirgends gefunden worden war*, denn die besaß eine Mächtigkeit von 54 Fuß oder 16,46 Meter, ergab binnen einer Generation für fast 200 Millionen Dollar Metall. Mackay leitete selber den Abbau, entwickelte neue Bohr- und Tunnelbau-Methoden, die überall in den USA übernommen wurden, und schließlich gab es am Comstock Lode 1100 Kilometer unterirdischer Gänge und Galerien, und insgesamt hatten hier 103 Bergbauunternehmen ihre Claims eingetragen. Mackay organisierte die gemeinschaftliche Wetterhaltung und Wasserführung, aber 1880 wurden gewaltige Heißwasserquellen freigesetzt, die weite Teile des Abbaugebietes überschwemmten. Mit der Hochblüte war es vorbei. Virginia City war binnen einem Jahr von 102 Einwohnern auf 18000 gewachsen und besaß schließlich 30000. Im Jahre 1935 war es eine »Ghost-Town« von insgesamt 488. Und erstand dann neu, weil John Jacob Rascob, der für die Du Pont de Nemours im Vorstand von General Motors saß, die reichsten Comstock-Lode-Minen »Ophir«, »Mexican«, »Andes« und »Consolidated Virginia« dank der Silbergesetze Präsident Franklin D. Roosevelts fusionierte, und der Silberabbau wieder aufgenommen wurde.

Schon 1860-80 aber hatte der Comstock Lode entscheidend dazu beigetragen, daß sich die Silbergewinnung der Vereinigten Staaten verdreihundertfachte, und im Jahre 1900 betrug sie rund 55 Millionen Unzen oder 55 % der damaligen Weltgewinnung gegen die 116 Tausend Unzen oder 0,4 % vier Jahrzehnte zuvor. Da hatte sich *binnen vier Jahrzehnten die amerikanische Silbergewinnung auf das 470fache erhöht, während sich die Bevölkerung wenig mehr als verdoppelte.* Was bedeutete, daß bei freier Silberausprägung der Geldumlauf *maßlos* steigen, eine Geldentwertung die Folge sein mußte, die alle Schulden praktisch auslöschte. Deshalb erließ der Kongreß bereits

am 12. Februar 1873 ein Gesetz, das diese freie Ausprägung einstellte, nicht länger jedermann, der Silber besaß, dieses Silber in ein gesetzliches Zahlungsmittel mit Annahmezwang und festgesetzter Gold-Relation umwandeln konnte. Die praktisch seit 1849 geltende Goldwährung wurde legalisiert.
Damals gab es erst einen »Silber-Staat« – Nevada – und damit erst zwei »Silber-Senatoren«. Die anderen sechs – Colorado, Montana, Idaho, Utah, New Mexico und Arizona – wurden erst 1876, 1889, 1890, 1896 und 1912 Bundesstaaten. Aber *alle* an der Geldentwertung Interessierten waren, wie gesagt, »Silverites«, vor allem auch die Farmer des Mittelwestens und Westens, und in den siebziger Jahren des vorigen Jahrhunderts waren noch mehr als die Hälfte aller Beschäftigten der USA agrarisch tätig. Uneingeschränkt dauerte deshalb die Aufhebung der freien Silber-Ausprägung nur fünf Jahre. Durch einen Kuhhandel – der Zustimmung der Silber-Anhänger zu Zollerhöhungen – wurde die Bland-Allison-Bill vom 28. Februar 1878 angenommen, und dieser zufolge mußte das Schatzamt monatlich mindestens zwei und höchstens vier Millionen privat ausgeprägte Silber-Dollars übernehmen, die erneut gesetzliches Zahlungsmittel mit Zwangskurs wurden, obwohl ihr Metallwert nun 9 % niedriger als ihr Nennwert war. Dieses Gesetz bedeutete eine *Subvention des Silber-Bergbaus auf Kosten der internationalen Dollar-Stabilität und aller Dollar-Gläubiger.* In der Praxis wurde das Rohsilber den Münzstätten des Bundes gegen Schatzanweisungen geliefert und diese in Gold eingelöst. Die meisten »Bland-Allison-Dollars« blieben so in der Hand der Regierung und kamen erst durch den Silber-Boom von 1963 in Umlauf, denn auch die 1878 ausgegebenen, besonders schweren »Handels-Dollars«, die den Gott Merkur zeigten und die Inschrift »420 Grains 900 Fine« trugen, um die leichteren mexikanischen Dollars aus dem China-Handel zu verdrängen, hatten nur wenig Erfolg.
Die am 1. Januar 1879 aufgenommene, endgültige »Greenback«-Einlösung erfolgte dann in Gold und Silber, um den Bi-

Metallismus als Währungsgrundlage zu bestätigen, und schließlich kam es am 14. Juli 1890 zum Sherman-Silver-Purchase-Act, der das Schatzamt zwang, mindestens 4,5 Millionen Unzen Silber monatlich zu kaufen, 54 Millionen Unzen jährlich bei einer Weltproduktion von damals rund 100 Millionen.
Der Senator für Nevada, James Jones, hatte die Einbringung dieses Gesetzes am 12. Mai 1890 mit den Worten begründet: »Die Industrialisierung unseres Landes hat *ein feinverzweigtes System von Krediten und Verschuldungen* geschaffen. Jede Werterhöhung der Währungseinheit bedeutet dadurch eine schwere Belastung und häufig den Ruin des zur Schuldenrückzahlung Verpflichteten. Drei Viertel der Unternehmungen unseres Landes werden mit geliehenem Kapital betrieben. Drei Viertel der Heimstätten und Farmen sind auf Kredit gekauft worden. Wenn die Gesamtsumme des umlaufenden Geldes verringert wird, zahlt diese riesige Zahl von Borgern bei der Fälligkeit ihrer Schuld nominell zwar nur den geschuldeten Betrag nebst Zinsen zurück. In Wirklichkeit aber weit mehr, als sie gerechterweise zu zahlen verpflichtet wäre, und der Substanz nach mehr, als sie Nutzen aus der Anleihe zog. Für den Geschäftsmann bedeutet dieser Unterschied den Unterschied zwischen Erfolg und Fehlschlag. Eine Verminderung des Geldumlaufes ist eine Quelle der Bankrotte und Zusammenbrüche.«
Was durchaus stimmt und Gewinn für die »Deflationisten« bedeutet, die es in den USA ebenfalls stets gab und nach wie vor gibt. Amerikas »Inflationisten« und »Silverites« aber kämpften keineswegs nur gegen Kredit-*Restriktionen* und die Verminderung des Geldumlaufs, sondern sie forderten ganz offen *entwertetes Geld, um ihre Schulden zu verringern oder gratis tilgen zu können.* Die aus der »Greenback«-Party entstandene »People's Party« hatte die Einstellung der freien Silberausmünzung »die große Gold-Verschwörung gegen die Menschheit« genannt und statt damals 15 Dollar einen Geldumlauf von 50 Dollar pro Kopf gefordert. Sie bestand auf einer die Bevölke-

rungszunahme stets übersteigenden Geldmenge und brachte mit diesem Programm 1892 zwei ihrer Kandidaten in den Senat und elf ins Repräsentantenhaus.

Als in diesem Jahr Präsident Grover Cleveland sein Amt antrat, gab es so viel Silber, daß *der Metallwert des Silber-Dollars nur die Hälfte seines Nominales* betrug. Dennoch mußte er als gesetzliches Zahlungsmittel zu 100 Cents für alle Schuldenzahlungen angenommen werden. Andererseits galt nach wie vor der Bi-Metallismus als Währungsgrundlage der USA, und die auf Grund der Silber-Einlieferungen ausgegebenen Schatzscheine *mußten* in Gold eingelöst werden. Das heißt, die Silber-Vorräte des Schatzamtes wuchsen, und wuchsen und die Gold-Vorräte schrumpften rapide, in den ersten sechs Monaten des Jahres 1893 um 87 Millionen Dollar von 146 auf 59 Millionen.

Als sich das herumsprach, wurde natürlich noch mehr Gold verlangt, wer immer konnte, wollte sich sichern, *bevor* es zum zweiten *Staatsbankrott der Vereinigten Staaten* kam. Wie das in Amerika zu Kreditrestriktionen führte, so kündigte die Londoner City alle amerikanischen Kurzfristkredite. Es gab sechs große Banken-Zusammenbrüche in New York, und schließlich stellten 642 amerikanische Banken ihre Zahlungen ein. An der New Yorker Börse halbierte die Baisse-Spekulation die Kurse. Eisenbahn-Aktien und Obligationen wurden unverkäuflich, und im Sommer und Frühherbst 1893 gingen sechs der bedeutendsten amerikanischen Eisenbahngesellschaften in Konkurs: Die erwähnten »Northern Pacific« und »Union Pacific Railways«, die »Erie-Bahn«, die »Atchison-Topeka«, die »Santa Fé« sowie die »New York-New England-Bahn«. Deren Anteile befanden sich vorwiegend in Auslandsbesitz. Von deren Kapital mußten 1300 Millionen Dollar abgeschrieben werden, die vorwiegend Engländer, Deutsche und Holländer verloren. Insgesamt gab es *durch die Gold-Silber-Krise von 1893 mehr als 15 000 Konkurse mit 3,46 Milliarden Dollar Passiven* bei damals 12 Milliarden Gesamt-Wirtschaftsleistung der USA.

Der Staatsbankrott konnte nur dadurch vermieden werden, daß J. P. Morgan, wie schon erwähnt, der Bundesregierung in *Europa* eine *Gold*-Anleihe von 62 Millionen Dollar verschaffte (wobei je 100 $ Gold einem Anleihebetrag von 112 ¼ gleichgesetzt wurden, das Disagio des Dollars also rund ein Achtel betrug). Aber das hatte er nur unter der Bedingung getan, daß die amtlichen Silberkäufe aufhörten. Das geschah. Aber dadurch kam es zur Spaltung der Demokratischen Partei, die weiter für das »segensreiche Silber« und gegen das »teuflische Gold« kämpfen wollte. Zwar wurde am 30. Oktober 1893 der Sherman-Act und damit die Silber-Ankaufspflicht des Schatzamtes aufgehoben, aber nur dank der Stimmen der Republikaner plus der Stimmen der »Gesundes Geld«-Demokraten.

Die »Mehr Geld«- und Silber-Anhänger gaben den Kampf natürlich nicht auf und fanden in William Jennings Bryan einen unermüdlichen Vorkämpfer. Als »radikaler Demokrat« aufgestellt, legte er 1896 auf seiner Präsidentschafts-Wahlreise 29000 Kilometer zurück und hielt 600 Reden in 27 verschiedenen Bundesstaaten. Bryan führte seinen Wahlkampf als »Vertreter der großen Masse, die den Reichtum erzeugt« und gegen »die Besitzer untätigen Kapitals, die die Wirtschaft knebeln«. Bereits 1890 hatte Bryan gesagt: »Hinter uns stehen die Werte erzeugenden Massen unseres Volkes und der Welt, die Interessen der Arbeitenden und Fleißigen, und auf das Verlangen einer Goldwährung antworten wir: ›Ihr sollt auf die Stirne des Arbeiters nicht diese Dornenkrone drücken, *ihr sollt die Menschheit nicht an ein Kreuz von Gold schlagen!*‹« In allen seinen Wahlkampagnen gebrauchte Bryan diesen Aufruf, der stets Beifallsstürme auslöste, ihm aber doch nicht die Präsidentschaft brachte; dreimal unterlag er seinen Gegnern. Gegen die zwei »klassischen« amerikanischen Parteien kamen die »Populisten« nicht auf, aber das Verlangen nach *Schuldentilgung durch Geldentwertung als beste aller Konjunktursicherungs-Maßnahmen* gibt es bekanntlich auch heute noch,

und den Bi-Metallismus suchte erneut Präsident Franklin D. Roosevelt durchzusetzen, obwohl der Gold-Standard »endgültig« am 14. März 1900 eingeführt worden war, das Schatzamt die Parität des Dollars mit je 1,504632 Gramm, d. h. der Parität von 1849, aufrechtzuerhalten hatte.
Damit waren sowohl die Vereinigten Staaten wie Großbritannien Gold-Standard-Länder, aber das änderte natürlich nichts daran, daß damals und bis nach dem Zweiten Weltkrieg *fünf Siebentel allen Goldes der Erde aus britisch beherrschten Gebieten und fünf Sechstel allen Silbers aus nicht-britischen Einflußgebieten* stammten. Und das hatte zur Folge, daß es neben dem inner-amerikanischen Gold-Silber-Gegensatz einen anglo-amerikanischen gab, der sich weltweit, vor allem aber auf Asien auswirkte.
Durch den Ersten Weltkrieg waren Englands Exporte vermindert und seine Einfuhren anormal gesteigert worden, und besonders in Britisch-Indien war es zu sehr hohen Rupien-Guthaben gekommen. »Rupie« aber heißt »verarbeitetes Silber«, Indiens Währungsmetall war das Silber, und so war London an niedrigen Silber-Preisen interessiert und wehrte sich mit allen Mitteln gegen die amerikanischen Bestrebungen, den Silberpreis hochzutreiben. Dazu kam, daß durch den Krieg die Warenpreise enorm gestiegen waren, so daß 1920 die Kaufkraft des Goldes um 55,8 % niedriger war als 1913. Die Kaufkraft des Silbers hingegen war nur um 26,4 % geringer. Das heißt, *für die gleiche Menge Gold bekam man 1920 weniger als die Hälfte des Silbers, das man 1913 erhalten hatte.* Die »klassische« Wertrelation war von 15 : 1 auf etwa 7 : 1 gefallen: Englands Schulden an die asiatischen Silber-Länder hatten sich nicht nominal, sehr wohl aber de facto mehr als verdoppelt.
Schon während des Krieges ersuchte deshalb London die USA um die Überlassung eines Teiles der Silber-Reserven des Schatzamtes, die damals rund 400 Millionen Unzen betrugen. England bot für dieses Silber 85 Dollar-Cents die Unze, während beim legalen amerikanischen Gold-Silber-Wertverhältnis

die Unze Silber 129 Cents wert war. Schließlich einigte man sich auf einen Dollar, und auf Antrag Senator Key Pittmans aus Nevada stimmte der Kongreß am 23. April 1918 dem Verkauf von 350 Millionen Silber-Dollars = 270 Millionen Unzen Silber an England zu. Für den gleichen Betrag wurden Bundes-Silber-Zertifikate eingezogen, das Schatzamt aber verpflichtet, die verkaufte Silbermenge voll durch Inlandkäufe zu ersetzen, ebenfalls zu einem Dollar die Unze. Für die amerikanischen Silber-Produzenten bedeutete das: Wenn der Weltmarkt-Preis höher war, verkauften sie ihr Silber dem Ausland. Wenn er fiel, verkauften sie es dem Schatzamt, und so dauerte es bis 1923, ehe die ursprüngliche Silber-Reserve erneut angesammelt war. Aber dann stellte das Schatzamt seine Käufe ein. Eine schwere Krise des amerikanischen Silberbergbaus war die Folge, denn auf dem freien Markt fiel der Silberpreis 1920–23 von 102 auf 65 Cents die Unze.

Das hatte vielerlei Gründe, war aber weitgehend ebenfalls eine Kriegsfolge, nämlich der allgemeinen Verarmung in Europa. Auch in allen Goldwährungsländern lief in Form von »Scheidemünzen« Silber um, Goldstücke waren überall für den täglichen Gebrauch zu kostbar und zu schnell abgenutzt. Und so begann, von England ausgehend und von England propagiert, im März 1920 eine *allgemeine Verschlechterung der Silbermünzen.* Die englischen Schillinge hatten 925 Tausendstel Silber enthalten. Nun wurde eine Legierung von nur 500 Tausendstel verwendet – und das ahmten zwischen 1920 und 1932 (dem Silver Market Dictionary zufolge) 23 europäische Staaten nach – die dadurch zugleich gute Kunden der Nickel-Minen Kanadas wurden.

Vor allem aber übte England seit 1920 einen immer stärkeren Druck aus, um den *Übergang Indiens von der Silber- zur Gold-Devisenwährung* durchzusetzen. Das heißt, eine Papierwährung, die nicht durch Gold, sondern durch jederzeit in Gold einwechselbare Devisen gedeckt ist, was hier praktisch nur Deckung in Pfund Sterling heißen konnte. England hatte

200 Millionen Unzen des von den USA gekauften Silbers zum Ausprägen von 1,39 Milliarden Rupien verwendet. Viel einfacher aber war es, Papier-Rupien drucken zu lassen und sie durch Eintragungen in die Bücher der Bank von England zu decken.
Die Nationalisten Indiens lehnten das natürlich ab. Die Währungsfrage wurde in Britisch-Indien die heftigst umstrittene Tagesfrage und brachte Mahatma Gandhi Millionen und Abermillionen Anhänger, denn die mußten hart für jede Silber-Rupie arbeiten, und Silber-Schmuck war die Not-Reserve der Bauern. Der Versuch, ihnen das Silber zu nehmen, mobilisierte die Massen gegen England, und dieser Versuch trug entscheidend dazu bei, daß Gandhi und Nehru ihr Ziel erreichten und es seit 1947 statt Britisch-Indien die Indische Union gibt.
Vorerst aber *begann* die Liquidierung der indischen Silber-Reserven. Im Jahre 1926 erklärte die »Royal Commission on Indian Currency« die Silberwährung sei überlebt und nur der Gold Exchange Standard komme fortan in Frage. Binnen zehn Jahren sollten die Silber-Vorräte Indiens liquidiert werden, und der König von England setzte eine Experten-Kommission ein, die »den geregelten Verkauf« dieses Silbers organisieren sollte. Der begann im August 1927, und bis 1932 wurden 155 Millionen Unzen abgesetzt, die etwa dreifache Menge des 1930 in den USA geförderten Silbers. Der britische Finanz-»Berater« der Regierung Britisch-Indiens hatte schon am 28. Februar 1930 der Gesetzgebenden Versammlung in Neu Delhi erklärt: »Die Massen Indiens, die nach wie vor ihr Geld in Silber anlegen, müssen begreifen lernen, daß es sich bei diesem Metall fortan um eines unter vielen handelt und es nicht länger als Geld, sondern nur als Industrierohstoff betrachtet werden kann und dementsprechenden Preisschwankungen unterworfen sein wird.«
Damit hatten die Handelskreise Bombays und Kalkuttas schon seit Jahren gerechnet, und der Silberpreis war gesunken. Nun kam es vor allem in Shanghai und Hongkong zu riesigen Silber-

Baisse-Termin-Spekulationen, und in New York fiel die Silber-Notierung 1926–32 von 63 auf 28 Cents die Unze. Bereits im Jahre 1902 war durch den Übergang der Vereinigten Staaten zur Goldwährung *das Wertverhältnis Gold – Silber auf 39:1 gestiegen,* und zahlreiche amerikanische Silberbergwerke mußten den Betrieb einstellen. Vor allem die Kriegslieferungen Indiens hatten dessen Geldumlauf vervielfacht, und jede Rupie bedeutete 165 Gramm oder 5,3 Unzen Silber-Bedarf. Ähnlich wirkte sich der Erste Weltkrieg in Britisch-Malaya, in Niederländisch-Indien und in China aus, und die »Silber-Staaten« der USA atmeten auf. Aber 1930 war Gold das 53fache und 1932 schließlich das 72fache des Silbers wert. Die Silberproduktion der sieben Bundesstaaten Arizona, Colorado, Idaho, Montana, Nevada, New Mexico und Utah war nur noch 8,6 Millionen Dollar wert, während es 1920 fast 80 Millionen gewesen waren.

Die »Silber-Staaten« der Union sind riesig, bedecken mit 1,96 Millionen Quadratkilometern mehr als ein Fünftel der Vereinigten Staaten, haben aber auch heute nur etwa zehn Millionen Einwohner, etwa fünf Menschen auf den Quadratkilometer. Sie hatten dementsprechend 1932 nur 13 Vertreter im Repräsentantenhaus. Aber da die Bevölkerungsverteilung stets sehr verschieden war, sicherte die Verfassung der USA 1787 auch den dünn besiedelten Regionen ihr Mitspracherecht, indem *jeder* Bundesstaat, gleich, wie groß oder wie klein, wie dicht oder wie dünn bevölkert, zwei Senatoren nach Washington entsenden konnte. Die »Silber-Staaten« stellten 1932 also 14 der damals 96 Senatoren, und die bildeten das Zünglein an der Waage, entschieden Kampfabstimmungen, je nachdem, ob sie sich den Demokraten oder den Republikanern anschlossen, d. h. je nachdem, ob sie ihre eigene Parteizugehörigkeit im Interesse ihres Staates hintansetzten oder nicht.

Diese »Silber-Senatoren« brauchte der neugewählte Präsident Franklin Delano Roosevelt, wenn er seinen »New Deal« durchsetzen wollte, und so kaufte er sie: Er ordnete am 22. Dezember 1933 Schatzamts-Silberkäufe von jährlich 25 Millionen Unzen während vier Jahren an, und zwar zu 64 ½ Cents die Unze, während der Durchschnitts-Preis des Jahres 1933 nur 25 Cents betragen hatte. Der »Silber-Block« unter Führung Senator Key Pittmans aus Nevada setzte am 19. Juni 1934 den »Silver-Purchase-Act« durch, der das Schatzamt zwang, so lange Silber zu kaufen, bis der Silber-Preis 129 Cents überschritt, d. h. das Gold-Silber-Wertverhältnis 16:1 wiederhergestellt war; oder bis Silber ein Drittel der amerikanischen Währungsreserven ausmachte, d. h., bis es de facto wieder den im Jahre 1900 abgeschafften Bi-Metallismus gab. Eines der Argumente Pittmans war, daß die Silberpreis-Erhöhung die Kaufkraft der Silberwährungs-Länder wie Indien und China und von Groß-Silberproduzenten wie Mexiko erhöhen und so zu besseren Kunden der Vereinigten Staaten machen werde.

Die tatsächliche Folge des »Silver-Purchase-Act« war: Die Silberförderung der USA stieg 1933–37 von 22,8 auf 71,3 Millionen Unzen, von 13 auf 26 % der Welterzeugung. Aber das Schatzamt kaufte schon bis Ende 1935 mehr als 705 Millionen Unzen Silber, es kaufte auch im Ausland, allein im Jahre 1935 über 336 Millionen Unzen, während in diesem Jahr die *Welt*-Silbergewinnung nur 221 Millionen Unzen betrug. Daß sich die Silber-Notierung in New York 1933–35 von durchschnittlich 25 auf 91 erhöhte, trieb natürlich auch den Weltmarkt-Silberpreis hoch, und als 1938 der amerikanische Schatzamts-Preis für inländisches Silber auf 71,11 Cents/Unze und für ausländisches Silber auf 35 Cents herabgesetzt wurde, war es zu spät. Da hatte *eine furchtbare Deflations-Krise bereits gut eine Milliarde Menschen ins Elend gestürzt.*

Die Folge der englischen Niedrigpreis-Silberpolitik war gewesen: Wertverminderung des Zahlungsmittels der Silberwährungs-Länder, damit Preissteigerungen, weitere Verarmung, Hunger.

Die Folge der amerikanischen Hochpreis-Silberpolitik war: Überbewertung des umlaufenden Zahlungsmittels, Gewinn durch Einschmelzen der Münzen und Verkauf des Währungsmetalls ans Ausland, allgemeiner Preisverfall, vor allem auch der Exportpreise, bei Vervielfachung der Zinslast und Erschwerung oder Verunmöglichung der Schuldenrückzahlung. Zusammenbrüche von Handelshäusern und Banken. In Indien Papiergeld-Umtausch in Silber, das aber nur zu einem Drittel in Metall gedeckt war, und so Gefahr des Staatsbankrotts, falls England nicht mehr und mehr Gold in Silber tauschte und Britisch-Indien zur Verfügung stellte.

Dementsprechend war die Reaktion der City: Im Mai-Bulletin 1935 der Westminster Bank heißt es: »Die Vorteile der amerikanischen Silber-Politik für die Vereinigten Staaten stehen in keinerlei Verhältnis zu den immensen Schäden, die sie im Ausland und vor allem in Asien anrichtet ..., sie ist einfach unbegreiflich.« Der Londoner »Economist« aber schrieb am 4. Mai 1935: »Die amerikanische Nation ignoriert die rudimentärsten Regeln der Währungspolitik. *Die amerikanische Silber-Politik gleicht einem Amoklauf,* der völlig sinnlos die Existenz zahlloser Unschuldiger vernichtet.«

Während die Engländer polemisierten, handelten die Japaner: Sie benutzten die chinesische Deflations-Krise und den Tiefstand der Autorität der Nanking-Regierung, um sich fünf nordchinesische Provinzen mit mehr als 120 Millionen Einwohnern zu sichern und diese dem Yen-Block anzuschließen. Sie ermöglichten einen chinesischen Silber-Schmuggel, der rasch fast unvorstellbare Ausmaße annahm. Allein im zweiten Halbjahr 1934 sanken die Silbervorräte in Shanghai um 180 Millionen Unzen oder das fast Achtfache der US-Silberförderung des Jahres 1933 und um *mehr,* als die damalige *Welt*-Silberförderung eines ganzen Jahres betrug. Der Geldmangel trieb die chinesischen Zinssätze auf das Zehnfache. Im Februar 1935 brachen acht der größten Banken Chinas zusammen, und binnen sechs Monaten stellten weitere 64 Kreditinstitute Chinas ihre Zahlungen ein. *Präsident Roosevelts Silber-Politik erwies sich als wahrhaft weltbewegend,* denn wie in China und

Indien verschwand das Silber in Mexiko, Kolumbien, Costa Rica und Ecuador aus dem Verkehr, wie in Malaya und Indonesien auch in Persien. Überall bedeutete die Silberpreis-Verdoppelung halben Arbeitsertrag bei verdoppelten Real-Schulden und Zinsen, Deflations-Krisen in Ländern, in denen damals die Hälfte der Menschheit lebte – nur weil ein amerikanischer Präsident die damals etwa zwei Millionen Wählerstimmen der »Silber-Staaten« der Union brauchte und das Wohlwollen ihrer 14 Senatoren erkaufte.

Und das ist *nicht* »lange her«. Das wirkt weltweit bis heute weiter, und das wird auf unabsehbare Zeit weiterwirken. Denn Roosevelts Silber-Politik zwang China am 3. November 1935 zum Aufgeben seiner jahrtausendealten Silberwährung. Natürlich hatten Chinas Bauern, als sie nur noch die Hälfte für ihren Tee, die Soja-Ernten oder ihre Seide bekamen, nicht Roosevelt die Schuld gegeben, von dem sie nichts wußten, sondern *ihrer* Regierung. Die besaß schon 1935 nicht mehr viel Vertrauen, aber als die Silbermünzen verschwanden und gleich auch eine »Währungsreform« durchgeführt wurde, für zwei Silber-Dollar nur ein neuer Papier-Yuan ausgegeben wurde, verlor sie den Rest. Die Folge war: *Chinas Übergang zur Papierwährung löste eine Inflation aus, die schließlich die Deutschlands nach dem Ersten Weltkrieg noch weit übertraf.* Der im November 1935 als gesetzliches Zahlungsmittel eingeführte »Yuan« oder »Chinesische National-Dollar« wurde 30 US-Cents gleichgesetzt. Wer nicht all sein Silber, gemünzt oder ungemünzt, der Staatsbank ablieferte, wurde als »Hochverräter« mit dem Tode bedroht und Tausende Chinesen tatsächlich hingerichtet. Die neuen Banknoten aber wurden nicht wie die alten Nanking-Noten in Silber eingelöst. Dementsprechend rasch sank ihre Kaufkraft. Solange Chinas Zahlungsmittel eine reale Deckung hatten, wirkten sich weder die Mißwirtschaft der Kuomintang noch der Japan-Krieg voll aus. Nun gab es keinen Halt mehr, der Dollar-Kurs stieg von 3,33 Yuan auf 18.000, und im August 1947 kostete ein US-Dollar 13,2 Millionen Yuan. Als die Kommunisten im Mai 1949 Shanghai besetzten, betrugen *die Preise in Yuan das Acht-Trillionenfache von 1935.* Was F. D. Roosevelt für die amerikanischen Silber-Interessenten tat, trug *entscheidend* zum Sieg der Kommunisten in China bei. Hier bewahrheitete sich, was Lenin (wie bereits zitiert) 1905 sagte: »Die Zerstörung seiner Währung ist das sicherste Mittel, ein Land reif für den Kommunismus zu machen.« Nur, daß nicht Moskau Chinas Währung zerstörte, sondern der Präsident der Vereinigten Staaten, des »kapitalistischsten aller kapitalistischen Länder«.

An der Priorität der amerikanischen Innenpolitik vor allen außenpolitischen Erfordernissen und Rücksichtnahmen aber änderte sich bis heute *nichts.* Stets und nach wie vor wird rein amerikanische Wirtschaftspolitik gemacht, deren Wirkungen auf die übrige Welt einschließlich der engsten Verbündeten ignoriert, durch die Hochzins-Maßnahmen der achtziger Jahre nicht anders als durch die Hochzoll-Politik der zwanziger und dreißiger Jahre. Immer wieder führten amerikanische Partei- und Wahl-Erfordernisse oder ein paar »rasch mitgenommene« Dollar-Millionen zu weltweiten, Generationen und Jahrhunderte nachwirkenden Wandlungen. Und nicht nur politischen. Auch die Grundlage allen Wirtschaftens, die Welt-Energieversorgung, wandelten ja die Amerikaner.

Die »Dollar-Diplomatie, die Öl-Dollars und die Petro-Dollars

Die Wandlung der amerikanischen und der Welt-Energieversorgung und ihre finanziellen und politischen Folgen

Die Feststellung »Unsere Legionen sind die Dollars«, traf der amerikanische Theologe Reinhold Niebuhr erst 1930. Der Begriff »Dollar-Diplomatie« wurde in »Harper's Weekly« vom 23. April 1910 geprägt, und zwar im Zusammenhang mit den Bestrebungen des damaligen Außenministers der Vereinigten Staaten, Philander Knox, durch amerikanische Eisenbahnbauten in der Mandschurei Japans China-Expansion zu stoppen. Aber »Dollar-Diplomatie« bedeutete bereits der geschilderte Louisiana-Kauf des Jahres 1803, die betrieb schon die »Ohio-Company« des Jahres 1749; nur ihr Ausmaß hing und hängt bis heute von den jeweiligen politischen Gegebenheiten und finanziellen Möglichkeiten ab. Stets war der Ablauf der gleiche: Amerikanische Bürger erwarben im Ausland Grundbesitz oder gründeten Unternehmen. Die, wie ihr Kapital, mußten geschützt werden, und wenn dazu diplomatische Maßnahmen nicht ausreichten, wurde militärisch »interveniert«. Im Idealfall schützten sich die amerikanischen Kapitalanleger selber, indem sie in ihrem Gastland eine Revolution anzettelten oder sich für »unabhängig« erklärten wie im Falle von Texas, Kalifornien und Hawaii. Die »Dollar-Diplomatie« hatte die verschiedenartigsten Motive und Ziele. Besondere Bedeutung aber erhielt sie vor allem durch *die amerikanische Mineralölwirtschaft,* die durch die Erschließung der Öl-Vorkommen Pennsylvanias im Jahre 1859 entstand.

Zu der kam es, weil sieben Jahre zuvor ruthenische Bauern dem polnischen Apotheker der Kreisstadt Krosno unweit Lemberg, im damals österreichischen Galizien eine hellbraune Flüssigkeit brachten, die aus einem Acker drang und da einen Tümpel bildete, und verlangten, er solle aus dem Zeug Wodka destillieren. Das konnte er zwar nicht, aber er untersuchte den Fund, destillierte ihn auch und fand, daß sich dieses raffinierte Mineralöl gut als Beleuchtungsmittel eignete.

Das war eine sehr wichtige Entdeckung, denn Wal-Tran, neben Pflanzenölen das damals wichtigste Beleuchtungsmittel, wurde wie die damaligen Kerzen-Rohstoffe nicht nur teuer, sondern die Walfänger vermochten den Bedarf nicht länger zu decken. Besonders die Nordamerikas hatten hemmungslosen Raubbau betrieben und so interessierte die Entdeckung des Apothekers Ignazy Lukasiewicz den amerikanischen Chemiker Benjamin Silliman, der als Nachfolger seines Vaters 1847 Professor der Chemie an der Universität Yale geworden war. Auch in Amerika drang an vielen Stellen Mineralöl aus dem Boden, und Silliman stellte nicht nur dessen hohen Brennwert fest, sondern erfand 1855 eine Petroleumlampe mit Docht und gläsernem Zugzylinder, die in *Massen* hergestellt werden konnte. Um den Brennstoff für seine »Photogenlampen« zu gewinnen, verband sich Silliman mit dem New Yorker Kaufmann George H. Bissell und dem Bankier Lawrence Townsend. Sie gründeten 1857 mit 6000 Dollar *die »Pennsylvania Rock Oil Company«* und erwarben Bohrrechte in Titusville, denn dort gab es einen Bach, dessen Wasser eine dicke Ölschicht trug. Dieses Öl war abgeschöpft und in kleine Fläschchen gefüllt worden die Marktschreier verkauften es als Wundermittel gegen alle Arten von Krankheiten und erzielten 50 Dollar und mehr für den Liter. Die »Rock Oil Co.« aber gedachte das Öl nicht abzuschöpfen, sondern aus der Primärlagerstätte zu gewinnen, zu erbohren.

Das war leichter gesagt, als getan, denn der Boden um Titusville war so wasserhaltig, daß ein Schacht und die ersten Bohrungen »ersoffen«. Aber Bohrleiter war der ehemalige Eisenbahnschaffner Edwin Laurent Drake, und der hatte die rettende Idee: Er versenkte Eisenrohre, die das Bohrseil und den

Bohrmeißel umgaben und auch dem Öl den Weg freihielten, und am 26. August 1859 wurde in 23 Meter Tiefe seine Bohrung fündig. Sie ergab nur etwa dreieinhalb Tonnen Öl täglich. Aber die amerikanische Mineralölwirtschaft war begründet, und *das »Öl-Zeitalter« begann.*

Zugleich gab es den ersten Öl-Boom. Drake starb verarmt und verbittert, und auch Silliman, Bissell und Townsend wurden durch ihr Öl nicht reich, denn bereits 1860 gab es neben ihrer Ölgesellschaft 600 andere und 1862 über 1100 mit 600 Millionen Dollar Nominal-Kapital, die in diesem Jahr für 90 Millionen Anteile im Publikum unterbrachten. Wie 1848 das Gold-Fieber, erfaßte nun ein Öl-Fieber die Vereinigten Staaten. Die »Pennsylvania Rock Oil Co.« hatte ihren Preis auf 48 Dollar pro Faß – etwa 30 Cents je Liter – festgesetzt, denn das Faß Wal-Tran kostete damals 80 Dollar, und das Leuchtpetroleum sollte den Tran verdrängen. Aber schon Ende 1859 mußte der Preis auf 20 Dollar gesenkt werden, und Ende 1860 stand er auf zehn Cents. Er erholte sich auf einen Dollar, und im Durchschnitt der Jahre 1859–1958 betrug er 2,70 $. Aber *von Anfang an wurde Amerikas Öl verschleudert,* und jede Krise *zwang* die Produzenten, durch erhöhte Absatz-*Mengen* die Einkommens-Schrumpfung unter dem Konkurs-Niveau zu halten. Nicht Silliman machte die amerikanische Mineralölindustrie groß, sondern John D. Rockefeller sen., ein *Händler,* nicht ein Produzent, und da es beim Handel nur auf den Unterschied zwischen Ein- und Verkaufspreis ankommt und billiges Öl leichter abzusetzen ist als teures, wurde vom ersten Tag der amerikanischen Mineralölgewinnung an noch ärgerer Raubbau als an den Walen getrieben. Bis in die jüngste Vergangenheit wurden, um Bohrkosten zu sparen, nur 15 bis 20 % des im Boden vorhandenen Öls gefördert, statt der technisch möglichen 60 bis 85 %. Der amerikanische Ölpreis aber war lange der *Weltpreis,* damit waren auch alle Konkurrenten Rockefellers überall auf der Erde zum Raubbau gezwungen. Auch als die Vereinigten Staaten längst nicht mehr der bedeutendste Öl-Exporteur waren, galt der Preis an der US-Golfküste als der weltweit gültige, weil amerikanische Gesellschaften früh weltweit Absatz-Organisationen aufbauten. Natürlich wehrten sich die Ölfeldbesitzer und schließlich die Öl-Nationen. Aber als die nennenswerte Erfolge zu erzielen begannen, *waren* bereits immense Mengen Öl für immer verloren und der Schaden von niemanden mehr gutzumachen.

Für die Vereinigten Staaten bedeuteten ihre Ölvorkommen, daß sie *vor* allen anderen Industrie-Nationen und ein Jahrhundert lang *jede Menge des kompaktesten, am billigsten zu gewinnenden und zu transportierenden aller Energieträger* besaßen. Noch im Jahre 1850 stellten Menschen und Tiere 98 % ihrer gesamten Arbeitskraft. Im gleichen Jahr deckte, wie erwähnt, *Holz* noch neun Zehntel des Gesamt-Energieverbrauches der USA. Das Öl aber war nicht nur eine Ergänzung der amerikanischen Kohlevorräte. *Nur* das Öl ermöglichte die Mechanisierung der Landwirtschaft durch Traktoren und Mähdrescher in einem Ausmaß, wie es mit Dampflokomobilen undenkbar war. *Nur* das Öl ermöglichte die Mechanisierung des Straßenverkehrs und schließlich die Luftfahrt, rationalisierte die Schiffahrt, ließ die riesige Automobilindustrie der USA, ihre Werften und Flugzeugwerke entstehen. Begann die Mineralölwirtschaft mit der Leuchtpetroleum-Herstellung, so wurde sehr rasch Benzin das wichtigste Produkt der Raffinerien und damit Öl auch unschlagbar als Brennstoff, denn wenn Benzin gewonnen werden soll, *muß* Heizöl als Nebenprodukt gewonnen werden. Die Öl-Feuerung verwendet im Grunde »Abfall«, dessen Preis bis zu den Vernichtungskosten gesenkt werden kann – und nach dem Zweiten Weltkrieg bekanntlich in Westdeutschland derart gesenkt *wurde,* daß es zu zahllosen Zechenschließungen kam. Natürlich ist auch das Verheizen von Öl ärgster Raubbau, Mineralöl bekanntlich ja auch ein Chemie-Grundstoff. Aber es wurde und es wird verheizt, weil sich das rentiert; dies bedeutete für die USA einen gewaltigen Preis-Vorsprung.

Ebenso wichtig wie als Energieträger war natürlich *Amerikas Öl als Kapitalquelle:*
Während des ersten Jahrhunderts einer nennenswerten amerikanischen Gold-Gewinnung, 1839–1938, wurden 427 Millionen Unzen gefördert, die im Durchschnitt 22 Dollar brachten, insgesamt 5,43 Milliarden Dollar.
Während des ersten Jahrhunderts ihrer Mineralöl-Förderung, 1859–1958, gewannen die Vereinigten Staaten etwa 9 Milliarden Tonnen, sie holten damit rund 170 Milliarden Dollar aus ihrem Boden, das mehr als 31fache des Gold-Wertes.
Die mit den 6000 Dollar der »Pennsylvania Rock Oil Co.« begründete amerikanische Mineralölwirtschaft beschäftigte nun unmittelbar 1,7 Millionen Leute, insgesamt lebten von dem Öl, das nun in 29 der damals 49 Bundesstaaten gewonnen wurde, mindestens sechs Millionen Amerikaner, und es gab 42000 Mineralölunternehmen, davon 12600 für die Produktion und Raffination, rund 30000 für den Handel und den Transport, dazu 188000 Tankstellen. Das Öl machte nicht nur John D. Rockefeller sen. zum weitaus reichsten Mann seiner Zeit. Es schuf buchstäblich *ganze Heere von Multi-Millionären,* und die legten ihre Gewinne in den verschiedensten »Branchen« an. Wenn z. B. Andrew Carnegie der bedeutendste Stahlindustrielle seiner Zeit wurde, so, wie erwähnt, durch die 40.000 Dollar, die eine *Ölquelle* in eine Million verwandelte, seine *erste* und alle weiteren ermöglichende.
Waren die Vereinigten Staaten der erste große Mineralöl-Produzent der Welt, so war ihre Öl-Ausfuhr lange die bedeutendste. Im Durchschnitt der Jahre 1871–80 gingen 53% und 1891–1900 noch 38% ihrer Förderung ins Ausland, Kapitalbildung *und* Export trugen dazu bei, daß das Fremdkapital für die USA an Bedeutung verlor. Neben Baumwolle waren es Rohöl und Mineralölprodukte, die ihnen im neunzehnten Jahrhundert die größten Deviseneinnahmen brachten. Auch die seit 1859 gewonnenen Erfahrungen, die auf den eigenen Feldern entstandenen Fachleute-Kader und die Zulieferungs-

industrie, die für die Bohrwerkzeuge und die Raffinerieeinrichtungen sorgte, spielten natürlich eine große Rolle, aber vor allem die Öl-Dollars, die Exporteinnahmen, ermöglichten den *Aufbau des amerikanischen Öl-Imperiums und damit weltweiter Macht-Positionen:*
Bereits in den Jahren 1900-1913 gründeten amerikanische Mineralölgesellschaften 40 Tochterunternehmen im Ausland. 1914–37 kamen 282 weitere hinzu. Im Jahre 1919 arbeiteten US-Ölfirmen in 11 fremden Ländern, 1950 in 51, und 1970 waren 186 US-Ölfirmen in 86 Ländern tätig. Amerikanische Mineralölkonzerne kontrollierten 1938 etwa 35 % der Welt-Ölreserven und 52 % der Welt-Mineralöl-Förderung. Drei Jahrzehnte später waren 55 % der Vorräte und 70 % der Förderung in ihrer Hand.
Das brachte den Vereinigten Staaten riesige Gewinne, aber natürlich auch der »Dollar-Diplomatie« einmalige Möglichkeiten. Nicht zuletzt das Öl machte sie zur Welt-*Macht*, denn schon im Ersten Weltkrieg trug das amerikanische Öl entscheidend zum Sieg der Alliierten bei; während der fünf Jahre 1914–18 förderten die Vereinigten Staaten mit 245 Millionen Tonnen das 568fache der deutschen Förderung von insgesamt 431 Tausend Tonnen. Noch während des Zweiten Weltkrieges waren ihre Ölexporte und der amerikanische Einfluß auf den Welt-Ölmarkt so groß, daß Präsident Roosevelts Öl-Embargo vom 2. August 1941, wie erwähnt, den Pazifik-Krieg auslöste.
Natürlich errangen die Amerikaner ihre Öl-Macht nicht kampflos: 1860 gab es zwei Öl-Länder, die Vereinigten Staaten und Rumänien. Im Jahre 1900 waren es zehn und 1985 schließlich 68. Bereits 1873 begann in Baku mit 4000 Tonnen *die Ölförderung Rußlands,* die der Schwede Ludwig Nobel, ein Bruder Adolf Nobels, des Dynamit-Erfinders und Stifters der nach ihm benannten Preise, organisierte und zu Weltbedeutung brachte und der u. a. 1877 den ersten Tankdampfer der Welt bauen ließ. Im Jahre 1900 waren nicht die Vereinigten Staaten der bedeutendste Öl-Produzent der Welt, sondern mit

10,4 Millionen Tonnen gleich 51 % der Weltförderung gegen die 8,5 Millionen Tonnen = 41,5 % der USA das Zarenreich. Aber dann löste der Russisch-Japanische Krieg 1905 die erste Russische Revolution aus, brannten Anarcho-Kommunisten die (damals hölzernen) Bohrtürme von Baku nieder, während der Österreicher Anton Lukas 1901 die Ölvorkommen von Texas fand (die es der Standard Oil und den damals maßgebenden amerikanischen Geologen zufolge nicht geben »konnte«) und bei Spindletop eine geradezu märchenhafte Öllagerstätte anbohrte. Zwar ist die Sowjetunion heute längst wieder Nummer eins unter allen Öl-Förderländern, aber in den großen Machtkämpfen um die Ölvorkommen der Welt spielte sie nie eine Rolle und das Zarenreich ebensowenig.

Aber da hatte sich in einer Regen-Nacht des Jahres 1880 der holländische Tabakpflanzer Aeilco Janz Ziylker auf Sumatra in einer Eingeborenenhütte untergestellt und gesehen, wie Fakkeln in einen Tümpel getaucht wurden, der »gutes Feuerwasser« enthielt. Das führte zur Gründung der »Voorlopige Sumatra Petroleum Maatschappij«, die am 8. Mai 1890 in der »Koninklijke Neederlandsche Maatschappij tot Exploitatie van Petroleumbronnen in Nederlandsch-Indie«, der »Royal Dutch«, aufging und die ein Kapital von 1,3 Millionen Gulden, damals rund 445.000 Dollar, besaß. Und die heute die zweitbedeutendste Mineralölgesellschaft der Welt und zugleich das zweitbedeutendste Industrieunternehmen der Erde mit rund 75 Milliarden Dollar Aktiven und fast 100 Milliarden Dollar jährlichen Verkäufen ist, über 500 Tochtergesellschaften in 120 Ländern besitzt. Und diese holländische und heute anglo-holländische Gesellschaft wurde der große Gegenspieler der Amerikaner.

Für die heutige Welt-Ölsituation am wichtigsten wurde allerdings die »Anglo-Persian Oil Company«, das heißt *die Goldfunde in Australien und Englands Widerstand gegen den Seemachts-Anspruch Deutschlands*, denn durch die kam es zur Erschließung der Nahost-Ölvorkommen: Da hatten im Sommer

1882 im australischen Queensland die Brüder Thomas und Edwin Morgan ein Silber-Vorkommen gesucht, das es nicht gab. Nun rasteten sie auf dem Rückweg nach Rockhampton in einem steinigen Tal, in dem sich Wasser fand. Während Thomas Feuer machte, schlug Edwin mit seinem Prospektoren-Hammer auf den Steinen herum, und ein Splitter glänzte. Die Probe ergab 3700 Unzen Gold je Tonne Gestein, der Rastplatz erwies sich als das reichste je entdeckte Gold-Vorkommen der Erde. Der Sohn des Rechtsanwaltes von Rockhampton, William Knox D'Arcy, gründete mit den Brüdern Morgan die »Mount Morgan Gold Mining Co.«, deren Ein-Pfund-Anteile 1886 bereits auf 17 Pfund standen, und D'Arcy reiste nach London, um das Vermögen, das das für ihn bedeutete, erneut gewinnbringend anzulegen. Wo Tauben sind, fliegen Tauben zu. Bald konnte D'Arcys Frau Nina Boucicault in ihrem Stadthaus am Grosvenor Square am gleichen Abend Caruso und die Melba für ihre Gäste singen lassen.
Zu diesen Gästen gehörte Sir Henry Drummond Wolff, der englischer Gesandter in Teheran gewesen war und der mit dem Generaldirektor der Persischen Zollverwaltung und Baron Julius de Reuter, dem Gründer der Welt-Nachrichten-Agentur, die »Persian Bank Mining Rights Corporation« gründete, die eine Ölbohr-Konzession erhielt, aber kein Öl fand. Wolff war überzeugt, daß nur nicht tief genug gebohrt worden war, und diese Meinung teilte der französische Archäologe Jacques de Morgan, der in Persien Ausgrabungen durchgeführt hatte und die Tempel der Feueranbeter kannte, die durch aus dem Boden dringendes, vom Blitz oder durch kluge Priester entzündetes Erdgas entstandenen Kultstätten. Die beiden forderten D'Arcy auf, mit ihnen eine neue Gesellschaft zu gründen, und der tat das, weil er abergläubisch war: Ein Morgan hatte seinen Reichtum begründet. Warum sollte ihm nicht ein anderer Morgan erneut Glück bringen? Auf welche Weise sich D'Arcy vom Schah von Persien am 28. Mai 1901 eine exklusive Bohr- und Ölförder-Konzession sicherte, die ihn praktisch zum Herrn

eines Gebietes, fünfmal so groß wie Großbritannien machte, ist eine Geschichte für sich. Die entscheidende Rolle spielte jedenfalls die »Pfund-Diplomatie«, die 10.000 Pfund – damals 200.000 Goldmark – in bar, die der Schah persönlich bekam. Dazu mußten natürlich auch die Stammes-Führer freundlich gestimmt werden, und bei den damaligen Verkehrs- und Transportverhältnissen dauerte es 16 Monate, ehe das Bohrmaterial über Basra Persien erreichte. Es gab Schwierigkeiten aller Art, aber im Mai 1904 *wurde* die erste Ölquelle erbohrt.
Nur versiegte die nach 96 Tagen. Das genügte, um D'Arcys Bankiers kopfscheu zu machen, und da seine Bargeldreserven zu Ende ging, drohte ihn das »persische Abenteuer« zu ruinieren. Aber da gab es nun ja auch *John Arbuthnot Fisher und die deutsch-englische Flotten-Konkurrenz*.
Der spätere Lord Fisher of Kilverstone war Englands Marineminister und setzte den Bau der »Dreadnoughts« durch, von Schlachtschiffen, die jedes 40 Millionen Goldmark kosteten, um Deutschland vom »Gleichziehen« abzuhalten. Aber Kaiser Wilhelm II. hatte erklärt: »Unser Feld ist die Welt«; Deutschlands Welthandels-Anteil wuchs und der mußte »geschützt«, englische Blockaden auf die Dauer unmöglich gemacht werden. Und so suchte Fisher Englands Überlegenheit auf andere Art zu bewahren und 1904 erklärte er: »In naher Zukunft werden kohlegefeuerte Kriegsschiffe so undenkbar sein wie der Einsatz von Segel-Fregatten.« Schweröl unter Dampfkesseln zu verbrennen war schon 1862 vergeblich versucht worden. Aber nun *gab* es entsprechende Brenner, die der Chefingenieur der italienischen Kriegsmarine, Adolfo Cuniberti, entwickelt hatte, und bei Ölfeuerung kann von zwölf Mann in zwölf Stunden so viel Brennstoff geladen werden wie bei Kohle 500 Mann in fünf Tagen schaffen. Da Öl weit weniger Bunkerraum erfordert, bleibt mehr Platz für Munition. Und sieht man die Kohle-Rauchfahnen schon bevor ein Schiff über dem Horizont auftaucht, so ist Öl fast ohne Rauch zu verbrennen.
Natürlich bedeutete die Umstellung der britischen Flotte auf

Ölfeuerung einen entsprechenden Ölbedarf, und der von Fisher eingesetzte »Öl-Ausschuß« stellte fest: Nicht nur in England selber sind keine Öl-Funde zu erwarten, sondern im ganzen Empire wurden bisher keine nennenswerten Vorkommen entdeckt. Wo man, wie in Burma und Assam, Öl fand, liegt es für die Marine-Bedürfnisse zu weit entfernt. Nur durch Persien wäre das Problem eventuell zu lösen, wo ein Herr D'Arcy die Öl-Konzession besitze.

Der befand sich damals in Cannes und versuchte verzweifelt und bisher vergeblich, die Rothschilds an seinem Persien-Unternehmen zu interessieren. Es gab noch alle erdenklichen Komplikationen, der britische Geheimdienst mußte mobilisiert werden, und Admiral Fisher mußte sich mit Winston Churchill verbünden, aber am 5. Mai 1905 kam ein Vertrag zwischen der britischen Regierung (pro forma mit der »Burmah Oil Co.«) und D'Arcy zustande, und am 28. Mai 1908 wurde *das bis dahin reichste Ölvorkommen der Erde* erschlossen. Bei Masjid-i-Suleiman, etwa 450 Kilometer südwestlich Teheran und 208 Kilometer vom Persischen Golf entfernt, wurde ein Ölfeld angebohrt, das bis zur Verstaatlichung im März 1951 nicht weniger als 113 Millionen Tonnen Öl gab, das rund Sechsfache der *Welt*-Förderung des Jahres 1900 und fast ein Drittel der während dieser 43 Jahre insgesamt im Iran geförderten 356 Millionen Tonnen Öl. Am 14. April 1909 wurde die »Anglo-Persian Oil Company Limited« (die spätere »Anglo-Iranian Oil« und heutige »British Petroleum Co. Ltd.«) gegründet, die ursprünglich eine Million Pfund Kapital hatte, im Mai 1914 aber vier Millionen, von denen zwei Millionen ein Tausend – die Mehrheit also – der Regierung Großbritanniens gehörten, und die so *die erste staatliche Ölgesellschaft der Welt* war und den Kampf um die Ölquellen und Ölmärkte »über das private Gewinnstreben hinaushob«.

Vor allem aber: Die Ölfunde in Persien *bewiesen,* daß rund um den Persischen Golf die reichsten aller Ölvorkommen der Erde lagen, und dementsprechend erbittert wurde um sie durch

Deutschland und Frankreich, die Vereinigten Staaten und England gekämpft. Denn längst war nun allen Staatsmännern und Wirtschaftsführern klar, was der österreichische Physiker Ludwig Boltzmann bereits 1887 festgestellt hatte:
»Der Kampf ums Dasein ist vor allem und wird in immer stärkerem Maße ein Kampf um die Beherrschung oder Erzeugung von Energie.«
Präsident Wilson wußte schon 1912: »Die Weltgeltung einer Nation wird von ihren Ölschätzen abhängen.« Offen sagte Sir Eliot Alves, ein »Royal Dutch«-Direktor, 1917: »Armeen, Flotten, alles Geld der Welt und ganze Völker sind ein Nichts gegen den, der das Öl dirigiert!« Durch Öl-Mangel drohte im Ersten Weltkrieg die französische Front zusammenzubrechen, und Frankreichs Ministerpräsident Georges Clemenceau kabelte am 17. Dezember 1917 an Präsident Wilson: »Ein Tropfen Öl ist uns einen Tropfen Blut wert.« Mit Recht hieß es 1919 in Versailles:
»Eine Woge von Öl trug die Alliierten zum Sieg!«
Das Außenministerium der Vereinigten Staaten wies deshalb am 16. Augsut 1919 alle seine diplomatischen und konsularischen Vertretungen an: »Die lebenswichtige Bedeutung der Mineralölwirtschaft und vor allem der Öl-Reserven sowohl für die Gegenwart wie für die Zukunft der Vereinigten Staaten ist dem State Department erneut nachgewiesen worden. Da die Suche nach neuen Feldern sowie die Erschließung neuer Absatzmärkte von anderen Staaten überaus aggressiv geführt wird, werden Sie hiermit beauftragt, erschöpfende Informationen über diese Tätigkeiten einzuholen und regelmäßig strikt vertrauliche Berichte über erteilte oder nachgesuchte Konzessionen sowie über alle Änderungen in der Kontrolle von Mineralölgesellschaften zu liefern. Die vorliegende Ordre beauftragt Sie, alle Schritte amerikanischer Ölindustrieller auf das tatkräftigste zu unterstützen, wobei darauf geachtet werden muß, daß es sich um echte amerikanische Interessen handelt, nicht etwa nur um fremde Firmen, die nur nach amerikanischem Recht konstituiert sind.«

Dieses Rundschreiben des State Department ist das erste bekanntgewordene, aber seit jeher sahen die Vereinigten Staaten, wie gesagt, Kapital-Investitionen ihrer Bürger im Ausland als »nationale Angelegenheiten« an, und militärisch intervenierte Präsident Woodrow Wilson zugunsten amerikanischer Öl-Interessen bereits 1914 in Mexiko.

Die blutige Öl-Geschichte Mexikos begann im Jahre 1904, als der Amerikaner Edward Laurence Doheny »Finanzberater« des Präsidenten Porfirio Diaz wurde. Die Ölförderung des Landes betrug damals 30000 Tonnen, aber die Geologen der »Standard Oil« hielten Mexiko für eines der ölreichsten Länder der Welt und für eine ideale Öl-*Reserve* der Vereinigten Staaten: Die sollten sich dieses Öl sichern, vorläufig aber nur wenig fördern. Eine »Standard«-Tochter wurde gegründet, und 1910 betrug die Ölgewinnung 400000 Tonnen. General Diaz fand das nicht nur zu wenig, sondern auch seine eigene Beteiligung an dem Reichtum zu gering, und deshalb erteilte er bereits 1908 dem Engländer Weetman Dickinson Pearson, dem späteren Viscount Cowdray, Bohr-Konzessionen im Ölgebiet von Tampico und Tuxpam, wo Quellen wie die »Potrera del Llano« oder »Cerro Azul« erbohrt wurden, die *täglich* 30000 Tonnen Öl gaben. Im Jahre 1920 betrug Mexikos Ölförderung 24,3 Millionen Tonnen.

Nur hatte das das Land nicht reich gemacht, sondern ruiniert: Doheny zettelte 1911 einen Bürgerkrieg an. Er versah General Francisco Madero (wie dessen amerikanischer »Generalstabschef« Lawrence F. Converse später vor einem Senatsausschuß in Washington erklärte) mit Waffen und Geld, und Diaz mußte abdanken. Aber einmal an der Macht, annullierte Madero weder die englischen Ölkonzessionen, noch erteilte er den Amerikanern neue. Doheny trat erneut in Aktion, und im Februar 1913 gab es in Mexiko City eine 13 Tage dauernde Straßenschlacht, Madero wurde gefangengenommen und erschossen. Aber Präsident wurde nun General Victoriano Huerta, ein Vertrauensmann von Porfirio Diaz und so nicht »Amerikas

Mann«. Präsident Wilson verweigerte ihm die Anerkennung, obwohl er Wahlen ausgeschrieben hatte und »demokratisch bestätigt« worden war, und am 10. April 1914 landete amerikanische Marineinfanterie in Veracruz und besetzte das mexikanische Ölgebiet.

Das nahm ganz Iberoamerika den USA übel, und Argentinien, Brasilien und Chile setzten eine Konferenz in Niagara Falls durch, die alle Streitigkeiten zwischen den ungleichen Nachbarn schlichten sollte. Sie erreichte außer dem Verzicht Huertas auf die Präsidentschaft nichts. Huerta ging ins Ausland und wurde, als er 1915 nach Mexiko zurückzukehren versuchte, auf der Durchreise durch die USA verhaftet und »starb« am 13. Januar 1916 im Gefängnis von El Paso in Texas.

In Mexiko wütete 1913–16 ein erbitterter Bürgerkrieg. Der Washington genehme Mann, General Venustiano Carranza, setzte sich durch, erwies sich aber wie Madero als Enttäuschung. Er hielt Mexiko aus dem Ersten Weltkrieg, behandelte die ausländischen Ölgesellschaften »unfreundlich« und setzte am 1. Mai 1917 eine Verfassung in Kraft, deren Artikel 27 alle Bodenschätze zum Eigentum der Nation erklärte. Das heißt, er setzte die *ursprüngliche* mexikanische Verfassung wieder in Kraft, die Porfirio Diaz zugunsten der Amerikaner aufgehoben hatte und die wie die spanische (und mit Ausnahme der Verfassung der USA fast alle der Welt) Boden-Besitz und Bodenschätze-Besitz *nicht* gleichsetzte. Dennoch aber war der Artikel 27 Carranzas Todesurteil. Denn nur die britische »Mexican Eagle« war als »El Aguila S.A.«, als mexikanische Gesellschaft, registriert und nur ihre Konzession somit legal. Carranza wurde durch seinen Mitkämpfer während des Bürgerkrieges 1913–16, General Alvaro Obregon, den dieser Kampf zum reichsten und mächtigsten Großgrundbesitzer seiner Heimatprovinz Sonora gemacht hatte, gestürzt und am 20. Mai 1920 ermordet. Obregon schloß im September 1923 den Warren-Payne-Vertrag mit den USA und hob den Artikel 27 der Verfassung auf. Er wurde allerdings auch selber am 17. Juli 1928 ermordet, denn so viel Haß hatte sich inzwischen in Mexiko angesammelt, daß die Bürgerkriege nicht mehr aufhörten. Mexikos Ölförderung, die binnen einem Jahrzehnt von weniger als einer halben Million auf mehr als 24 Millionen Tonnen gestiegen war, sank 1920–30 auf 5 Millionen und blieb auf diesem Niveau bis zum Zweiten Weltkrieg. Erst als die großen Ölkonzerne ihre Macht verloren, stieg sie und betrug 1985 rund 150 Millionen Tonnen, die nun Mexiko gehörten, nicht länger fremden Gesellschaften.

Spielte sich der britisch-amerikanische Kampf um das Öl Mexikos sozusagen an der Hintertür der Vereinigten Staaten ab und war er so eine »amerikanische Lokalangelegenheit«, so hatte *der Kampf um die amerikanische Beteiligung am Nahost-Öl* eine bis heute nachwirkende *Welt*-Bedeutung. Und nicht nur, weil nun in der Golf-Region durch Probebohrungen sichere Vorräte von 53 Milliarden Tonnen Öl *erwiesen* sind, hier fast sechs Zehntel allen Öls der Erde liegen und es *nur* hier bis ins nächste Jahrhundert reichende Export-Überschüsse gibt. Sondern weil das Mesopotamien-Öl, wenn auch indirekt, entscheidend zum Zweiten Weltkrieg beitrug, an dem bekanntlich 65 Staaten teilnahmen.

Alle Nahost-Ölgebiete außer Persien waren vor dem Ersten Weltkrieg Teile des Osmanischen Reiches und so mehr Großmächte an dessen Zerfall interessiert, als für den Sultan in Konstantinopel gut war. Der machte die ölhöffigen Teile Mesopotamiens, damals die neben Persien aussichtsreichste Öl-Region, zu seinem Privatbesitz und hielt die Interessenten, um möglichst hohe Konzessionsgebühren herauszuschlagen, so lange hin, bis ihn die »Jungtürken« 1909 stürzten. Die beauftragten Abdul Hamids Öl-Berater, den Armenier Calust Sarkis Gulbenkian, mit den Verhandlungen, und der brachte schließlich 1912 *die »Türkische Petroleumgesellschaft«* zustande, die zu 45 % der Türkischen Staatsbank, zu je 25 % der »Deutschen Bank« und der »Royal Dutch-Shell« und zu 5 % Gulbenkian

gehörte. Am 28. Juni 1914 – dem Tag des Thronfolger-Mordes in Sarajewo – verkauften die Türken ihren Anteil an die »Anglo Persian Oil«, und die Engländer besaßten somit sieben Zehntel des Mesopotamien-Öls »und aller eventuell anderswo auf türkischem Gebiet vorhandener Vorkommen«.
Dagegen protestierten die Vereinigten Staaten auf Grund des »Prinzips der Offenen Tür« (der Beseitigung jeder Art Diskriminierung, die ihr Außenminister John Hay erstmals im Jahre 1901 in China durchsetzte) und auf Grund »von amerikanischen Ansprüchen, die auf das Jahr 1902 zurückgehen.« Denn damals hatte der amerikanische Admiral Colby Chester als Chef einer »Kommission zum Studium der Armenier-Frage« Mesopotamien bereist, von den Ölfunden des englischen Missionars Harwood gehört, den Dienst quittiert und ein amerikanisches Konsortium zusammengebracht, das vom Sultan persönlich eine Bohr-Konzession zu erlangen trachtete und durch dessen Sturz leer ausging.
Gegen die britische Mehrheit in der »Türkischen Petroleumgesellschaft« protestierten aber auch die Franzosen, die durch Geheimverträge mit England Ansprüche auf große Teile des Nahen Ostens besaßen und die während des Ersten Weltkrieges zeitweilig weit mehr türkische Gebiete besetzt hielten als die Engländer. Allerdings nicht die Ölfelder von Mossul, die auch noch am 10. August 1920, als der Friedensvertrag von Sèvres das Osmanische Reich von 3,2 Millionen Quadratkilometer auf rund 300 000 reduzierte, in der Hand der Türken waren. Und zwar von Truppen unter dem Befehl Kemal Paschas, des späteren Staatschefs Atatürk, der den Vertrag von Sèvres nicht anerkannte.
Deshalb sollte *der Griechisch-Türkische Öl-Krieg* die »Mossul-Frage« lösen: Franzosen und Engländer waren kriegsmüde. Wie es Winston Churchill nicht gelang, »den Bolschewismus in der Wiege zu strangulieren« und England das russische Öl zu sichern, so war weder die Regierung in London noch die in Paris 1920 in der Lage, einen Krieg um das Öl Mesopota-

miens zu führen. Aber da gab es Griechenlands Ministerpräsidenten Eleutherios Venizelos. Der träumte von einem »Groß-Hellenischen Reich« und erbot sich, gegen entsprechende Konzessionen in Kleinasien und in Südosteuropa »die Türkei endgültig zu liquidieren«. Finanziert und bewaffnet von Sir Basil Zaharoff, besetzten die Griechen im Mai 1920 Smyrna und drangen von da nach Anatolien vor. Im September 1921 standen sie 50 Kilometer vor Ankara. Aber hier kam es zu einer 20 Tage und 20 Nächte dauernden Schlacht, die nicht nur den griechischen Vormarsch beendete, sondern Kemal Pascha eine Gegen-Offensive ermöglichte, die die griechische Armee vernichtete. Mehr als 300000 griechische Soldaten verloren in diesem Öl-Krieg ihr Leben. Kleinasien wurde verwüstet, und dessen gesamte griechisch-armenische Bevölkerung mußte nach Griechenland »umgesiedelt« werden. Unzählige überlebten diese Prozedur nicht. Aber eineinhalb Millionen Vertriebene kamen nach Saloniki und Athen und ließen hier die Not unerträglich werden. Was mit Venizelos' »Groß-Griechenland« begann, endete 20 Jahre später mit dem griechischen Bürgerkrieg der Jahre 1944–50, der das Land um ein Haar kommunistisch werden ließ.

Die »Mossul-Frage« mußte also auf andere Art gelöst werden; und so reiste, als die Niederlage der Griechen feststand, Großbritanniens Außenminister, Lord Curzon, am 22. März 1922 nach Paris und schlug Ministerpräsident Raymont Poincaré vor, die Türken »gemeinsam und dringend« zur Einstellung des Kampfes und zur Anerkennung eines britischen Völkerbund-Mandates über den Irak aufzufordern. Das Protokoll der Unterredung Curzon-Poincaré wurde bisher nicht veröffentlicht und ebensowenig die Absprachen zwischen Washington und London. Aber was vereinbart wurde, erwiesen die Ereignisse: Im Rahmen der Weltwirtschafts-Konferenz von Genua einigten sich die Vereinigten Staaten, England und Frankreich über die Verteilung des Mesopotamien-Öls, von dem heute 6 Milliarden Tonnen im Wert von etwa 1200 Milliarden Dollar als sicher nachgewiesen sind. Am 7. April 1922 wurde von Walter Clark Teagle, Präsident der »Standard Oil Company of New Jersey«, als Vertreter der amerikanischen und von Sir John Cadman, Präsident der »Anglo-Persian Oil Co. Ltd.«, als Vertreter der britischen Öl-Interessen *ein anglo-amerikanischer Öl-Frieden* unterzeichnet, der weltweit gelten sollte, vor allem aber für den Nahen Osten – und auch für Frankreich bindend – vorsah, daß in Zukunft nur gemeinsam Konzessions-Verhandlungen etc. geführt werden sollten. In der »Mossul-Frage« ergaben die 1928 vom Völkerbund bestätigten staatlichen und privaten Übereinkommen:

Die »Türkische Petroleumgesellschaft« wurde als »nicht länger bestehend« und der deutsche Anteil an ihr als »durch den Krieg liquidiert« betrachtet.

Die Vereinigten Staaten ließen die Kurden und die Armenier fallen, denen Präsident Wilson 1918 feierlich »Selbstbestimmung« und damit eigene Staaten versprochen hatte, und erkauften damit den Waffenstillstand zwischen den Türken und den Griechen. Ihr Anteil am Irak-Öl (d. h. der »Standard Oil«-Tochter »Near East Development Corporation«) betrug 23,75 %.

Die Franzosen erhielten Syrien und freie Hand im Ruhrgebiet, stimmten dafür der britischen De-facto-Herrschaft über den Irak zu und begnügten sich mit ebenfalls 23,75 % des Irak-Öls statt der 50 %, die sie ursprünglich beanspruchten.

Die Engländer reduzierten ihren Anteil auf den gleichen Prozentsatz, so daß das Mesopotamien-Öl nun in drei gleiche Teile geteilt war und die restlichen 5 % in der Hand von Calust Sarkis Gulbenkian blieben.

Außer diesem Armenier hatten also die Vereinigten Staaten den größten Vorteil des Griechisch-Türkischen Krieges und des »Öl-Friedens« von 1922, hielten sich aber *nicht* an das sogenannte »Red-Line-Abkommen« der gemeinsamen Erschließung weiterer Nahost-Vorkommen. Sie setzten im Irak das »Prinzip der Offenen Tür« durch, gestanden es aber ihren

Partnern später in Saudi-Arabien *nicht* zu, beuteten dessen gewaltige Ölvorkommen (bis zu ihrer Verstaatlichung) allein aus: Als König Abdul Asis Ibn Saud 1930 Holland einlud, seine Bodenschätze zu erschließen und die Regierung im Haag das ablehnte, sicherte sich die »Standard Oil of California« am 29. Mai 1933 *eine Öl-Konzession für ein Gebiet, größer als Westeuropa* durch eine Vorauszahlung von 300000 Gold-Sovereigns auf die Öl-Abgaben, damals 1,36 Millionen Dollar. Sie gründete mit der »Texaco« die Aramco, die »Arabian-American Oil Co.«, die 1936 die ersten 2600 Tonnen saudi-arabischen Öls förderte, 1972 aber, als ihre Verstaatlichung begann, 286 Millionen Tonnen verkaufte und in diesem einen Jahr einen Reingewinn von 1,3 Milliarden Dollar verbuchte. Jahrelang in Amerika geführte Prozesse gegen das Aramco-Monopol blieben erfolglos.
Wie das Öl Mexikos, ist, wie gesagt, heute das Saudi-Arabiens verstaatlicht, verloren die Mineralöl-Konzerne *überall* ihre Macht. Aber Lord Curzons Öl-Handel, seine Zustimmung zu *Poincarés Deutschland-Politik* wirkt weiter, denn Deutschland und Europa *bleiben* ja bekanntlich geteilt, und auch ein Ende des Ost-West-Konflikts ist nicht abzusehen.
Für seine Zustimmung zur Irak-Regelung erhielt Frankreich freie Hand an der Ruhr, und am 11. Januar 1923 marschierten 80000 französische und belgische Soldaten im Ruhrgebiet ein. General Degoutte richtete sein Stabsquartier in Krupps Essener Villa Hügel ein und schrieb vor, wieviel mehr deutsche Kohle fortan als Reparationsleistung gefördert werden müsse. Es wurde nicht mehr und zeitweilig überhaupt keine Kohle gefördert. Es kam zum »Ruhr-Kampf«, zur passiven Resistenz der Ruhrbevölkerung. Aber wenn die Franzosen keine Kohle bekamen, so auch die deutsche Industrie nicht. Es kam zum endgültigen *Verfall der deutschen Währung;* wenn der Dollar im Januar 1923 rund 10000 Reichsmark kostete, so im Herbst 100 Millionen, und als Poincaré einsah, daß mit Gewalt aus dem Ruhrgebiet nichts herauszuholen war, stand er auf 4200

Milliarden, auf 4,2 »echten« Billionen. Unzählige Deutsche verloren alles, was sie besaßen. Sie spürten am eigenen Leib, was der »Frieden« von Versailles bedeutete und wurden Anhänger Hitlers. Zu den Organisatoren des Ruhr-Widerstandes hatte Fritz Thyssen gehört, der damals bedeutendste Ruhrkohle- und Ruhrstahl-Magnat, und der traf sich am 10. Oktober 1923 in München mit Adolf Hitler, finanzierte ihn selber und sicherte ihm die finanzielle Hilfe der Schwerindustrie, ermöglichte ihm den Kauf des »Völkischen Beobachters« und organisierte schließlich auf seinem Schloß Landsberg eine Zusammenkunft führender Industrieller und Bankiers, die 1932 die damals 8 Millionen Mark betragenden Schulden der NSDAP bezahlten, die bevorstehende Reichstagswahl finanzierten und einen »Hitler-Fonds« von 45 Millionen Mark schufen. Natürlich kam es nicht durch dieses Geld zur Herrschaft Hitlers. Keimboden des Nationalsozialismus war das Elend des Währungs-Zusammenbruches und die durch die Deflations-Politik der Regierung Brüning ausgelöste Arbeitslosigkeit von schließlich mehr als sechs Millionen Deutschen. Aber ohne Geld ist *kein* Propaganda-Apparat aufzuziehen. Und Thyssen (der sich gegen die Kriegsvorbereitungen Hitlers wandte und sein Buch »I Paid Hitler« im New Yorker Exil schrieb) gab sein Geld für den Kampf gegen die unerträglichen Reparationslasten und die totale Herrschaft fremder Wirtschafts-Interessen wie die der »Weltmacht Öl«, die das deutsche Volk ebenso ins Elend stürzten wie das griechische, das Mexikos oder das Japans. Denn schließlich war ja auch *der Pazifik-Krieg ein »Öl-Krieg«*, sagte der japanische Admiral Nagano 1945 bei seiner Einvernahme als »Kriegsverbrecher«: »Ich bin überzeugt, daß einer der Hauptgründe des Pazifik-Krieges das Öl war ... Nicht nur die Wehrmacht, sondern auch zivile Kreise sahen, seit die USA, Großbritannien und die Niederlande uns kein Öl mehr verkauften, in einer Süd-Expansion die einzige Rettung ...«

Admiral Nomura, Japans letzter Vorkriegs-Botschafter in

Washington, fügte hinzu: »Unsere Treibstoff-Vorräte zur Zeit des Embargos von 1941 waren derart beschränkt, daß das Öl Indonesiens, Borneos und Burmas für uns lebenswichtig wurde ...«

Im Jahre 1941 aber hatte das Öl noch längst nicht die heutige Bedeutung. Die Weltförderung betrug damals ein *Zehntel* der jetzigen. Heute ist der Verbrauch derart, daß mit Ausnahme der Sowjetunion, die keinerlei Energieträger-Einfuhr benötigt und noch Öl exportiert, *alle* Industrie-Nationen derart öl-abhängig sind, daß ihre Wirtschaft ohne Öl-Importe binnen spätestens acht Wochen zusammenbricht. Bis ins 21. Jahrhundert reichen, wie gesagt, nur die Vorräte des Nahen Ostens und vor allem Saudi-Arabiens, und so entstand hier *ein Gefahrenherd, wie es ihn niemals zuvor in der Menschheitsgeschichte gab.*

Denn da *nichts* getan wird, um den Übergang vom Ölzeitalter ins Nach-Ölzeitalter reibungslos zu gestalten[1], da der Westen die Dinge laufen läßt und die Dollar-Mentalität natürlich Gegenkräfte auslöste und (wieder von den USA ausgehend) u. a. eine Anti-Kernkraft-Hysterie auslöste, die die rechtzeitige Umstellung unserer Kohlenwasserstoff-Wirtschaft auf eine Wasserstoff-Wirtschaft verhindert, kommt der Tag, an dem die Industrie-Nationen und vor allem die Vereinigten Staaten Öl um *jeden* Preis haben müssen. Wenn das mit einer Zeit der Unrast im Nahen Osten oder gar mit einem neuen offenen Konflikt zwischen Israel und den Arabern zusammenfällt, dann ist die Versuchung, militärisch einzugreifen fast unüberwindlich groß. Aber wie die Vereinigten Staaten keine sowjetische Intervention zulassen können, so die Sowjetunion keine amerikanische. Denn *produzierende* Nahost-Felder in der Hand einer Großmacht würden zwar auch nur für etwa eine Generation *uneingeschränkte Macht über Europa und Japan*

[1] Siehe dazu Anton Zischka, »Das Nach-Öl-Zeitalter. Wandel und Wachstum durch neue Energien«, Düsseldorf 1981

und alle anderen ,von Öl-Importen abhängigen Völker bedeuten, aber für diese 30 bis 40 Jahre *uneingeschränkt* und weit effektiver als durch Nuklearwaffen, lange genug, um den Gegner zu unterwerfen.
Ein Kampf der Supergroßen um das Nahost-Öl aber würde für Europa – gleich, wie er ausgeht – den Untergang bedeuten. Denn überall in der Golfregion ist von den heutigen Machthabern die Zerstörung ihrer Öl-Installationen im Fall militärischer Interventionen vorgesehen. Um – wie heute – hier 600 Millionen Tonnen jährlich zu fördern, sind Produktionsmittel nötig, deren Wiederherstellung viele Monate, wenn nicht Jahre erfordern würde, und so lange kommen die Industrieländer nicht ohne Öl aus. Öl-Mangel würde es der Sowjetunion ermöglichen, Europa fast kampflos zu besetzen, denn wie unsere Landwirtschaft längst nicht mehr ohne Öl funktioniert, so werden Panzer und Flugzeuge in dem Augenblick zu Schrott, da es keinen Treibstoff mehr gibt; kein Heldentum vermag das, wie schon der Zweite Weltkrieg bewies, zu ändern.
Bedeutet so, was 1859 in Titusville begann, durch die Wandlung der Energiewirtschaft nicht nur eine Wandlung der Weltwirtschaft, sondern auch völlig neue strategische Gegebenheiten, so nicht minder einen *Umsturz der Währungs-Grundlagen, der in seinem Ausmaß bei weitem den durch den Edelmetall-Zufluß aus Amerika im 16. und 17. Jahrhundert bewirkten übertrifft:* Damals führte (wie schon im 2. Kapitel geschildert) die Verzwanzigfachung des Geldumlaufs von etwa 200 Millionen Gold-Dollar im Jahre 1500 auf etwa vier Milliarden im Jahre 1700 zu einer gewaltigen sozialen Revolution und zum fast völligen Verschwinden der Naturalwirtschaft Europas. Die Zahl der Öl-Dollars aber stieg binnen einem Vierteljahrhundert auf das fast Fünfzigfache.
Zum jeweiligen Preis und der jeweiligen Kaufkraft betrug der Wert der Welt-Mineralölförderung am Produktionsort 1860 rund 9 Millionen Dollar, im Jahre 1900 etwa 124 Millionen, und dann in Milliarden Dollar:

1920	3
1960	12
1973	58

Wobei die Ertragssteigerung nur durch die Zunahme der Öl-*Mengen* erzielt wurde. Dann aber erfolgte sie vorwiegend durch *Preis*-Steigerungen und zwar auf

1980	622
1985	578 Milliarden Dollar.

Die Welt-Mineralölförderung der ersten hundert Jahre – insgesamt etwa 12,7 Milliarden Tonnen – brachte etwa 240 Milliarden Dollar im Umlauf. Während des Vierteljahrhunderts 1960–84 wurden auf der Welt rund 55 Milliarden Tonnen Öl gewonnen, die aber 4757 Milliarden Dollar wert waren und damit *eine Geldschöpfung einmaliger Art und katastrophaler Wirkungen* bedeuteten.

Zu der kam es durch generationenlanges Wirtschaften *gegen* die Natur; durch das Ignorieren unabänderlicher Gegebenheiten: Wir besitzen einen fast unermeßlichen und praktisch ewigen Energie-Zustrom in Form der Sonnenstrahlung. Wir besitzen aber auch ein immenses Energie-*Kapital* in Form der irdischen Energieträger. Von diesen macht das Mineralöl etwa 3,8 % aus gegen die 58 % der Kernbrennstoffe und die 35 % der Kohle.

Der Anteil des Mineralöls an der Welt-Energieversorgung betrug im Jahre 1860 Null. Im Jahre 1900 dann 3,7 %, was naturgemäß war. Im Jahre 1950 jedoch 30 %, zeitweilig über die Hälfte und 1985 rund 46 %. Das heißt *der rarste Energieträger wurde zum meistverbrauchten*, durch Raubbau und Schleuderpreis-Politik kam es zum »Öl-Zeitalter«. Der Welt-Energiebedarf war 1985 etwa zwölfmal so hoch wie im Jahre 1900. Die Welt-Mineralölförderung aber betrug nun das 154fache, und *das* ermöglichte schließlich den Sieg der Öl-Besitzer über die Öl-Verteiler und hemmungslosen Öl-Verbraucher.

Die revolutionäre Wandlung der Welt-Mineralölwirtschaft begann damit, daß die großen internationalen Öl-Konzerne, oh-

ne ihre Lieferanten zu konsultieren, den Öl-Abnahmepreis von 185 US-Cents pro Faß im Dezember 1958 auf 167 Cents ein Jahr später und 159 Cents (ca. elf Dollar die Tonne) im August 1960 senkten.
Das kam glattem Raub gleich, und auf Veranlassung des damaligen Öl-Ministers von Venezuela, Dr. Juan Pablo Perez Alfonso, trafen sich am 10. September 1960 Regierungsvertreter des Irak, Irans, Kuwaits, Saudi-Arabiens und Venezuelas in Bagdad und gründeten *die »Organisation der Öl exportierenden Länder« OPEC.* Niemanden im Westen interessierte das. Die »New York Times« brachte die Meldung über die Gründung mit 16 Tagen Verspätung und widmete ihr sechs Sätze. Noch 1970 hieß es in Amerika: »Wollen diese Größenwahnsinnigen ihr Öl trinken? *Wo* anders wollen sie es absetzen als im Westen und *wie* anders als durch die ›Sieben Schwestern‹, die großen Mineralölkonzerne, die über alle Tanker, Raffinerien und Tankstellen verfügen und die acht Zehntel allen in den Welthandel gelangenden Öls verteilen?« Aber zwei Jahre später verfügte *keine* dieser Gesellschaften über genug Öl, um alle Kundenwünsche zu befriedigen. Da war es durch die Nahost-Wirren zu einem akuten *Öl-Mangel* gekommen, und wer seine Kunden nicht an die Konkurrenz verlieren wollte, *mußte* die von der OPEC geforderten Preise bezahlen. Der Öl-Mangel hielt an, und so konnten immer mehr Länder die Mineralölwirtschaft verstaatlichen, konnten die *selber* die Fördermengen bestimmen, entschieden nicht länger die Öl-*Verbraucher* über das Tempo und Ausmaß von deren Naturkapital-Verwendung. Damit aber war *ohne Krieg eine der tiefgreifendsten wirtschaftlichen und weltpolitischen Machtverschiebungen aller Zeiten* erreicht worden. Und daß der OPEC-Preis von 1,80 Dollar pro Faß am 1. Januar 1970 auf 32 Dollar am 1. November 1980 stieg (und der Ölpreis auf dem freien Markt in Rotterdam damals sogar 44 Dollar betrug) und daß er auch heute noch das mindestens Fünfzehnfache der Vor-OPEC-Zeit beträgt, bedeutete natürlich auch *Finanz- und Währungs-*

Probleme, wie es sie noch niemals gegeben hatte, denn 4757 Milliarden Dollar mußten ja, wie gesagt, 1960–84 nicht nur aufgebracht, sondern auch neu untergebracht werden. Ölpreis-Vervielfachung, Eurodollar-Volumen und Weltverschuldung stehen in engem Zusammenhang.

Positiv wirkte sich aus, daß es nun erstmals Entwicklungsländer mit eigenem Geld gab: Saudi-Arabien z. B. investierte 1972–85 für seine industrielle und agrotechnische Infrastruktur 555 Milliarden Dollar Öl-Geld, das vor allem seinen Lieferanten in den Industrieländern zugute kam, die so ihre Energie-Mehrkosten teilweise zurückerhielten. Dazu wurde Öl-Geld im Ausland investiert, und 1985 besaß Saudi-Arabien ein Zins-Einkommen von etwa 16 Milliarden Dollar oder dem Dreifachen seines Gesamt-Öleinkommens des Jahres 1973 und dem Zehntausendfachen dessen, was das Land 1940 für sein Öl bekam.

Natürlich gibt es auch Öl-Länder wie Nigeria oder Indonesien, die ihr Öleinkommen verbrauchen, derart viele Menschen sattzumachen haben, daß sie es weder daheim noch im Ausland anlegen können. Aber insgesamt stieg das Öl-Einkommen der jetzt 13 OPEC-Länder 1950–80 von 186 Millionen auf 343 Milliarden Dollar = das 1844fache, und dementsprechend bedeutend sind heute *die Petrodollar-Anlagen,* d. h. die Öl-Einnahmen, die die Öl-Exportländer im Ausland investieren. Der Bank von England zufolge, die entsprechende Statistiken veröffentlicht, betrug das identifizierbare Total dieser Anlagen im Jahre 1980 etwa 95 Milliarden Dollar, die rund 10 Milliarden Zinsen brachten. Ende 1984 aber bereits 390 Milliarden mit einem Ertrag von etwa 40 Milliarden Dollar jährlich oder dem 215fachen ihres Gesamt-Öleinkommens von einer Generation zuvor.

Als diese Entwicklung 1973 begann, besaßen z. B. die Banken Saudi-Arabiens noch keinen einzigen Telex-Anschluß. Das Zins-Verbot des Koran wurde hier wie in den Scheichtümern rund um den Persischen Golf strikt eingehalten. Ein eigenes Finanz- und Kreditsystem mußte erst aufgebaut werden (und *wurde* in erstaunlich kurzer Zeit und erstaunlich effizient geschaffen), und so waren es europäische und vor allem amerikanische Banken, die das »Wieder-in-Umlaufbringen« der Petrodollars organisierten. Fast über Nacht mußten Beträge untergebracht werden, wie es sie niemals zuvor gegeben hatte, allein Saudi-Arabien und Kuwait besaßen Ende der siebziger Jahre Petrodollar-Überschüsse von etwa 40 Milliarden Dollar jährlich. Sehr viele dieser Petrodollars wurden von den Arabern nur »auf Sicht« oder kurzfristig angelegt. Nicht wenige westliche Banken aber ließen sich zu den gefährlichsten aller Kredit-Transaktionen verleiten, sie verwandelten diese Kurzfrist-Gelder in Langfrist-Kredite. Sie liehen nun nicht nur – wie immer schon – das Geld fremder Leute aus, sondern das fremder *Länder,* auf deren Tun und Lassen sie keinerlei Einfluß hatten, an andere *fremde* Länder, deren Kreditwürdigkeit keineswegs unanzweifelbar war, die aber hohe Zinsen zahlten.

Für die Vereinigten Staaten und damit den amerikanischen Dollar aber bedeutete *die totale Wandlung der Welt-Mineralölwirtschaft:*

Die Zeit der billigsten Energieversorgung der Welt ist vorbei. Die Eigen-Ölförderung der USA betrug 1973–84 fast genausoviel wie 1960–82, nämlich 5,76 statt 5,75 Milliarden Tonnen. Aber die kosteten 742 statt 76 Milliarden Dollar – das fast Zehnfache.

Bereits 1948 führten die Vereinigten Staaten mehr Öl ein als sie exportierten. 1976 führten sie erstmals mehr ein, als sie selber produzierten. Die Öl-Einfuhrkosten stiegen 1950–80 von rund einer halben Milliarde Dollar auf 78 Milliarden, binnen einer Generation auf das 156fache.

Ohne Einfuhr reichen die Öl-Vorräte der USA heute noch für vier Jahre des gegenwärtigen Verbrauches, während das Verhältnis Ölreserven – Jahresverbrauch für Saudi-Arabien 1985 (durch Produktionsdrosselung) 110:1 und für die Sowjetunion 17:1 betrug. Dementsprechend muß die Belastung der ameri-

kanischen Außenhandels-Bilanz durch den Öl-Einfuhrbedarf massiv weitersteigen.
Aber diese Raubbau-Folgen sind relativ gering im Vergleich zu den Wirkungen, die die »Dollar-Diplomatie« auf die Gesamtentwicklung der Vereinigten Staaten hatte: Je größer deren Auslands-Interessen wurden, desto besser mußten sie »geschützt« werden. Wie die in Iberoamerika angelegten Dollars die amerikanische Marineinfanterie nach sich zogen, so »zwang« die Übersee-Expansion zum Flottenbau. Da »zwang« die Kreditgewährung an die Alliierten die USA zum Eintritt in den Ersten Weltkrieg und zu einer Produktionsausweitung, die zu groß für den Binnenmarkt war. Stets ergab sich »eines aus dem anderen«, und so wurden die Vereinigten Staaten zur »Supermacht«. *Das* kostete schließlich so viel, daß immer mehr Schulden gemacht werden mußten, *die Vereinigten Staaten heute das weitaus höchst verschuldete Land der Welt* sind und so eine der wichtigsten Fragen der Welt die nach der *Dauer* der amerikanischen Kreditfähigkeit wurde.

Von den Kriegs-Gewinnen zum Rüstungs-Ruin

Das amerikanische »Sendungsbewußtsein«; die Entstehung der amerikanischen Wehrmacht und des »Militärisch-Industriellen Komplexes«; der Waffenhandel und der Welt-Rüstungs-Wahnsinn

Wenn die Natur die Vereinigten Staaten durch Klima, Bodenschätze und gewaltige Flüsse begünstigt, so noch mehr durch ihre Lage. Wie es im Jahre 1900 der deutsch-amerikanische Staatsmann Carl Schurz sagte: »Die Lage der Vereinigten Staaten von Nordamerika hat von allen Nationen der Welt einen Vorteil von unschätzbarem Wert: *Das amerikanische Volk ist das einzige, das nicht in irgendeinem seiner Teile von mächtigen Nachbarn bedroht wird;* das keine großen Rüstungen zu Lande oder zu Wasser aufrechtzuerhalten braucht, das alle seine Energien produktiver Beschäftigung zuwenden kann.«
Aber schon bevor sie in den Ersten Weltkrieg eintraten, hatten die Vereinigten Staaten (wie die »New York Times« am 1. Dezember 1917 feststellte) »einhundertzehn Kriege geführt und 8600 Schlachten geschlagen«. Im »American Mercury« schrieb der Amerikaner Fletcher Pratt 1938: »Eine der sonderbarsten, nationalen Eigenheiten von uns Amerikanern ist die Abscheu, mit der wir die Gewaltanwendung in internationalen Streitfragen betrachten, obwohl wir selber nie auch nur das geringste Zeichen von Verzicht auf solche Mittel gezeigt haben, wenn es darum ging, unsere eigenen Ziele zu erreichen ... Seit der Gründung der Republik führten wir 150 Kriege, wendeten wir im Durchschnitt fast einmal jährlich Gewalt an, und nur in zweien dieser 150 Fälle waren wir in der Defensive ...«
Inzwischen gab es 28 weitere amerikanische Auslands-»Interventionen«, zwischen 1801, als Truppen in Tripolis gelandet wurden, und 1983, der Landung auf Grenada, bisher insgesamt 178. Was löste all diese militärischen Aktionen aus?

Unmittelbar und mittelbar *stets* amerikanische Wirtschafts-Interessen. Es war der *Dollar* – im Sinne amerikanischer Geldinteressen –, der im 18. Jahrhundert den Siebenjährigen Krieg auslöste. Um Dollars ging es im 19. Jahrhundert 1812–14 beim Krieg gegen England, beim Krieg gegen Mexiko 1846–48, beim Sezessionskrieg und beim Krieg gegen Spanien 1898. Der Dollar zwang im 20. Jahrhundert die Vereinigten Staaten zum Eintritt in den Ersten und den Zweiten Weltkrieg, und eine »Konjunkturspritze« war (wie ihn der Harvard-Professor Sumner S. Slichter nannte) der Korea-Krieg der Jahre 1950–53. Die Wählermassen aber nahmen all diese Dollar-Kriege hin, weil sie *stets* mit Freiheits- und Weltfriedens-Phrasen verbrämt wurden, es von Anfang an das teilweise religiös bedingte *Sendungsbewußtsein der Amerikaner* gab, die »Dollar-Mentalität« ja zur Heuchelei (der »schmutzigsten Tarnung der Selbstsucht«) geradezu *zwingt:* Denn wer gibt gerne zu, daß es ihm *nur* ums Geld geht? Wer will sich nicht selber überzeugen, daß eventuelle Gewinne nur »nebenbei« anfallen, wenn er um eine bessere Welt, um Gleichberechtigung aller Menschen und um Frieden kämpft?

Generationenlang waren die Führenden Amerikas Calvinisten, auch wenn sie nicht, wie der 1923–29 amtierende 30. Präsident der USA, Coolidge, den Vornamen »Calvin« trugen. Auf der Prädestinationslehre von Johannes Calvin beruhen die »Reformierten Kirchen«, die sich 1921 in Pittsburgh zum »Reformierten Weltbund« mit damals etwa 40 und heute etwa 130 Millionen Mitgliedern zusammenschlossen, und Calvins Lehre ist nach wie vor vom amerikanischen »Hochkapitalismus« nicht zu trennen. Calvin zufolge hat Gott »nach dem geheimen Ratschluß und der Willkür seines Willens ... einige Menschen bestimmt zu ewigem Leben und andere verordnet zu ewigem Tode ...« *Wer* auserwählt ist, kann niemand wissen. Aber die Auserwähltheit wird »beinahe zur Gewißheit«, falls man von der Vorsehung schon auf Erden mit bevorzugten Stellungen und mit irdischen Gütern begnadet wurde. Den Calvinisten

zufolge sind *Geld und Macht sichere Zeichen der Gnade Gottes,* und so gaben auch die Puritaner, die 1620 auf der »Mayflower« nach Amerika auswanderten, Anteilscheine aus, die ausdrücklich nicht nur einen Anteil am Besitz der neuen Kolonie, sondern auch an der »Ewigen Seligkeit« versprachen. War Reichtum ein Zeichen göttlicher Gnade, so mußte er aber auch unermüdlich vermehrt und *produktiv* angelegt werden, war jede unnötige Ausgabe Sünde. Und weiters hatte der Calvinist die Pflicht, auch die von Gott »Verworfenen« – und durch ihre Armut oder ihre geringe soziale Stellung als solche »Gekennzeichneten« – zum Lobe Gottes »anzuhalten«, und dazu eignete sich am besten ihre nimmermüde Arbeit.
Herrschaft der »Erwählten« über die »Verworfenen« schließt die »Freiheit« beider aus. Aber im amerikanischen Sendungsbewußtsein wurden verschiedene Heilslehren verschmolzen, und daß er selber Sklaven hielt, hinderte Jefferson bekanntlich nicht, als Freiheits-Apostel aufzutreten und die anderen sklavenbesitzenden »Gründerväter« ebensowenig. Das Eigeninteresse mit »Verteidigung der Freiheit« zu kaschieren aber erwies sich als besonders wirkungsvoll, denn unter »Freiheit« stellt sich jeder etwas anderes vor, vor allem aber einen Zustand, der *ihm* erlaubt, zu tun und zu lassen, was er will. Abraham Clark, einer der Unterzeichner der amerikanischen Unabhängigkeitserklärung, sagte deshalb bereits 1777: »*Nur* Amerika bekämpft die Tyrannei in allen ihren Formen und wo immer sie auftritt. Darum wird Amerika *überall* siegen!« Ähnliches wurde wiederholt behauptet, zahllose Amerikaner waren und sind fest davon überzeugt, sie seien »auserwählt«, *alle* Menschen »frei« zu machen, und es ist auch kein Zufall, daß es ein in China geborener Missionars-Sohn, Henry Robinson Luce, war, der 1941 in der von ihm gegründeten New Yorker Illustrierten »Life« *das »amerikanische Jahrhundert«* proklamierte. Luce erklärte, die Vereinigten Staaten hätten schon unter Präsident Wilson, »als 1918 zahlreiche Völker alle Hoffnung auf Amerika setzten«, die Gelegenheit gehabt, der Welt ihr

Zeichen aufzudrücken. Dazu sei das amerikanische Volk damals nicht reif gewesen. Jetzt aber biete sich eine neue Gelegenheit. Jetzt müßten die Vereinigten Staaten in den Krieg eintreten, um ihre Zivilisation zur herrschenden Lebensform Europas und der ganzen Welt zu machen. Das zwanzigste Jahrhundert müsse das *amerikanische* Jahrhundert werden. Denn »Amerika hat die *Pflicht*, überall für Demokratie zu sorgen ... Der Drang nach Freiheit ist die geschichtsbildende Kraft unseres Zeitalters ..., und es ist *Amerikas* Aufgabe, die menschliche Freiheit in der ganzen Welt durchzusetzen, denn es ist die mächtigste und lebensvollste Nation der Welt. Die USA sind die treibende Kraft, die seit jeher hinter Freiheit und Gerechtigkeit steht ...«

Wie Luce dachte Präsident Lyndon B. Johnson, der 1965, als er den Vietnam-Krieg führte, feierlich erklärte: »Die Geschichte und unsere eigenen Leistungen haben uns *die Hauptverantwortung für den Schutz der Freiheit auf dieser Erde* auferlegt.«

Und ebenso überzeugt waren und sind führende Amerikaner, daß sie die Weltherrschaft erringen müssen, um den *Frieden* der Welt zu sichern. Schon Präsident Ulysses Grant (der Sieger im Sezessions-Krieg) sagte in seiner Inauguraladresse am 4. März 1873: »Ich bin fest überzeugt, daß der große Schöpfer die Welt vorbereitet ..., *eine* Nation zu werden, die *eine* Sprache spricht und die dann weder Armeen noch Flotten braucht ...«

Natürlich konnten nur die Vereinigten Staaten und die englische Sprache diese Vereinheitlichung zustande bringen, und das zu tun, wurde immer dringlicher, denn wie es am 29. Dezember 1959 die dem Pentagon nahestehende amerikanische Zeitschrift »US News and World Report« formulierte:

»Nur durch die Herrschaft einer Macht kann Sicherheit vor einem nuklearen Krieg erreicht werden.«

Nun setzt natürlich jedes Hegemoniestreben die entsprechenden Machtmittel voraus, diese das nötige Geld. Das gab es sehr lange nicht, die Entwicklung der Vereinigten Staaten erfolgte ja, wie geschildert, vorwiegend durch Fremdkapital. Aber das änderte sich Mitte des vorigen Jahrhunderts, zur Eigenkapitalbildung trugen die Gold- und Silberfunde und entscheidend die Entwicklung der Mineralölwirtschaft bei, und so konnte das Bruttosozialprodukt 1835–90 von einer auf zwölf Milliarden Dollar gebracht werden. Da besaßen sie nun auch eine eigene Stahlindustrie, und damit war die Zeit reif, aus Worten Taten werden zu lassen, wurde *Amerikas Seemachts-Anspruch* verwirklicht.

Dessen wirkungsreichster Theoretiker und Propagandist war Alfred Thayer Mahan, dessen 1890 erschienenes Buch »The Influence of Sea Power upon History« (»Der Einfluß der Seemacht auf die Geschichte«) »wie Öl auf die Flammen der kolonialen Expansion« wirkte und das bereits in seinem Erscheinungsjahr die Bildung des »US Naval Policy Board« auslöste. Mahan war 1840 in Westpoint geboren worden, an dessen Militärakademie sein aus Irland eingewanderter Vater Professor für Militär-Ingenieurwesen war. Er wurde Marine-Offizier, diente vier Jahrzehnte lang in der amerikanischen Flotte und wurde Admiral. Mahan nahm selber nie an einer Seeschlacht teil, aber er wußte alles über sämtliche Seeschlachten, die je geschlagen wurden, verfolgte die Hegemonie-Bestrebungen bis ins antike Griechenland zurück und erkannte: kein Führungsanspruch wurde je ohne Seeherrschaft durchgesetzt. Im Jahre 1896 schrieb er:

»Wirklich sicher sind die Vereinigten Staaten nur, wenn ihre Flotte allen anderen Kriegsflotten der Erde überlegen ist.«

Mahan erklärte, weltweite Handelsinteressen seien unentbehrlich für das Gedeihen Amerikas, und die müßten geschützt werden. Er verband seine wirtschaftlichen und strategischen Überlegungen aber auch mit dem amerikanischen Sendungsbewußtsein, schrieb 1893: »Die Annexion von Hawaii ... würde die Nation zum Bewußtsein ihrer Aufgaben erwecken, ihr zeigen, wie sie das Glück der von ihr beherrschten Menschen auch über ihre Grenzen hinaustragen könnte ...« Mahan forderte: »Unsere nationale Politik muß dafür sorgen, daß in Hinkunft kein fremder Staat eine Bunkerstation innerhalb eines Bereiches von 3000 Seemeilen von San Francisco erwirbt, ein Distanz, welche die Hawaii- und Galapagos-Inseln sowie die Küsten von Mittelamerika einschließt ... Uns Amerikaner aber müssen selbst unbewohnte Korallenriffe im Karibischen Meer interessieren. Zwischen Florida und Guayana dürfen wir auch nicht eine Insel aus den Augen lassen ...«

Mahan gelang es, *alle* damals führenden Amerikaner von der Richtigkeit seiner Ideen zu überzeugen, vor allem auch James Gillespie Blaine, der 1881 und 1889–92 Außenminister der Vereinigten Staaten war, Iberoamerika als »naturgemäße Ergänzung der Vereinigten Staaten« betrachtete und 1889 einen »Panamerika-Kongreß« einberief, der ein internationales Schiedsgericht und eine Zollunion zustande bringen sollte und auf dem auch der Bau einer von Chicago bis Patagonien reichenden Eisenbahn diskutiert wurde. Blaine besaß eine bemerkenswerte Sammlung von Napoleon-Bildnissen und war überzeugt, daß ihm gelingen werde, was Napoleon mißlang: die Einigung eines ganzen Kontinents. Natürlich unter Führung der USA. Denn nicht umsonst hießen die ja »Vereinigte Staaten von *Amerika*«.

Zwischen Blaine und Mahan kam eine enge Freundschaft zustande und ebenso eine zwischen Mahan und John Hay, der Privatsekretär Präsident Lincolns und 1870–75 Leitartikler der »New York Tribune« gewesen war, 1879–81 das Amt des Stellvertretenden Außenministers und 1898–1905 das des Außenministers der Vereinigten Staaten innehatte, und der, wie erwähnt, die »Politik der Offenen Tür« in China durchsetzte und *überall* auf der Welt für die USA die gleichen Rechte beanspruchte, auch wo sie nichts getan hatten, ein Land zu erschließen, Häfen und Eisenbahnen zu bauen oder – wie die Holländer in Niederländisch-Indien – die Güter erst zu schaffen, die später exportiert werden konnten. Mahans Ideen verwirklichte dann vor allem Theodore Roosevelt, der 1901–09 Präsident der Vereinigten Staaten war und der dem Kongreß wenige Wochen nach seinem Amtsantritt erklärte: »Unser Volk *hat* bereits eine große Rolle in der Welt gespielt. Aber wir sind entschlossen, seine Zukunft noch glorreicher zu gestalten, denn es ist *gottgewollt,* daß wir unter den Völkern der Welt eine führende Rolle einnehmen.« Er vermittelte 1905 den Frieden zwischen Rußland und Japan – und brachte Japan um die Früchte seines Sieges. Er setzte die Teilnahme der Vereinigten Staaten an der Konferenz von Algeciras durch, die 1906 die »Marokko-Frage« zu regeln hatte, griff in den Streit zwischen Frankreich und Deutschland ein – und sicherte den USA die Gleichberechtigung im Handel Marokkos, den Franzosen und Deutsche schufen. Im Jahre 1908 sagte Theodore Roosevelt zu André Tardieu: »Was uns hier in den Vereinigten Staaten am meisten fehlt, ist das Verständnis dafür, daß wir Interessen in der ganzen Welt haben. Ich wünschte, alle Amerikaner würden endlich erkennen: *amerikanische Politik ist Welt-Politik!* Wir sind in *alle* großen Probleme verwickelt, *überall* auf der Erde.«

Wie J. G. Blaine gedachte Theodore Roosevelt den Pan-Amerikanismus als Expansionswerkzeug zu gebrauchen, ähnlich wie die Russen den Pan-Slawismus. Nur kam es mit den südlichen Nachbarn nie zu einer Partnerschaft, stets nur zur »Dollar-Diplomatie« und immer öfter zu offener Gewaltanwendung wie der bereits geschilderten in Mexiko. Schon Theodore Roosevelt setzte die amerikanische Flotte achtmal ein, »befreite Panama vom Joch der Herrschaft Kolumbiens«, ließ Marineinfanterie aber auch »seinen Mann« als Präsidenten Nicaraguas schützen, um eventuell auch durch dieses Land einen Kanal zu bauen.

Denn vorerst gab es nur *eine* amerikanische Flotte, und die mußte, so lange es keine Kanäle durch Mittelamerika gab, den ganzen Kontinent umfahren, um vom Atlantik in den Pazifik zu gelangen. Auch im Stillen Ozean aber wurde sie gebraucht, denn der erwähnte »Naval Policy Board« hatte ja 1890 eine Flotte gefordert, »die nicht nur, wie bisher, die Küsten der Vereinigten Staaten schützen kann, sondern auch all ihre Handelswege und *jedes* amerikanische Schiff, gleich, wo immer es sich befindet«. Der Kongreß bewilligte vorerst zwar nur *Geld für »seetüchtige Küsten-Schlachtschiffe«.* Aber binnen zehn Jahren wurden 17 Hochsee-Schlachtschiffe und sechs Panzerkreuzer gebaut, dazu alle nötigen Schutz- und Versorgungsschiffe. In den Jahren 1900–1905 kamen zehn Schlachtschiffe und vier Panzerkreuzer hinzu.

Natürlich erforderte eine derartige Hochsee-Flotte entsprechende Marine-Basen und Insel-Stützpunkte. Und den ersten – und bis heute einen der wichtigsten – erhielten die Vereinigten Staaten bereits am 19. April 1897 durch einen begeisterten Leser Mahans, durch den Missionars-Sohn Sanford Ballard Dole, der 1844 auf Hawaii geboren worden war.

Größte Insel der größten Inselgruppe Polynesiens, wurde *Hawaii* 1527 von den Spaniern entdeckt, die kein Interesse für den Archipel hatten, und von James Cook 1778 wiederentdeckt, der *zu* viel Interesse zeigte und deshalb im Jahr darauf von den Eingeborenen getötet wurde. Die englische Expedition veranlaßte die Polynesier, ihre vielen Kleinstaaten im Jahre 1800 zu einem Königreich unter Kamehamea I. zusammenzuschließen, das England, Frankreich und die Vereinigten Staaten anerkannten (und in Ruhe zu lassen vereinbarten). Der König ließ amerikanische Missionare zu, und das erwies sich als Fehler, denn das waren keine katholischen Priester, sondern verheiratete, protestantische Prediger, und deren Söhne begannen eine Art weißer Aristokratie zu bilden, die die Edelhölzer Hawaiis verkaufte und große Zucker-Plantagen anzulegen begann. Der Missionars-Sohn S. B. Dole studierte in Boston die Rechte, eröffnete in Honolulu eine Anwalts-Kanzlei und war 1884–87 Mitglied der Gesetzgebenden Versammlung. Hier vertrat er vor allem die Interessen der amerikanischen Zuckerrohr-Pflanzer, die mehr und mehr Land in ihre Hand brachten und mehr und mehr Arbeitskräfte von den Philippinen, aus China und aus Japan importierten. Die Polynesier wehrten sich, vor allem die Königin Liliuokalani widersetzte sich der Überfremdung und der Vertreibung der Bauern von ihrem Land und wurde deshalb 1893 durch die »Reformbewegung« Doles gestürzt, Hawaii zur Republik erklärt und Dole zum Präsidenten »gewählt«.

Dole hatte sich für die Seemacht-Theorien Alfred Thayer Mahans begeistert und sah in Hawaii den idealen *»Vorposten der Vereinigten Staaten im Pazifik«*. Er forderte Washington auf, den Archipel in Besitz zu nehmen, und Präsident Benjamin Harrison kam diesem »Wunsch des Volkes von Hawaii« sofort nach. Nur mußte er sein Amt schon wenige Wochen später an Präsident Grover Cleveland übergeben, und der forderte die Wiedereinsetzung der Königin Liliuokalani, denn die Monarchie war von den USA in aller Form anerkannt worden. Sanford Dole aber weigerte sich, und natürlich unterstützten ihn die amerikanischen Zuckerpflanzer. Sie warteten ab, bis 1897 William McKinley Präsident wurde; Dole reiste nach Washington und bot die Inselgruppe erneut den USA an, und am 6. Juli 1898 wurde sie als »Territorium« zu deren Besitz erklärt und am Tag darauf Dole zum Gouverneur von Hawaii ernannt. Diamond Head-Pearl Harbor *wurde* die wichtigste Pazifik-Basis der Vereinigten Staaten – und ein Vetter Sanford Ballard Doles, Jim Dole, machte sie zugleich zum bedeutendsten Ananas-Produzenten der Welt, gründete 1901 die »Hawaiian Pineapple Company«, kaufte die Insel Lanai, wo jährlich 300 Millionen Setzlinge gepflanzt wurden, und 50 Jahre nach der Gründung der Dole-Konservenfabriken wurden *täglich* rund fünf Millionen Dosen Ananas in alle Welt verfrachtet. Hier – wie stets in der Geschichte der USA – schlossen Patriotismus und Geschäft einander nicht aus.

Das beweist vor allem *das riesige Geschäft des amerikanischen Flottenbaus*, zu dem es kam, als die Ära des Eisenbahnbaus zu Ende ging und die junge Stahlindustrie der Vereinigten Staaten dringend neue Abnehmer brauchte: Die »Navy League«, die seit 1904 Mahans Ideen verbreitete, hatte Mitglieder aus den verschiedensten Schichten der Bevölkerung, aber gegründet

und finanziert wurde sie u. a. von Charles Schwab, Präsident der »Bethlehem Steel Corporation«, die berühmt für ihre Panzerplatten wurde. Von J. P. Morgan d. J., Herrn der »United States Steel«. Von Colonel R. M. Thompson, dem Chef der »International Nickel Co.«, der auf der Welt führenden Produzentin des für Panzerstähle unentbehrlichen Legierungsmetalls. Und von Clement A. Griscom, dem Direktor der »Electric Boat Company«, der größten amerikanischen Unterseeboot-Werft. Nicht nur die »Navy League« sorgte dafür, daß Mahans Forderungen verwirklicht wurden. Aber daß es 1915 zum Admiralstab der USA kam und der Kongreß bereits 1916 den Bau von 16 Schlachtschiffen beschloß, *war* ihr Werk.
Als die Vereinigten Staaten 1917 in den Ersten Weltkrieg eintraten, wurde das Marine-Personal binnen zehn Monaten von 75000 auf 610000 verachtfacht. Die US-Navy brachte über eine Million amerikanischer Soldaten nach Europa, schützte die Geleitzüge, verlor aber insgesamt nur zehn Kriegsschiffe gegen die 569 ihrer Verbündeten. An Handelsschiffen verloren die Alliierten im Ersten Weltkrieg 14,8 Millionen Bruttoregistertonnen, davon 13,9 durch U-Boote. Die USA büßten nur 345000 BRT ein.
Das war für Amerikas Seegeltung entscheidend, und durch die Flotten-Konferenz von Washington, die im November 1921 zusammentraf, wurden die Flottenstärken Englands, der USA und Japans mit 5:5:3 fixiert. Zwar durften nun auch keine neuen Häfen und Befestigungen im Pazifik mehr angelegt werden. Aber da die Japaner 1935 das Washington-Abkommen kündigten, konnten die Vereinigten Staaten am 20. Januar 1939 ihre »Verteidigungslinie«, die etwa 6000 Kilometer von Japan entfernt von Alaska über Hawaii durch den Stillen Ozean verlief, bis auf 3000 Kilometer an das Inselreich heranbringen. Vor allem das 1898 Spanien abgenommene Guam, 6100 Kilometer westlich von Hawaii, wurde zur »uneinnehmbaren Festung« und zum »Gibraltar des Pazifik« ausgebaut. Am 20. Juli 1940 nahm der Kongreß das Gesetz zum *Bau der amerikanischen*

»*Zwei-Ozeane-Flotte*« an, d. h. einer den Atlantik und den Pazifik beherrschenden Flotte. Als die Japaner am 7. Dezember 1941 Pearl Harbor angriffen, standen bereits 343 US-Kriegsschiffe in Dienst, und 1945 waren es trotz schwerer Kriegsverluste über 2000 mit zusammen 13,8 Millionen Bruttoregistertonnen. Eine geradezu märchenhafte Entwicklung, denn 1794 hatten die Vereinigten Staaten insgesamt sechs Kriegsschiffe von zusammen 320 BRT besessen, und noch 1885 war die US-Flotte kleiner als die Chiles.

Nur war Amerikas Schiffbau-Kapazität *kriegsbedingt* gewachsen. Bereits durch den Ersten Weltkrieg stieg die Zahl der Werften 1917–20 von 37 auf 237. Vollends der Zweite Weltkrieg schuf riesige *Über*-Kapazitäten, denn nicht nur rund 13 Millionen BRT Kriegsschiffe wurden 1940–45 gebaut, sondern auch sage und schreibe 52 Millionen BRT Handelsschiffe liefen damals in den USA vom Stapel, und das war das mehr als Siebzehnfache der *Welt*-Schiffbauleistung des letzten Friedensjahres. Durch den Zweiten Weltkrieg erreichte einen Höhepunkt, was 1890 mit dem Flottenbau der Vereinigten Staaten und 1904–05 mit ihren ersten, großen Kriegslieferungen begonnen hatte. Damals schon entstand *das Grund-Problem der Vereinigten Staaten und damit das Grund-Dollar-Problem,* nämlich, daß ihre Wirtschaft auf *Kriegs*-Bedürfnisse eingestellt ist und sowohl die Landwirtschaft wie die Industrie der USA für den Normalverbrauch *überdimensioniert* sind.

Im Jahre 1890 betrug die Rohstahl-Erzeugung der Vereinigten Staaten 4,3 Millionen Tonnen und der Gesamt-Produktionswert ihrer Schwerindustrie 480 Millionen Dollar.

Im Jahre 1900 hatte – vor allem durch den Flottenbau – die Stahlerzeugung 10,2 Millionen Tonnen erreicht, damit 134 Kilo pro Kopf der Bevölkerung, während der Welt-Durchschnitt damals 17,5 Kilo betrug und Deutschlands Stahlerzeugung mit 6,6 Millionen Tonnen 116 Kilo pro Kopf entsprach.

Im Jahre 1905 aber produzierten die USA 20,3 Millionen Tonnen Rohstahl. Denn am 21. Januar 1904 hatte sich Jacob Heinrich Schiff, Chef des New Yorker Bankhauses Kuhn, Loeb & Co., in London mit Korekiyo Takahashi getroffen, Japans Finanzminister, und mit ihm (aus Gründen, die hier nicht erörtert werden können) einen Vertrag über eine amerikanische Anleihe von 200 Millionen Dollar an Japan geschlossen, die weitaus größte Auslands-Anleihe, die die USA vor dem Ersten Weltkrieg aufbrachten. Und *nur* diese Anleihe ermöglichte Japans Krieg gegen Rußland, denn das Inselreich war damals ja noch längst keine Industrie-Nation, seine eigene Schwerindustrie spielte keinerlei Rolle, und insgesamt besaß es 4000 Fabriken mit motorischer Kraft, fast alle Kleinbetriebe. Schienen, Lokomotiven und Waggons wurden importiert wie *alle* Werkzeugmaschinen. Der Reis für Japans Truppenverpflegung kam damals aus Französisch-Indochina, die Wolle für die Winter-Uniformen aus Australien. Die eigenen Munitionsfabriken genügten für einen Krieg gegen Rußland so wenig wie der eigene Stahl. Und Käufe im Ausland kamen bis zur amerikanischen Anleihe nicht in Frage, denn Japans Staatsbank-Reserven betrugen 1904 insgesamt 53 Millionen Dollar.

Haupt-Kriegslieferant Japans wurden so die Vereinigten Staaten. Wie sie 1853 die Öffnung der japanischen Häfen erzwangen, so trugen sie entscheidend zu Japans Sieg über Rußland bei, damit zum japanischen Weltmacht-Aufstieg.

Nur sank die amerikanische Stahlerzeugung 1905–08 um mehr als sechs Millionen Tonnen, denn für den Eigenbedarf und *normale* Exportmöglichkeiten waren die 240 Kilo pro Kopf des Jahres 1905 viel zuviel, obwohl, wie geschildert, der eigene Flottenbau verstärkt weiterging, die Einwanderung und damit die Bau-Konjunktur anhielt und sich der Export von Halbfabrikaten und Fertigwaren 1900–1910 verdoppelte.

War 1907 ein schweres Krisenjahr, so aber die Jahre 1913 und 1914 noch viel ärger. »Bradstreets Journal« zufolge gab es »16769 Zahlungseinstellungen, *die Zahl der Konkurse war 1914 die größte in der Geschichte des Landes* und keine Besserung in Sicht«. Mitte 1914 waren höchstens sechs Zehntel der amerikanischen Schwerindustrie-Kapazität genutzt, und es gab mehr als eine Million Arbeitslose, für die damalige Zeit eine Rekordzahl und mit ihren Familien gut fünf Millionen Amerikaner, die keinerlei öffentliche Unterstützung erhielten, nur von privaten Almosen lebten. Auch der Außenhandel stagnierte, und das war besonders bedrohlich, denn ultimo 1914 wurden etwa 100 Millionen Dollar kurzfristiger Auslandsschulden der USA fällig. Andrew Carnegie schrieb am 23. November 1914 an Präsident Wilson: »Die gegenwärtige finanzielle und industrielle Lage ist überaus beunruhigend. Noch *nie* habe ich solche Verhältnisse erlebt, so dringende Zahlungs-Aufforderungen und so viele Bitten um Zahlungs-Stundungen ... Wir können nur hoffen, daß sich das durch die Einkäufe der Alliierten bei uns ändert, die bestimmt umfangreich werden ...«

Sie *wurden* umfangreich, obwohl Präsident Woodrow Wilson und sein Außenminister William Jennigs Bryan (der erwähnte Silber-Vorkämpfer) das zuerst zu verhindern suchten. Bryan schrieb dem Präsidenten am 10. August 1914:

»Das geeignetste Mittel, Kriege, wenn nicht zu verhindern, so doch abzukürzen, ist die Verweigerung von Krediten an Kriegführende. Zwar gibt es kein internationales Abkommen des Inhalts, daß neutrale Nationen keine Anleihen an Kriegführende gewähren dürfen. Aber die Vereinigten Staaten sind der einzige große, nicht in den Krieg verwickelte Staat, und unsere Weigerung, kriegführenden Mächten Kredite zu gewähren, würde von Natur aus dazu beitragen, ein Ende des Krieges zu beschleunigen.« Wilson teilte ursprünglich diese Meinung. Als der Erste Weltkrieg ausbrach, nannte er ihn einen »Krieg, mit dem wir nichts zu tun haben und dessen Ursachen uns nicht berühren«. Dementsprechend gab er am 4. August 1914 eine feierliche amerikanische Neutralitätserklärung ab, und am 15. August verbot er jederlei Kredit an die Kriegführenden.

Das behinderte natürlich auch die nicht kriegsbedingte Ausfuhr der Vereinigten Staaten. Die am Export interessierten

Kreise protestierten heftig, und der damalige Rechtsberater des State Department, Robert Lansing, überzeugte den Präsidenten, daß man zwischen Kriegsanleihen und Kurzfrist-Handelskrediten unterscheiden müsse. Das sah Wilson ein, und Handelskredite wurden erlaubt. Und da man solche Kurzfrist-Kredite prolongieren kann, reiste der Morgan-Partner Henry P. Davison nach Europa, und am 15. Januar 1915 unterzeichneten Englands Premierminister Lord Asquith und Lord Kitchener einen Vertrag, durch den das Bankhaus J. P. Morgan & Co. der offizielle Handelsagent der britischen Regierung in den Vereinigten Staaten wurde. Am 20. Mai 1915 übertrug auch Frankreich Morgan die Funktion eines Koordinators aller Regierungskäufe, und insgesamt verteilte er etwa 4000 Bestellungen an 900 amerikanische Großunternehmen mit etwa 26000 Zulieferern. Nicht nur Waffen und Munition wurden gekauft, sondern auch Werkzeugmaschinen, Eisenbahnmaterial, Traktoren und Lastwagen, Rohstoffe, Lebensmittel und Textilien. Morgan & Co. vermittelten Käufe von etwa 3,1 Milliarden Dollar und kassierten dafür 31 Millionen Provision. Insgesamt wurden bis zum Kriegseintritt der USA für etwa 7 Milliarden Dollar Güter an die Alliierten geliefert, davon aber nur 1,6 Milliarden durch Exporteinnahmen und 2,5 Milliarden durch den Verkauf von Wertpapieren sowie durch Goldverschiffungen gedeckt, der Rest durch Anleihen.

Denn auch deren Verbot hielt sich nicht lange, weil es den USA nicht lange Vorteile brachte: Eine Regierungs-Anleihe hatte Frankreich schon drei Tage nach Ausbruch des Ersten Weltkrieges in Amerika aufzunehmen versucht. Die Pariser Rothschild-Bank fragte damals bei J. P. Morgan d. J. an, ob er solch eine Anleihe von vorerst 100 Millionen Dollar auflegen würde, aber er hatte »aus wirtschaftlichen wie politischen Gründen« abgelehnt. Die wirtschaftlichen erörterte das »Wall Street Journal« am 17. August 1914: »Weizenlieferungen und andere Käufe, die Frankreich mit diesem Kredit bezahlen will, muß es früher oder später doch durchführen, und die soll es in Gold bezahlen. Denn dieses Gold werden wir brauchen, um unsere gegenwärtigen und zukünftigen internationalen Zahlungsverpflichtungen zu erfüllen. Ein Kredit an Frankreich würde den Zeitpunkt hinausschieben, in dem wir über ausländisches Gold verfügen können und unsere Goldversorgung unnötig gefährden ...« Paris und London zahlten in Gold, drängten zugleich aber auf immer längere Zahlungsfristen, und da Außenminister Bryan am 8. Juni 1915 zurücktrat und Robert Lansing sein Nachfolger wurde, konnten Morgan & Co. am 15. Oktober 1915 eine Anglo-Französische Anleihe von 502 Millionen Dollar auflegen, von denen den Schuldner-Regierungen allerdings nur 480 Millionen ausbezahlt wurden, denn die Bonds wurden zu 96 ausgegeben und die Emissions-Banken kassierten im voraus ihre Provisionen und Spesen.

Lange hielt diese Anleihe nicht vor. Sie genügte auch bei weitem nicht, die amerikanische Wirtschaftskrise zu überwinden, und so ließen die Schlagzeilen der großen amerikanischen Zeitungen Präsident Wilson nicht lange darüber in Zweifel, daß seine Neutralitäts-Politik unpopulär war. Da hieß es z. B. am 21. Dezember 1916 auf der ersten Seite der »New York World«: *»Friedens-Geist läßt Börsenkurse weiter sinken.«* Am Tag darauf stellte die »Chicago Daily Tribune« fest: »Friedens-Panik an der Börse. Wildester Tag seit 1901. Ungeheure Baisse. Kleine Spekulanten am schwersten betroffen.« Bereits am 7. Oktober 1915 hatte der britische Botschafter in Washington, Sir Cecil Spring-Rice, seinem Außenminister berichtet: »Der Präsident erklärte zu Beginn des Krieges, daß er Anleihen an Kriegführende ablehne. Aber als sich zeigte, daß diese Anleihen für den Export nach Europa unentbehrlich waren, begannen viele geheime Kräfte für sie zu wirken ..., und die Regierung und die Zeitungen taten ihr Bestes, um das Volk zu überzeugen ..., daß es nicht um Politik, sondern um das Geschäft gehe ...«

An diesem Geschäft nahmen die verschiedensten Leute teil. Die amerikanischen Farmer z. B. bekamen 1913 für ihren Weizen 57 Millionen Dollar. Im Jahre 1917 waren es 643 Millionen, das mehr als Elffache. Der Erntewert insgesamt nahm 1913–19 von rund 6 auf 15,4 Milliarden Dollar zu, der Wert der tierischen Produktion von 3,7 auf 8,4 Milliarden. Bereits vor dem Kriegseintritt der Vereinigten Staaten – 1914–16 – waren die Lieferungen an die Alliierten von 825 Millionen auf 3,2 Milliarden Dollar gestiegen (während die nach Deutschland und Österreich-Ungarn auf weniger als ein Hundertstel sanken). Mehr und mehr erfolgte der amerikanische Export nun auf eigenen Schiffen, die Übersee-Tonnage der USA verzehnfachte sich 1914–20 auf 9,9 Millionen BRT. Wie die Farmer waren so Werftarbeiter und Seeleute an Kriegslieferungen interessiert, keineswegs nur Stahl- oder Öl-Magnaten. Aber Ende 1916 erreichte der von Morgan & Co. England eingeräumte Kurzfrist-Kredit 235 Millionen Dollar, und der Erlös der am 1. Februar 1917 aufgelegten britischen Anleihe reichte *nicht* aus, diese Schulden zu decken. Die Wertpapiere, die London als Deckung hinterlegt hatte, fanden *keine* Abnehmer. Der amerikanische Export-Boom schien zu Ende, weil die Alliierten ihre Käufe nicht länger bezahlen konnten, die letzten Reste ihrer Goldvorräte der deutschen U-Boote wegen nicht länger über den Atlantik zu verschiffen wagten.

Deshalb richtete der amerikanische Botschafter in London, Walter Hines Page, am 5. März 1917 ein Telegramm an Außenminister Lansing, in dem es heißt: »... Die große Gefahr besteht, daß der französisch-amerikanische und der anglo-amerikanische Wechselkurs schwer gestört werden. Das heißt, *der Dollar wird derart teuer, daß die Aufträge der alliierten Regierungen auf ein Minimum absinken* und der transatlantische Handel praktisch aufhört. Das muß eine Panik in den Vereinigten Staaten hervorrufen und unabsehbare wirtschaftliche und politische Folgen haben. Das muß auch die Welt in zwei Teile spalten, in *eine Welt, die Gold und Waren besitzt, und eine andere, die diese Waren braucht, aber keine Möglichkeit hat, sie zu bezahlen*. Das finanzielle Ergebnis muß für die eine so schlecht wie für die andere sein ... und kann nur verhindert werden, wenn Frankreich und England einen Kredit erhalten, der groß genug ist, um den Zusammenbruch des Welthandels und der gesamten europäischen Finanzen zu verhindern ... Unsere Regierung müßte eine solche Anleihe garantieren oder selber ihren größten Teil zeichnen. Das ganze Geld würde in unserem Lande bleiben. Der Handel würde fortgesetzt und erweitert werden, nicht nur bis zum Ende des Krieges, sondern auch nachher, weil Europa Nahrungsmittel und enorme Mengen anderer Dinge braucht, um seine Industrie neu auszurüsten. Europa könnte in Effekten bezahlen und wir weltweit europäische Beteiligungen übernehmen. Aber keine Zeit ist mehr zu verlieren, alle diese Gesichtspuntke zu erwägen, denn Private wie Morgan & Co. vermögen der Gefahr nicht mehr Herr zu werden ...

Unser Eintritt in den Krieg ist deshalb die einzige Möglichkeit, unsere bedeutende Handelsstellung zu erhalten und eine Finanz-Panik abzuwehren, die sich nun nicht mehr auf Amerika oder England beschränken, sondern die ganze freie Welt erfassen würde ...«

Präsident Wilson und seine Berater beugten sich den Argumenten ihres Londoner Botschafters: Am 6. April 1917 erklärten die Vereinigten Staaten Deutschland den Krieg. Denn zu Walter Hines Pages Überlegungen war ja am 15. März 1917 der Sturz des Zaren, *die Russische Revolution* gekommen. Die russische Front brach nicht erst im November 1917 zusammen, als die Bolschewiken die Macht übernahmen. Entscheidend war die »Februar-Revolution« (nach dem damals geltenden Julianischen Kalender war der 8. März 1917, an dem die Petersburger Hunger-Revolten ausbrachen und die Elite-Regimenter des Zaren sich weigerten, auf die Demonstranten zu schießen, der 23. Februar). Schon seit dem März fiel der Verbündete aus, dessen riesiges Heer »wie eine Dampfwalze« über alles hinwegrollen sollte, was sich ihm entgegenstellte. Da hatte das Jahr 1917 schon mit der Niederlage Rumäniens begonnen, verdreifachten sich die Handelsschiffs-Verluste der Alliierten, meuterten französische Truppen und wählten Soldatenräte: *Die Vereinigten Staaten mußten für Rußland einspringen,* und sie mußten nun *selber* kämpfen, wenn sie nicht die für die damalige Zeit riesigen Summen verlieren wollten, die sie den Alliierten geliehen hatten. Klar und eindeutig beantwortete Präsident Wilson die Frage, *warum* die Vereinigten Staaten in den Ersten Weltkrieg eintraten; es steht im amtlichen Protokoll seiner Befragung durch Senator McCumber am 19. August 1919 (nachzulesen in »Hearings before the Commission on Foreign Relations. US Senate Documents 106, 66th Congress, 1st session, 1919, p 146 ff«). Als Mitglied des Außenpolitischen Ausschusses wollte McCumber wissen: »Glauben Sie, daß wir in diesen Krieg geraten wären, wenn Deutschland *keine* Feindhandlungen und Ungerechtigkeiten gegen unsere Bürger verübt hätte?«

Der amerikanische Staatspräsident antwortete: »Ich glaube, ja.«
Senator McCumber insistierte: »Sie denken also, daß wir auf alle Fälle in diesen Krieg geraten wären?«

Präsident Thomas Woodrow Wilson wiederholte: »Ja, das tue ich.«

Ebenso resümierte Senator Gerald P. Nye als Vorsitzender des »Munitions-Ausschusses« dessen Untersuchungs-Ergebnis: »Wer behauptet, der deutsche U-Boot-Krieg und nicht Geld- und Handelsinteressen hätten Amerikas aktive Teilnahme am Krieg herbeigeführt, verkennt vollkommen die Tatsachen und ist blind gegenüber dem eindeutigen Beweismaterial.« Dieser Ausschuß des US-Senats kam auf Grund der State Department-Dokumente, der im Bankhaus Morgan beschlagnahmten Unterlagen und auf Grund beschworener Zeugenaussagen im Februar 1936 zu dem Schluß:

»Die Hauptursache des Eintritts der USA in den Ersten Weltkrieg waren die enormen Schulden der Alliierten an amerikanische Banken und Lieferanten, die durch einen Sieg der Mittelmächte verloren gewesen wären.«

Die Folgen dieses aktiven Eingreifens aber sah Winston Churchill 1936 (wie es Senator Robert R. Reynolds in der US-Senatssitzung vom 19. Juni 1939 ins Protokoll diktierte) dem New Yorker Zeitungsherausgeber William Griffin gegenüber folgendermaßen: »Wären die Amerikaner zu Hause geblieben und hätten sie sich um ihre eigenen Angelegenheiten gekümmert, so würden wir mit den Mittelmächten im Frühjahr 1917 Frieden geschlossen haben. Da wären eine Million weniger Engländer und Franzosen gefallen. Da hätte es in Rußland keinen Kommunismus gegeben; in Italien keine Niederlage, also auch keinen Faschismus; und in Deutschland wäre nicht der Nazismus an die Macht gekommen ...«
Das Geschäft mit dem Ersten Weltkrieg kam aber auch die Vereinigten Staaten selber *sehr* teuer zu stehen. Zwar hatte George W. Norris, Senator für Nebraska, in der Kriegseintritts-Debatte im April 1917 gesagt: »Wir treten auf Befehl des Goldes in diesen Krieg ein. Wir sind dabei, das Blut unserer Brüder in Gold auszumünzen.
Wir setzten das Dollar-Zeichen auf unsere Flagge, und das wird nicht nur uns, sondern unsern Kindern und Kindeskindern zum Fluche werden!« Aber die Presse jubelte. In riesigen Lettern stellte der »Philadelphia Public Ledger« am 9. August 1917 fest: »Wilson entschlossen, das Kämpferblut der Nation zum Sieden zu bringen!« Die »New York World« erklärte am 24. Oktober 1917: »Deutsches Eigentum eine Billion wert! Soll beschlagnahmt werden!« In der »New York Times« hieß es am 6. Januar 1918: »Auswärtiger Handel stieg 1914–17 von zwei auf sechs Milliarden Dollar« und am 7. April 1918:
»Patriotismus mit Profit – die Freiheitsanleihe bietet dazu die Gelegenheit!«
Wozu die »New York World« allerdings am 3. Mai 1918 hinzufügte: »Ritter der Freiheit teeren und federn Leute, die keine Freiheitsanleihe gezeichnet haben« und am 30. August 1918 berichtete: »Kaufkraft des Dollars jetzt 59 Cents gegen 1913 = 100.«

Denn seit dem Kriegseintritt der Vereinigten Staaten wurde die Geldmenge hemmungslos ausgeweitet. Die Alliierten verlangten immer höhere Kredite, und bereits am 5. Juli 1917 schrieb der englische Botschafter an das Foreign Office: »Die Lage hier erinnert sehr an die in London zu Cannings Zeiten, als der russische Botschafter in Downing Street vorzusprechen pflegte, und, da er nicht Englisch und Französisch konnte, sich auf die Taschen klopfte und ›Aurum! Aurum!‹ sagte.« Vor allem aber stiegen die eigenen Kriegskosten geradezu unvorstellbar.

Die Militärausgaben der Vereinigten Staaten hatten 1914 nur 314 Millionen Dollar oder $ 3,20 pro Kopf betragen, 9 % der Gesamtwirtschaftsleistung. 1917 kostete das Militär rund eineinhalb Milliarden, 1919 aber elf, und das waren 105 Dollar pro Kopf und über 16 % des Bruttosozialprodukts. Um eine Armee aufzustellen, waren Gewaltanstrengungen nötig, denn 1914 zählte die reguläre Wehrmacht der USA insgesamt 87000 Mann, gab es kein einziges Flugzeug und nur vier schwere Geschütze. Die Waffen- und Munitionsfabriken erhielten deshalb von der Regierung Vorschüsse auf ihre Lieferungen, um neue Produktionsstätten zu schaffen. Sie erhielten praktisch unlimitierte Kredite, und man ließ sie verdienen wie noch nie, um die Selbstfinanzierung zu fördern. Die durchschnittliche Gewinnspanne der amerikanischen Stahlindustrie z. B. hatte 1915 bereits 7,4 % betragen, betrug 1917 aber 28,7 %; die »Bethlehem Steel« verdiente 1918 netto 43 % und die »Jones Laughlin Steel« 47 %. Nicht zuletzt, weil Präsident Wilson 1917 *das System der »Ein-Dollar-Männer«* einführte: Bewährte Wirtschaftsführer gaben ihre Privatstellungen auf und dienten für ein nominelles Gehalt von einem Dollar pro Jahr dem Staat, um die Kriegswirtschaft und vor allem die Rüstungsproduktion »unbürokratisch« auf Hochtouren zu bringen. Der alte Andrew Carnegie sagte damals: »Ein tüchtiger Organisator ist im Krieg eine Million Dollar im Jahr wert. Aber ein Dollar ist zu teuer.« Denn Carnegie kannte seine Kollegen und wußte, daß die Firmentreue schon deshalb bei Aufträgen etc. eine Rolle spielte, weil der Krieg ja eines Tages wieder aufhört.

Der erste prominente »Ein-Dollar-Mann« war James A. Farrell, Präsident der »United States Steel«, der 1903, als ihr damaliger Auslands-Verkaufschef, den »National Foreign Trade Council« gründete, die bis heute mächtigste amerikanische Export-Förderungs-Vereinigung. Der wurde von Präsident Wilson zum Vorsitzenden des Ausschusses ernannt, der die Kriegsaufträge für Stahl verteilte – und so erhielt seine Gesellschaft sieben Zehntel all dieser Aufträge, konnte sie im Ersten Weltkrieg vier große, neue Werften errichten und auf Neville Island im Ohio die größte Kanonenfabrik der Welt. Der Amerikaner Harvey O'Connor faßte 1935 ihre Erfolge in die Worte: »Den Reingewinn von 1914 zugrundegelegt, machte die ›United States Steel‹ 1915–18 Kriegs-Übergewinne von 661 Millionen Dollar – netto 553 Dollar für jeden getöteten Deutschen ... Beim Waffenstillstand hatten die Aktiven von Amerikas führender Stahlfirma um 771 Millionen zugenommen, obwohl 1916–18 an Dividenden 282 Millionen $ ausbezahlt worden waren. Die Inhaber von Aktien im Nennwert von 508 Millionen bekamen davon 207 Millionen – 40 % also.«

Ein anderer »Ein-Dollar-Mann« war Charles Michael Schwab, der erwähnte »Navy League«-Mitbegründer und Präsident der »Bethlehem Steel Company«, ein Arbeitersohn, der, Carnegies »rechte Hand« geworden, mit dessen Werken von der »US-Steel« übernommen worden war, sich in ihr aber nicht wohlfühlte und ihr überaus erfolgreicher Konkurrent wurde, indem er als erster in den USA die Vorteile von Stahlwerks-Standorten nahe der Verbrauchszentren erkannte. Überall waren die Werke nahe der Kohle oder nahe der Erze gebaut worden. Schwab produzierte im Lehigh-Tal, nur etwa 100 Kilometer südwestlich von New York, damals eines der wichtigsten Verbrauchszentren *und* führender Export-Hafen, und baute in Sparrowpoint an der Chesapeake-Bucht auch das erste Küsten-Stahlwerk der USA. Als es zum Ersten Weltkrieg kam, reiste er sofort nach England – und überquerte während dieses Krieges trotz der U-Boot-Gefahr, die J. P. Morgan d. J. von allen Schiffsreisen abhielt, den Atlantik noch mehr als zwanzigmal, um Aufträge zu erhalten. Die Alliierten bestellten bei ihm schon vor dem Kriegseintritt der USA Rüstungsmaterial für mehr als eine halbe Milliarde Dollar, und der Börsen-Kurs der »Bethlehem-Steel«-Anteile stieg von 45 auf 710 Dollar. Präsident Wilson machte Schwab 1917 zum Leiter der »Emergency Fleet Corporation«, und so verdiente seine Firma an jeder Tonne Schiffs-Neubauten durchschnittlich $ 49,59 oder 20,5 %, während andere Werften nur etwa 10 Dollar verdienten. Die Reingewinne der »Bethlehem Steel« waren während der vier Kriegsjahre 1915–18 im Durchschnitt achtmal so hoch wie in den vorangegangenen vier Friedensjahren.

Waren die privaten Kriegsgewinne enorm und »machte« der Erste Weltkrieg (dem Nye-Ausschuß zufolge) 21000 neue amerikanische Millionäre, so brachte er aber anscheinend auch der Allgemeinheit gewaltige Vorteile; *die »nationalen« amerikanischen Gewinne der Jahre 1914–19 betrugen:*

Verfünffachung des Ausfuhr-Überschusses von 540 auf 2712 Millionen Dollar jährlich.

Verdopplung der Gesamtwirtschaftsleistung von 34 auf 68 Milliarden Dollar.

Binnen fünf Jahren Zunahme des Volksvermögens um vier Zehntel, von 205 auf 285 Milliarden und pro Kopf von etwa 2000 auf 3600 Dollar, während die anderen Kriegführenden 125 Milliarden Dollar ihres Nationalvermögens einbüßten.

Und vor allem: Statt vier Milliarden Auslandsschulden nun mehr als elf Milliarden Dollar Guthaben:

Der Erste Weltkrieg machte die Vereinigten Staaten erstmals in ihrer Geschichte von einer Schuldner- zu einer Gläubiger-Nation.

Allerdings nur auf dem Papier und nur dem Ausland gegenüber: Wie die Alliierten Schulden in den Vereinigten Staaten machten, so machte die Union Schulden bei ihren eigenen Bürgern, und 1914–19 wuchs die Bundesschuld von einer auf 26,6 Milliarden Dollar, nicht auf das Doppelte, wie die Gesamtwirtschaftsleistung, sondern auf das fast Siebenundzwanzigfache. Die *Zins*-Belastung betrug nun eine Milliarde jährlich und damit um ein Viertel mehr, als die *Gesamt*-Staatsausgaben des Jahres 1914: Im Ersten Weltkrieg begann die enge Verflechtung zwischen der Wirtschaftsführung und der militärischen Führung der Vereinigten Staaten, die heute ein *Welt*-Problem ist. Da begann aber auch eine Schuldenwirtschaft, die niemand für möglich gehalten hatte und die sich heute ebenfalls *weltweit* auswirkt. Und da brach durch den Ersten Weltkrieg die *Welt*-Wirtschaft zusammen, weil die Vereinigten Staaten *nicht* die Konsequenz aus ihrer neuen Gläubigerstellung zogen.

Der große Welt-Gläubiger war generationenlang England gewesen. Und solange England die führende Industrie-, Welthandels- und Kreditgeber-Nation war, konnten seine Schuldner und Kunden ihre Verpflichtungen *stets* durch Güterlieferungen oder Dienstleistungen abdecken. England war auch *der* große Rohstoff- und Nahrungsmittel-Käufer, hatte ein chronisches Handels-*Defizit* und glich seine Zahlungsbilanz durch »Invisibles« aus, die »unsichtbaren« Zinserträge des im Ausland angelegten Kapitals, die Schiffahrts-Einnahmen, die Gewinne seiner Versicherungsgesellschaften, Handelsunternehmen, Makler etc. etc.

Wie später die Vereinigten Staaten, besaß England lange die größten Direkt-Auslands-Investitionen der Welt. Aber es legte sein Geld vorwiegend in der Infrastruktur an, baute z. B. nicht nur die Eisenbahnen Britisch-Indiens oder Kanadas, sondern auch die Argentiniens und anderer iberoamerikanischer Länder. England schuf Dutzende von Welthäfen und baute Dämme wie die im Sudan und in Ägypten, die die Baumwoll-Produktion vervielfachten, was der Baumwollindustrie Lancashires zugute kam, aber auch lokal Kapital schuf. Und stets wichtiger als die Direktanlagen blieben die Auslands-Anleihen der City, Geld, das es *anderen* ermöglichte, ihre Naturschätze etc. zu nutzen.

Die Vereinigten Staaten konnten ihre Bevölkerung nicht nur selber ernähren, sondern wurden durch den ersten Weltkrieg zum größten Agrar-Exportland der Welt (und blieben das bis heute). Sie besaßen selber riesige Grundstoff-Vorkommen und konnten so auch zur führenden Industrienation aufsteigen, *ohne,* wie England, große Teile des Veredelungs-Gewinns ans Ausland abgeben zu müssen. Und wenn sie durch den Ersten Weltkrieg reich wurden und sich die Kaufkraft ihres riesigen Binnenmarktes vervielfachte, so blieb *die amerikanische Schutzzoll-Mentalität* durch die neuen Umstände nicht nur unverändert, sondern verschärfte sich noch.
In den Vereinigten Staaten waren die Zoll-Einnahmen, wie geschildert, seit Alexander Hamilton und bis zur Einführung der Einkommensteuer im Jahre 1913 die wichtigsten aller Bundeseinnahmen. Waren die Zölle ursprünglich mit durchschnittlich 5% des Einfuhrwertes gering gewesen, so stiegen sie rapide und trugen entscheidend zum Sezessionskrieg bei. Die heutige »Republikanische Partei« entstand 1860 als »Tariff Party«, sinngemäß »Zollschutz-Partei«. Als Präsident Cleveland 1888 versuchte, »den schlechten, unbilligen und ungesetzlichen Zolltarif, der schwer auf der Bevölkerung lastet«, zu revidieren, brachten die Republikaner die entsprechenden Gesetze zu Fall, sie erklärten: »Unser Schutzzoll-System ist uns heilig, auch nicht der geringste Teil darf aufgegeben werden!« Und dabei blieb es. Im Parteiprogramm der Republikaner hieß es auch noch 1929: »Wir bleiben überzeugt, daß Schutzzölle eine der essentiellen Grundlagen unserer Wirtschaft bilden ... Sie ermöglichen die Entwicklung unserer Ressourcen, die Vervielfachung der Arbeitsplätze, hohe Löhne und damit die Schaffung eines gewaltigen Binnenmarktes für unsere Farmer. Schutzzölle steigerten unseren Lebensstandard und sicherten das Wohlergehen des amerikanischen Volkes.«
Zwischen 1920 und 1930 betrug der Export-Überschuß der Vereinigten Staaten über 11 Milliarden Dollar. Die US-Einfuhr

betrug 1929 mit 4,4 Milliarden um eine Milliarde *weniger* als 1921. Aber der Kongreß *erhöhte* die amerikanischen Zölle 1921, 1922 und 1930 drastischer denn je. Und konnten Amerikas Handelspartner so ihre Käufe nicht durch Lieferungen begleichen, so auch ihre Schulden und ihre Zinsen nicht durch Güter oder Dienste decken.

Amerikas Kunden und Schuldner mußten in Gold bezahlen, und der Tag war abzusehen, an dem es außerhalb der USA kein Gold mehr gab. Wie es Sumner Welle als Stellvertretender US-Außenminister am 7. Oktober 1941 sagte: »Nach dem Ersten Weltkrieg, als die Vereinigten Staaten die größte Gläubiger-Nation der Welt geworden waren und andere Völker von uns Hilfe erwarteten, fügten wir ihren geschwächten Wirtschaften schwere Schläge zu ..., wirkte sich unsere Zollpolitik im letzten Winkel der Welt aus und stürzte zahllose Gemeinschaften in Not und Verzweiflung ... Und diese Not, diese Enttäuschungen und der so entstandene Groll bahnten den Diktaturen den Weg, die schließlich die Welt in einen zweiten allgemeinen Krieg stürzten ...«

Vorerst allerdings schien die Not Europas keinen Einfluß auf *die amerikanische Prosperität* zu haben. Zwar kam es, wie erwähnt, durch das Aufhören der Kriegslieferungen zu einer schweren Krise, und das Bruttosozialprodukt der USA sank 1919–21 von 68 auf 51 Milliarden Dollar. Aber rasch stieg es wieder, nicht zuletzt auch durch den *von der Autoindustrie erzwungenen Straßenbau:* Besaßen die Vereinigten Staaten im Jahre 1900 ein Eisenbahnnetz von 320000 Kilometern, so sage und schreibe 16 Kilometer Betonstraßen. Erst der »Highway Act« des Jahres 1916 brachte unter dem Slogan »Get the farmer out of the mud« (»Zieht die Farmer aus dem Schlamm«) Fortschritte, denn durch längere Regenperioden waren damals noch Millionen und Abermillionen amerikanischer Farmen unerreichbar, die Wege und Straßen verschlammt. Der Erste Weltkrieg aber hatte auch die amerikanische Automobilindustrie *so* groß gemacht, daß sie nun ihren Binnenmarkt entsprechend entwickeln mußte und eine bis heute höchst einflußreiche Straßen-Lobby finanzierte. Hatten im Jahre 1900 in den USA 2200 Arbeiter insgesamt 4190 Kraftwagen hergestellt, so stieg die Produktion 1913–23 von 0,4 auf 2,5 Millionen, 1925 wurde bereits das 25millionste amerikanische Auto erzeugt und 1935 das 50millionste.

Seit 1920 wurden deshalb in den USA Straßen gebaut, für die binnen einer einzigen Generation 111 Milliarden Dollar ausgegeben wurden. Auch der Wert der Automobilerzeugung verzehnfachte sich 1919–29 auf 3,6 Milliarden Dollar, und dementsprechend stieg der Benzinverbrauch, die Garagisten-Verdienste etc. etc. Dazu kamen neue Industrien wie die durch Radio und Rundfunk geschaffenen. Rasch wurde die Krise von 1920, die eine Warnung vor *zu* rascher Expansion hätte sein sollen, vergessen, und die amerikanische Prosperität schien in den »Goldenen zwanziger Jahren« grenzenlos steigerungsfähig zu sein. Betrug das Bruttosozialprodukt der Vereinigten Staaten 1919, wie gesagt, 68 Milliarden, so im Durchschnitt der Jahre 1923–29 etwa 77, und von diesen wurden alljährlich 18,8 oder 24,4% neu investiert, *alle zwölf Monate mehr für den Ausbau des Produktionsapparats verwendet, als vor einer Generation insgesamt an Gütern und Diensten zur Verfügung stand,* denn im Jahre 1900 betrug die Gesamtwirtschaftsleistung ja erst 18,3 Milliarden. Die Wertsteigerung durch die Industrie (»value added by manufacture«) allein betrug 1929 fast 31 Milliarden Dollar – und damit hatte die amerikanische Kaufkraft *nicht* Schritt gehalten: Die Löhne in der eisenschaffenden und eisenverarbeitenden Industrie z. B. betrugen 1921 – die vom Januar 1915 gleich 100 gesetzt – 262. Auch die Preissteigerungen berücksichtigt, war 1928 die Kaufkraft der amerikanischen Löhne etwa 75% höher als 1919. Aber die Zahl der Beschäftigten nahm 1921–29 nur um weniger als sechs Millionen zu; die Produktion war nicht nur ausgeweitet, sondern auch rationalisiert worden, und so war eine neue Krise unvermeidlich.

Vorläufig Gewinne, Löhne und Einkommen jedenfalls groß genug, um die Zahl der amerikanischen Aktienbesitzer 1919–29 zu verzwölffachen. Millionen »kleiner Leute« wollten nun ebenso teilhaben am gewaltigen Wachstum der amerikanischen Wirtschaft wie die »Reichen«, sahen in Aktien aber nicht nur eine Geldanlage und eine Form des Sparens, sondern *ein Mittel, um rasch reich zu werden.* Wurden an der New Yorker Börse 1913 rund 86 Millionen Aktien umgesetzt, so 1929 über 1125 Millionen, und deren Kurse waren seit 1925 unablässig gestiegen. Es gab Papiere, die 1925 auf 12 Dollar standen und 1929 auf 244, eine Wertsteigerung auf das mehr als Zwanzigfache also. *Rasch* reich werden, das war immer schon der Traum unzähliger Amerikaner gewesen, und so schrieb z. B. auch Winston Churchill im Vorwort zu R. I. Warshows »The Story of Wallstreet«, die 1930 in New York erschien: »Kein Vorgang innerhalb oder außerhalb des Landes ... erregt in den Vereinigten Staaten eine derartige Anteilnahme wie die Vorgänge in Wallstreet ..., denn *die Amerikaner sind ein Volk von Spekulanten,* hier spekulieren nicht einzelne, sondern Dutzende Millionen, und wie die niemand aufhalten kann, wenn sie zur Börse drängen, so kann niemand sie auch nur eine Sekunde aufhalten, wenn sie, von Panik ergriffen, aus ihr flüchten ... Und sie *wurden* von Panik ergriffen, als sie zu erkennen begannen, daß sie nicht reich waren, sondern sich nur für reich gehalten hatten ...«
Im Jahre 1929 war das amerikanische Bruttosozialprodukt mit 103 Milliarden Dollar mehr als doppelt so hoch wie 1921.
Der Nennwert aller an der New Yorker Börse notierten Aktien und Obligationen betrug 1921 insgesamt 1,23 Milliarden, gleich 16 Dollar pro Kopf der Bevölkerung. Am 1. September 1929 stand der Kurswert dieser Papiere auf 136,4 Milliarden Dollar, nicht auf dem Doppelten wie die Gesamtwirtschaftsleistung, sondern da betrug er das Einhundertelffache. Pro Kopf waren das nun 1136 Dollar, während das gesamte Volksvermögen der USA damals auf etwa 3000 Dollar pro Kopf geschätzt wurde.

Dieses ungeheure Börsenvermögen mußte also zum Großteil aus Luft bestehen. Und als einige institutionelle Anleger, vor allem Versicherungsgesellschaften und große Pensionskassen, an der Realität dieses Reichtums zu zweifeln begannen, kam es zur Katastrophe. Denn bis 1934, zur Einsetzung der SEC, der »Securities and Exchange Commission« als einer Art »Marktpolizei«, war ja nicht nur die Publizitätspflicht der amerikanischen Aktiengesellschaften so gering gewesen, daß außer einigen »Insidern« *niemand* wußte, welche realen Werte hinter diesem oder jenem Papier standen. Da hatte es vor allem keine »Margin«-Vorschriften gegeben, konnten Aktien, die im Depot der Makler oder Banken blieben, schon mit 10 bis 15% Bareinzahlung erworben werden.
Die amerikanische Börsen-Hausse der Jahre 1925–29 kam vor allem durch Schuldenmachen zustande, allein zwischen Februar 1926 und Juli 1928 stiegen die Verbindlichkeiten der Aktienkäufer von etwa dreieinhalb auf sieben Milliarden Dollar, und im Oktober 1929 wurden sie auf 11 Milliarden geschätzt.
Davon stammten Ende 1928 rund 3,1 Milliarden aus Europa. Denn *so* sicher waren die amerikanischen Spekulanten, daß die Hausse noch lange anhalten werde, daß sie kurzfristig Geld liehen und das bekamen, weil der New Yorker Tagesgeld-Zins (der Zins für »call money«) von 4,5–5,5% im Januar 1928 auf 9–12% im Januar 1929 stieg und im Sommer die Börsengewinne derart hoch waren, daß auch 15–20% bezahlt wurden. Der Tagesgeld-Satz in Paris aber betrug damals 3,5%, in London 4–5%.
Nun muß natürlich, wer Aktien im Kurswert von 100 Dollar mit nur 15 Dollar eigenem Geld kaufte, mindestens das Doppelte »nachschießen«, wenn der Kurs auf 50 fällt, oder es wird ihm der Kredit überhaupt gekündigt, und er muß den vollen Kurswert bezahlen. Und *das* ruinierte Unzählige, die alles verkaufen mußten, was sie besaßen und damit doch nicht das nötige Geld zusammenbrachten. Diese Ruinierten ruinierten zahl-

lose Makler und diese ihre Banken. Denn natürlich wurden sofort alle Kurzfrist-Kredite gekündigt, als am 24. Oktober 1929 die ersten großen Kurseinbrüche an der New Yorker Börse erfolgten. Eine Kettenreaktion kam in Gang, wie es sie noch niemals zuvor gegeben hatte, Aktien wurden um *jeden* Preis verkauft, und wenn im Durchschnitt des Jahres 1928 an der New Yorker Börse täglich etwa 3 Millionen Aktien angeboten wurden, so am »Schwarzen Dienstag«, dem 29. Oktober 1929, über 16,4 Millionen. Binnen vier Tagen fielen die New Yorker Aktien-Kurse um 15 Milliarden Dollar, während – so unglaublich das heute klingt – die gesamten Bundesausgaben des Jahres 1929 nur 3,85 Milliarden betrugen. Ein Jahr später waren die an der New Yorker Börse gehandelten Aktien 32 Milliarden Dollar wert, und als am 1. Juli 1932 der tiefste Stand erreicht wurde, waren es statt der 90 Milliarden des höchsten nur mehr 15,6:
Binnen 20 Monaten verloren die Besitzer amerikanischer Aktien 74 Milliarden Dollar, so viel, wie im Jahre 1920 die Gesamt-Wirtschaftsleistung der Vereinigten Staaten betragen hatte und das Viereinhalbfache des BSP des Deutschen Reiches im Jahre 1928.
In den Vereinigten Staaten hatte es, wie geschildert, schon viele schwere Krisen gegeben, und *bereits aus der amerikanischen Krise von 1857 war eine Welt-Krise geworden.* In einem Bericht aus der Zeit heißt es: »Die Krise des Jahres 1857 zeichnet sich vor allen übrigen sowohl durch die ungeheure Ausdehnung des heimgesuchten Gebietes wie durch neuartige Ursachen aus. In Nordamerika anhebend, sprang die Bewegung nach England über; erschütterte dann den ersten Handelsplatz Deutschlands, Hamburg, bis ins innerste Mark; entlud sich als ein furchtbares Gewitter über den Hauptstädten der skandinavischen Königreiche und setzte seine Schwingungen fort, Haus für Haus stürzend, über die Handelsstädte Norddeutschlands, Belgiens, Hollands, Polens, Österreichs, Frankreichs. In ungeheuren Sätzen über zwei Weltmeere springend, warf sie eine

Anzahl Firmen in Brasilien, in den La Plata-Staaten und in Batavia auf den Sunda-Inseln nieder ...«
Aber diese, wie die von den USA ausgehenden Krisen von 1873 und 1893 war eine *Finanz*-Krise, die nur indirekt die Produktion berührte, zwar die Arbeitsplätze der in Konkurs gegangenen Unternehmen vernichtete, nicht aber wie die der dreißiger Jahre mindestens 40 Millionen Menschen brotlos machte. Die traf nicht nur Handelshäuser und Banken, sondern wirkte sich auf die Schafzüchter Australiens wie auf die Kupferbergwerke Chiles und Katangas aus, auf die Kautschuk- und Zinn-Kulis Malayas und die Baumwollpflanzer Ägyptens. *Alle* Bauern der Welt wurden in Mitleidenschaft gezogen, alle Reeder und Seeleute, die Fischer wie die Kaffeepflanzer, die Schweizer Uhrenarbeiter wie die Kumpel an der Ruhr. Die Lage in den Vereinigten Staaten selber schilderte im November 1930 Lord d'Abernon: »Seit König Midas Zeiten hat es keine so paradoxe Situation gegeben wie die, in der sich jetzt Amerika befindet: Die Notenbankgewölbe bersten von Gold. Ebenso aber bersten die Lagerhäuser von Gütern, an denen Millionen und Abermillionen Menschen Mangel leiden, die aber nur weit unter den Gestehungskosten verkauft werden könnten oder überhaupt keine Abnehmer finden.«
Neu an der amerikanischen Krise der dreißiger Jahre aber war vor allem: alle vorangegangenen waren relativ rasch überwunden worden. Diese nicht, denn nicht nur Waren, sondern *auch Menschen wurden nach dem Ersten Weltkrieg von den USA ausgesperrt.* Die amerikanischen Einwanderungsgesetze vom 19. Mai 1921 und 26. Mai 1924 ließen bereits 1921–30 die Einwanderung aus Europa auf 4,1 Millionen fallen, während es 1901–10 fast 9 Millionen gewesen waren. Schon der Erste Weltkrieg hatte die Einwanderung drastisch beschränkt, und schließlich wurde sie seit 1927 auf 150 000 jährlich gedrosselt. Nahm die Bevölkerung der USA 1900–1910 um rund 16 Millionen zu, so wuchs sie 1930–40 nur um weniger als 9 Millionen. Zoll- *und* Einwanderungs-Politik, Gold-Thesaurierung

und Spekulationsverluste wirkten zusammen und verhinderten den Abbau der Überproduktion.
Die amerikanischen Produktions-Über-Kapazitäten aber waren riesig, denn bei weniger als 6 % der Weltbevölkerung entfielen 1929 auf die Vereinigten Staaten in % der Weltproduktion:

Automobile	77
Mineralöl	68
Baumwolle	56
Rohstahl	47
Kohle	40
Zement	40
Weizen	21 etc. etc.

Die Produktions-*Kapazitäten* aber waren selbst im Boom-Jahr 1929 noch wesentlich höher als die Produktion. Die Automobilfabriken z. B. konnten 7 Millionen Pkw und Lkw jährlich herstellen, während sie nur 5,6 produzierten und so nur zu 80 % ausgenutzt waren. 1929–32 sank der Wert ihrer Produktion von 3,6 auf 0,8 Milliarden Dollar, sie erzeugten nun nur noch 1,4 Millionen Fahrzeuge, die Kapazitäts-Ausnutzung fiel also auf 20 %. Bei der amerikanischen Stahlindustrie war es ähnlich. Die Kapazität betrug 1929 rund 69 Millionen Tonnen. Erzeugt wurden 56,4 = 82 %. Im Jahre 1932 nur 14,3 Millionen Tonnen, da war ebenfalls nur ein Fünftel der Kapazität genutzt. Ähnlich war es in vielen »Branchen«, auch in neuen, wie z. B. der Herstellung von Rundfunkempfängern. Da betrug die Kapazität 1932 etwa 18 Millionen Stück. Abgesetzt wurden 3 Millionen.
Für Krisenzeiten war also *die amerikanische Industrie um das Fünffache zu groß,* und gewaltige Über-Kapazitäten gab es auch in der Agrarproduktion: Die Getreide-Ausfuhr der Vereinigten Staaten hatte sich in der zweiten Hälfte des 19. Jahrhunderts verfünfzehnfacht. Sie stieg durch den Ersten Weltkrieg erneut um das Siebenfache, denn Rußlands Lieferungen

fielen aus, und Europas Bauern standen an den Fronten. Bereits bei Ausbruch des Krieges war ein Fünftel der amerikanischen Ernten exportiert worden, und als er zu Ende ging, war die Ackerfläche der USA um 16 Millionen Hektar größer. Dementsprechend war in den dreißiger Jahren die Not der amerikanischen Farmer. Vor allem um die Agrarpreise zu heben und den Agrarexport zu erleichtern, kam es am 31. Januar 1934 zur *Dollar-Abwertung um 41 %* (von der noch die Rede sein wird), aber die Wirkung blieb gering. Nicht nur das Welthandels-Volumen war 1938 um ein Drittel geringer als 1929 und nicht viel höher als 1914, auch die amerikanische Ausfuhr schrumpfte 1928–38 von 5,2 auf 3,2 Milliarden, und die entsprachen nur 1,92 Milliarden Dollar des Jahres 1929. Und so trägt der dritte Band der Memoiren Präsident Herbert Hoovers mit Recht den Titel »The Great Depression 1929–41«; diese »Große Krise der Jahre 1929–41« »heilte« erst der Zweite Weltkrieg. Offen sagt Hoover: »Schließlich wandte sich Roosevelt vom ›New Deal‹ ab und der internationalen Politik zu. Er überdeckte das völlige Debakel der ›gelenkten Wirtschaft‹ mit der Umhüllung des Krieges.«
Das beweisen eindeutig auch die amtlichen Statistiken.
Die Wirtschaftslage der Vereinigten Staaten im Jahre 1939 war: Bruttosozialprodukt 90,4 Milliarden Dollar, um 13 Milliarden weniger als 1929. In Dollar von 1929 aber nur 53,4, das heißt um 50 Milliarden weniger.
Ausfuhrwert nominell die Hälfte des letzten Blütejahres, real weniger als ein Drittel.
Mit 10,4 Millionen fast ein Fünftel der Erwerbstätigen arbeitslos. Vor allem, weil die privaten Neu-Investitionen 1938 nur 4,4 Milliarden statt der (Regierungs-Berechnungen zufolge) 18 Milliarden betragen hatten, die eine »normale Beschäftigung« erfordert hätte. Und weil die amerikanischen Militärausgaben 1939 nur 1,4 Milliarden oder weniger als 11 Dollar pro Kopf betrugen, der Personalstand der Wehrmacht insgesamt 268 000 Mannschaften und Offiziere.

Das zu ändern schien schwierig, denn eine Gallup-Umfrage vom September 1938: »Wenn es in Europa einen neuen Krieg wie den von 1914–18 gibt, soll sich Amerika dann erneut an ihm beteiligen?« hatte 95% »Nein!« erbracht. Da gab es auch die »Johnson-Bill« vom 13. April 1934, die jederlei Kreditgewährung an Schuldner des Ersten Weltkrieges verbot, die nicht voll ihren Verpflichtungen nachkamen, und das hatte nur ein einziger, Finnland, getan. Das amerikanische Neutralitätsgesetz vom 31. August 1935 verbot jegliche Ausfuhr von Waffen und Munition an Kriegführende, und ein am 1. Mai 1937 angenommener Zusatz schrieb für alle übrigen Waren das »cash and carry«-Prinzip vor: Alle amerikanischen Lieferungen mußten bar bezahlt und von den Käufern selber transportiert werden. Aber da gab es Roosevelts »Reconstruction Finance Corporation«. Die kaufte, nachdem es zum Zweiten Weltkrieg gekommen war, »zur Stabilisierung des Effektenmarktes und um Börsen-Krisen zu verhindern« an amerikanischen Börsen notierte englische und französische Papiere im Wert von etwa vier Milliarden Dollar und schrieb den Gegenwert London und Paris für »Nahrungsmittelkäufe« gut. Wenn Kriegführenden keine Waffen geliefert und keine Kredite gewährt werden durften, so sagten die betreffenden Gesetze nichts über das »Verpachten« von Waffen und das »Verleihen« von Gütern, und so trat am 11. März 1941 *das amerikanische »Pacht-Leih-Gesetz«* in Kraft; und bis Juni 1946 leisteten die Vereinigten Staaten 38 ihrer Verbündeten Kriegshilfe im Wert von 50,7 Milliarden Dollar. Präsident Franklin Delano Roosevelt hatte erklärt: »Diese Hilfe ermöglicht es uns, nicht selber Krieg zu führen.« Aber natürlich mußte Amerika auf alles gefaßt sein, mußte es sich in diesen gefährlichen Zeiten verteidigen können, und so bewilligte der Kongreß bereits 1940 die ersten zwölf Milliarden Rüstungsgelder. Und da *wurden* die Vereinigten Staaten »heimtückisch von Japan angegriffen«, denn die amerikanische Verfassung gibt ihren Präsidenten, wie schon geschildert, jederzeit die Möglichkeit, aus *eigener* Machtvollkommenheit Kriege auszulösen, und Präsident Roosevelt erließ, wie ebenfalls bereits geschildert, am 2. August 1941 oder fünf Monate *vor* Pearl Harbor sein Öl-Embargo gegen Japan. Und das bedeutete durch den Deutsch-Japanischen Bündnisvertrag auch Krieg gegen das Dritte Reich.

Ist es einmal zum Krieg gekommen, so *muß* er aber finanziert werden, und so bewilligte der Kongreß während der fünf Jahre 1942–46 für Amerikas »Verteidigung« 361,5 Milliarden Dollar. Im mehr als *zehnfachem* Ausmaß wiederholte sich, was sich bereits im Ersten Weltkrieg abgespielt hatte:

Die amerikanische Kriegswirtschaft wurde von den privaten Wirtschaftsführern organisiert und geleitet. Nun gab es 631 »prominente Persönlichkeiten, die sich gratis in den Dienst des Staates stellten«. Typisch für die »Ein-Dollar-Männer« war nun Signius Wilhelm Paul Knudsen, der 1899 mit 30 Dollar aus Dänemark nach Amerika gekommen war und 1939 als Präsident von »General Motors« jährlich 330.000 Dollar verdiente. Er war 1942–45 Leiter der Rüstungsproduktion der USA und sorgte u. a. dafür, daß die Bundesregierung »General Motors« 300 Millionen Dollar »für die Erneuerung durch den Krieg abgenutzter Maschinen« zur Verfügung stellte. Die Bekanntgabe dieser »Entschädigung« ließ die GM-Aktien um 14 Dollar steigen. Und da Knudsen 83000 GM-Anteile besaß ...

Dabei waren zu den 827000 Werkzeugmaschinen zum Teil ansehnlichen Alters, die es 1939 in den USA gab, bis zum Frühjahr 1945 durch direkte oder indirekte Staatsmittel 747000 modernste hinzugekommen. Der Bund leistete für seine Aufträge hohe Anzahlungen, stellte für Industrie-Ausweitungen ein Drittel des Kapitals bar zur Verfügung, und bereits im Oktober 1940 wurde »kriegswichtigen« Unternehmen der bis 7. Dezember 1941 »neutralen« Vereinigten Staaten erlaubt, Neuanlagen binnen fünf Jahren voll abzuschreiben. Als erste erhielt die »Bethlehem Steel« solch ein »Certificate of Necessity« zur Ausweitung ihrer Rohstahl-Kapazität um 850000 Tonnen und die amerikanische Stahlindustrie insgesamt 1941–45 solche

Steuer-Nachlässe für 14 Millionen Tonnen zusätzlicher Kapazität.

Unmittelbar machten Steuergelder 16,2 der 25,2 Milliarden Dollar industrieller Neuinvestitionen der Jahre 1940–45 aus. Für den Staat wurden vor allem Munitions- und Waffenfabriken gebaut – und 1945 »re-privatisiert«, der »United States Steel« z. B. Anlagen, die 190 Millionen Dollar gekostet hatten, für 47 überlassen. Wie im Ersten Weltkrieg sollten die »Gewinne hoch genug sein, um die Selbstfinanzierung zu ermöglichen«. Und so betrugen die Reingewinne der amerikanischen Aktiengesellschaften statt 1936–40 jährlich 15,3 Milliarden 1940–44 im Durchschnitt 42,3 Milliarden, »machte« der Zweite Weltkrieg 28000 neue Millionäre statt der 21000 der Jahre 1914–19.

Natürlich stiegen auch die Löhne, denn bereits 1942 betrug dem »National Resources Board« zufolge die Zahl der für die Rüstung Tätigen 11,7 Millionen, und 1944 erreichte *die amerikanische »Wehrbeschäftigung« 27 Millionen,* waren für den Krieg von den damals insgesamt 53,8 Millionen Erwerbstätigen die Hälfte Soldaten, Rüstungsarbeiter und deren Hilfskräfte.

Der vermehrte Arbeitskräfte- und Kapitaleinsatz ließ die amerikanische Gesamtproduktion 1940–45 auf das mehr als Doppelte steigen, brachte das BSP von 97 auf 214 Milliarden Dollar. Das war *eine jährliche Produktionsausweitung auf das Fünffache des Normalen,* und so entstanden erneut *riesige* Über-Kapazitäten. Wie schon gesagt, wurden in den Vereinigten Staaten 1940–45 über 76000 Schiffe mit zusammen 64 Millionen Bruttoregistertonnen gebaut. Da wurden 480000 Schiffs- und Landgeschütze erzeugt, 86000 Panzer und 2,4 Millionen andere Kriegsfahrzeuge. Die US-Stahlerzeugung des Jahres 1942 z. B. war folgendermaßen von der Regierung aufgeteilt worden: 67% Schiffbau, Wehrmacht, Pacht-Leih-Lieferungen. 18% für den Bergbau und neue Grundstoffwerke. 15% Landwirtschaft und Eisenbahnen. »Kriegsbedingt« insgesamt 82%, »zivile Prioritäten« 18%.

Wurde die Stahlerzeugung 1940–45 verdoppelt, so aber die Aluminiumerzeugung verachtfacht, denn stets ergab sich »eines aus dem andern«: Seit Ende des Ersten Weltkrieges besaßen die Vereinigten Staaten die mächtigste Flotte der Welt. Aber bereits 1925 erklärte General William Mitchell:
»Keine Armee und keine Marine, wie mächtig auch immer, kann sich in Zukunft halten, wenn sie nicht auch den Luftraum beherrscht.«
Die im Ersten Weltkrieg eingesetzten Flugzeuge stammten praktisch alle aus Europa, eine nennenswerte amerikanische Flugzeugindustrie gab es nicht. Noch 1921 wurden nur 302 Maschinen im Wert von 7,4 Millionen Dollar gebaut. Ihren Luftpostverkehr nahmen die USA mit Junkers-Maschinen auf, und auch 1939 betrug der Produktionswert der amerikanischen Flugzeugindustrie nur 544 Millionen Dollar. Durch den Zweiten Weltkrieg aber konnten 300 000 Flugzeuge und eine Viertelmillion Flugmotoren abgesetzt werden, der Produktionswert betrug 16 Milliarden.
War damals die amerikanische Flugzeugproduktion völlig kriegsbedingt, so die Gesamt-Industrieproduktion zu etwa sieben Zehnteln und auch ein etwa gleich hoher Prozentsatz der Agrarproduktion »anormal«. Erneut machten Amerikas Farmer riesige Gewinne, denn durch den Krieg brachte z. B. ein Hektar Baumwolle im Durchschnitt 270 statt 55 Dollar, ein Hektar Weizen 118 statt 37.
Ihre Gewinne legten die Farmer natürlich an. Sie kauften ihren Söhnen eigene Farmen. Sie kauften Traktoren und Mähdrescher, und zwar weit leistungsfähigere als ihre alten. Sie begannen – was es lange nicht gegeben hatte – mehr und mehr Mineraldünger zu verwenden, und waren die Hektarerträge der USA die niedrigsten aller entwickelten Länder gewesen, so stiegen sie im und nach dem Zweiten Weltkrieg rapide.
Ähnlich aber war es in der gesamten Wirtschaft der USA. Die Kriegsgewinne wurden (wovon noch die Rede sein wird) teil-

weise im Ausland angelegt, aber überwiegend zur Rationalisierung und Produktionsausweitung für den Binnenmarkt verwendet. Und zwar auch *nachdem* der Kriegsbedarf aufhörte. Denn da gab es einen ungleich größeren Nachholbedarf als nach dem Ersten Weltkrieg, und als eine Art Fortsetzung der 1946 beendeten »Lend-Lease«-Lieferungen kam es zum »Marshall-Plan«, zur »Economic Cooperation Administration«, die 1948–52 rund 12,3 Milliarden Dollar an Krediten und à fonds perdu ausgab.
1945–50 wurden in den Vereinigten Staaten weitere 84 Milliarden Dollar neu investiert, und wenn 1945 die amerikanische Industrie-Kapazität um etwa 34% höher als 1939 gewesen war, so war sie 1950 um 65% höher.
Damit *weitaus* höher als die Absatzmöglichkeiten im In- und Ausland. Ähnlich übersteigert war die Agrar-Kapazität, und so waren 1950 mehr als 14 Millionen Tonnen amerikanischen Weizens unverkäuflich, mußten immer mehr Agrarprodukte vom Staat eingelagert und immer höhere Prämien für das Brachliegenlassen der Felder bezahlt werden. Da gab es 1950 aber auch schon wieder *zehnmal mehr Arbeitslose als 1945,* fünfeinhalb Millionen statt 560000, und die Arbeitslosenquote betrug 8,2 statt 1,1 Prozent.
Dabei war die amerikanische Wehrmacht nach dem Zweiten Weltkrieg *nicht* wie nach dem Ersten total demobilisiert worden, es standen zwar nicht, wie 1945, rund 12 Millionen, aber immerhin 2,4 Millionen Amerikaner unter Waffen, denn Präsident der Vereinigten Staaten war ja 1945–54 Harry S. Truman. Der sagte, als die deutsche Wehrmacht 1941 die Grenzen der Sowjetunion überschritt: »Ich hoffe, Nazis und Bolschewiken werden sich gegenseitig umbringen.« Das geschah bekanntlich nicht, und so schrieb Truman bereits am 5. Januar 1946 seinem Außenminister James Byrnes: »Rußland muß mit eiserner Faust begegnet werden ... Mit unserer Kompromiß-Politik muß es ein Ende haben!« Als England am 21. Februar 1947 erklärte, es müsse seine Griechenland-Hilfe einstellen, sah das

State Department darin *»die formelle Abtretung der Welt-Führerschaft Englands an die USA und die Notwendigkeit, die Pax Britannica durch die Pax Americana zu ersetzen.«* Präsident Truman ersuchte am 12. März 1947 den Kongreß nicht nur um die Zustimmung zu sofortiger wirtschaftlicher und militärischer Hilfe an Griechenland und die Türkei, sondern »an *alle* durch den Bolschewismus gefährdeten Länder«. Er erklärte Moskau den »Kalten Krieg«, nannte das selber »die Monroe-Doktrin der Demokratie«, und wenn die »Chicago Sun« feststellte, das sei »die endgültige Beendigung der Kriegs-Allianz zwischen den Vereinigten Staaten und der Sowjetunion«, so sagte das »Wallstreet Journal« voraus: »Große Rüstungsgewinne. Steigende Preise. Rapide zunehmende Inflation.«
Bereits 1946–47 waren die Militärausgaben der USA von 4,4 auf 14,3 Milliarden Dollar gestiegen, und nun gab es Diskussionen darüber, ob die »für die Nation in Friedenszeiten tragbar« seien. 1949 sanken sie auf 13,8 Milliarden. Aber am 28. Juni 1950 bewilligte der Kongreß mit 348 gegen zwei Stimmen dem Pentagon 60 Milliarden, und einschließlich der militärischen »Auslandshilfe« 74 Milliarden oder 490 Dollar pro Kopf, denn »kalt« war der Konflikt nicht geblieben, seit dem 25. Juni gab es den Korea-Krieg.
Ob der »ausbrach« oder »ausgebrochen wurde«, kann hier nicht untersucht werden. Jedenfalls wurden durch den »Revenue Act« von 1950 wieder die Steuergesetze von 1940 in Kraft gesetzt, die Total-Abschreibungen von »kriegswichtigen« Neu-Investitionen binnen fünf Jahren ermöglichten, und bis Ende 1952 waren nicht weniger als 12 517 entsprechende Anträge mit einem Investitionswert von 21 Milliarden Dollar bewilligt. Da gab der Bund erneut hohe Anzahlungen auf alle Rüstungsaufträge, waren erneut die Gewinne derart hoch, daß die meisten Großunternehmen Milliarden zusätzliches Eigenkapital bilden konnten, und insgesamt wurden 1950–53 in den USA 63 Milliarden Dollar neu investiert; 1953 war die amerikanische Industrie-Kapazität um 103 % höher als 1939. Denn

die amerikanischen Militärausgaben betrugen 1951–53 insgesamt 122,5 Milliarden Dollar, das mehr als 120fache des Jahres 1939.
Dennoch aber war *der Korea-Krieg der erste all ihrer Kriege, den die Vereinigten Staaten nicht gewannen,* sondern der durch den Waffenstillstand von Panmunjon am 27. Juli 1953 *unentschieden* ausging. Die Grenze zwischen Nord- und Süd-Korea wurde nicht verrückt, die kommunistisch beherrschten Koreaner so wenig »befreit« wie später die Nord-Vietnamesen. Wohl aber wurden in diesem Krieg mehr als eine Million Zivilisten und 447700 Soldaten der »UN-Streitkräfte« (darunter 25500 US-Bürger) getötet. Da war das »beschützte« Land ein Trümmerfeld, hatten über 10 Millionen Koreaner oder jeder dritte Überlebende kein Heim mehr. Der bereits erwähnte Harvard-Professor Sumner Slichter aber konnte feststellen: *»Diese Verschärfung des ›Kalten Krieges‹ wirkte sich wohltätig auf die Wirtschaft aus.* Erst sie ermöglichte die hohen Staatsausgaben, denen das amerikanische Volk in normalen Zeiten ungern zustimmen würde.« Wieder war eine Krise überwunden: Der lange bei 168 Cents je Bushel stagnierende Weizen-Preis stieg auf 267. Der Kupfer-Preis »regenerierte« sich von 10 auf 37 Cents pro Pfund. Baumwolle notierte 44,6 statt 8,8 Cents.
Nur bewies Korea auch, daß Amerika immer *rascher* aufeinanderfolgende »Konjunktur-Spritzen« brauchte, die Kriegsgewinne die Wirtschaft derart wachsen ließen, daß sie überhaupt keine »normalen« Zeiten mehr vertrug. Seit dem Korea-Krieg gab es *keine* Verminderung der amerikanischen Militärausgaben mehr, und *wurden für die Wehrmacht der Vereinigten Staaten in den fünf Kriegsjahren 1941–45 zusammen 313 Milliarden Dollar ausgegeben, so im Friedens-Finanzjahr 1985/86 schließlich mehr als 322 Milliarden.*
Diesen fast unvorstellbaren Betrag, der ein Drittel der Welt-Militärkosten ausmacht und das fast Achtzehnfache der US-Militärausgaben des Jahres 1950, bewilligten Amerikas

»Volksvertreter«, der Kongreß. Und entspricht so die Militarisierung Amerikas dem »Volkswillen«?
Wenn die Verfassung der Vereinigten Staaten Präsident Ronald Reagan, der Oberbefehlshaber eines Friedens-Heeres von über zwei Millionen Mann, der US-Marine, Luftwaffe und Nuklearwaffen ist, die gleiche Machtvollkommenheit gibt wie Präsident George Washington, der ein »Stehendes Heer« von 595 Mann kommandierte, so blieb auch der Verfassungsartikel des Jahres 1787 in Kraft, durch den für jeden Senator und Abgeordneten »800 Garden« aufgestellt werden müssen. Die bilden die »Nationalgarde« von jetzt 428 000 Mitgliedern, und in der dienen zahlreiche »Bürger-Generäle«, »Bürger-Obersten« etc. etc. Die gelten aber nicht als »Offiziere und Beamte«, die der Verfassung zufolge nicht in den Kongreß gewählt werden können, und so gehörten 1985 ein Viertel der Kongreß-Mitglieder der Nationalgarde an, die stets nur aus »patriotischen« Freiwilligen bestand.
Alle Kongreß-Mitglieder werden gewählt, und so *müssen* sie Rücksicht auf *das ständig wachsende Heer der amerikanischen »Veteranen«* nehmen, die es seit 1836 gibt.
Offen zugegeben bewilligte damals der Kongreß aus Wahlgründen den überlebenden Kämpfern des Unabhängigkeits-Krieges Bundes-Pensionen. War das damals eine berechtigte Altersversorgung, so wurden diese Veteranen-Pensionen aber rasch höher als die Kriegskosten: Der Spanisch-Amerikanische Krieg von 1898 kostete die USA insgesamt 570 Millionen Dollar. Aber die 381 000 Teilnehmer an diesem 115-Tage-Krieg wurden »Veteranen« und bezogen insgesamt 4,4 Milliarden Dollar Pensionen. Der Erste Weltkrieg kostete die amerikanischen Steuerzahler 26 Milliarden Dollar, die nicht zurückbezahlten Kredite an die Alliierten berücksichtigt, 33,3 Milliarden. Die Pensionszahlungen betrugen 60 Milliarden. Und nicht etwa, weil die zu Krüppeln Gewordenen oder die, die wirklich kämpften, großzügig versorgt worden wären. Sondern weil in den USA gesetzlich jeder jeden Alters als »Vete-

ran« gilt, der aus der Wehrmacht entlassen wurde, gleich, ob er an einem Krieg aktiv teilnahm oder nicht; gleich ob er heil blieb oder verwundet wurde. Neunzig Tage Wehrdienst genügen, um die Rechte eines »Veteranen« zu erwerben, auch wenn der Betreffende nie aus dem Ausbildungslager herauskam; auch wenn er im eigenen Betrieb »mobilisiert« wurde oder »Dienst« in einem Büro von Washington tat. Bereits 1935–65 verzehnfachten sich die Ausgaben der »Veterans Administration« auf 5,5 Milliarden Dollar. Im Jahre 1970 gab es rund 30 Millionen »Veteranen«, die mit ihren 58 Millionen Angehörigen außer zahlreichen Vergünstigungen in Form von Studienbeihilfen, eigenen Spitälern, Ferienheimen etc. etc. bar 8,68 Milliarden Dollar erhielten. Im Jahre 1985 standen im US-Budget »Veterans benefits and services« mit 24,6 Milliarden zu Buch. Und inzwischen hatte auch das Pentagon einen eigenen Pensionsdienst eingerichtet, der nun bereits 1,3 Millionen seiner ehemaligen Angehörigen zugute kam, für den im Budget 1986 rund 17,8 Milliarden vorgesehen sind und dessen Kosten bis 1990 auf 44 Milliarden steigen werden.

Diese Unsummen sind aber längst nicht so wichtig wie *der politische Einfluß der »American Legion«:* Auf Einladung des Rechtsanwaltes Maurice K. Gordon, der damals als Major der amerikanischen Armee in Frankreich stand, versammelten sich am 15. März 1919 in Paris 439 US-Wehrmachtsangehörige und gründeten eine »die ganze Nation umfassende, alle Parteien, Glaubensbekenntnisse und alle Ränge umschließende Organisation zum Lebendigerhalten der im Militärdienst erlangten Gemeinschaft«. Das war die »American Legion«, und die besaß bei ihrer 25-Jahr-Feier 15 700 über alle Bundesstaaten verteilte »Posten« mit 3,3 Millionen Mitgliedern. Sie war schon im Juni 1919 vom Kongreß als »offizielle Vertretung der Kriegsteilnehmer« anerkannt worden, und Präsident F. D. Roosevelt erteilte ihr 1942 die gleichen Rechte für die Teilnehmer am Zweiten Weltkrieg. Der »American Legion« anzugehören erwies sich besonders 1945 als vorteilhaft, denn sie erhielt u. a.

das Vorkaufsrecht auf alle »Überschuß-Güter«, und das waren nicht nur Zelte oder Pistolen, sondern auch Autos, Frachtflugzeuge und Tanker, ungeheure Mengen Textilien, Rohstoffe und Konserven.
Wie die amerikanischen Farmer-Organisationen halten die Veteranen-Verbände (außer der »American Legion« gibt es noch vier andere) ihre Mitglieder durch solide Vorteile bei der Stange, reden aber natürlich nur von deren patriotischen Verpflichtungen. Mit den »Veteranen« muß *jeder* amerikanische Politiker rechnen, sie stellen heute mit ihren Familien etwa vier Zehntel aller Wähler, und was die für »un-amerikanisch« halten, ist erledigt. Ihr Credo war und blieb das Admiral Stephen Decaturs, dessen berühmtes *»Right or wrong, my country!«* des Jahres 1815, frei übersetzt »Recht oder Unrecht, nur auf *mein* Land kommt es an!« lautete. Sie fordern heute wie 1919 »America first!«, und das heißt allen anderen überlegene »Wehrhaftigkeit«. Es ist der Kongreß der die Militär-Budgets beschließt. Aber es sind seine Wähler, die bestimmen, wie lange er jeweils im Amt bleibt. Was ein Kongreß ablehnt, bewilligt der nächste. Und *dadurch* erhielt *der »Militärisch-Industrielle Komplex« der Vereinigten Staaten Welt-Bedeutung.*
Diesen Begriff prägte nicht ein Links-Intellektueller, sondern General Dwight D. Eisenhower in seiner Abschiedsrede als Präsident der Vereinigten Staaten am 17. Januar 1961. Er sagte damals: »Wir müssen auf der Hut sein vor dem – beabsichtigten oder unbeabsichtigten – Erwerb unbefugter Macht durch den militärisch-industriellen Komplex. Die Gefahr der Machtzusammenballung an der falschen Stelle existiert und wird weiterwachsen ..., und nur eine wache und gut informierte Bürgerschaft kann dafür sorgen, daß die Verbindung der riesigen industriellen und militärischen Verteidigungs-Maschinerie nicht unsere Freiheit gefährdet ...«, warnte ein so prominenter Soldat wie Eisenhower, so hervorragende Politiker, Richter und Soziologen.
Bereits am 11. März 1952 hatte William Douglas, Richter am

Obersten Bundesgericht, in »Look« geschrieben: »Die Formulierung unserer Außenpolitik gleitet mehr und mehr in die Hände einer militärischen Clique ..., die dabei ist, *ganz* Washington zu übernehmen ...« In seinem 1956 erschienenen Buch »The Power Elite« stellte der Soziologe C. Wright Miller fest: »Während des Ersten Weltkrieges bewegten sich die Militärs nur vorübergehend in den höchsten politischen und wirtschaftlichen Kreisen ..., aber im Zweiten zwang sie der Charakter der modernen Kriegführung, Männer mit wirtschaftlicher Macht aufzufordern, sich dem Militär anzuschließen. Generäle *mußten* Konzern-Präsidenten beraten und diese die Generäle. Die Kriegswirtschaft als solche bewirkte die Koinzidenz der Interessen ...«
Nach dem Zweiten Weltkrieg führten die zwangsläufig entstandenen Beziehungen dazu, daß immer mehr prominente Offiziere führende Stellungen in der Wirtschaft erhielten und immer mehr Industrielle, Bankiers und Politiker hohe Ämter im Verteidigungssektor einnahmen. Der erste Verteidigungsminister der Vereinigten Staaten z. B., der auch selber die Zusammenlegung der Heeres-, Marine- und Luftwaffen-Ministerien zum Pentagon durchsetzte und organisierte, war 1947–49 James Forrestal. Ehe ihn Präsident Roosevelt ins Marineministerium berief, war er Leiter des New Yorker Bankhauses Dillon, Read & Co. und einer der Schrittmacher der amerikanischen Öl-Expansion im Nahen Osten gewesen. Er war u. a. der Vertrauensmann der »Caltex«, hatte entscheidend am Ausbau der amerikanischen Werften mitgewirkt und besaß hervorragende Beziehungen zur amerikanischen Groß-Chemie. Sein Nachfolger wurde im April 1949 der Rechtsanwalt Louis A. Johnson, der für die »Newport News Shipbuilding & Drydock Corporation« tätig gewesen war (und der die Wahlgelder für die Truman-Kampagne zusammenbrachte). Andererseits wurde General Douglas MacArthur Aufsichtsratsvorsitzender der »Sperry Rand Corp.« und General Bedell Smith, der nicht nur Generalstabschef, sondern auch Chef des Geheimdienstes,

Botschafter in Moskau und stellvertretender Außenminister gewesen war, Präsident der »American Machine & Foundry Co.«. General Leslie Groves, der das »Manhattan Project«, die Entwicklung der Atombombe, leitete, wurde Vizepräsident der »Remington Rand«, Admiral Ben Morcell Aufsichtsratsvorsitzender der »John Laughlin Steel Corp.« und General Matthew B. Ridgeway, der frühere Stabschef der Armee, Vorsitzender des Mellon-Institutes für Industrieforschung. Denn da die militärische Forschung und Entwicklung immer wichtiger wurde, wurden auch die Verbindungen des Pentagon zu den Universitäten und den Forschungszentren immer enger. Das Verteidigungsministerium deckte im Durchschnitt der Jahre 1970–75 rund 80% der Kosten von »Denk-Fabriken« wie der »Rand Corporation« oder des »Hudson Institute«, und *der »Militärisch-Industrielle Komplex« weitete sich auf einen auch weitgehend die geistige Elite der USA umfassenden Komplex aus.* Eine im Juni 1981 unter dem Titel »The Iron Triangle« veröffentlichte Analyse der »Geschlossenheit des Systems«, die Gordon Adams für den »Council of Economic Priorities« durchführte, ergab, daß 1970–80 insgesamt 1942 Personen aus dem Militär- und Regierungsdienst in den der acht führenden US-Rüstungsfirmen »Boeing«, »General Dynamics«, »Grumman«, »Lockheed«, »McDonnel Douglas«, »Northrop«, »Rockwell International« und »United Technologies« übertraten, deren Umsatz zu je mehr als 25% durch Pentagon-Aufträge zustande kommt und die alle seit mindestens 20 Jahren dessen Lieferanten sind oder aus diesen Firmen in den Staatsdienst gingen. Diese Untersuchung des Verhältnisses der Rüstungsfirmen zu den die Aufträge erteilenden Behörden und zum das nötige Geld bewilligenden Kongreß ergab weiters, daß *eine öffentliche Diskussion der tatsächlichen Verteidigungsbedürfnisse* sowohl durch den Mangel konkreter amtlicher Angaben wie durch die Schweigsamkeit der Lieferanten praktisch unmöglich ist. Fest steht aber z. B., daß die erwähnten Firmen den Großteil ihrer Washingtoner Büroko-

sten als »generelle Unkosten« bei ihren Pentagon-Aufträgen verrechnen. Was praktisch heißt: Steuergeld wird aufgewendet, um den Kongreß zu veranlassen, mehr Steuergeld für militärische Zwecke zu bewilligen.
Wie es fast zwangsläufig zum »Militärisch-Industriellen Komplex« kam, so aber auch zur *Wandlung des »Imperialismus« in den »Pentagonismus«.*
Diesen Begriff schuf Juan Bosch 1968 in seinem Buch »Der Pentagonismus oder die Ablösung des Imperialismus«. Bosch war nach Jahrzehnten der Militär-Diktatur 1962 zum Präsidenten der Dominikanischen Republik gewählt worden. Sehr rasch stürzten ihn die Militärs wieder, und als ihn seine Wähler aus dem Exil zurückholen wollten, verhinderten die Vereinigten Staaten das im April 1965 durch eine Militär-Intervention. Juan Bosch argumentiert: Während des Imperialismus wurde Kapital des Erobererlandes in de jure oder de facto Kolonien angelegt, um Rohstoffe zu gewinnen und einen sichereren Absatzmarkt für die eigenen Fabrikate zu haben. Heute sind die Binnenmärkte der Industrie-Nationen ungleich wichtiger als die Märkte ihrer ehemaligen Kolonien, und *es ist einfacher und billiger, das eigene Volk zu Steuerzahlungen zu zwingen und diese zum Unterhalt des Militärs, zur Waffen-Produktion oder zum Waffen-Kauf zu verwenden, als fremde Gebiete auszubeuten.* »Man sucht heute den Profit dort, wo die Waffen produziert, nicht dort, wo sie angewendet werden. Der in der Metropole zu erwartende Gewinn ist weit höher als der in einem angegriffenen Land zu erwartende. Für den Pentagonismus ist das angegriffene Gebiet nur der Bestimmungsort für das Material, das bereits daheim voll bezahlt wurde und dessen ›Verbrauch‹ zu Neuanschaffungen zwingt.«
Wichtigster Bestimmungsort dieses amerikanischen Materials war in den Jahren 1965–74 bekanntlich Indochina, und für den »Pentagonismus« ist typisch, daß *der Vietnam-Krieg* nicht nur der längste in der Geschichte der Vereinigten Staaten war, sondern auch der erste, den sie *verloren.* Denn wurden 1965 nur

die 16 Millionen Vietnamesen des Nordens kommunistisch beherrscht, so heute bekanntlich die *Gesamt*-Bevölkerung des Landes (von 1985 rund 60 Millionen). Die Amerikaner warfen über Vietnam 6,8 Millionen Tonnen Bomben ab gegen die 2 Millionen, die die US-Luftwaffe im Zweiten Weltkrieg verbrauchte. In diesem Krieg verloren 55 000 US-Soldaten das Leben, aber bereits bis Ende 1971 (exakte neuere Zahlen, als die von »Newsweek« am 30. Oktober 1972 veröffentlichten, gibt es nicht) 1,08 Millionen vietnamesische Kämpfer und mindestens zwei Millionen vietnamesische Zivilisten, während es 11 Millionen Flüchtlinge gab. Der Krieg wirkt weiter, denn heute besteht Vietnam zu einem Drittel aus Ödland, und es ist nur zu 23 % bewaldet statt vorher zu 44 %, die »Befreier« versprühten 72 Millionen Liter Pflanzengift. Alle erdenklichen Kriegsmittel wurden »in Rekord-Mengen« eingesetzt, ohne eine kleine, unterbewaffnete und geteilte Nation zu irgendwelchen Konzessionen zu bringen, aber das wesentlichste Kriegsziel *wurde* erreicht:

Das Pentagon wurde »der größte Arbeitgeber der Welt«, verfügte durch den Vietnam-Krieg über die Hälfte aller Zivilangestellten der amerikanischen Regierung. Dem damaligen Verteidigungsminister Melvin Laird zufolge beschäftigte sein Amt 1972 »doppelt so viele Leute wie General Motors, Ford, Chrysler, General Electric, Exxon, United States Steel etc. etc., d. h. mehr als die dreißig größten Unternehmen der USA zusammengenommen«. Der Chef des Pentagon stellte fest, daß diese Behörde damals »ein 200 Milliarden Dollar übersteigendes Vermögen« verwaltete und jährlich »200 000 Aufträge von je mehr als 10 000 Dollar an rund 100 000 Firmen« vergab. Da unterhielt das Pentagon eine »Lobby« von 142 Offizieren und 206 Zivilisten als »militärische Liaison zum Kongreß in Washington, beschäftigte es einen Generalmajor und 16 Oberste in seinem »Public Affairs Department«, das die Propaganda-Ausgaben der Wehrmacht (dem »Twentieth Century Fund« zufolge) 1952–72 von 1,6 auf 190 Millionen Dollar jährlich gesteigert hatte. Im Jahre 1972 verdiente direkt oder indirekt jeder fünfte Bürger der Vereinigten Staaten seinen Unterhalt dank der Militärausgaben. Die aber betrugen damals rund 78 Milliarden Dollar, während es 1982, nur zehn Jahre später, 196 Milliarden waren und das Budget 1986, wie gesagt, über 322 Milliarden vorsieht.

Im Weltgeschehen aber löst jede Aktion eine Reaktion aus, wobei hier nicht zur Diskussion steht, wessen Aktion welche Reaktion. Jedenfalls aber betrugen *die Welt-Militärkosten* auf Grund der internationalen Wechselwirkungen und der »Kalter Krieg«-Propaganda der ADCA (der »US-Arms Control and Disarmament Agency«, der »US-Rüstungskontroll- und Abrüstungsbehörde« in Washington) zufolge im Jahre 1985 »mehr als tausend Milliarden Dollar oder 200 Dollar pro Kopf der Weltbevölkerung«. Und das war das Vierfache von zehn Jahren zuvor und das Hundertfache des Jahres 1938. Die Rüstungsausgaben der Entwicklungsländer stiegen 1973–84 doppelt so rasch wie die der Industrieländer, und wenn deren Anteil an den Welt-Militärausgaben 1964 etwa 5 % betragen hatte, so 1984 etwa 24 %, rund 192 statt 7 Milliarden Dollar.

Das war teilweise eine Folge der Ölpreis-Vervielfachung, ein Drittel aller Waffenkäufe entfällt heute auf die Nahost-Länder.

Das war aber vor allem eine Folge des »Pentagonismus«, denn bis 1983 waren (der erwähnten amtlichen amerikanischen Quelle zufolge) *die Vereinigten Staaten die bedeutendsten Waffen-Lieferanten der Dritten Welt.* Im Durchschnitt der Jahre 1974–1983 kauften die Entwicklungsländer 61 % aller ihrer Waffen in den USA und machten *dazu* einen Großteil ihrer Schulden.

Dabei hatten nach dem Ersten Weltkrieg nicht wenige Leute gehofft, die Vereinigten Staaten würden dank ihrer Geld-Macht die Welt zum Frieden zwingen: In der Dezember-Ausgabe des New Yorker »Harper's Magazine« forderte 1926 der Außenpolitiker des »Manchester Guardian«, George Glasgow, Washington auf, unbarmherzig die Schulden der Alliierten einzutreiben, weil – wie auch Senator William Edgar Borah argumentierte – »eine Annullierung der Kriegsschulden nur die Freigabe von Mitteln für neue Rüstungen« bedeuten würde. Er sah die Kriegsschulden als Friedens-Faktor und *»Geldmangel als bessere Kriegsverhinderung als Völkerbunds-Ermahnungen«.*

Aber waren vor dem Ersten Weltkrieg England und Frankreich die führenden Waffen-Lieferanten gewesen, so war nun die amerikanische Rüstungsindustrie die bedeutendste der Welt. Dem vom Genfer Völkerbund herausgegebenen »Statistical Yearbook of the Trade of Arms« und der US-Arms Control Agency zufolge stieg die amerikanische Waffen-Ausfuhr 1921–35 von 7 auf 52 Millionen Dollar, 1936 wurden 8612 Ausfuhr-Lizenzen erteilt, und die wichtigsten Kunden der USA waren damals China, die Sowjetunion und Argentinien. Amerikas Anteil am Welt-Waffengeschäft war im gleichen Zeitraum von 16 auf 56% gestiegen.

Am 14. Dezember 1925 hatte der damalige Außenminister der Vereinigten Staaten, Frank B. Kellog, erklärt: »Auslands-Anleihen für Waffenkäufe liegen nicht im Interesse des amerikanischen Volkes. Es ist Pflicht der Regierung, sie zu verhindern.«

Aber längst ist nun ja *die amerikanische Regierung der weitaus bedeutendste Waffenhändler der Welt,* nach dem Zweiten Weltkrieg wurden dazu Büros im Außenministerium ebenso wie im Pentagon eingerichtet. Bereits am 26. Juni 1967 stellte der zuständige Senats-Ausschuß fest, daß 1949–66 aus den USA »Zerstörungsmittel im Wert von 45,3 Milliarden Dollar in 78 Länder gingen«. Da gewährte die Regierung selber die nötigen Kredite, und Präsident Nixon hielt 1972 Waffenlieferungen für »das wichtigste Werkzeug der amerikanischen Außen- und Bündnis-Politik«. Vor dem Zweiten Weltkrieg erschienen in den USA sechs Bücher über die »Merchants of Death«, die »Händler des Todes«, und »die mit Blut bezahlten Gewinne« von »Vickers«, »Schneider-Creusot« und »Krupp«. Aber diese Privatunternehmen waren Zwerge, verglichen mit

dem Pentagon, das nun über mehr Geld verfügte, als vor dem Zweiten Weltkrieg die Gesamtwirtschaftsleistung von England, Frankreich und Deutschland zusammengenommen betragen hatte, und 1985 dann mit 293 Milliarden Dollar mehr als 1940 das *Welt*-Sozialprodukt. Der »New York Times« vom 19. Juli 1967 zufolge waren bereits in den ersten 15 Jahren nach dem Zweiten Weltkrieg 16630 Kampfflugzeuge exportiert worden, 38 Zerstörer und 24 Unterseeboote, 3 Flugzeugträger und 19827 Panzer. Dazu über 100000 Maschinengewehre, vier Millionen Gewehre, die nötige Munition und 45360 Raketen. Natürlich auch die nötigen Militärlastwagen etc. etc. Bereits in den sechziger Jahren nahm dieser Regierungs-Waffenhandel geradezu groteske Formen an: Am 5. Januar 1971 machte z. B. der Vorsitzende des amerikanischen Bundes-Rechnungshofes, Elmer Staats, den zuständigen Kongreß-Ausschuß darauf aufmerksam, daß in den sechs Jahren 1965–70 für über 700 Millionen Dollar *amerikanische Waffen mit Geldern des amerikanischen Hilfs-Programms »Nahrung für den Frieden«* (»Food for Peace«) gekauft worden waren, und zwar völlig legal: Im Rahmen dieses Programms überlassen die USA landwirtschaftliche Überschüsse notleidenden Ländern billig und gegen Bezahlung in der Landeswährung. Der Dollar-Gegenwert dieser Gelder steht ihnen dann für Käufe in den Vereinigten Staaten zur Verfügung, und das betreffende Gesetz des Jahres 1954 erlaubt ausdrücklich »die Beschaffung von Ausrüstungen für die Verteidigung unter Einschluß der inneren Sicherheit.« Senator Proxmire fand das »erschreckend«. Aber geändert wurde das Gesetz bis heute nicht, obwohl immer offensichtlicher die amerikanischen Waffenverkäufe *nicht* dem gewünschten Zweck dienten: Vor dem Außenpolitischen Ausschuß des US-Senats erklärte z. B. der frühere amerikanische Botschafter in Indien, John Kenneth Galbraith, am 25. April 1966:
»Den Indisch-Pakistanischen Krieg vom Herbst 1965 verursachten die amerikanischen Waffenlieferungen. Die amerikanische Militärhilfe wird gegen den Kommunismus eingesetzt.

Aber im Fall Pakistans trat deutlich zutage, daß die amerikanischen Waffen den Haß gegen den Nachbarn schürten und zum eigenen Vorteil für lokale Streitigkeiten verwendet wurden.«
Im Jahre 1970 trieben die USA Waffenhandel mit 63 Nationen, sie besaßen Militärmissionen in 52 und militärische Ausbilder in 34 Ländern. Zehn Jahre später hatte das Pentagon 90 Kunden, und 1985 waren es schließlich 95, und *der Anteil der Vereinigten Staaten am Welt-Waffenhandel* betrug 52 %. Einer am 14. Mai 1985 veröffentlichten Untersuchung des US-Kongresses zufolge kauften Entwicklungsländer im Jahre 1984 für 32,2 Milliarden Dollar Waffen. Nun aber nicht wie 1983 die meisten – für 10,2 Milliarden Dollar – in den USA und für 4,9 Milliarden in der Sowjetunion, sondern für 10,4 Milliarden = 32,4 % in der Sowjetunion, für 9,1 Milliarden = 28,2 % in Frankreich und »nur« noch für 7,3 Milliarden = 22,5 % in den Vereinigten Staaten. Zumindest nach den Kongreß-Zahlen, die einen Senator zur Feststellung veranlaßten: »Nicht einmal mehr beim Waffen-Export sind wir konkurrenzfähig!«
Diese mangelnde Konkurrenzfähigkeit aber liegt am immer allgemeineren Mißverhältnis zwischen Aufwand und Ertrag, und *die Verschlechterung der amerikanischen Kosten-Nutzen-Relation ist eine der Hauptursachen des Welt-Dollar-Problems:*
Der innere Wert der amerikanischen Währung wurde fast zwei Jahrhunderte lang durch Gewinne bedingt, die die Kosten weit überstiegen: Die Einwanderung bedeutete Arbeitskräfte und Verbraucher *ohne* eigene Aufzucht- und Schulungskosten. Das Fremdkapital wurde weitgehend durch Bankrotte und Kursverluste gelöscht und kostete so auch nur geringe Zinsen. Die Kriege und Käufe, durch die das Areal der Vereinigten Staaten mehr als verzehnfacht wurde, kosteten nicht nur fast keine Menschenleben und verursachten in den USA keinerlei Zerstörungen, sondern der gesamte eigene Aufwand war im Vergleich zu den Gewinnen minimal. Soweit sie amtlich erfaßt wurden, betrugen *die amerikanischen Kriegsgewinne und Kriegskosten* materieller Art:

Gewinne	*Kosten* (in Milliarden Dollar jeweiliger Kaufkraft)
***Unabhängigkeits-Kampf* 1777–1783**	
Areal-Zuwachs 1 436 000 qkm durch am 30.11.1782 mit England geschlossenen Sonderfrieden.	1,03
Statt 812 000 qkm der 13 Kolonien neue Republik 2 248 000 qkm	
***Napoleonische Kriege* 1800–1815**	
Areal-Zuwachs 2 300 000 qkm durch Kauf Louisianas von Frankreich am 30.4.1803	0,015
Steigerung des Außenhandels-Volumens von 42 Mio. $ jährlich 1790–1800 auf 355 Mio. 1800–1815	Durch Zinsen an England 0,027
Beginn der europäischen Massen-Einwanderung	
***Krieg gegen Mexiko* 1846–1848**	
Areal-Zuwachs 1 933 000 qkm (mit Gold Kaliforniens, Silber Nevadas und Öl in Texas etc. etc.) durch Frieden von Guadalupe Hidalgo vom 2. Februar 1848	0,14 + 0,025 »Entschädigung« an Mexiko = 0,165

Krieg gegen Spanien
1898

Areal-Zuwachs 423 000 qkm Durch Frieden von Paris vom 10.12.1898 von Spanien abgetreten:		
Puerto Rico rd. 9 000 qkm	0,57	
Kuba, 114 000 qkm. Von Madrid als »selbständige Republik« anerkannt, aber durch »Platt Amendment« etc. de facto-Herrschaft der USA bis zur Machtergreifung Fidel Castros am 26. Juli 1953. Nach wie vor US-Marinebasis Guantanamo-Bay	+ 0,025	»Entschädigung« an Spanien
	+ 4,4	Pensionen an 381 000 US-Kriegsteilnehmer
	= 4,995	
Philippinen, 300 000 qkm, Archipel von rd. 7100 Inseln. Selbständigkeit vom US-Kongreß 24.3.1934 ab 1944 versprochen. Von Japanern 1942 besetzt. Republik seit 4.7.1946. Abkommen über US-Stützpunkte vom 14.3.1947 zuerst für 99 Jahre, jetzt bis 1991.		
Guam, größte der Marianen-Inseln, 450 qkm		

Erster Weltkrieg
1917–1919

Beschlagnahmung und entschädigungslose Enteignung allen privaten ebenso wie allen öffentlichen »Feind-Vermögens«. Darunter aller deutschen Schutzrechte: 1919–21 von Francis

P. Garvan als »Verwalter feindlichen Eigentums« 4767 deutsche Chemie-Patente im Mindeswert von 100 Millionen $ für 250 000 $ an die »Chemical Foundation« (eine Gemeinschaftsgründung der US-Chemie) verkauft, deren Präsident er zwei Wochen nach dem letzten Verkauf wurde. Ein Prozeß gegen ihn wegen »betrügerischer Verschacherung von Staatseigentum« wurde 1923 niedergeschlagen, weil er nachwies, daß Präsident Wilson von den Transaktionen wußte und sie als »im nationalen Interesse« guthieß.

Wirtschaftsentwicklung 1914–19:
Verfünffachung des Ausfuhr-Überschusses.
Verdopplung der Gesamt-Wirtschaftsleistung.
Zunahme des Volksvermögens um 40 %.
Statt 4 Milliarden $ Auslands-Schulden 11 Milliarden Auslands-Guthaben.

26,0
+ 7,3 nicht zurückbezahlte Kredite an die Verbündeten
+ 60,0 »Veteranen«-Pensionen
= 93,3

Steigerung der Bundesschuld 1916–19 von 1,22 auf 26,6 Mrd. $ = um 25,4

Zweiter Weltkrieg
1941–1945

Areal-Zuwachs:
Japanische Ryukyu-Insel Okinawa, 1220 qkm (Zurückgegeben am 15.5.1972)
Mikronesien, 2140 Inseln und Atolle, nur 96 bewohnt, insgesamt 1813 qkm

340,0 = das Doppelte

Ehemaliger deutscher Südsee-Besitz, den seit 1919 Japan als Völkerbunds-Mandat verwaltete und den die Vereinten Nationen am 27.4.1947 den USA zusprachen. Wie im Ersten Weltkrieg Beschlagnahme allen privaten ebenso wie des öffentlichen »Feind-Besitzes« in den USA, darunter 346000 deutsche Verfahren und Patente.		aller Staatsausgaben seit Bestehen der Nation
	+ 403,8	»Veteranen«-Pensionen und Kriegsanleihe-Zinskosten bis Ende 1972 (neuere Zahlen nicht veröffentlicht)
Wirtschaftsentwicklung 1940–45: Steigerung des BSP von 97 auf 214 Milliarden $ = Gesamtproduktions-*Ausweitung* größer als die Gesamtwirtschaftsleistung Großbritanniens. Verdreifachung der Industrieproduktion, Erhöhung der Grundstoffgewinnung um 6/10. Senkung der Arbeitslosenzahl von 8,4 auf 0,6 Millionen Export-Steigerung von 4 auf 14 Milliarden. Wichtigster Kriegsgewinn: Die Vereinigten Staaten setzen am 22.7.1944 in Bretton Woods durch, daß der Dollar als »Welt-Leitwährung« dem Gold gleichgesetzt wird. Sie können dadurch unbeschränkt Zahlungsmittel *jeder* Art drucken.	= 743,8	Steigerung der Bundesschuld 1940–46 von 43 auf 279,8 Mrd. = um 236,8

Dennoch aber bedeutete der Zweite Weltkrieg den großen *Wendepunkt in der Kriegsgeschichte der Vereinigten Staaten,* denn das war der letzte, den sie gewannen, und der löste den »Kalten Krieg« mit seinen blutigen Höhepunkten in Korea und in Vietnam aus, der sich als ungleich kostspieliger als alle bisherigen akuten Kriege erwies und der den USA *keinerlei* palpable Gewinne brachte.

Der »Kalte Krieg«
1947 ff.

bedeutete auf der »Haben«-Seite:	an Kosten:	
bestenfalls Überwindung zweier akuter Krisen und allgemeine Krisen-Minderung	565,0	bis Ende 1959 zuf. dem damaligen Vizepräsidenten Richard Nixon in »Life« IX. 1960
	141,3	»Estimated Support for South East Asia Operations 1965–74« (amtliche Vietnam-Kriegskosten)
	1222,0	Fortschreibung der Nixon-Angabe 1960–85 (sicherlich viel zu niedrig)
	1928,3	
	Steigerung der Bundesschuld 1947–85 von 281 auf 1824 Mrd. = um 1543,0 Zinskosten mit 160 Mrd. 1985 das Vierfache der *Gesamt*-Militärkosten der USA bei Ausbruch des Zweiten Weltkrieges.	

Die ersten amerikanischen Kriegesgewinne waren *reale* Ge-

winne, Boden und Grundstoffe, die Kapital schufen, das sich ständig weitervermehrte, und die so bis heute weiterwirken. Schon die Gewinne des Ersten Weltkrieges waren weitgehend Papiergewinne, und der Zweite brachte *die Überholung des Kapital-Wachstums durch das Schulden-Wachstum.* Im Februar 1985 berechnete das Budget-Büro des Kongresses, daß die Bundesschulden des Jahres 1990 mit 2975 Milliarden Dollar das 248fache der amerikanischen Gesamtwirtschaftsleistung des Jahres 1890 ausmachen werden. Pro Kopf 11.760 Dollar, während das BSP der Vereinigten Staaten zu Beginn des Flottenbaus 192 Dollar betrug. Die Zinskosten schätzt das Budget-Büro für 1990 auf 231 Milliarden gleich 913 Dollar pro Kopf, während es 1890 knapp eineinhalb Dollar waren.
Das zwingt zur Frage: Was wird 1990 der Dollar wert sein? Wird es ihn dann in seiner heutigen Form noch geben?
Durch den größten Kriegsgewinn, den die Vereinigten Staaten je machten, die Gleichsetzung ihrer Währung mit dem Gold und die Anerkennung des Dollars als »Leitwährung« im Jahre 1944, hatten sie die Gelegenheit, einen *weltweiten* Kampf gegen Hunger und Elend, Analphabetentum und Krankheit zu führen. Amerikanische Pläne dieser Art gab es bekanntlich auch. Wie Benjamin Javits 1951 in seinem »Peace by Investment«, erkannten viele Amerikaner: »Wenn unser freies Unternehmertum erhalten bleiben soll, muß es seinen eigenen Gesetzen gehorchen und *weltweit* Kaufkraft schaffen, *allen* Menschen die Nutzung der Naturkräfte und damit ein menschenwürdiges Dasein ermöglichen.« Da gab es das »Punkt-Vier-Programm« und Pläne, binnen einer Generation 2000 Milliarden Dollar zur Entwicklung der unterentwickelten Gebiete einzusetzen, »mindestens sieben Prozent unserer Gesamtwirtschaftsleistung«. Statt dessen sorgte der »Kalte Krieg« für *amerikanische* Prosperität, und so betrug im Jahre 1984 die Öffentliche Entwicklungshilfe der Vereinigten Staaten 0,22 % ihres Bruttosozialprodukts, da war das der niedrigste Aufwand aller 17 DAC-Länder, der im Entwicklungsausschuß der OECD

vertretenen Staaten. Der Beitrag der Niederlande betrug 0,91 %, der Schwedens 0,88, der Westdeutschlands 0,48 %. *Bretton Woods hätte dauernde Blüte der Weltwirtschaft bedeuten können. Aber es bedeutete nur Schuldenmachen im Welt-Maßstab* zur Finanzierung des »Militärisch-Industriellen Komplexes« der USA, und die letzten Folgen wagt man sich kaum vorzustellen.

Die Gleichsetzung von Dollar und Gold

Das Pfund-Drama und der Morgenthau-Plan; Bretton Woods und die mit Papier finanzierten amerikanischen Auslands-Anlagen; die Aufgabe der Dollar-Gold-Konvertierung und die Gold-Hausse

Wenn vom Dollar als »Welt-Währung« die Rede ist, so wird das als »logische Entwicklung« gesehen, als »Ablösung des Pfund Sterling«, der Währung der Weltmacht von gestern, durch die der Weltmacht von Heute. Und damit wird ein *essentieller* Unterschied zwischen dem Pfund und dem Dollar ignoriert: *Der Ruf des Pfund Sterling als »solide wie ein Felsen aus Bronze«* war zwei Jahrhunderte lang *berechtigt.* Die erste Abwertung der britischen Währung gab es 1931, *kein* Pfund-Besitzer hatte bis dahin durch eine Paritäts- oder Kursänderung Geld verloren.

Dollar-Besitzer hingegen?

Ihre ersten 200 Millionen Dollar Banknoten gaben die »Vereinigten Kolonien« 1775 aus. Sie wurden im März 1780 im Verhältnis 40:1 »zusammengelegt«, damit 120 dieser 200 Millionen Dollar Staatsschulden »getilgt«.

Nun gab es 80 Millionen neue »Unions-Noten«. Die wurden 1790 mit 100:1 abgewertet, so daß von den ursprünglich 200 Millionen Dollar Staatsverpflichtungen *sechs* übrig blieben, die in zinstragende Schuldscheine verwandelt wurden.

Nach dem Sezessionskrieg gab es keine zugegebene Abwertung. Aber die »Greenbacks« – 450 Millionen Dollar Banknoten der Nordstaaten – waren zeitweilig ein Viertel ihres Nominales wert und wurden erst 1879 zum Nennwert in Metall eingelöst. Die Dollars der »Konföderierten« waren 1865 völlig wertlos, und der Sezessionskrieg kostete die Dollarbesitzer insgesamt etwa 3000 Millionen.

Rund 41% verloren dann alle Dollar-Inhaber durch die Abwertung von 1934 (von der noch die Rede sein wird). Erneut – und stets ohne die Kaufkraftverluste zu berücksichtigen, die es natürlich auch beim Pfund gab – 7,9 % im Dezember 1971 und weitere 10 % im Februar 1973.

Der Dollar war *nie* mit dem Pfund vergleichbar, und ebensowenig kann die amerikanische »Weltmacht« mit der britischen verglichen werden, die Macht- wie die Währungs-*Grundlagen* waren völlig verschieden.

Eine Währung, die ihrem Namen gerecht wurde, nämlich Gewicht und Feingehalt der Münzen »gewährleistete«, gab es in England bereits um das Jahr 775, als aus je einem Pfund Silber 240 »Sterlings« gemünzt wurden, »Echte« (Münzen) aus Silber von 925 Tausendstel Feinheit. Größere Zahlungen wurden in »Pounds of Sterlings« abgerechnet und im Jahre 1180 ließ König Heinrich II. silberne »Pfunde« münzen, die in 20 »Shillings« unterteilt waren. Als Goldmünzen – »Sovereigns« – gab es Pfunde erst seit 1489, und Rechnungs-Einheit blieb das Silber-Pfund bis zu Beginn des 18. Jahrhunderts.

Bereits im 16. und 17. Jahrhundert war mehr und mehr (teilweise den Spaniern abgenommenes) amerikanisches Gold ins Land gekommen, auch der Asienhandel und die britischen Eroberungen in Indien brachten viel Gold nach London, und so begann Gold- das Silbergeld zu verdrängen. Im Jahre 1717 legte der große Physiker Isaac Newton, der damals Königlicher Münzmeister war, den Preis der Feinunze Gold von 22 Karat mit 3 Pfund 17 Shilling und 10 ½ Pence fest und *zweihundertvierzehn Jahre lang blieb die Gold-Parität des Pfundes gleich;* bis 1931 entsprach ein Pfund Sterling 7,322382 Gramm Feingold.

Die Bank von England hatte (mit 54 Angestellten) bereits am 1. Januar 1695 ihre Tätigkeit aufgenommen. Englands Kreditwesen war dem raschen Aufstieg des Landes nicht angepaßt worden; praktisch nur die Londoner Goldschmiede, die gegen Kassenscheine Geld in ihren diebessicheren Gewölben aufbewahrten, kamen als Kreditgeber in Frage, und die nahmen 20 bis 35 % Zins. William Patterson, der Sohn eines wohlhabenden Bauern Dumfriesshires, der in Indien und auf den Bahamas reich geworden war und 1681 über Amsterdam, Berlin und Hamburg nach England zurückkehrte, plante deshalb eine staatlich konzessionierte Notenbank. Er gewann das Vertrauen Wilhelm III. von Oranien und dessen Schatzkanzlers Montagu, brachte genügend Londoner Kaufleute als Anteilzeichner zusammen, und am 25. April 1694 erteilte das Parlament dem »Gouverneur und der Gesellschaft der Bank von England« ein vorerst zwölf Jahre gültiges Privileg. Die Bank stellte der Regierung ihr gesamtes Kapital von 1,2 Millionen Pfund zur Verfügung und erhielt dafür 8 % Zinsen und 4000 Pfund Betriebskosten-Zuschuß, insgesamt 100.000 Pfund jährlich. Die Bank durfte ohne ausdrückliche Ermächtigung des Parlaments der Regierung kein weiteres Geld vorschießen, ansonsten aber ihren jeweiligen Aktiven entsprechende Kredite gewähren und selber so viele Schuldverschreibungen oder Banknoten ausgeben, wie sie jederzeit in Gold einzulösen vermochte.

Diese strikte Gold-Einlöseverpflichtung wurde während der Napoleonischen Kriege außer Kraft gesetzt; 1797–1817 war die englische Währung eine reine Papierwährung. Dann aber wieder eine reine Goldwährung, und die jederzeitige Einlösbarkeit in Gold bedeutete, daß *der Pfund-Kurs stets stabil* blieb, weil man ja, falls der Kursunterschied die Gold-Transport- und Versicherungskosten überstieg, in Gold zahlen oder Gold-Zahlung verlangen konnte. Vor allem aber *besaß* England stets reichlich Gold, Zweifel an seiner Zahlungs-*Fähigkeit* gab es so wenig wie an seiner Zahlungs-Willigkeit: Durch die Erfindung der ersten, praktisch brauchbaren Dampfmaschine lösten James Watt und durch die Erfindung des mechanischen Spinnstuhls Richard Arkwright 1769 die »Industrielle Revolution« aus. Sein technologischer Vorsprung machte das Inselreich zur ersten Industrie-Nation der Erde und damit zugleich zur führenden Welthandels- und Schiffahrts-Nation. Die Industrie- und Handelsgewinne wiederum ermöglichten die koloniale Ausbreitung. Das Königreich England umfaßte 132 000 Quadratkilometer, das 1801 durch den »Act of Union« entstandene »Vereinigte Königreich Großbritannien und Irland« rund 243 000 mit damals 10,5 Millionen Einwohnern. Das »Britische Reich« jedoch erstreckte sich 1804 (vor allem durch die im Jahre 1600 gegründete »Eastindia Company«) über 3,6 Millionen Quadratkilometer, und bei Ausbruch des Zweiten Weltkrieges umfaßte die Liste der britischen Besitzungen 611 Dominien, Kolonien und Protektorate. Da umfaßte das Britische Weltreich, der »British Commonwealth of Nations«, rund 41 Millionen Quadratkilometer oder 28 % der Festlandfläche der Erde mit rund 500 Millionen Menschen, rund 22 % der Weltbevölkerung. *Das* war die Pfund-Deckung.

Englands führende Stellung im Commonwealth und in der Welt beruhte darauf, daß die mit dem Steueraufkommen Großbritanniens unterhaltene Flotte jederzeit imstande war, jedes einzelne Glied des Britischen Reiches gegen dritte Mächte zu schützen und jeden potentiellen Feind durch Blockade praktisch vom Welthandel auszuschließen.

Weiters darauf, daß London der Sitz der führenden Rohstoff-Börsen und der potentesten Bankinstitute und Versicherungsgesellschaften der Erde war und so den Handel wie die Entwicklung aller Reichsglieder finanzieren konnte. England war bis zum Ersten Weltkrieg das weitaus reichste Land der Erde, und die Londoner City blieb bis zum Zweiten das Finanzzentrum der Welt: Zwei Jahrhunderte lang diente das Pfund Sterling als maßgebende Handels-, Wertbestimmungs- und Anlage-Währung, verwendeten die Zentralbanken auch außerhalb der Sterling-Zone das Pfund als Reserve-, Interventions- und Abrechnungsmittel, lauteten Handelswechsel wie Staatsanleihen auf Pfund Sterling, weil zur britischen Kapitalbildung stets auch das »Know-how« der Londoner City trat. Nicht nur die solide Währung, sondern ebenso die aus aller Welt in die Bank-, Versicherungs- und Reederei-Kontore strömenden *Informationen machten die Londoner City zur Schaltzentrale der Welt-*

wirtschaft und das Pfund Sterling damit zu einer echten *Welt*-Währung.

Englands reale und keineswegs nur auf seiner Flotte beruhende Macht ermöglichte es der Regierung des Mutterlandes, den Commonwealth-Mitgliedern weitgehende Autonomie zu gewähren und die Dominien schließlich als völlig souveräne Staaten zu behandeln. Der englische Handel blieb bevorzugt, und diese Präferenzen wurden nicht erst 1932 in Ottawa verbrieft, sondern bereits 1898 von Kanada, 1903 von Südafrika und Neuseeland und 1908 von Australien anerkannt.

Nur *konnte* England durch den Ersten Weltkrieg nicht liefern; es begann zwangsläufig die Eigen-Industrialisierung des Commonwealth. Dieser Krieg machte, wie gesagt, die USA aus einem Schuldner- zu einem Gläubiger-Land, sie konnten sich weltweit eigene Rohstoffquellen sichern, und gleichzeitig wurde ihr Markt immer wichtiger, während der Englands schrumpfte. Nach wie vor waren die wichtigsten Commonwealth-Banken etc. etc. Tochterunternehmen britischer Institute. Aber die richteten nun ihre Tätigkeit mehr und mehr auf die Interessen ihrer Tätigkeitsgebiete und nicht länger auf die Englands aus und konten das um so leichter, als die Arbeitslosigkeit in England und die politische Unsicherheit in Europa riesige britische Kapitalien zur Flucht nach Übersee veranlaßte.

Die britische Krise nach dem Ersten Weltkrieg aber war die Folge einer Deflations-Politik, die *die Wiederherstellung des vollen Vorkriegs-Pfundwertes* zum Ziel hatte. Während des Krieges verbot England – wie alle Kriegführenden und schon als Neutrale auch die Vereinigten Staaten – die Goldausfuhr. Aber das erwähnte Abkommen mit dem Bankhaus Morgan verpflichtete dieses auch, den Pfund-Kurs stabil zu halten. Der war – da die Importeure Pfunde auf Vorrat kauften – Ende Juli 1914 mit 5,05 Dollar sogar über die Gold-Parität von 4,87 gestiegen, betrug dann während des ganzen Krieges 4,76 und sank erst 1919 auf 4,43. Bereits im August 1918 hatte ein Schatzamts-Ausschuß unter Vorsitz von Lord Cunliffe, dem damaligen Gouverneur der Bank von England, der Regierung geraten, nicht nur den Goldstandard wieder voll in Kraft zu setzen, sondern auch die Vorkriegs-Relation zwischen Pfund und Dollar wiederherzustellen. Denn die Gutachter wußten zwar, daß das die Rückzahlung der britischen Schulden verteuerte, waren aber überzeugt, der volle Goldwert des Pfundes werde es erneut zur Welt-Leitwährung machen und die Rolle der Londoner City als Welt-Finanzzentrum sichern. Und *nur* die Preissenkungen, die eine Deflation mit sich bringt, schienen geeignet, das britische Handels-Defizit zu verringern.

Die radikalen Maßnahmen, die *die Rückkehr zum Vorkriegs-Dollar-Kurs des Pfundes* erforderte, wurden getroffen: Die Bank von England erhöhte ihren Diskontsatz auf 7%. Die Steuern wurden erhöht, die Staatsausgaben vermindert, und das britische Budget-Defizit von 326 Millionen Pfund verwandelte sich in einen Überschuß von 234 Millionen. Die Preise sanken 1920–22 teilweise auf die Hälfte, der britische Kohle-Exportpreis sogar von 115 auf 24 Shilling die Tonne.

Aber wie überall waren durch den Krieg nicht nur die Preise, sondern auch die Löhne gestiegen. Der Deflations-Kohlepreis lag 15 Shilling *unter* den Gestehungskosten, und die damals noch privaten Bergwerke *mußten* die Löhne senken. Immer mehr der Bergleute streikten. Die Zahl der Arbeitslosen nahm 1920–22 von 0,8 auf 1,8 Millionen zu. Die englischen Exporte aber stiegen nicht wie erwartet, vor allem auch deshalb nicht, weil inzwischen die Vereinigten Staaten ihre Zölle scharf erhöht hatten und Deutschland durch seine Reparationszahlungen praktisch als Kunde ausfiel. Anfang 1924 kam es zur ersten Arbeiter-Regierung Englands. Aber auch die trat für »solides Geld« ein und wurde zudem bereits im Oktober 1924 wieder von einer konservativen Regierung abgelöst, deren Schatzkanzler Winston Churchill wurde. Am 28. April 1925 *wurde* der Goldstandard wieder voll in Kraft gesetzt und der Pfund-Kurs auf die Vorkriegs-Parität von 4,8665 Dollar gebracht.

Diese hohe Überbewertung des Pfund Sterling verschloß englischen Waren immer mehr Märkte. Englands Kohleexporte litten schwer unter der Öl-Konkurrenz, litten noch mehr unter dem hohen Pfund-Kurs, und so verlangten die Zechengesellschaften am 1. Juli 1925 erneut längere Arbeitszeiten bei geringeren Löhnen. Die Regierung versprach Subventionen, und monatelang wurde verhandelt. Aber am 3. Mai 1926 kam es in England zum Generalstreik. Zwar brach der nach zehn Tagen zusammen. Aber der Bergarbeiter-Streik dauerte bis zum 19. November und hatte verheerende Folgen, weil Kohle damals noch der weitaus wichtigste aller Energieträger Englands war. Während es in den USA einen Boom gab, dauerte die Krise in England an, und *die Pfund-Stabilisierung der zwanziger Jahre soll England mehr als der Erste Weltkrieg gekostet haben.* Kaum ging es wieder aufwärts, kam es zur amerikanischen Spekulations-Krise und zur *Welt*-Krise der dreißiger Jahre. Wieder versuchte London den Pfund-Kurs zu halten, wurden Sparmaßnahmen dekretiert und selbst der Sold der Marine um 10% gesenkt. Das löste am 15. September 1931 eine Meuterei der Atlantik-Flotte in Invergordon aus, die die Admiralität zwang, ihr Sparprogramm rückgängig zu machen. Die aber zugleich wie ein Fanal wirkte, das Vertrauen in England und damit in die Solidität des Pfundes erschütterte. Eine wilde, von New York ausgehende Baisse-Spekulation gegen das Pfund setzte ein, und am 19. September mußte die Bank von England der Regierung erklären, ihre Interventionsmöglichkeiten seien erschöpft. Am 20. September 1931 ging eine Reuter-Meldung um die Welt, die *die sensationellste Finanz-Nachricht aller Zeiten* genannt wurde. Sie lautete: »Die Regierung des Königreiches Großbritannien ist sich nach Zurateziehung der Bank von England darüber klar geworden, daß es notwendig ist, ab Sonntag den 20. September Mitternacht die Goldwährung außer Kraft zu setzen. Ein Gesetzesentwurf, der die Bank von England ermächtigt, die Einlösung der Banknoten in Gold einzustellen, wird dem Parlament am Montag zugeleitet und sofort in allen Lesungen erledigt werden.« England ging zu einer

»freien Währung ohne Bindung an feste Wechselkurse« über, erklärte aber eine »Leit-Parität« von 3,49 Dollar je Pfund, d. h. wertete das Pfund um rund 16,6 % ab.

Ein zwölf Jahre dauernder, heldenhafter Kampf um die volle Pfundwert-Erhaltung und die Vermeidung von Pfund-Gläubiger-Verlusten war tragisch zu Ende gegangen. Zahllose englische Fabriken, die dieser Kampf ruiniert hatte, *blieben* geschlossen. Die Schiffe, die aufgelegt wurden, fuhren *nie* wieder. Die Unterstützung von immer mehr Unproduktivem aber wurde zur britischen Dauereinrichtung.

Einen Kampf um die Werterhaltung des Dollars gab es niemals und wird es nie geben, denn die Dollar-Mentalität ist, wie schon geschildert, weitgehend eine Schlechte-Schuldner-Mentalität, die »Silverites« sind auch heute noch klar in der Mehrheit. Krisen wurden in Amerika *stets* durch Bankrotte oder durch Kriege überwunden, und als unübertroffene Meister des hemmungslosen Finanz-Egoismus erwiesen sich bekanntlich Präsident Franklin D. Roosevelt und sein Finanzminister Morgenthau.

In New York 1891 geboren, war *Henry Morgenthau jun.* der Enkel eines Mannheimer Zigarrenhändlers. Sein Vater kam als Neunjähriger nach Amerika, wurde Bürojunge einer Versicherungsgesellschaft, durch Selbststudium und Abendkurse Rechtsanwalt und durch geglückte Grundstücks-Spekulationen als Vierzigjähriger vielfacher Millionär. Er trug genug zum Wahlfonds Präsident Wilsons bei, um 1913 amerikanischer Gesandter in Konstantinopel zu werden und leistete den Alliierten da so gute Dienste, daß er u. a. das Großkreuz des Britischen Empire erhielt. Im Februar 1917 führte Henry Morgenthau sen. zusammen mit Jacob Schiff, dem erwähnten Chef des Bankhauses Kuhn, Loeb & Co., und mit Rabbi Stephen Wise die Verhandlungen über die »Balfour-Erklärung« einer »Jüdischen Heimstätte« in Palästina und bereitete schließlich als Sonderbeauftragter Präsident Wilsons die Friedenskonferenz von Versailles vor.

Auf dieser Konferenz lernte sein Sohn die einflußreichsten Leute der damaligen Zeit kennen, nicht nur Politiker, sondern auch Öl-Magnaten und führende Bankiers. Henry Morgenthau jun. hatte die Rechte studiert, interessierte sich aber mehr für Agrarfragen und gab seit 1922 den »American Agriculturist« heraus. Er kaufte die Fishkill-Farm am Hudson-River und wurde so der Nachbar Franklin Delano Roosevelts. Die beiden wurden enge Freunde, die Beziehungen von Vater und Sohn Morgenthau trugen entscheidend zur Wahl Roosevelts zum Gouverneur des Staates New York und 1932 zum Präsidenten der Vereinigten Staaten bei, und Morgenthau jun. wurde die Sanierung der amerikanischen Landwirtschaft und die Verteilung der rasch Dutzende von Milliarden erreichenden Agrar-Subventionen übertragen. »Nebenbei« führte er im Auftrag Roosevelts die Geheimverhandlungen mit Maxim Litwinow, die am 16. November 1933 zur Anerkennung der Sowjetunion durch die USA führten.
Da sich das Schatzamt der Ausgaben-Politik Roosevelts widersetzte, ernannte der Präsident Morgenthau im November 1933 zum Stellvertretenden Schatzsekretär und am 1. Januar 1934 zum Finanzminister der Vereinigten Staaten. Der sorgte dafür, daß Roosevelt stets genug Geld für all seine Pläne bekam, für seine (bereits geschilderte) verheerende Silber-Politik ebenso wie die jahrelange »stille« Aufrüstung der USA. Und Morgenthau setzte auch den *Übergang vom Gold-Dollar zum »Preis«-Dollar* durch.
Die im Jahre 1900 endgültig in den USA eingeführte Goldwährung bedeutete, daß gutes Geld nicht mit schlechtem zurückbezahlt werden konnte, und so drohte in den dreißiger Jahren wie zur zeit des Kampfes zwischen »Silber-Anhängern« und »Solides-Geld-Anhängern« eine Schuldner-Revolte: Die amerikanischen Agrarpreise des Jahres 1926 gleich 100 gesetzt, standen sie durch die Weltkrise im Februar 1933 auf 41. Die Bodenpreise waren auf 56 gesunken, die Hypothekenlast aber gleich geblieben und die Steuern auf 166 gestiegen. Wenn ein

Farmer 1926 Geld lieh, das damals 1000 Bushel Getreide entsprach, so mußte er nun 2240 Bushel ernten, um es zurückzubezahlen, und Baumwolle brauchte er siebenmal so viel. In einer ähnlichen Lage wie die etwa 30 Millionen unmittelbar von der Agrarkrise betroffenen Amerikaner befanden sich natürlich alle Schuldner, aber nur die Farmer waren damals gut genug organisiert, um etwas unternehmen zu können, und so beschloß die Nationale Farmerunion am 5. April 1933, ab 13. Mai in 17 Bundesstaaten einen Liefer-Streik durchzuführen: Regierungsgarantie der Farmpreis-Erhöhung auf das Vorkriegsniveau und Einstellung aller Zwangsvollstreckungen oder *Aushungerung der amerikanischen Städte.*

Die Farmer meinten es ernst, und ein Bauernkrieg drohte. Zwischenfälle wie die von Le Mars in Iowa am 28. April 1933 hatte es bereits Dutzende gegeben. Da rotteten sich 700 Farmer zusammen, besetzten das Gerichtsgebäude und verhinderten die Versteigerung von zwei Farmen. Als die Rädelsführer verhaftet wurden, breitete sich der Aufruhr auf vier Landkreise aus, und die Nationalgarde erwies sich als unfähig, die Ordnung wiederherzustellen. Erst als Präsident Roosevelt am 8. Mai 1933 über den Rundfunk feierlich versprach, die Farmer-Forderungen zu erfüllen, stellten die ihren Kampf ein.

Aber *wie* sollten diese Forderungen erfüllt werden?

Henry Morgenthau entwarf ein Gesetz, das der Kongreß am 12. Mai 1933 annahm und in dem es heißt: »Falls der Außenhandel der Vereinigten Staaten durch die Abwertung einer fremden Währung ungünstig beeinflußt wird ... oder ein wirtschaftlicher Notstand eine Kredit-Ausweitung erfordert ... kann der Präsident der Vereinigten Staaten das Gewicht des Gold-Dollars im Interesse des Außenhandels oder der Preispolitik neu festlegen, jedoch darf das Gewicht des Gold-Dollars nicht um mehr als 50 % des gegenwärtigen gesenkt werden ...«

Der Kongreß wünschte einen *»Dollar, dessen Kaufkraft keinen Schwankungen unterliegt und der stets eine gerechte Lösung des Schuldner-Gläubiger-Verhältnisses sicherstellt«*. Das heißt, an die Stelle der (bereits beschriebenen) »Gold-Automatik« sollte die Innenpolitik treten. Und das geschah so ausgiebig, daß die Londoner Weltwirtschafts-Konferenz, die am 12. Juni 1933 zusammentrat, von vorneherein zum Scheitern verurteilt war.

Durch die gemeinsame Krisen-Not getrieben, suchten auf dieser Konferenz die Vertreter von 64 Nationen die überhandnehmenden Handelsbehinderungen abzubauen, die nationalen Devisen-Verordnungen zumindest zu koordinieren und die Kriegsschulden- und Reparationsfrage zu lösen. Präsident Roosevelt aber erklärte am 3. Juli 1933 klipp und klar, die Vereinigten Staaten seien zu keinerlei Konzessionen bereit, das Aufgeben der amerikanischen Hochschutzzoll-Politik sei indiskutabel, ebenso eine Schuldenstreichung und auch die Festlegung des Dollar-Kurses »eine rein amerikanische Angelegenheit«. »Denn«, fügte Staatssekretär Cordell Hull am gleichen Tage hinzu, »wir trachten die Fetische der internationalen Bankiers zu beseitigen und eine *nationale* Währung zu schaffen. Wir streben nach einem Dollar, mit dem kommende Generationen ebensoviel kaufen können, wie die heutige.«

Der Dollar-Kurs hing damals vom jeweiligen amtlichen Goldpreis ab, und den bestimmte seit der Freigabe durch den Kongreß Präsident Roosevelt, beraten durch seinen Finanzminister, *persönlich.* Und *wie* er das tat, schilderte Henry Morgenthau jun. in seinen privaten Aufzeichnungen: Der Präsident folgte seinen »Eingebungen«, erhöhte z. B. den Goldpreis um 21 Cents die Unze, »weil Einundzwanzig eine Glückszahl ist – dreimal Sieben.« Morgenthau notierte: »Wenn jemals bekannt wird, daß wir den *Gold-Preis durch Glücksnummer-Kombinationen* festsetzten, muß den Leuten angst und bange werden ...« Aber auch als sie das noch nicht wußten, wurde den europäischen Notenbank-Präsidenten vor der amerikanischen Währungspolitik angst und bange, und auf dringendes Ersuchen Montague Normans, des damaligen Chefs der Bank von England, wurde George Harrison vom Federal Reserve Board zu Erklärungen nach London gesandt. Dem sagte Norman: »Was in Washington getan wird, muß die ganze Welt in den Bankrott treiben!« Aber als Harrison das Roosevelt und Morgenthau berichtete, fing zuerst der Präsident laut zu lachen an, dann der Schatzsekretär, denn – notierte Morgenthau in seinem Tagebuch – »wir stellten uns vor, wie den europäischen Bankiers jedes einzelne der wenigen Haare, die sie noch hatten, zu Berge stieg ...«

Roosevelts persönliche Gold-Preis-Festlegung dauerte vom 12. Mai 1933 bis 30. Januar 1934. Am 31. wurde die endgültige Dollar-Gold-Parität festgesetzt, und zwar mit 0,9874052 Gramm Gold 900 fein pro Dollar statt bisher 1,6718. Das heißt, der Dollar wurde auf 59,06 % seines früheren Goldwertes abgewertet, der Goldpreis betrug so statt 20,67 Dollar fortan 35 Dollar je Unze, und der amtliche Reichsmark-Kurs des Dollars sank von 4,19792 auf 2,47939, ähnlich natürlich alle anderen Devisenkurse.

Warum aber dekretierte Roosevelt eine *Dollar-Abwertung von mehr als vier Zehntel* obwohl die Vereinigten Staaten damals mit fast fünf Milliarden Dollar vier Zehntel allen Währungs-Goldes der Welt besaßen? Als die Vereinigten Staaten 1900 zur Goldwährung übergingen, besaßen sie Gold im Wert von 150 Millionen Dollar. Bei Ausbruch des Ersten Weltkrieges waren es 1,8 Milliarden oder 18 % der Welt-Goldreserven, und durch diesen Krieg stiegen sie auf 1920 rund 3 Milliarden oder 34 %. Schließlich, wie gesagt, auf 40 %, während England damals nur 8 % allen Goldes der Welt besaß und das Deutsche Reich 0,9 %. Der Dollar war damals die nach dem Schweizer Franken bestgedeckte Währung, aber für die amerikanischen Schuldner, wie gezeigt, zu solide. Die Dollar-Abwertung aber bedeutete *eine schlagartige und automatische Agrarpreis-Steigerung* und des Preis-Niveaus überhaupt, parallel dazu eine entsprechende Schulden- und Zinslast-Senkung. Der neue Dollar-Kurs bedeutete Konkurrenzfähigkeit auf den Weltmärkten, und Roosevelt steigerte den Export, *ohne* durch entsprechend

steigende Importe die Farmer und die amerikanischen Industriellen zu vergrämen, denn er ließ die amerikanischen Goldreserven weiter steigen. Die *Gold-Einfuhr machte niemandem Konkurrenz, sie störte keinen der Wähler Roosevelts und heizte zugleich die Konjunktur an.* Sie bedeutete entsprechende Geldumlaufs-Ausweitung, stets »durch Gold gedeckt«, konnte während der Amtszeit Roosevelts derart viel Geld »neu geschaffen« werden, daß er mehr ausgeben konnte als seine 51 Vorgänger während 145 Jahren zusammengenommen. Allerdings nicht durch Steuereinnahmen und eine entsprechende Steigerung der Gesamtwirtschaftsleistung, sondern durch Schuldenmachen und Inflation: Unter Roosevelt und Morgenthau stieg die Bundesschuld von 22 auf 257 Milliarden Dollar, auf das fast Zwölffache. Die Dollar-Kaufkraft des Jahres 1933 gleich 100 gesetzt, betrug sie 1945 rund 34.
Immerhin stiegen auch die amerikanischen Goldreserven, und bereits 1942 betrugen sie mit 22,3 Milliarden Dollar etwa acht Zehntel allen Währungsgeldes der Welt, während die Englands schon zwischen September 1937 und September 1939 von 2,7 auf 0,46 Milliarden Dollar abgenommen hatten. Während des Zweiten Weltkrieges mußten 7,3 Milliarden Pfund oder damals rund 30 Milliarden Dollar an britischem Auslandsvermögen liquidiert werden. Dementsprechend sanken die Erträge. Auch die andern »Invisibles« schrumpften, und schließlich wurden amerikanische Kredite für England lebenswichtig.
Henry Morgenthau nutzte das. Seine Einstellung gegenüber dem »Dritten Reich« faßte er 1939 in die Worte: »Deutschland muß in eine Wüste wie nach dem Dreißigjährigen Krieg verwandelt werden.« Diese Meinung teilte Raymond Clendenin Miller, ein Intimus Präsident Roosevelts, der im September 1941 erklärte: »Deutschland muß wieder zum Agrarland, seine Großstädte entvölkert und seine Jugend zum Auswandern gezwungen werden. Wir müssen ihm die Herstellung synthetischer Grundstoffe verbieten, es völlig von Übersee-Zufuhren abhängig machen.« Es gab noch verschiedene andere Pläne die-

ser Art, und die ließ Henry Morgenthau jun. von seinem in Rußland geborenen Staatssekretär Texter White »koordinieren«. Dadurch entstand 1942–43 *der »Morgenthau-Plan«*, von dem heute behauptet wird, er sei auf dem Papier geblieben. Der aber die Enteignung des gesamten, privaten Auslandsbesitzes Deutschlands vorsah, zu der es kam. Der die »Repatriierung« aller Deutschen aus dem Ausland vorschrieb, zu der es kam. Der die Zerstörung der Synthesewerke verlangte, die erfolgte. Der die Industrie-Demontage vorsah, zu der es ebenfalls kam und nur deshalb nicht völlig und plangemäß, weil inzwischen Präsident Truman den »Kalten Krieg« erklärte und Deutschland als »Bollwerk gegen den Bolschewismus« gebraucht wurde.
Angenommen aber wurde der »Morgenthau-Plan« durch den damaligen Premierminister Englands, Winston Churchill, auf der zweiten Konferenz von Quebec am 15. September 1944. Was immer er darüber 1953 in seinen Memoiren sagte, seine Unterschrift neben dem »O.K.F.D.R.« Roosevelts konnte er nicht bestreiten, und die hatte er geben *müssen*, denn England *mußte* damals eine amerikanische Anleihe von 6,5 Milliarden Dollar haben, deren Erteilung Morgenthau von der Annahme seines Planes abhängig machte.
Allerdings nicht *nur* von der Annahme des nach ihm benannten Planes, sondern auch schon von der britischen Zustimmung zum Bretton Woods-Abkommen vom 22. Juli 1944, das *die amerikanische Weltwährungs-Herrschaft und die Gleichsetzung des Dollars mit dem Gold* bedeutete.
Im Zweiten Weltkrieg gab es bekanntlich keinen Unterschied mehr zwischen »Front« und »Hinterland«, und durch den Luftkrieg waren die Zerstörungen derart, daß nur die amerikanische Industrie voll erhalten blieb und dazu ihre Kapazität noch enorm ausweitete. *Nur* die USA waren also zu Wiederaufbau-Lieferungen imstande, und die mußten weitgehend auf Kredit erfolgen, denn was es 1939 noch an Reserven Europas gegeben hatte, war nun verbraucht. Es war also durchaus be-

rechtigt, daß die Vereinigten Staaten eine Wirtschafts- und Währungs-Konferenz nach Bretton Woods in New Hampshire einberiefen, um die Nachkriegs-Entwicklung vorzubereiten und vor allem ein funktionsfähiges, neues Währungssystem zu schaffen. Denn wenn sich alle Jetons in einer Hand befinden, hört jedes Spiel auf, und eine Rückkehr zur Vorkriegs-Goldwährung war ausgeschlossen, weil sich nun praktisch alles Gold im »United States Bullion Depository« befand, der »Gold-Festung« Fort Knox, die Präsident Roosevelt 3500 Kilometer vom Pazifik und 1000 Kilometer vom Atlantik entfernt hinter den Kentucky-Bergen errichten ließ und die seit ihrer Fertigstellung im August 1936 von einer Spezialtruppe von tausend Mann bewacht wurde.

Nur hatten die Vertreter der 44 Staaten, die am 1. Juli 1944 in Bretton Woods zusammentraten, praktisch nichts zu sagen, sondern nur gutzuheißen, was in Washington beschlossen worden war. Es war zudem *eine reine »Konferenz der Sieger«*, die Neutralen ebensowenig zugelassen wie die »Feindmächte«. Auf der Tagungsordnung stand die Gründung eines »Welt-Währungsfonds« und einer »Welt-Bank«. Die Idee solch einer Bank war nicht neu, schon 1675 war die Gründung einer »Christlichen Bank« geplant worden, durch die die »reichen« Nationen den »armen« helfen sollten. Eine »Weltbank« *gab* es bereits seit 1930, die »Bank für Internationalen Zahlungsausgleich« in Basel, eine internationale Gold-Clearingstelle der Nationalbanken, die die deutschen Reparationszahlungen rationell »umleiten« sollte und die sich bis heute als Bank der Notenbanken bewährt, aber von den USA stets bekämpft wurde, weil sie in Basel wenig zu sagen hatten. Ein Welt-Clearing-System schließlich hatte längst der englische Nationalökonom John Maynard Keynes ausgearbeitet, der bereits 1920 vor den weltwirtschaftlichen Folgen des Versailler Diktats warnte, sich 1925 vehement gegen die Rückkehr Englands zum Goldstandard wandte und 1943 eine zentrale Welt-Clearing-Bank vorschlug, die als Rechnungseinheit den »Bancor« verwenden sollte.

Präsident Roosevelt und Morgenthau erklärten, eine neue Verrechnungeinheit sei völlig überflüssig, als die könne ebensogut der Dollar dienen, denn da die USA mehr als vier Fünftel allen Goldes der Welt besäßen, sei der Dollar ja gleich Gold.

Natürlich sahen alle Delegierten in Bretton Woods den Unterschied zwischen einer internationalen und international kontrollierten Währungseinheit wie dem »Bancor« und einer nationalen wie dem Dollar. Zwei Mitglieder der britischen Delegation, zwei Londoner Bankiers, veröffentlichten 1948 unter den Decknamen Castor und Pollux im Londoner Views-Verlag ein Pamphlet, in dem es heißt:

»Was ist der Dollar? Das ist ein lokales Wertmaß, weiter nichts, für Zahlungen von Amerikanern in *Amerika.* Der Dollar hat keinen internationalen Stand und ist gesetzliches Zahlungsmittel allein in den Vereinigten Staaten. Es mag beweisbar sein, daß der Dollar eine bessere Golddeckung hat als das Pfund. Aber was für eine Art Deckung ist das? Eine Menge Goldbarren, begraben in Fort Knox, deren Preis *jederzeit* geändert werden kann nach der Laune eines ›Staatsmanns‹. Der Dollar kann vom Kongreß ebenso leicht entwertet werden, wie der Druck von Papier-Pfunden durch Parlamentsbeschluß vermehrt wird ... Unsere Wohlfahrt wurde auf der Münze des Imperiums aufgebaut, und unser Wiederaufstieg hängt nicht von Amerika, sondern von uns selber ab ...«

Da wußten die Bretton Woods-Delegierten natürlich auch, daß die amerikanische Regierung unter Bruch aller Garantie-Verträge am 14. Juni 1941 – ein halbes Jahr *vor* ihrem Kriegseintritt – alle europäischen Guthaben in den Vereinigten Staaten mit Ausnahme der britischen, aber einschließlich der aller Neutralen, der Portugals, Spaniens, Schwedens und der Schweiz blockierte und im Fall der Schweiz über sechs Milliarden Franken gesperrt wurden. Aber die Machtverhältnisse waren klar. Heute *gibt* es eine Art »Bancor«, die »Besonderen Ziehungsrechte« des Internationalen Währungsfonds. Im Jahre 1944 aber brauchten *alle* Teilnehmer der Bretton Woods-Zusammenkunft amerikanische Kredite und amerikanische Lieferungen, und so *wurde* der Dollar dem Gold gleichgesetzt, ein entsprechendes Abkommen am 22. Juli 1944 unterzeichnet. Allerdings nur von 32 Staaten. Die Sowjetunion und elf andere verweigerten die Unterschrift.

Für die »Westwelt« bedeutete das Abkommen von Bretton Woods:

Da sich die Vereinigten Staaten verpflichteten, jederzeit jede Menge Dollars in Gold einzulösen, nahmen alle Nationalbanken jederzeit jede Menge Dollars als vollgültiges Zahlungsmittel für jede Art anderer Zahlungsmittel an. Und zwar zum »unabänderlichen« Dollarwert, der mit 35 Dollar je Unze Feingold »festgeschrieben« wurde – und bis 1971 festgeschrieben blieb, völlig unabhängig von der Kaufkraft des Dollars, den Gold-Produktionskosten oder irgendwelchen anderen Preisveränderungen. Und wie die Parität Dollar-Gold fixiert wurde, so mußten *alle* Wechselkurse in einem festen Verhältnis zum Gold-Dollar stehen und durften nur mit Zustimmung des Währungsfonds verändert werden. Das aber hieß:

Zweiunddreißig Staaten gaben ihre Währungs-Hoheit auf, und erstmals in der Finanzgeschichte wurde eine nationale, *nur von ihrer eigenen Regierung und sonst niemandem kontrollierbare Währung zum* internationalen *Zahlungsmittel erklärt.*

Bis zu Bretton Woods galt: Ein Staat, der sich in einer fremden Währung verschuldete, d. h. in Zahlungsmitteln, die er nicht selber zu schaffen vermochte, verlor seinen Kredit, sobald er Zinsen und Amortisationen nicht pünktlich beglich. Für die Vereinigten Staaten aber gab es nun keine »fremde« Währung mehr. Sie konnten *überall* auf der Welt kaufen und *überall* Schulden machen, denn sie brauchten zur Bezahlung ja nur Dollars zu drucken. Dieses Dollardrucken kam auch dem Drucken von Pfund, Schweizer Franken oder Mark gleich, *jeder* Währung der Bretton Woods-Unterzeichner und späteren Währungsfonds-Mitglieder. Die Vereinigten Staaten konnten

sich Guthaben schaffen, wo immer sie wollten, und amerikanische Zahlungsbilanz-Defizite bedeuteten *nicht* Zwang, sie zu vermindern, sondern zinslose Kredite, die alle Dollar-Abnehmer den USA gewähren *mußten.* Praktisch bedeutete Bretton Woods:
Der Federal Reserve Board in Washington wurde die Welt-*Zentralbank,* denn *nur* er setzte die Menge der zu druckenden Dollars fest. Da alle Notenbanken Dollars annehmen *mußten,* hing nun aber auch deren Geldumlauf vom amerikanischen Geldumlauf ab; wer immer seiner eigenen Notenbank Dollars übergab, erhielt ja zu einem Kurs, der *nicht* länger von Angebot und Nachfrage abhing, den Gegenwert in der Landeswährung, und so bedeutete *Inflation in Amerika zugleich* Welt-*Inflation.*
Nominell war seit Bretton Woods allerdings nicht der Federal Reserve Board die höchste Währungs-Instanz der Welt, sondern der Internationale Währungsfonds, der »International Monetary Fund« IMF, in Washington, ausführendes Organ die Weltbank, die »International Bank for Reconstruction and Development«. Beide wurden 1944 geschaffen, als es die Vereinten Nationen noch nicht gab. Sie sind *nicht* Teil der UN, unterliegen nicht nur nicht irgendwelchen Landesgesetzen und können nicht nur Gerichtsverfahren nur dann unterworfen werden, wenn sie dem selber zustimmen; sondern auch die Vereinten Nationen besitzen keinerlei Kontrollmöglichkeiten, und als z. B. die UN am 12. Dezember 1968 beschlossen, Portugal und Südafrika alle Weltbank-Kredite zu sperren, erklärte die Weltbank: »Jeder Versuch, diesen Beschluß durchzuführen, ist illegal.« Praktisch wurden beide Institutionen von den USA kontrolliert, denn von den 8,6 Milliarden Dollar Start-Kapital des IMF stammten 2,75 aus den USA, und da die Stimmrechte vom Kapitalbeitrag abhängen, besaßen die USA 31,97% aller Stimmen. Auf Großbritannien entfielen 14,3 und auf die Republik China 6,22% der Stimmen. Aber die hatten ihre Einzahlungen dank amerikanischer Kredite geleistet, und

de facto verfügten die USA über 52,6 % aller Stimmen. Und das nutzten sie bei der Festlegung der Paritäten: Die wurden nicht auf Grund von Kaufkraft-Vergleichen festgelegt, sondern dekretiert:

Von Anfang an wurde der Dollar massiv überbewertet. Wenn die Kaufkraft des Dollars damals z. B. höchstens 3 DM entsprach, so wurde der DM-Kurs 1948 mit 4,20 festgesetzt. Da Washington den Goldpreis 37 Jahre lang, von 1934 bis 1971, auf 35 Dollar für die Unze hielt, während sich alle anderen Preise inzwischen verdoppelten oder verdreifachten, hieß das:

Die Vereinigten Staaten konnten eine Generation lang Energieträger und Rohstoffe, aber natürlich auch alle anderen Güter und Dienstleistungen sowie fremde Unternehmen weit unter deren realem Wert erwerben.

Festgeschriebene Währungs-Paritäten ermöglichten natürlich nicht nur den USA, sondern *allen* eine systematische Inflations-Politik betreibenden Ländern die »soliden«, die Kaufkraft ihrer Währungen möglichst intakt haltenden Länder, schwer zu schädigen: Die Hochstapler kauften mit ihrem entwerteten Papier bei den »Soliden« reale Werte ein. Deren Export stieg, nicht aber der reale Gegenwert für ihre Güter, und wollten sie ihre Arbeitskraft oder ihre Grundstoffe nicht verschenken, so blieb ihnen nur, die fremde Inflation zu »importieren«, auch selber ihre Geldmenge zu vergrößern und die Kaufkraft ihrer Währung zu senken. Ein anderes Mittel wäre natürlich eine Aufwertung der »soliden« Währungen gewesen und das Aufgeben fixer Wechselkurse, und dazu kam es 1973 auch. Aber mehr als ein Vierteljahrhundert lang blieb das Abkommen von Bretton Woods voll in Kraft, erforderte jede Paritäts-Änderung einen Zweidrittel-Mehrheitsbeschluß des IMF, und da gab es auch die entsprechende Propaganda. Wie immer bei Finanz- und Währungsfragen wurden die Probleme künstlich kompliziert, die Grundtatsachen systematisch vernebelt und von den Interessenten Schlagworte lanciert, die auf das Gefühl wirken. Das Preisgeben fester Wechselkurse hieß

»Währungs-Chaos«, obwohl Wechselkurse nichts anderes sind als der *Preis* des ausländischen Geldes ausgedrückt in inländischem oder umgekehrt. Feste Paritäten bedeuten *amtlich* fixierte Preise, »Floating« auf Angebot und Nachfrage beruhende. Nicht »Chaos«, sondern wie bei Güterpreisen Markt-Einfluß.

Ehe es zu diesen freien Wechselkursen kam, gab es wahre *Titanenschlachten um das Niedrighalten des Gold-Preises,* die aber nicht der Federal Reserve Board schlug, sondern vor allem die europäischen Notenbanken mit europäischen Steuergeldern. Denn die besaßen sehr bald riesige Mengen Dollars, und war der Goldpreis nicht auf 35 Dollar die Unze zu halten, so bedeutete das Abwertung des Dollars, damit Wertverlust der Dollar-Reserven und Zwang zur »Neubewertung der Auslands-Positionen« der Notenbanken mit entsprechenden Milliarden-Verlusten. Stieg der Goldpreis, so erhöhte sich natürlich auch der Wert der Goldreserven der Notenbanken. Aber damit automatisch die Geldmenge, da wurde die Inflation weiter angeheizt.

Nun hatte zwar J. M. Keynes bereits 1931 *Währungs-Gold »ein Überbleibsel aus einem barbarischen Zeitalter«* genannt, »a barbarous relic«. Aber leben wir nicht nach wie vor in einem barbarischen Zeitalter? In einer Welt voller Gefahren und Spannungen, des Völkermordes und des Hungers und eines »stillen Raubes« schamloser denn je? Inflationsraten von 400, 700 und 900 Prozent machen das gelbe Metall anziehender denn je; und betrachten es nicht Unzählige mit Recht als einzigen, sicheren Wert?

An den Wert des Goldes wird seit sechs Jahrtausenden geglaubt. Was immer die Theoretiker bewiesen, dieser *Glauben* bestimmte seit jeher und bestimmt heute den Goldpreis, und den handelten stets Käufer und Verkäufer aus was die Obrigkeiten dekretierten, hatte niemals Bestand ,und daran änderte auch das Bretton Woods-Abkommen nichts.

Schon als die Preisrelation 35 Dollar = 1 Unze Feingold geschaffen wurde, stimmte sie nicht. Durch die vom Zweiten Weltkrieg verursachten Preissteigerungen wurde sie völlig unrealistisch, und der Abbau zahlreicher relativ armer Gold-Vorkommen wurde eingestellt. Betrug die Welt-Goldgewinnung im Durchschnitt der letzten fünf Vorkriegsjahre 36 Millionen Unzen jährlich, so 1946–50 nur 23 Millionen, und 1948 wurden auf den »schwarzen« Märkten in Bombay 82 Dollar die Unze bezahlt, in Macao 65 bis 75 und in Beirut 60. Auch in Europa war der freie Goldhandel auf die Dauer nicht zu unterbinden. Seit April 1948 gab es ihn in Paris, seit 1949 de facto und seit 1952 offiziell in Zürich, seit März 1954 auch wieder in London, wo der erste private Goldmarkt im November 1919 entstanden war. Die Notierungen auf diesen freien Märkten waren vorerst nicht wesentlich höher als der amtliche Goldpreis, denn wie Dollars in Gold umgetauscht wurden, so Gold in Dollars, und solange Dollar-*Mangel* herrschte und Kautschuk und Kupfer, Mineralöl und Kohle wie praktisch alle anderen Grundstoffe und Nahrungsmittel auf dem Weltmarkt nur gegen Dollars zu haben waren, *wurde* die Fiktion Dollar = Gold akzeptiert. Die Londoner Gold-Notierungen schwankten zwischen 50 Dollar die Unze zu Beginn des Jahres 1949 und 37,50 Ende 1952 und sie standen im November 1953 sogar nur um 35 Cents höher als der Notenbank-Preis. Der Internationale Währungsfonds hatte deshalb im September 1951 das Verbot, »Industriegold« mit Preisaufschlag weiterzuverkaufen, aufgehoben.

Aber sehr rasch zeigte sich, daß *alles Gold der Welt nicht genügte, die amerikanischen Ausgaben zu decken.* Wenn es in den Vereinigten Staaten seit 1931 keine Goldeinlösung der Zahlungsmittel Privater mehr gab, Präsident Roosevelt alles Gold verstaatlicht hatte und US-Bürgern (nach dem Krieg auch den im Ausland wohnenden) der Besitz von Gold außer in Form von Schmuckstücken und numismatisch wertvollen Münzen verboten war, so blieb die Golddeckungspflicht der amerikanischen Währung bestehen, und zwar für Banknoten bis 1945 mit 40 % und für Sichteinlagen mit 35 %, danach für beide mit 25 %. Was bedeutete, daß die Goldreserven der USA stets nur zum *Teil* für die Erfüllung der Bretton Woods-Verpflichtungen zur Verfügung standen und die Menge des »freien«, d. h. nicht für die gesetzliche Geldumlaufdeckung benötigten Goldes von der Geldmenge abhing.

Die hatte sich 1939–49 von rund 60 auf 110 Milliarden Dollar fast verdoppelt, und da nun die Goldreserven 24,5 Milliarden betrugen, blieb schon 1949 *nichts* für die Goldeinlösung ausländischer Guthaben übrig, war selbst der eigene Geldumlauf nicht voll mit Gold gedeckt. In aller Stille änderte deshalb der Federal Reserve Board die Geldmengen-Definition, und nur mehr das *Bargeld* wurde berücksichtigt, das 1949 etwa 26 Milliarden ausmachte. Zu dessen Deckung waren nur 6,5 Milliarden Gold nötig und damit 18 Milliarden Dollar Gold für internationale Konvertierungen »frei«. Da das etwa 65 % allen Währungs-Goldes der Westwelt waren und über die Änderung der Geldmengen-Definition nicht geredet wurde, schien die Dollar-Gold-Konvertierung gesichert.

Aber im Jahre *1950 begann die Trendwende der amerikanischen Zahlungsbilanz.*

Eine »Zahlungsbilanz« ist (dem IMF zufolge) »die systematische Aufzeichnung aller wirtschaftlichen Transaktionen, die während eines bestimmten Zeitraumes zwischen In- und Ausländern stattgefunden haben«. Die Zahlungsbilanz setzt sich aus der Leistungs- oder Ertragsbilanz (= der Handels- und Dienstleistungs-Bilanz) und der Kapital-Bilanz zusammen und berücksichtigt auch die »Übertragungen«, die Gegenbuchungen unentgeltlicher Güterlieferungen oder Geldüberweisungen. Das heißt, die *sollten* berücksichtigt werden, was aber bei »Militärhilfe«, Waffenlieferungen etc. nicht immer geschieht. In der Kapital-Bilanz *sollten* auch die Kurzfrist-Kredite aufscheinen, was aber z. B. in den amtlichen amerikanischen Statistiken nicht der Fall ist – und vielleicht erklärt, wieso es die »World Current-Account Discrepancy« gibt, warum sich heu-

te die Welt-Zahlungsbilanz-Überschüsse und die Welt-Zahlungsbilanz-Defizite *nicht,* wie sie das Adam Riese zufolge tun sollten, ausgleichen: Bereits 1975 klafften sie um 10 Milliarden Dollar auseinander. 1982 überschritt (der OECD zufolge) die Differenz 100 Milliarden, und kumuliert waren 1967–85 etwa 432 Milliarden Dollar »nirgends zu finden«. Gewiß auch durch die »Schattenwirtschaft«, aber nicht *nur* durch sie.
Die amerikanische Zahlungsbilanz war im Durchschnitt der Jahre 1934–38 mit jährlich 470 Millionen Dollar *aktiv,* d. h. die aus dem Ausland stammenden Einnahmen übertrafen die Zahlungen an das Ausland um etwa eine halbe Milliarde. Im Durchschnitt 1946–50 betrug der jährliche Überschuß 7,55 Milliarden, da hatte sich *das amerikanische Netto-Auslandseinkommen versechzehnfacht:* Die ganze Welt war durch den Zweiten Weltkrieg zum Schuldner der USA geworden, zahlte Zinsen, und die amerikanischen Ausfuhrüberschüsse waren höher denn je. Während der 82 Jahre 1888–1970 gab es nicht ein einziges Mal einen Einfuhr-Überschuß, der Zollschutz war perfekt.
Aber *außer* für Güter gaben die Vereinigten Staaten 1946–60 über 496 Milliarden Dollar im Ausland aus, davon 242 Milliarden für »reine« Militärhilfe, 160 Milliarden indirekt für militärische Zwecke, den Rest vorwiegend für Auslands-Direktinvestitionen. Bereits 1950–60 betrug so das amerikanische Zahlungsbilanz-*Defizit* 18 Milliarden Dollar. 1960–70 waren es 75,6 Milliarden, und allein 1961–1971 stiegen die Auslands-Mehrausgaben von 1,3 auf 31 Milliarden. Im Jahre 1984 überschritt das Defizit hundert Milliarden Dollar, in diesem *einen* Jahr war es höher als die kumulierten Defizite des ganzen neunzehnten Jahrhunderts.
Dieses riesige Zahlungsbilanz-Defizit macht den Dollar zu einem *Welt*-Problem, denn selbst die »Federal Reserve Bank of New York« stellte in einer im Juni 1984 veröffentlichten Studie fest, daß es bisher noch *keinem* Land gelang, Zahlungsbilanz-Fehlbeträge von zwei bis drei Prozent des Bruttosozialpro-

dukts selber zu finanzieren. Auch das amerikanische Defizit wurde und wird vom Ausland gedeckt, und die Schicksalsfrage für den Westen ist, wie lange das noch möglich ist.

Daß es zu der dramatischen Trendwende der US-Zahlungsbilanz kam, hat vielerlei Gründe, vor allem aber: maßlose Militärausgaben, maßlose Auslands-Direkt-Investitionen und *Verlust der amerikanischen Konkurrenzfähigkeit durch Überbewertung des Dollars, Inflation und Rückgang der Produktivität.*

Die amerikanische Geldentwertung – und damit die Welt-Inflation – hat ebenfalls viele Ursachen, eine der wichtigsten aber schuf Bretton Woods: Solange Zahlungsbilanz-Defizite in Gold abgedeckt werden mußten, verringerten sie den Geldumlauf des Schuldner-Landes, *zwangen* sie es zur Ausgabeneinschränkung. Werden Zahlungsbilanz-Defizite nur verbucht, so entsteht eine »doppelte Kredit-Pyramide«, werden *zwei* Geldmengen ausgeweitet: Das Schuldner-Land braucht seinen Geldumlauf nicht einzuschränken, denn seine Goldreserve bleibt voll intakt. Das Gläubiger-Land kann seinen auf Grund der (theoretisch) erhöhten Reserven ausweiten. Der »Kredit-Induzierung« steht keine »Kredit-Kontraktion« gegenüber. Seit 1944 brauchten die USA nur Dollars zu drucken, um ihre Defizite zu »decken«, ihr eigener Papiergeld-Umlauf wuchs und wuchs und ebenso der aller Dollar-Halter.

Natürlich hatte sich das amerikanische Preisniveau nicht nur durch die neue Art der Defizit-Deckung erhöht, sondern auch durch den Zweiten Weltkrieg, und erstmals nach einem Krieg *blieb* es hoch. Stets waren *zu viele Dollars durch zu wenige abgelöst* worden, folgte der Kriegs-Inflation eine Nachkriegs-Deflation: Im Jahrzehnt nach dem Amerikanischen Unabhängigkeitskrieg fielen die Preie um 59%. Nach dem Krieg mit England 1812–14 um 46%. Nach dem Sezessionskrieg um 45% und nach dem Ersten Weltkrieg um durchschnittlich 34%. Dem Zweiten Weltkrieg hingegen ging Roosevelts »New Deal« voraus. Erstmals 1934 kam es in den USA zu Sozialgesetzen; es begann die Entwicklung zum »Wohlfahrtsstaat«. Dieser Krieg stärkte die Gewerkschaften, und bei den kriegsbedingten Lohnsteigerungen *blieb* es. Da gab es vor allem den »Kalten Krieg«, und in den Jahren 1945–55 fielen die amerikanischen Preise nicht nur nicht, sondern sie stiegen um sieben Zehntel.

Vor allem aber: *Überbewertete Dollars bedeuten nicht nur billige amerikanische Käufe im Ausland, sondern auch teure ausländische Käufe in Amerika,* und so verwandelten sich auch die Außenhandels-Überschüsse der Vereinigten Staaten in immer größere Defizite. Gab es im Jahre 1970 noch einen Export-Überschuß von 3,3 Milliarden, so zwei Jahre später einen Einfuhr-Überschuß von fast 7 Milliarden. Im Jahre 1974 waren es bereits über 10, 1978 rund 40 und 1984 schließlich 123,3 Milliarden Dollar Defizit. Das war um rund 5 Milliarden *mehr,* als der Gesamt-Ausfuhrwert der USA betrug und ein fast viermal so großes Defizit wie das des Jahres 1980.

Solch eine Entwicklung konnte sich in den sechziger Jahren niemand auf der Welt vorstellen. Aber bereits am 12. Dezember 1958 hatte der damalige Vorsitzende des Federal Reserve Board, William McChesney Martin jun., in Chicago gewarnt: »Dauernder Wohlstand setzt harte Arbeit voraus, die Erzeugung von Gütern und Dienstleistungen, die die Leute brauchen und zu Preisen erhalten, die zu zahlen sie bereit sind ... Daran mangelt es.

Das Mißtrauen in die Zukunft des Dollars ist im Ausland im Wachsen. Daheim nimmt die Inflation erschreckend zu. Energische Maßnahmen müssen sofort ergriffen werden ... denn weit mehr als für die Amerikaner ist der Dollar für die Ausländer das Symbol der Stärke der USA. Verliert er an Wert, so vermindert sich das Vertrauen in Amerika und keineswegs nur das Vertrauen in unsere Wirtschaft ... Immer wieder verlangten die Vereinigten Staaten von Ländern, denen sie Kredite gaben, daß sie energisch ihre Finanzen in Ordnung bringen sollten. Heute fragt man sich im Ausland, warum wir das nicht endlich

auch selber tun ..., und vielerorts zweifelt man an unserer Fähigkeit dazu ...«
Damals betrugen die Goldreserven der USA noch 20,6 Milliarden Dollar. Aber trotz der »frisierten« Geldmengen-Definition waren davon 12,6 für die Golddeckung des Bargeldumlaufes gebunden, nur 8 Milliarden »frei«, während das amerikanische Zahlungsbilanz-Defizit, wie gesagt, 1950–60 kumuliert bereits 18 Milliarden betragen hatte. Nur wenige Leute wußten das damals. Aber langsam stieg der freie Goldpreis, und im Oktober 1961 stand er in London auf 40,40 Dollar die Unze. Die Tendenz war deutlich »steigend«, und so mobilisierte Präsident Kennedy die Verbündeten der Vereinigten Staaten; es kam zur *Gründung des »Gold-Pools«* durch die Notenbanken Großbritanniens, Frankreichs, Westdeutschlands, Italiens, Belgiens, der Niederlande, der Schweiz und den Federal Reserve Board. Die Teilnehmer brachten ein Interventions-Kapital von 270 Millionen Dollar auf, und die Bank von England erhielt als ihr Agent den Auftrag, »jederlei Gold-Nachfrage gegen $ 35,20 je Unze zu decken«. Die Bretton Woods-Parität sollte »um jeden Preis gehalten werden«.
Aber das wurde rasch *sehr* teuer. Bereits 1965 waren die privaten Goldkäufe so groß, daß von den damals etwa 2 Milliarden Dollar in der Westwelt neugewonnenen Goldes für die Notenbanken nur 250 Millionen übrigblieben, im Jahr darauf überhaupt nichts mehr. Das heißt, wenn sie weiter Gold auf den Markt brachten, um den Preis zu drücken, ging das auf Kosten ihrer eigenen Goldreserven. Und keineswegs nur der rasch schwindenden Reserven des Federal Reserve Board, sondern ungleich *mehr* zu Lasten der sieben europäischen Notenbanken, die den Tag kommen sahen, da sie *nur* mehr Papier-Dollars als Reserven besaßen. Eine Welt-Währungskonferenz in Rio de Janeiro wurde abgehalten, und auf der erklärte der amerikanische Vertreter, Finanzminister Henry Fowler, im September 1967 feierlich: »Mein Land wird weiter seine schwere und verantwortungsvolle Mission erfüllen und jeden von Zen-

tralbanken vorgelegten Dollar gegen Gold einlösen, zum unabänderlichen Kurs von 35 $ die Unze Feingold.« Aber im Jahre 1967 verlor die Bank von England derart viel Gold, daß das Pfund am 18. November von 2,80 auf 2,40 Dollar abgewertet werden mußte. Zwei Tage später stieg der Umsatz des Londoner Goldmarktes von durchschnittlich zweieinhalb Tonnen täglich auf 26 Tonnen. Binnen zwei weiteren Tagen erreichte er 80 Tonnen. Frankreich trat aus dem »Gold-Pool« aus, weil ihm jede weitere Abgabe von Gold für 35 Dollar die Unze Wahnsinn schien, aber Präsident Johnson erklärte den übrigen Goldpool-Mitgliedern »die unzweideutige Entscheidung der Vereinigten Staaten, Gold zum gegenwärtigen Preis zu kaufen und zu verkaufen«, und so beruhigte sich der Markt wieder. Aber zwischen September 1967 und März 1968 kauften Private 3000 Tonnen Gold, die Westwelt-Produktion von zweieinhalb Jahren. So viele Leute waren nun überzeugt, daß die Amerikaner schon längst nicht mehr Gold genug besaßen, um den Dollar in Gold einlösen zu können und daß seine Abwertung unausweichlich war, daß am Montag, den 4. März 1968 auf dem Londoner Goldmarkt 30 Tonnen Gold gekauft wurden. Am 8. März waren es erstmals 100 Tonnen. Am 13. März mußte der »Gold-Pool« 225 Tonnen abgeben.

Die Vereinigten Staaten hatten zwischen November 1967 und März 1968 für 3,2 Milliarden Dollar Gold verloren und besaßen nun nur noch eine Goldreserve von 10,5. Das genügte selbst für die Deckung des eigenen Geldumlaufes nicht entfernt mehr, und so hob der Senat am 14. März 1968 mit 39 gegen 37 Stimmen die 25prozentige Golddeckungspflicht auf, was weitgehend als *»amerikanischer Offenbarungseid«* betrachtet wurde. In der Nacht zum 15. März bat Präsident Johnson Premierminister Harold Wilson um die Schließung des Londoner Goldmarktes. Der erklärte den 15. März zum Bankfeiertag, und der Londoner Goldmarkt blieb bis zum 1. April geschlossen. Aber in Zürich und Paris ging der Goldhandel weiter, und so blieb den Notenbanken nur, vor der Spekulation zu kapitulieren: Die Notenbank-Präsidenten beschlossen nach 15 Stunden heftiger Diskussionen am 17. März 1968 in Washington, ihre Markt-Interventionen zu beenden, kein Gold mehr abzugeben und vorerst auch keines mehr zu kaufen. Es kam zur *Zweiteilung des Goldmarktes:* Für die Abrechnung zwischen den Notenbanken blieb der Preis von 35 Dollar die Unze bestehen. Der Preis am freien Markt wurde Angebot und Nachfrage überlassen. Er betrug am 2. Januar 1969 in London 41,80 Dollar und bei der Einstellung der Dollar-Konvertierung in Gold im August 1971 dann 43 Dollar.

Zu der *mußte* es kommen, weil die wiederholt von den amerikanischen Präsidenten und Währungsbehörden gegebenen feierlichen Versprechen der radikalen Zahlungsbilanz-Verbesserung nicht eingehalten wurden. Bereits 1960 besaßen die Vereinigten Staaten nicht mehr genug Gold, um ihre Bretton Woods-Verpflichtungen einhalten zu können, aber die wurden von verschiedenen Notenbanken nicht in Anspruch genommen, denn wenn Goldreserven keine Zinsen bringen, so konnten Dollar-Reserven statt in Gold ja auch in US-Schatzscheine umgewandelt werden, die verzinst wurden. Um die Gold-Konvertierung zu verhindern, bot das amerikanische Schatzamt den Notenbanken solche Schatzscheine dringend an, und sogar in Österreich nahmen die USA im April 1963 und im Januar 1964 zwei solche Anleihen auf: Sie plazierten zwei in 18 Monaten fällige Noten von zusammen 1,3 Milliarden Schilling bei der Nationalbank in Wien und schoben so die Einlösung von 50 Millionen Dollar in Gold hinaus.

Natürlich bedeuteten Schatzscheine wie alle anderen Dollar-Papiere ein Abwertungs-Risiko. Und diese Reserven-Umwandlung bedeutete, daß die amerikanischen Defizit-Dollars in die USA zurückkehrten und dort erneut den Geldumlauf ausweiteten:

Die von den USA geschuldeten Dollars konnten von den Amerikanern erneut ausgegeben werden, es wurde amtlich »Wechselreiterei« betrieben, Zahlungsversprechen ausgetauscht denen keinerlei reale Werte entsprachen.

Wurde auf die Dollar-Goldeinlösung verzichtet, weil die Zinsen lockten, so aber auch durch »Bündnistreue«: Die Deutsche Bundesbank z. B. erklärte am 6. April 1967, sie habe »unter Rücksichtnahme auf die Interessen anderer Länder ... in den fünf Jahren 1962–66 ... nur 225 Millionen Dollar beim US-Schatzamt in Gold konvertiert«. Im Mai 1967 – als sie 10,4 Milliarden besaß – verpflichtete sie sich, überhaupt keine Dollars mehr in Gold einzulösen, und am 20. Februar 1968 erklärte der damalige deutsche Bundeskanzler Hans Georg Kiesinger: »Wir Deutsche müssen die Nordamerikaner unterstützen, weil sie die Nation sind, welche am meisten zum Frieden und zur Freiheit der Welt beitragen.« Er meinte damit, die Bundesbank müsse massiv Dollar-Stützungskäufe durchführen. Washington wünschte aber auch eine Aufwertung der DM, um die wachsende Flucht aus dem Dollar in die DM uninteressant zu machen, und als das das Bonner Kabinett am 9. Mai 1969 ablehnte, schrieb Washington das dem »Einfluß nationalistischer Elemente und mangelndem Anpassungswillen an die Weltwirtschaftslage« zu. Auch 61 westdeutsche Professoren protestierten in Bonn, warfen der Regierung vor, »eine weitere Zerrüttung des Welt-Währungssystems von Bretton Woods zu fördern«.
Anderswo wurden die Dinge realistischer betrachtet. Vor allem Frankreich hielt sich an die Bretton Woods-Absprachen und konvertierte seine Dollars in Gold, uns so war die Lage im Sommer 1971:

Gesamt-Währungsreserven der USA	13.504 Millionen $
davon in Gold	10.507 Millionen $
Kurzfristige Auslandsverbindlichkeiten der US-Regierung	47.727 Millionen $

Insgesamt im Ausland gehaltene Dollars aber bereits ultimo 1970 (der Deutschen Bundesbank zufolge) mindestens 92.000 Millionen Dollar. Was hieß, daß die Vereinigten Staaten, *»die reichste und mächtigste Nation aller Zeiten«*, insolvent gewor-

den waren. Denn wenn auch nur jeder achte Dollarbesitzer außerhalb der USA Gold für sein Papier verlangt hätte, wäre das US-Schatzamt nicht in der Lage gewesen, es einzulösen. Was seit über zehn Jahren evident war, wurde deshalb von Präsident Richard Nixon am 15. August 1971 amtlich zugegeben. Er erklärte ab sofort *die Einstellung der Dollar-Einlösung in Gold*. Er brach ohne Konsultation der Bretton Woods-Partner Amerikas dieses Abkommen und brach zugleich das von den USA unterzeichnete GATT-Abkommen, indem er auf alle Einfuhren einen Zoll-Zuschlag von 10% einheben ließ. Zweck dieser Maßnahme war, die wichtigsten Handelspartner der USA zu Konzessionen zu zwingen.
Von der Einstellung der Dollar-Konvertierung waren alle Mitglieder des internationalen Währungsfonds betroffen – damals 118 Staaten –, die über Nacht statt »Gold« Papier als Währungsreserven besaßen, Westdeutschland und Japan zusammen z. B. 27 Milliarden Dollar. Welchen Wert die fortan haben sollten, wurde auf einer Konferenz der Finanzminister und Notenbank-Präsidenten der »Group of Ten«, des »Zehner-Clubs«, beschlossen, die am 18. Dezember 1971 in Washington zusammentrat. Diese Gruppe hatten die neun führenden Industriestaaten der Welt, die USA und Kanada, Japan, Großbritannien, Frankreich, Westdeutschland, Belgien, die Niederlande und Schweden, 1961 in Paris durch ein Abkommen gebildet, dem 1964 auch die Schweiz beitrat und das jedem Mitglied eine Stimme sichert, und nicht wie beim IMF nur einen Quoten-Anteil, durch den die EG-Staaten z. B. nur 17% aller Stimmrechte besitzen. Der Dollar wurde im Verhältnis zum Gold um 7,9% abgewertet, die Feinunze Gold kostete nun 38 statt 35 Dollar, während der DM-Wert im Verhältnis zum Gold um 4,61% stieg, der des Yen um 7,66%. Pfund- und Franc-Wert blieben gleich. Nixons Zoll-Zuschlag wurde aufgehoben. Die Konferenz fand im Smithonian Museum statt, und zwischen dem Flugzeug der Brüder Wright, Lindberghs »Spirit of St. Louis« und dem Apollo-II-Mond-

fahrzeug hielt Präsident Nixon eine Rede, in der die neue Kurs-Festsetzung *»der bedeutendste Währungs-Beschluß in der Geschichte der Menschheit«* genannt wurde.
Natürlich änderte der an der Dollar-Misere nicht das geringste. Daß Dollars nicht länger in Gold eingelöst wurden, bedeutete die unilaterale Aufhebung des Bretton Woods-Abkommens durch die USA, aber so unglaublich das klingt, für alle anderen Partner blieb es in Kraft, und René Ewalenko, Direktor der Nationalbank von Belgien, stellte am 18. Februar 1972 fest: »Das Washingtoner Abkommen vom 18. Dezember 1971 brachte *keine* Lösung der Dollar-Krise ... Die Zentralbanken bleiben nach wie vor verpflichtet, den Dollar zu stützen und diese Währung zu horten. Das heißt, der Dollar spielt weiter eine vorherrschende Rolle, ist aber nicht länger konvertierbar, und in dem Maße, in dem das amerikanische Zahlungsbilanz-Defizit andauert, *muß* dieses Defizit von den Ländern mit Zahlungsbilanz-Überschüssen finanziert werden. Dabei haben diese Länder nicht den geringsten Einfluß auf die politischen und wirtschaftlichen Entscheidungen der Vereinigten Staaten ...; eine Lage, die auf die Dauer *unannehmbar* ist ...«
Offen erklärte z. B. Wilhelm Vocke, der bis 1957 Präsident der Deutschen Bundesbank gewesen war (in der NZZ vom 22. September 1972): »Es ist absurd, daß der in Milliardenströmen die Welt überschwemmende, abgewertete und uneinlösbar erklärte Dollar als ›Deckung‹ für die Deutsche Mark, den Schweizer Franken usw. fungiert und auf Grund des gegenstandslos gewordenen Bretton Woods-Abkommens von 1944 unbegrenzt weiter zu pari angenommen werden muß. Er ist eine nach Wert, Inhalt und Wesen *andere* Währung als die von 1944, nur den *Namen* hat sie behalten.«
Vor allem aber war der Dollar eine Währung, deren Kaufkraft keineswegs 38 Dollar pro Unze Feingold entsprach, und so erreichte die Dollar-Baisse-Spekulation ein derartiges Ausmaß, daß bereits am 23. Juni 1972 die Bundesbank und die Bank von Frankreich mehr als eine Milliarde Dollar zur Stützung der

amerikanischen Währung kauften. An diesem Tag lief auch ein Großangriff der Spekulation gegen die Lira, und die Freigabe des Pfund-Kurses brachte Unruhe auf allen Devisenmärkten. Aber Präsident Nixon sagte zu den entsprechenden Berichten nur: »Ich sch ..ße auf die Lira, und was mit dem Pfund passiert, ist mir egal!« Nixons »Beratung« von Währungsfragen mit seinen Experten dauerte an diesem Tag exakt zwei Minuten. Sein einziges Interesse galt seiner in fünf Monaten fälligen Wiederwahl, zu der seine Frau durch eine an diesem Tag beginnende Propagandareise beitragen sollte. Richard Nixon machte sich Sorgen darüber, ob sie einen Helikopter benutzen konnte, ohne ihre Frisur zu ruinieren. Den im August 1947 veröffentlichten Aufzeichnungen zufolge fand am gleichen Tag folgendes Gespräch zwischen Nixon und seinem Vertrauten H. R. Haldeman statt, der den Präsidenten fragte: »Haben Sie den Bericht über das Floaten des Pfundes erhalten?« Antwort: »Nein, ich glaube nicht. Heißt ›Floaten‹, daß sie abwerten?« Stabschef Haldemann: »Läuft wohl darauf hinaus. Soll ich Ihnen Einzelheiten besorgen?« Nixon: »Nein, brauche ich nicht, das ist mir alles zu kompliziert ...«
Die Vereinigten Staaten ließen die Dinge laufen, und so stieg der freie Goldpreis in London zwischen Januar 1972 und Juni 1973 von 45,85 auf 130 Dollar. Wieder wurde der »Zehner-Club« mobilisiert, und am 12. Februar 1973 gab es erneut eine Dollar-Abwertung, diesmal um 10%, und amtlich entsprach nun eine Feinunze Gold 42 Dollar 25 Cents. Wiederum war das viel zuwenig, und so ging *die Flucht aus dem Dollar* weiter. Seit 1972 strömte so viel Geld nach Deutschland, daß die »Deutsche Bank« am 15. Februar 1973 ihren Kunden ankündigte, sie müsse fortan pro Million Auslandseinlage täglich 300 DM Kosten berechnen, was einem Jahres-*Negativ*-Zins von 10,8% entsprach. Am Tag darauf ersuchte die »Dresdner Bank« ihre Auslandskunden, den Zuwachs, der sich am 31.1. auf ihren DM-Konten ergab, abzudisponieren und erklärte: »Wir behalten uns vor, etwaige Kosten, die durch die Min-

destreserven-Berechnung für den Monat März anfallen, weiterzubelasten.« Bereits am 23. Januar 1973 hatte die Schweizer Nationalbank die feste Parität zwischen dem Schweizer Franken und dem Dollar aufgehoben und den Dollar-Kurs Angebot und Nachfrage überlassen. Am 1. März stellten Großbritannien, Belgien, die Niederlande und Westdeutschland den Devisenhandel ein, weil das Dollar-Angebot nicht länger zu bewältigen war, und Bundesbank-Präsident Dr. Otmar Emminger faßte die Entwicklung zusammen: »Zu Beginn des Jahres 1970 wurde Europa von Dollars überschwemmt. Diese Dollars waren überbewertet, unsere Mark unterbewertet. Aber dem Bretton Woods-Agreement zufolge mußten wir jede Menge uns angebotenen ausländischen Geldes zu festen Kursen kaufen. Wir mußten vor allem mehr und mehr Dollars kaufen und heizten durch ihren Gegenwert die deutsche Inflation an. Am 1. März 1973 hatten wir 2,7 Milliarden Dollar zu akzeptieren und zu konvertieren, und damit hatten wir genug. Wir schlossen unsere Devisenmärkte, denn niemals zuvor in der Geschichte hatte eine Staatsbank einen derartigen Betrag aufgenommen – und kaum eine wird das jemals wieder tun. Mit dieser Schließung unserer Devisenmärkte brach das Währungssystem zusammen, dem wir uns seit Ende des Zweiten Weltkrieges loyal unterworfen hatten. Als die Devisenmärkte wieder geöffnet wurden, gab es keine festen Kurse mehr, *die Welt ging zum ›Floating‹ über,* und die deutsche Inflation war gestoppt.«

Das heißt, es gab keine festen Währungs-Paritäten mehr, wie sie seit 1944 gegolten hatten, und am 14. November 1973 wurde auch die Goldmarkt-Teilung offiziell aufgegeben, weil »durch die Aufhebung der Gold-Konvertibilität des Dollars der offizielle Goldmarkt aufgehört hat zu bestehen«. Aber an der amerikanischen Ausgaben- und Schuldenpolitik änderte sich weiter nicht das geringste, und dementsprechend entwikkelte sich der Gold-Preis: Vor der zweiten Dollar-Abwertung im Februar 1973 stand er auf $ 63,70. Am 3. September 1973, als die Regierung Libyens die Annahme von Dollars für ihr Öl einstellte, betrug der Goldpreis 130 Dollar die Unze und ein Jahr später 197. Es gab große Preisschwankungen, denn Spekulationsgewinne setzen ja ein ständiges Auf und Ab voraus. Aber der Trend blieb »steigend«, und wenn die Unze am 2. Januar 1979 in London 300 Dollar kostete, so am ersten Geschäftstag 1980 mit 600 genau das Doppelte und am 15. Januar 1980 mit *835 Dollar für die Unze Gold das rund Vierundzwanzigfache der Bretton Woods-Parität von 1944,* da war im Verhältnis zum Gold der Dollar auf ein Vierundzwanzigstel seines Wertes gesunken, ein Dollar von 1944 noch rund 4,17 Cents wert.

In den folgenden Monaten gab es Preis-Schwankungen von bis zu 150 Dollar die Unze binnen 24 Stunden, und riesige Vermögen wurden verloren und gewonnen. Im Durchschnitt betrug der Goldpreis 1980 rund 612 Dollar, im Jahr darauf 460 Dollar und 1984 dann 376.

Auch 1985 war der Dollar in Gold nur etwa ein Zehntel dessen wert, was er als »Leitwährung« gegolten hatte und was von 1934 bis 1971 als sein »amtlicher« Preis erzwungen worden war. Nach der Einstellung der Gold-Konvertierung aber trugen dieser unleugbaren Tatsache nicht nur die Wechselkurse keine entsprechende Rechnung. Sondern auch *das durch Bretton Woods geschaffene enorme amerikanische Auslandsvermögen wurde nicht nur nicht liquidiert, sondern vervielfachte sich.* Die Vereinigten Staaten waren bis zum Ersten Weltkrieg, wie gesagt, ein Schuldner-Land und ihre Auslands-Investitionen dementsprechend gering. Ihre erste nennenswerte Auslands-Direktanlage erfolgte durch Bahnbauten in Mexiko, die 1885 vollendet wurden. Neben 90 Millionen in Eisenbahnen waren 1898 in diesem Land 75 Millionen in Bergwerken und 10 Millionen in Banken und Handelshäusern angelegt, insgesamt 185 Millionen Dollar. In Mittel- und Südamerika waren es 105 Millionen, davon die Hälfte in Kuba. Zusammengenommen betrugen *die amerikanischen Direkt-Auslands-Investitionen,*

d. h. zum Unterschied von Aktienbesitz die privaten Kapitalanlagen in eigenen Unternehmen oder fremden in US-Mehrheitsbesitz und mit entsprechendem Führungsanspruch, bei Ausbruch des Ersten Weltkrieges 2,7 Milliarden Dollar und 1944 mit 6,8 etwa eine Milliarde weniger als 1929. Nur 0,6 und 2 Milliarden dieser Direktanlagen entfielen auf Europa.

Seit Bretton Woods jedoch wuchs dieses Auslandskapital rapide, und 1970 wurde (stets dem US-Handelsministerium zufolge) sein Buchwert mit 105 Milliarden Dollar angegeben, davon 48 in Europa. In den Jahren 1944–70 war die Zahl der US-Auslands-Niederlassungen von etwa 2700 auf 23 820 gestiegen, und von den Erträgen sämtlicher amerikanischer Unternehmen stammten nun mehr als ein Fünftel von außerhalb der US-Grenzen. Im Jahre 1970 besaßen von den 100 größten Unternehmen der USA 68 Fabrikationsbetriebe in je mehr als sechs fremden Ländern. »Massey-Ferguson« z. B. erzielte 90 % seines Umsatzes im Ausland, »Exxon« durch 46 Auslands-Töchter 68 % aller Erträge etc. etc. Wurden in der Frühzeit der amerikanischen Direkt-Investitionen vorwiegend Energieträger- und Grundstoff-Lager erworben, so nun vorwiegend Industriebetriebe, um *hinter* den fremden Zollgrenzen produzieren zu können. Dem US-Handelsministerium zufolge bedeutete jeder direkt im Ausland angelegte Dollar etwa zwei Dollar Jahresproduktion. Der ersten amtlichen Berechnung zufolge, der für das Jahr 1970, war also *die Erzeugung amerikanischer Firmen im Ausland mit 210 Milliarden Dollar fünfmal so groß wie der damalige amerikanische Direkt-Export.* Die Papier-Dollar-Auslands-Investitionen trugen entscheidend zum amerikanischen Handels-Defizit und trotz ihrer rasch wachsenden Erträge zum Zahlungsbilanz-Defizit bei, denn da mehr und mehr amerikanische Autos, Computer etc. etc. mit der eigenen Währung im eigenen Land gekauft werden konnten und diese Güter nicht durch die hohen amerikanischen Löhne und die Transportkosten belastet waren, wurden sie nicht aus den USA importiert. Im Gegenteil, da sie billiger waren, gingen etwa

10 % der amerikanischen Auslands-Produktion als Exporte in die USA. Etwa 20 % wurden in Drittländer exportiert, 70 % lokal abgesetzt.
Seit jeher stammte das Kapital der amerikanischen Auslands-Unternehmen nicht nur aus den USA, denn solange es Transfer-Schwierigkeiten gab, *mußten* ja die amerikanischen Tochtergesellschaften ihre Gewinne an Ort und Stelle neu investieren, und diese Gewinne waren nicht gering. Wenn z. B. im Durchschnitt der Jahre 1950–60 der Kapitalertrag amerikanischer Firmen daheim 9,9 % betrug, so der von US-Unternehmen in Westdeutschland 23,7 %, in Italien 20 % und in den Niederlanden 17 %. Sehr bald aber wurden auch Kredite an Ort und Stelle aufgenommen, um die Anlagen auszuweiten oder neue zu bauen. Offen sagte David Rockefeller als Präsident der »Chase Bank« im Dezember 1966: »Angesichts unserer Zahlungsbilanz-Probleme müssen europäische Tochterfirmen immer betonter Umschau nach Kapital in Europa halten.« Und die amerikanische Konkurrenz *wurde* immer ausgiebiger von Europa selber finanziert.
Das heißt, nun auch unmittelbar und nicht nur über die Dollar-Reserven der Notenbanken. Denn allein 1970–80 stiegen die amerikanischen Direkt-Auslands-Investitionen weiter von 105 auf 214 Milliarden Buchwert, und es war, wie schon geschildert, durch das amerikanische Preisniveau unmöglich, diesen Zuwachs in amerikanische Güter oder Dienstleistungen umzuwandeln. Für ihre Opel-Werke in Bochum z. B. legten »General Motors« rund eine Milliarde DM an, und sie bekamen rund 300 Millionen Subventionen der Stadt und des Landes Nordrhein-Westfalen, weil sie Arbeitsplätze schufen. Aber der Dollar-Gegenwert der investierten Milliarde DM bedeutete nicht entsprechende *reale* Werte, sondern nur eine Buchung bei der Bundesbank, eine Erhöhung der deutschen Währungsreserven, und im Fall Bochum 360 Millionen Kursverlust der Bundesbank. Das Opel-Werk Bochum aber verkaufte und verkauft

nach wie vor Autos, für die es solide DM oder Export-Devisen erlöst.
Als die Vereinigten Staaten die Gold-Konvertierung des Dollars aufhoben, bedeutete das eine Zahlungseinstellung. Jeder, auch der ehrlichste und tüchtigste Kaufmann kann durch widrige Umstände zur Zahlungseinstellung gezwungen werden. Aber er kann nicht seine Zahlungen einstellen und all seine Aktiven behalten und weiter deren Erträge kassieren. Die Vereinigten Staaten taten nicht nur das, sondern sie machten weiter Schulden, um ihre Anlagen auszuweiten. Zwar hatte ein amerikanischer Bankier aus Chicago, Gaylord Freeman, bereits im Märzheft 1972 von »Fortune« erklärt: »Schmerzlos ist das Dollar-Problem nicht zu lösen. Es gibt zu viele Dollars durch die amerikanischen Auslands-Investitionen. Die müssen also eingestellt werden, und *das amerikanische Schatzamt muß die Aktiven amerikanischer Multinationaler kaufen und gegen die akkumulierten Dollars der ausländischen Notenbanken diesen abtreten. Nur* eine solche Schuldentilgung vermag den guten Ruf des Dollars wiederherzustellen.«
Natürlich geschah nichts dergleichen.
Im Gegenteil: Wie die amerikanischen Auslandsanlagen weitgehend mit Papier bezahlt wurden, so heute das Handelsbilanz-Defizit *und* das Budget-Defizit. Wenn der amerikanische Geldumlauf M-1 (d. h. Bargeld plus Sichteinlagen) 1970–85 von 220 auf 660 Milliarden Dollar, also auf das Dreifache, stieg, so nahm *die Welt-Verfügbarkeit von Dollars,* d. h. der Dollar-Umlauf im Ausland, in der gleichen Zeit von etwa 60 auf 2600 Milliarden zu, auf das rund Dreiundvierzigfache. Und *das* ist das Dollar-*Welt*-Problem, denn diese Dollars kontrolliert praktisch niemand, und die besitzen ein *Eigenleben,* die vermehren sich Tag und Nacht durch die Zinsen, die jede Art Schuld kostet, und schon bei nur 10 % jetzt um 260 Milliarden Dollar jährlich, um so viel, wie im Jahre 1948 die Gesamtwirtschaftsleistung der Vereinigten Staaten wert war.
Das ist die Folge von Bretton Woods und der *Anerkennung des*

Dollars als »Leitwährung« der Welt. Das ist vor allem aber auch die Folge der Dollar-Mentalität, die, wie gesagt, zugleich eine Schlechte-Schuldner-Mentalität ist und die Abhängigkeiten und Haß schuf, gegen die die des Kolonialzeitalters verblassen.

Das unkontrollierte Welt-Geld

Die amerikanische und die Welt-Schuldenexplosion; die Entstehung des »Eurogeldes«; die Zins-Lawine und die erneute Finanzierung der Vereinigten Staaten durch das Ausland

Als Präsident Harry S. Truman 1952 erklärte: »Das Römer-Reich brauchte ein Jahrtausend, um die Macht zu erreichen, die uns in einer Generation zugefallen ist«, enthüllte er ungewollt den fundamentalen Unterschied zwischen der Entwicklung der Vereinigten Staaten und der aller anderen Nationen: das forcierte, *unnatürliche* Wachstums-Tempo der USA. Die Erschließung Nordamerikas war und bleibt ein einmaliger Erfolg. Aber der beruhte von Anfang an auf »Kredit«. Vom lateinischen »creditum« = »das Geglaubte« abgeleitet, bedeutet Kredit eine Leistung, deren Gegenleistung erst in Zukunft erfolgt – und von Anfang an und immer wieder zogen die Amerikaner Wechsel auf die Zukunft. Sie nutzten von ihrem fremdfinanzierten Unabhängigkeitskampf bis heute das *Vertrauen* in ihre Leistungsfähigkeit, und wenn dieses Vertrauen generationenlang berechtigt war, so ist heute evident: Die Kosten des amerikanischen Aufstiegs waren weit höher als der Gewinn, und sie drohen nun die ganze Welt in den Ruin zu stürzen.

Das Wachstum der Vereinigten Staaten kennzeichnen folgende Zahlen:

	1780	1980	= das rund x fache
Besiedeltes Gebiet, Mio. qkm	0,62	9,36	× 15
= Welt-Anteil in %	0,42	6,3	× 15
Bevölkerung in Millionen	3,5	227,0	× 65
= Welt-Anteil in %	4,2	5,0	× 1,2
Gesamtwirtschaftsleistung (BSP) in Milliarden Dollar	0,12	2639,0	× 22000
= Welt-Anteil in %	?	23,6	(Maximum 1950: 50%)
= $ pro Kopf	34,0	11650,0	× 343
Außenhandelsvolumen, Mrd. $	0,055	473	× 8600

= Welt-Anteil in %	9,0	23,6	× 2,6
Aber auch:			
Staats-(Bundes-)Ausgaben, Mrd.	0,0035	580,0	× 165700
= Dollar pro Kopf	1,0	2670,0	× 2670
Staats-(Bundes-)Schulden, Mrd.$	0,04	930,0	×23250
= Dollar pro Kopf	11,40	4105,0	× 360

Das Wachstum der Staatsausgaben war also rund achtmal größer als das des Bruttosozialprodukts. Und stieg das pro Kopf auf das 343fache, so die Bundesschuld auf das 360fache, und seit 1980 verdoppelte sich die Bundesschuld. Die Zahlen von 1980 sind noch längst nicht so erschreckend wie die von heute und die von der Budget-Kommission des Kongresses für 1990 angenommenen. Und da war vor allem die Schulden-*Zunahme* seit dem Ersten Weltkrieg eine ungleich raschere als während der vorangegangenen fünf Generationen.

Die innere Gesamt-Verschuldung der Vereinigten Staaten betrug dem Commerce Department zufolge

	Mia. $	= $/Kopf	davon private Schulden	= % der gesamten	Öffentliche Schulden	= % der gesamten
1916	82,2	822	76,6	93,2	5,6	6,8
1929	191,5	1 583	162	84,6	29,7	15,4
1933	170,0	1 354	129	75,9	41,0	24,1
1945	406	2 880	140	34,4	266,5	65,6
1965	1 816	6 636	906	49,9	410,0	50,1
1975	3 280	15 320	2 420	73,5	870	26,5
1985	6 420	26 660	3 600	56,0	2 760	44,0
Bei rd.	3 650 BSP					

Privatschulden-»Tilgung« durch Konkurse und Abschreibungen
1929–33 rd. 33 Milliarden = 20%
Gesamtschulden-»Tilgung« durch Dollar-Abwertung
1934 rd. 70 Milliarden $ = 41%
1971 und 73 rd. 283 Milliarden $ = 19%

Diese keineswegs nur für Amerika, sondern für die ganze Welt bedrohliche Entwicklung hat vielerlei und lange zurückliegende Gründe. Wie bereits in diesem Buch geschildert, war der

Geldmangel der 13 britischen Kolonien Nordamerikas akut, und der der Vereinigten Staaten blieb bis zum Ersten Weltkrieg akut. *Nur* durch Kredite konnten die entsprechenden Produktionsmittel und die Infrastruktur geschaffen werden.
Wenn im Jahre 1985 aber auch *die* privaten *Schulden in den Vereinigten Staaten mit etwa 3600 Milliarden Dollar oder 15.000 Dollar pro Kopf die weitaus höchsten der Welt* waren, so weil die USA bekanntlich die Geburtsstätte der Massenproduktion sind und der »Fordismus« nicht nur zur Kaufkraftschaffung, sondern auch zum Abzahlungsgeschäft *zwang*.
Henry Ford selber machte bekanntlich sein Unternehmen durch Selbstfinanzierung groß, *schuf* das Kapital, das er brauchte und machte so aus den 28.000 Dollar, mit denen die »Ford Motor Company« im Jahre 1903 zu arbeiten begann, bis zu seinem Tode im Jahre 1947 rund 1026 Millionen, das 32000fache. Das gelang ihm durch einen gewaltigen technologisch-organisatorischen Fortschritt, die Durchsetzung der Massen-Serienfabrikation. Ebenso aber, weil er bereits 1908 wußte:
»Käufer muß man schaffen!« Weil er, als er 1913 die Fließband-Produktion seines »Modell-T« aufnahm, *selber* für die nötige Kaufkraft sorgte. Damals galten billige Löhne als Voraussetzung der Massenproduktion. Aber Ford erkannte, »daß man in einem Armenhaus keine Geschäfte machen kann«. Er führte Löhne ein, wie sie selbst die radikalsten Gewerkschaftler nicht für möglich gehalten hatten: Ab 1. Januar 1914 betrug der Mindestlohn in den Ford-Werken fünf Dollar täglich bei acht Stunden Arbeit statt der damals in den USA üblichen zehn bis zwölf. Ford zahlte *zehnmal* mehr, als damals im Durchschnitt acht Zehntel aller Arbeiter der USA erhielten.
Natürlich löste *Fords radikale Arbeitszeit-Verkürzung bei gleichzeitiger Lohn-Vervielfachung* bei seinen Kollegen einen Sturm der Entrüstung aus. Das »Wallstreet Journal« z. B. schrieb am 7. Januar 1914: »Wenn man diese Maßnahmen nicht ein Verbrechen nennen will, so sind sie zumindest wirtschaftli-

cher Wahnsinn. Was er da tat, wird sich an Ford selber rächen, das kann sich aber auch als eine Seuche für die ganze organisierte Gesellschaft erweisen.« Vorerst zogen mehr als 15000 Leute nach Detroit, um einen Arbeitsplatz bei Ford zu erlangen. Sie versuchten in die Fabrik einzudringen, und Ford ließ sie durch Wasserstrahlen vertreiben, obwohl es neun Grad unter Null hatte. Er erhielt Tausende Drohbriefe, aber mit Recht konnte er später schreiben: »Der wirkliche Aufschwung unseres Unternehmens begann, als wir die Minimal-Löhne erhöhten ..., denn damit erhöhten wir die Kaufkraft unserer eigenen Leute, und diese erhöhten wieder die Kaufkraft anderer und so fort. Die Prosperität unseres Landes beruht auf dem *Prinzip gesteigerter Kaufkraft durch hohe Löhne und niedrige Preise*, und der richtige Lohn ist nicht die niedrigste Summe, für die ein Mann arbeiten will, sondern das ist der Höchstlohn, den ein Unternehmer laufend zahlen kann.«

Auch technisch-organisatorischer Fortschritt und Kaufkraftschaffung aber genügten nicht, um die 9109 Personenwagen zu verkaufen, die die Ford-Werke an einem einzigen Tag des Jahres 1925, dem 31. Oktober, erzeugten, denn das war mehr, als 1903 die *Welt*-Autoproduktion von 365 Tagen betragen hatte. Dazu mußte Henry Ford eine *neuartige* Absatz-Organisation aufbauen und *der Vorkämpfer der »amerikanischen« Einstellung zum Schuldenmachen* werden, mußte er auch das Kreditwesen revolutionieren.

Die überwiegende Mehrheit der nach Amerika Ausgewanderten hatte Not gelitten, wußte, daß nur ein »Notgroschen« sie vor den Widrigkeiten des Lebens bewahren konnte, und das Auskommen der »Pioniere« war so knapp, daß sie sparsam leben *mußten*. Henry Ford aber predigte *Mut* zum Verbrauch. Instinktiv wußte er, daß das Abzahlungssystem in Amerika üppiger als sonstwo gedeihen mußte, denn eines der Fundamente des »Amerikanismus« bildete ja der Optimismus, die Überzeugung, daß es einem morgen besser als heute gehen werde. Das aber hieß ja auch, daß man dann Abzahlungsraten

kaum noch spürte. Ford predigte, eine *neue* Ära sei angebrochen, die der Fülle. Und zugleich *die Ära des durch* Arbeit *geschaffenen Reichtums.* Und war so die Arbeitskraft nicht die sicherste aller Kredit-Grundlagen?
Kredite gibt es, seit gewirtschaftet wird. Aber als »Sicherheit« galten bis spät ins 19. Jahrhundert ausschließlich Grund und Boden, Häuser und Warenlager, vor allem auch »Produktionsmittel«, die ja selber den Zins schaffen, den sie kosten. Zur *Absatz*-Finanzierung gab keine solide Bank Kredite. Natürlich wurden auch schon im 19. Jahrhundert Klaviere, Möbel oder andere teuere Dauergüter auf Raten verkauft, und in England konnte man seit 1884 Singer-Nähmaschinen durch »Mietkauf« für zweieinhalb Shilling pro Woche erwerben, wobei von Zinsen (die im Preis einkalkuliert waren) nicht die Rede war. Aber volkswirtschaftlich spielte der Konsumenten-Kredit so wenig eine Rolle wie der Personal-Kredit. Henry Ford jedoch gründete 1910 *die erste Konsum-Finanzierungsgesellschaft mit Millionen-Kapital* und zwang alle seine Händler, sich das Geld für Abzahlungs-Kredite durch ihre persönliche Bürgschaft bei den Banken zu beschaffen. Er schuf so auch das Zwangs-Sparen. Aber in der Käufer-Werbung hieß es: »Warum auf den Nutzen warten? Warum nicht schon Vorteile während des Zahlens?« Ford erklärte: »Das Auto darf kein Vorrecht der Reichen bleiben, die einfach einen Scheck ausschreiben.« Er sagte: »Der Verbrauch muß demokratisiert werden. Konsumenten-Kredit ist das beste Mittel, um die Aufhebung der Klassenunterschiede zu beschleunigen.« Ford gewann die Abstinenzler-Vereine, indem er argumentierte, für Ratenzahlungen ausgegebenes Geld könne nicht vertrunken werden. Ford gelang es – da seine Konkurrenten natürlich ebenso günstige Zahlungsbedingungen bieten mußten wie er und auch die gleichen Löhne zahlten –, dem Schuldenmachen jeden Makel zu nehmen. Als die Kreditgeber dahinterkamen, daß das Abzahlungsgeschäft *ohne* entsprechendes Risiko weit höhere Zinsen bringt als das normale, nahm es Ausmaße an, die niemand für möglich gehalten

hatte. Da werden heute Urlaubsreisen und Leichenbegängnisse ebenso in Raten abbezahlt wie Autos oder Kühlschränke, und da waren 1985 in den Vereinigten Staaten *bei etwa 240 Millionen Einwohnern 620 Millionen Kreditkarten* in Umlauf, galt Barzahlung als Armutszeugnis. Allein auf diese Kreditkarten standen 331 Milliarden Dollar aus, war der normale 30-Tage-Kredit mit diesem (binnen einem Jahr um 11 % gewachsenen) Riesenbetrag überzogen, obwohl der durchschnittlich 19 % Zins kostete.

Dem amerikanischen Handelsministerium, dem Federal Reserve Board und der »CCC« zufolge (der größten »Kreditberatungs«-Organisation der USA, dem »Credit Counseling Service«) verzehnfachten sich die amerikanischen Abzahlungs-Schulden 1930–65 von etwa 7 auf 70 Milliarden Dollar und betrugen 1985 etwa 700 Milliarden oder das Hundertfache von zwei Generationen zuvor. Für ihre Häuser und Wohnungen schuldeten die US-Bürger nun etwa 1800 Milliarden oder das Zehnfache von 1965, und wenn der Präsidenten-Berater Alan Greenspan 1980 annahm, acht Zehntel aller US-Haushalte seien derart verschuldet, daß sie mindestens 35 % ihres frei verfügbaren Einkommens für die Verzinsung und die Amortisation ihrer Schulden brauchten, so waren nun durchschnittlich 46 % des nach der Steuerzahlung und anderer fixer Kosten verbleibenden Einkommens für den Schuldendienst nötig. Schuldenfrei oder »ohne spürbare Schuldenbelastung« sind nur mehr ein Fünftel der amerikanischen Familien. Das heißt: *Vier Fünftel der Amerikaner* borgen *ihren Wohlstand, und die Wirtschaft lebt somit von geborgter Zeit.*

Natürlich kam es dazu nicht *nur* durch Henry Fords Erkenntnis der Zusammenhänge zwischen Massen-Produktion und Massen-Kredit. *Weit* größer noch war der Einfluß der chronischen Geldentwertung, der Anreiz zum Schuldenmachen durch die Chance, Güter durch die Zahlungsfrist billiger als beim späteren Barkauf zu erhalten. Und *jede Art Schuldenmachen wird dadurch gefördert, daß man die Zinskosten von der*

Steuer absetzen kann, nicht nur die staatlichen, sondern im Grunde auch die privaten Schulden-Kosten so von der Allgemeinheit getragen werden.
Das Schuldenmachen geriet durch vielerlei Faktoren außer Kontrolle, bedeutet aber vor allem heute etwas völlig anderes als zur Zeit Henry Fords. Das »Modell-T« war – besonders für Millionen und Abermillionen Farmer-Familien – eine Lebenshilfe, ein *produktives* Hilfsmittel, es brachte unzweifelhaft auch volkswirtschaftlichen Nutzen, nicht anders wie Millionen auf Raten gekaufte Kühlschränke den Verderb riesiger Mengen von Nahrungsmitteln verhinderten. Aber dann entartete das Auto weitgehend zum »Status-Symbol«, wurden nicht nur Nähmaschinen auf Raten gekauft, sondern mehr und mehr Unnützes. Ford zahlte hohe Löhne *und* senkte die Preise, denn der »Fordismus« beruhte auf *Produktivitäts*-Steigerung, und solange die sowohl die Lohnsteigerungen wie die Zinskosten übertraf, war die Verschuldung tragbar.
Nach dem Zweiten Weltkrieg jedoch kam es in den Vereinigten Staaten und bald überall zum »wage boosting«, zum »Lohn-Hochtreiben« *ohne* entsprechende Senkung des Aufwands und Erhöhung des Ertrags. Da gingen die Großkonzerne den Schwierigkeiten mit den Gewerkschaften aus dem Weg, indem sie deren Forderungen erfüllten und die Kosten auf die Abnehmer abwälzten. Da gab es keine Preissenkungen mehr, aber auch immer weniger Produktivitäts-Gewinne.
Bei Berücksichtigung der Dollar-Entwertung war die Gesamtwirtschaftsleistung der Vereinigten Staaten 1940 rund zwanzigmal so hoch wie ein Jahrhundert zuvor, während sich die Zahl der Beschäftigten nur versechsfachte und die tägliche Arbeitszeit von zwölf auf acht Stunden abnahm. Das heißt, trotz aller Krisen, Kriege und sonstigen Rückschlägen betrug *das Langfrist-Wachstum der amerikanischen Produktivität* etwa zwei Prozent jährlich. Vereinzelt gab es Jahres-Zunahmen von 4 bis 7 %, und auch 1960–75 wuchs die Produktivität noch um durchschnittlich 2,4 %. In den Jahren 1976–85 jedoch betrug

der Durchschnitt ein Zehntel Prozent, und da gab es Jahre wie 1980 mit Minuszahlen, es *sank* die Produktivität statt zu steigen. *Heute ist mangelnde Produktivität eines der Grundprobleme der Vereinigten Staaten und die Hauptursache der inneren Dollarschwäche.* Da kam es keineswegs nur durch Dollar-Kurse, die in keinerlei Verhältnis mehr zur Kaufkraft der amerikanischen Währung stand, zu immer untragbareren Handelsbilanz-Defiziten der USA, sondern bereits im Mai 1971 sagte der damalige Finanzminster John Conally einem Senatsausschuß mit Recht: »Die einfache Wahrheit ist, daß viele Regionen der Welt uns im Denken, im Arbeiten, im Produzieren und im Handel überlegen sind, wir unseren Produktivitäts-Vorsprung verloren haben.« Dem US Bureau of Labour Statistics zufolge, betrug schon in den Jahren 1968–78 die industrielle Produktivitäts-Zunahme in %:

Niederlande	93,7
Japan	89,1
Westdeutschland	63,8
Vereinigte Staaten	23,6

Auch das hat vielerlei Ursachen, und nicht nur materielle. Vor allem aber schwand der einstmals berühmte amerikanische Leistungs-*Wille* durch die Nutzlosigkeit der Anstrengungen: Amerikas Kriege wurden immer teurer, und schließlich führte der »Kalte Krieg« zu derart maßlosen Geldmengen-Ausweitungen, daß *die amerikanische Inflationsrate statt 2% im Jahre 1955 zwei Jahrzehnte später 12,2%* betrug. Denn Militärausgaben bedeuten Güter und Dienste, die nicht verwendet oder (im Kriegsfall oder durch den technischen Fortschritt) vernichtet werden. Sie schaffen Verbraucher-Kaufkraft, für die kein realer Gegenwert vorhanden ist und sind so eine der Hauptursachen der Geldentwertung. Ebenso bedeuten Barzahlungen an mehr und mehr Sozialleistungs-Empfänger Verbrauch statt Investitionen, Umleitung der Geldströme von den Produzenten zu den Verbrauchern, und so prangerte »Life« bereits 1969 »die neue amerikanische Arithmetik« an. Da hieß es:

»3000 plus 1500 macht jetzt 3135.
18.000 plus 9000 = 18.575.
50.000 plus 25.000 ergibt 50.515.
Denn wer 1969 um die Hälfte mehr verdiente als zehn Jahre zuvor, hat nun nicht nur weit höhere Steuern zu bezahlen, sondern muß den Kaufkraftschwund des Dollars tragen. *Real* bleiben ihm von 25.000 Dollar Mehrverdienst ganze 515. Von 1500 Dollar mehr nur 135.«
Vielerlei untergrub die amerikanische Konkurrenzfähigkeit. Wie die Inflation das »featherbedding« der Gewerkschaften, die Löhne, die an Leute bezahlt werden mußten, die nichts taten. Auch viele Großunternehmen waren *zu* groß geworden und ruhten auf ihren Lorbeeren aus. Louis B. Brandeis, der später Mitglied des Obersten Gerichts der USA wurde, schrieb bereits 1912: »Unser Stahltrust erbte durch die Carnegie Steel die beste Stahlerzeugungs-Organisation der Welt und die tüchtigsten aller Stahl-Fachleute. Er verfügte über ein so immenses Kapital und einen so großen Absatz, daß er sich jedes Experiment leisten konnte und schon der kleinste Fortschritt riesige Gewinne bedeutete. Aber zehn Jahre nach der Gründung dieses Super-Unternehmens mußte eine so anerkannte Autorität wie die ›Engineering News‹ feststellen, Amerika hinke bei den Stahlgewinnungsmethoden mindestens fünf Jahre hinter Deutschland her und was es in den USA an Fortschritten gebe, sei fremden Ursprungs. An unseren Fachleuten liegt das sicherlich nicht. Wohl aber an *Amerikas Gigantomanie,* an Gebilden wie der United States Steel, die *zu* groß sind, um neue Ideen rasch genug aufzugreifen, und die *zu* leicht Geld verdienen, auch mit veralteten Methoden nicht in Konkurs geraten ...«
Schon die Gewinne des Ersten und des Zweiten Weltkrieges steigerten die Konkurrenzfähigkeit der amerikanischen »Supergroßen« nicht, vollends der »Militärisch-Industrielle Komplex« aber ließ sie sich auf den Binnenmarkt konzentrieren und ihre globale Konkurrenzfähigkeit vernachlässigen.

Sie brauchten Exporte nicht mehr, seit ihre Tochtergesellschaften, wie geschildert, hinter den fremden Zollgrenzen Gewinne erarbeiteten. Die Mittleren und Kleinen aber fanden in den USA immer schwieriger Kapital zum Innovieren und Rationalisieren, weil ja *die reale Kapitalbildung in den Vereinigten Staaten die geringste aller vergleichbaren Nationen* wurde, Sparen durch Inflation weitgehend sinnlos und durch die Sozialgesetzgebung überflüssig. Weil Altersrenten steuerfrei sind, Zinserträge versteuert werden müssen. Und natürlich auch, weil Abzahlungskredite, wie gesagt, Zwangs-Sparen bedeuteten, für das »normale« Sparen immer weniger Geld übrigblieb.
Auch andere Gründe für die mangelnde Kapitalbildung gibt es, von denen noch die Rede sein wird. Jedenfalls aber betrugen 1977–80 – unter Präsident Carter – die persönlichen Ersparnisse in den USA 4,1 % des Bruttosozialprodukts. Das Bundes-Defizit, d. h. *der öffentliche Verbrauch privater Ersparnisse*, machte 1,7 % der Gesamtwirtschaftsleistung aus, so daß die *reale* Sparrate 2,4 % betrug. Das war für die Modernisierung des Produktionsapparats viel zuwenig, und Ronald Reagan prangerte das in seinem Wahlkampf entsprechend an. Nur sank während seiner ersten Amtsperiode die reale amerikanische Sparrate auf *minus* 2,4 %, denn nun machten die privaten Ersparnisse 3,3 und das Budget-Defizit 5,7 % des BSP aus.
Insgesamt betrug die Kapitalbildung der USA 1980 angeblich noch 15 % (gegen 34 % in Japan). Aber als Präsident des »National Bureau of Economic Research« nannte Martin Feldstein das »eine völlig irreführende Zahl«, denn davon waren 9 % Ersatz-Investitionen, nur 6 % Neuanschaffungen. Die Hälfte dieser Neu-Kapitalanlagen entfiel auf den Wohnungsbau und auf die Lagerhaltung, so daß *die tatsächliche Zunahme der Produktionsmittel nur 3 % der Gesamtwirtschaftsleistung* betrug. Auch das versprach Präsident Reagan radikal zu ändern. Aber 1985 stritten die Experten darüber, ob überhaupt noch Kapital für die Modernisierung und Ausweitung des Produktionsap-

parats zur Verfügung stand, oder ob die Unternehmen *real* nicht bereits von der Substanz zehrten. Jedenfalls klafften 1984 (der »Data Resources Inc.« zufolge) die privaten Ersparnisse und das Budget-Defizit bereits um über 40 Milliarden Dollar auseinander, deckten nur mehr *Auslandsgelder* den amerikanischen Investitionsbedarf. Da *sinkt* real (die Inflation berücksichtigt) bereits seit 1975 das pro Kopf der amerikanischen Industriearbeiter eingesetzte Kapital, weil der Kapitalmarkt praktisch nur mehr dem Staat dient.

Denn natürlich blieb es nicht bei der »Vorwegnahme« von Privateinkommen: Wenn Ford die Bevorschussung zukünftiger Arbeitsleistungen durchsetzte, so John Maynard Keynes die zukünftiger Steuererträge.

Die »klassische« Volkswirtschaftslehre hielt staatliches Schuldenmachen nur für berechtigt, wenn damit reale Werte geschaffen wurden, die auch kommenden Generationen Nutzen brachten. Und sie verlangte vollständige und möglichst rasche Tilgung aller öffentlichen Verpflichtungen, um die Zinslast zu beschränken, um die Kreditfähigkeit zu erhalten und um die Währungs-Stabilität zu sichern.

Keynes' seit 1926 entwickelte und in seinem 1935 erschienenen Hauptwerk »The General Theory of Employment, Interest and Money« niedergelegte *Theorie des vorweggenommenen Wirtschafts-Aufschwunges* durch »deficit-spending« oder »Fehlbetrag-Ausgeben« geht davon aus, daß *alle* Arten von Krisen durch erhöhte Staatsausgaben überwunden werden können und diese Ausgaben, auch wenn sie Schulden bedeuten, problemlos sind, weil der Aufschwung, den sie auslösen, die Steuereinnahmen derart erhöht, daß sie die Zins- und Amortisationskosten übersteigen. Keynes erklärte: Die moderne kapitalistische Wirtschaft ist nur bei Vollbeschäftigung produktiv, und zwar bei voller Nutzung nicht nur der Arbeitskräfte, sondern auch der Produktionsmittel und Grundstoffe. Diese Vollbeschäftigung hängt von der Gesamtheit der kaufkräftigen Nachfrage ab. Diese Nachfrage wird vom Umfang der Investitionen bestimmt. Dieser wiederum schwankt je nach dem Zinsfuß, zu dem Leihkapital angeboten wird. Also kann durch Zinsfuß-Herabsetzung Beschäftigung geschaffen werden – vorausgesetzt, daß es genug Kapitalsuchende gibt. Fehlen diese, muß der Staat an die Stelle der privaten Unternehmer treten und die »Nachfrage-Lücke« ausfüllen. Und zwar gleich, ob er Geld hat oder nicht; ob die Staatsrechnung aktiv oder passiv ist. »Zum Teufel das Budget-Defizit«, denn der Staat kann ja jederzeit Kredit »schöpfen«, indem er zusätzliche Zahlungsmittel ausgibt. Er muß nur dafür sorgen, daß diese Zahlungsmittel nicht die Produktionsmöglichkeiten übersteigen und so zur Inflation führen.

Als Keynes 1935 Präsident Franklin D. Roosevelt im Weißen Haus besuchte und ihm seine Theorie vortrug, sagte der nachher, er habe kein Wort verstanden. Aber Roosevelts Berater verstanden sehr wohl die wahltaktischen Möglichkeiten des »deficit-spending«, und 1946 gab auch der Kongreß Keynes' Theorien seinen Segen: Der damals verabschiedete »Employment Act« machte die Regierung dafür verantwortlich, daß »stets ein Maximum von Beschäftigung, Produktion und Kaufkraft erzielt wird.« Das gleiche Gesetz schuf erstmals einen »Rat der Wirtschaftsberater des Präsidenten«. Unter Walter Heller, einem »Super-Keynesianer«, der diesen Rat unter Präsident Kennedy leitete, *wurde* die Arbeitslosenquote auf 4,2 % herabgedrückt, *wurde* die Industriekapazität zu 91 % genutzt. Aber Keynes Warnungen vor der Inflation wurden ignoriert. Ebenso seine Forderung, während der Hochblüte die Defizite wieder auszugleichen und die Schulden abzubauen.

Aus Krisen-Maßnahmen wurden Dauer-Maßnahmen gemacht, weil dadurch die Folgen eigener Maßlosigkeit oder Mißwirtschaft *Wehrlosen, den noch Unmündigen oder Ungeborenen,* aufgeladen werden können. Finanziert der Staat seine Ausgaben voll durch Steuern und Abgaben, so spüren das alle Wähler persönlich, können sie Kosten und Leistungen vergleichen. Durch Schuldenmachen werden die Lasten in die Zukunft verlagert, Kosten-Nutzen-Vergleiche unmöglich, da werden auch maßlose Ansprüche akzeptiert, weil die ja niemand am eigenen Leibe spürt. Zumindest solange die Schulden nicht – wie heute – derart enorm wurden, daß die Zinsen allein mehr ausmachen als früher der Gesamt-Staatsverbrauch.

Der Keynesianismus wird deshalb nicht länger laut gelobt, aber nach wie vor weltweit angewandt, denn er bringt den verschiedensten Interessenten Augenblicks-Vorteile: Die Politiker wollen »hier und heute« gewählt werden; Zahlungs- und damit Rechenschafts-Termine zu verschieben, erhöht ihre Erfolgsaussichten. Keynes verlangte hohe Staatsausgaben, wandte sich aber zugleich gegen die Staatswirtschaft und wies die Durchführung aller Krisen-Maßnahmen der Privatwirtschaft zu. Die sieht so im »deficit-spending« Staatsaufträge, die Möglichkeit, mehr Steuergeld zu kassieren, als selber zu bezahlen. Für die Gewerkschaften wiederum bedeuten Schulden Geld, das zum Markt drängt, Begünstigung der Mengen-Konjunktur und damit Möglichkeit höherer Löhne. Für die Banken schließlich bedeuten höhere Schulden höhere Zinseinnahmen und Provisionen und für die Anleihezeichner die »Umverteilung« von Steuern aller auf sie als Zins-Einnehmer.

Allerdings wiederum nur, solange die Geldentwertung nicht die Zinsen übersteigt und schließlich eine galoppierende Inflation die Schulden »tilgt«. Aber niemand lebt ja ewig. Die Schuldenmacher sind tot oder zumindest pensioniert, wenn es zum Zahlen – oder zum Krach – kommt, und so erreichten *überall* die Staatsausgaben, die Budget-Fehlbeträge, die Schulden und die Zinslast *untragbare* Ausmaße. In den Vereinigten Staaten aber alle anderen weit übertreffende Dimensionen, weil durch Bretton Woods *nur* sie alle Notenbanken der Welt zwingen konnten, ihre Defizite zu finanzieren, weil sie Schulden machen *konnten* wie kein anderes Land.

Die Staatsausgaben der Vereinigten Staaten blieben lange äußerst gering, weil es praktisch keinen Staat gab: Benjamin Franklin zufolge kostete 1772 der gesamte Verwaltungsapparat für damals etwa drei Millionen Amerikaner 700.000 Pfund = *einen* Dollar pro Kopf. Als im Jahre 1800 die aus Philadelphia in die neue Bundeshauptstadt Washington verlegten Ämter ihre Tätigkeit aufnahmen, zählte das Finanzministerium, die Treasury, die meisten Beamten: 69. Im Außenministerium arbeiteten sechs Leute. Das »Gehirn der Landesverteidigung« bestand aus den 15 Mitgliedern des Marine- und den 18 des Army-Departments, insgesamt 33 Beamten und Offizieren, d. h. genau einem Tausendstel der 1960 im Pentagon Beschäftigten. Allein während der Amtszeit Präsident Franklin D. Roosevelts stieg die Zahl der für die Bundesregierung arbeitenden Zivilisten von 564 000 auf 1,7 Millionen. Im Jahre 1950 standen insgesamt 6,7 Millionen Amerikaner in öffentlichen Diensten und 1975 waren es (dem »Bureau of Labour Statistics« zufolge) *ohne* Militär und vom Militär Beschäftigte 15,1 Millionen gegen damals 19,6 Millionen in der Industrie und 18,5 im Handel. Eine von der volkswirtschaftlichen Abteilung der »Ford Motor Company« durchgeführte Untersuchung ergab für das Jahr 1975 *mehr durch Steuergelder als durch die private Wirtschaft lebende Amerikaner:* 80 655 000 Staats-, Einzelstaats-, Kreis- und Gemeindeangestellte, Soldaten und von Sozialleistungen Lebende mit ihren Familien. Nur 71 650 000 privat Erhaltene.

Im Jahre 1975 aber betrugen die Staatsausgaben der USA ein Drittel von zehn Jahren später; das Defizit ein Fünftel; die Schulden wenig mehr als ein Viertel. Seit den siebziger Jahren wurden aus den amerikanischen Bundesschuld-Zinsen mehr und mehr Zinseszinsen, wächst die Schuld automatisch und in einem nie dagewesenen *Tempo.* Die entsprechenden amtlichen Zahlen lauten:

	US-Bundesausgaben		davon Militär		davon Bundesschuld-Zinsen	
	Mrd. $	= $ pro Kopf	Mrd. $	= pro Kopf	Mrd. $	= $ pro Kopf
1900	0,52	6,85	0,19	2,50	0,04	0,63
1950	42,6	283,0	14,3	95,0	5,4	36,0
1980	580,0	2 560,0	136,0	600,0	64,5	285,0
1985/86 (Budget)	974,0	4 025,0	322,0	1 330,0	144,0	595,0

Binnen weniger als drei Generationen stiegen also allein die Bundesausgaben, zu denen natürlich die der Einzelstaaten und der lokalen Behörden kommen, auf das 1873fache, pro Kopf auf das 687fache. Vor allem weil die amerikanischen Militärausgaben in den »Friedensjahren« seit dem Zweiten Weltkrieg ungleich mehr stiegen als während aller Kriege der USA, sie sich allein 1950–85 mehr als verzweiundzwanzigfachten. Dementsprechend stiegen die Budget-Defizite, die Bundesschuld und deren Zinsen. Allein diese *Zinsen machten nun pro Kopf mehr als doppelt soviel aus wie im Jahre 1950 die amerikanischen* Gesamt-*Bundesausgaben.*
Im Winter 1980 wurde der Republikaner Ronald Reagan gewählt, weil es acht Millionen Arbeitslose gab, die Inflationsrate 12,4 % betrug und bis zu 22 % Zinsen bezahlt werden mußten. Als er sein Amt antrat, sagte Präsident Reagan am 6. Februar 1981: »Mit 80 Milliarden Defizit ist das Staats-Budget außer Kontrolle geraten. Es hat sich in den letzten 20 Jahren mehr als verfünffacht, während die Bevölkerung nur um ein Viertel zunahm. Die öffentliche Schuld wuchs während dieser zwei Jahrzehnte um 650 Milliarden Dollar, und mußte 1960 einen Monat gearbeitet werden, um alle Steuern zu bezahlen, so nun vier Monate. Wurzel all dieser Übel ist der Staat, der jährlich 20 Milliarden Dollar für seinen Papierkrieg ausgibt und die Wirtschaft zwingt, dafür 100 Milliarden jährlich aufzuwenden. Soll der Dollar von 1960, der heute 37 Cents wert ist, nicht binnen drei Jahren auf 25 sinken, so bleibt nur: drastische Ausgaben-Kürzungen des Staates und ebenso drastische Steuer-Senkungen.«
Bereits am 20. Januar 1981 hatte Ronald Reagan gesagt: »Jahrzehntelang haben wir ein Defizit auf das andere getürmt und unsere Zukunft und die Zukunft unserer Kinder verpfändet, nur der Augenblicks-Vorteile wegen. Dies weiter zu tun muß *ungeheure soziale, kulturelle, politische und wirtschaftliche Umwälzungen* mit sich bringen.«
Am 21. September 1981 erklärte der Präsident: »Diese Regie-

rung hat sich den Budget-Ausgleich zum Ziel gesetzt, und wir werden bis zum letzten Atemzug kämpfen, um ihn bis 1984 zu erreichen.«

James Earl Carter gab während der vier Jahre seiner Amtszeit 1977–80 insgesamt 1927 Milliarden Dollar aus, und das waren 196 Milliarden mehr, als in den Budgets vorgesehen.

Die Ausgaben Ronald Reagans während seiner ersten Amtszeit 1981–84 betrugen 3066 Milliarden, der Budget-Fehlbetrag 522 Milliarden. 1985 war das Defizit viermal so hoch wie 1980, und da hatte sich die Bundesschuld verdoppelt. Nicht zuletzt, weil die Militärausgaben auf das Zweieinhalbfache stiegen.

So aber war es seit dem Zweiten Weltkrieg stets: Ob die Demokraten an der Macht waren oder die Republikaner, die Staatsausgaben stiegen, und die Fehlbeträge stiegen, und die nahmen seit 1945 um das mehr als Zehnfache zu: Während der zehn Jahre 1945–54 waren es kumuliert 83 Milliarden. 1975–84 aber 930.

Und selbst dieser astronomische Betrag muß noch nach oben »korrigiert« werden, denn die amtliche amerikanische Buchhaltung läßt nach wie vor zu wünschen übrig, und im Budget *fehlen* zahlreiche, voll vom Bund finanzierte Quasi-Behörden wie z. B. die verstaatlichten Eisenbahnen (die »US Railway Association«) oder die »Federal National Mortgage Association«, die Hypotheken erteilt und sichert. Insgesamt gibt es 134 »Off-budget agencies«, und so versucht nun ein dem Präsidenten unmittelbar unterstellter Ausschuß, der »President Private Sector Survey on Cost Control«, exakte Zahlen zu beschaffen, und dessen Vorsitzender, J. Peter Grace, veröffentlichte im Dezember 1983 eine »Analyse und Korrektur des Budgets 1983«.

Der Fehlbetrag dieses Budgets war mit 173 Milliarden Dollar angegeben worden. Tatsächlich betrug er 447,4 Milliarden, mehr als das Zweieinhalbfache, denn allein an Bundes-Pensionsverpflichtungen waren 186 Milliarden »vergessen« worden.

Die »Actual Budget Deficits«, die tatsächlichen Staatsrechnungs-Fehlbeträge, betrugen während der acht Jahre 1976–83 nicht weniger als 1988 Milliarden Dollar, während die veröffentlichten Statistiken nur 561 Milliarden auswiesen.
Diese fast unvorstellbaren Unterschiede zwischen Einnahmen und Ausgaben der amerikanischen Bundesregierung bedeuten, wie gesagt, öffentlichen Verbrauch privater Ersparnisse. Aber nicht nur amerikanischer Ersparnisse. Die Verdrängung privater durch staatliche Kreditbedürfnisse, d. h. *der amerikanische »Crowding-out«-Effekt, erfolgt mehr und mehr im* Welt-*Maßstab,* denn längst wird der Großteil der US-Fehlbeträge durch das *Ausland* gedeckt. Reagans erfolgreiche Inflations-Bekämpfung führte dazu, daß heute die amerikanischen *Real*-Zinsen weit höher als im Rest der Welt sind. Die hohen Zinsen lockten und locken Fremdkapital an – und dieses Kapitel *fehlt* der Welt und vor allem Europa für produktive Zwecke. Die »gesunden« Kredite wurden und werden durch »ungesunde« verdrängt – genau wie gutes Geld durch schlechtes.
Schulden werden gemacht, seit gewirtschaftet wird. Aber stets kam es darauf an, *wozu* sie dienten: »Gesunde« zahlen sich sozusagen von selber zurück, d. h. amortisieren sich aus ihren Erträgen in Form marktgängiger Güter oder gefragter Leistungen. Der Gläubiger erhält nicht »sein« Geld zurück, sondern das dank seiner Kreditgewährung *neu* geschaffene, d. h. erarbeitete, *zusätzliche* Geld. Hohe Schulden eines gesunden Unternehmens bedeuten nicht, daß es »über seine Verhältnisse« lebte, sondern daß es viel Geld investierte und die Zeit zwischen der Anschaffung der Produktionsmittel und deren Amortisation durch die erhöhte Produktion überbrücken muß.
Bei »ungesunden« Schulden, heute vor allem den Schulden der öffentlichen Hand, ist das anders: Der Staat nimmt Geld auf, weil er zahlungsunfähig = »insolvent« ist; weil er mehr ausgab, als er an Steuern etc. einnahm. So gut wie nie werden Staatsanleihen zur Produktionserhöhung eingesetzt, sondern *ver-*

braucht, durch Sozialleistungen, die Bürokratie, Rüstungen oder durch was immer. Diese Schulden schaffen keine zusätzlichen Güter und Dienste, zahlen sich *nicht* »von selber« ab, sondern müssen durch die Ersparnisse der Bürger gedeckt werden, und sobald diese Ersparnisse für den privaten plus den staatlichen Kreditbedarf nicht länger ausreichen, kommt es zur Krise und schließlich zur Katastrophe.

Für Amerika selber bedeuteten und bedeuten die Budget-Defizite *Zwang, die Zinssätze hoch zu halten,* weil sonst der Zufluß von Auslands-Kapital aufhört. Nun ist aber Zins der Preis des Geldes und damit der Preis *aller* Preise, der Generalnenner jeder Wirtschaft. Nur wenn er »richtig« ist, können schwere Krisen und schließlich der Zusammenbruch der Wirtschaft verhindert werden. Und »richtig« ist nicht dieser oder jener Zinsfuß, richtig können 3 % und ebenso 12 % sein, der Zins darf nur nicht höher sein als die Rendite, die mit einer *produktiven* Geldverwendung erzielt werden kann.

Geld darf niemals mehr kosten, als es bringt, denn realer (d. h. über der Inflationsrate liegender) Zins, der höher ist als die Produktitivät, *kann* nicht verdient werden, zwingt zur Aufnahme immer neuer Kredite, bedeutet praktisch Zinseszins. Der aber bedeutet *exponentielles* Wachstum, verdoppelt die Schuld in so vielen Jahren, wie der Zinsfuß in 72 enthalten ist: Bei 6 % Zins binnen zwölf Jahren, bei 12 % binnen sechs Jahren.

Da die amerikanische Produktivität, wie gesagt, *sehr* gering wurde, müßten also auch die amerikanischen Zinsen *sehr* gering sein. Aber da gab es, wie gesagt, den *Zwang,* Auslandskapital anzulocken, und da mußten die Inflationsraten überboten werden.

Der höchste Zinssatz in der Geschichte der Vereinigten Staaten für »normale« Kredite, d. h. nicht die für Tagesgeld während der zahlreichen Krisen, waren 115 Jahre lang die 12 % »prime rate« gewesen (der Zins, den die Banken von ihren vertrauenswürdigsten Kunden verlangen), der durch den Sezessionskrieg 1864 bezahlt werden mußte. Aber am 6. Oktober 1979 gab der Federal Reserve Board die prime rate frei, und wenn bisher Langfrist-Anleihen erstklassiger Firmen 9½ % gekostet hatten, so waren es Ende des Jahres 21 %. Erste Hypotheken kosteten mindestens 17 %, zweite 23 bis 24, und als Folge sanken die Grundstückspreise rapide, gab es die schwerste Bau-Krise seit 1930. Die Mitgliederzahl der »National Association of Realtors« sank 1979–81 um 70000. Acht Zehntel der 4700 Sparkassen der USA arbeiteten mit Verlust. Binnen einem Jahr verschwanden 2279 Auto-Vertretungen, denn bei 19 % Zins kostete allein die Lagerhaltung eines Wagens monatlich 158 Dollar. Am 16. August 1982 schrieb Lee A. Iacocca, der Vorstandsvorsitzende der »Chrysler Corporation«, in »Newsweek«: »Die prime rate war üblicherweise 2 bis 4 % höher als die Inflationsrate. Jetzt ist sie 8 bis 12 % höher. Eine Menge Leute legen deshalb eine Menge Geld in Kurzfrist-Schuldpapieren an ... und schaffen damit nicht einen einzigen Arbeitsplatz. Sie machen Geld durch Geld und diejenigen von uns, die Geld für die Produktivitätssteigerung und die Erhaltung der Arbeitsplätze brauchen, bekommen keines oder nur zu einem Preis, der nicht zu bezahlen ist. Den Vorrang hat die Regierung, die jetzt *56 % allen Geldes zur Deckung des Budget-Defizits* braucht. Die Zinsen sind aber nicht nur untragbar. Verheerend wirken sich auch ihre Schwankungen aus, seit dem ›floating‹, der Zinsfuß-Anpassung an die Inflationsrate, veränderte sich der Zinssatz achtzigmal, d. h. einmal alle vierzehn Tage. Die Folgen sind bekannt: Ruin der Autoindustrie und des Bauwesens. Nutzung der Stahl-Kapazität zu nur 43 %. Ein Konkurs alle 20 Minuten. 140000 Einzelheime zur Zwangsversteigerung ausgeschrieben, die höchste Zahl, seit eine entsprechende Statistik besteht. Elf Millionen Arbeitslose, die höchste Zahl seit 1938, wobei die eineinhalb Millionen nicht berücksichtigt werden, die es aufgegeben haben, einen Posten zu suchen, und die 6 Millionen, die nur zum Teil beschäftigt sind.

Das macht *achtzehn Millionen Verzweifelte, Frustrierte und Wütende* und mindestens ebensoviele, die Angst haben, in die gleiche Lage zu geraten, und all diese Leute fallen als Käufer für die Güter aus, die allein neue Arbeitsplätze schaffen und die alten erhalten könnten ... Was muß getan werden? Die Zinsen müssen sinken – und zwar rasch. Dazu muß das Budget-Defizit vermindert werden und die Regierung vom Geld- und Kapitalmarkt verschwinden.«

Als Iacocca das schrieb, betrugen die Bundesausgaben 728 Milliarden, das Bundes-Defizit 110 Milliarden und die Bundes-Schuld 1147 Milliarden. Vier Jahre später lauteten die Zahlen 974, 220 und 2000 Milliarden. Die Zinsen sanken, aber nur scheinbar, nur weil die Inflationsrate sank und die sank, nur, weil durch die Dollar-Überbewertung die Einfuhr enorm stieg und diese Importe die Preise drückten. Die *realen* amerikanischen Zinsen betrugen im Durchschnitt 1983–85 noch immer etwa achteinhalb Prozent gegen die 4 % Japans und das eine Prozent der Schweiz.

Der amerikanische Zinssatz aber ist weitgehend identisch mit dem Zins für Eurogeld, und durch *Eurogeld und Euromarkt* wurde aus der amerikanischen die *Welt*-Schulden-Explosion und aus den amerikanischen Zinsen die *Welt*-Zinsenlawine.

»Eurogeld« wird das Geld genannt, das außerhalb seines Ursprungslandes umläuft, »Euromarkt« der entsprechende Geld- und Kapitalmarkt. Auch DM, Schweizer Franken, Yen, Pfunde etc. laufen heute im Ausland um, aber sie spielen im Vergleich zu den »Eurodollars« keine Rolle. Euro-DM z. B. gab es 1985 etwa 400 Milliarden = etwa 130 Milliarden Dollar bei einem Gesamtvolumen von etwa 2660 Milliarden Dollar des Euromarktes, weniger als 5 % also. Gehandelt wird das Eurogeld längst nicht nur in London und Luxemburg, Zürich oder Paris, sondern ebenso in Nassau, Panama, auf Bahrein und in Hongkong, in Singapur, Tokio etc. etc.

Eurogeld wurde zum Weltgeld und der Euromarkt zu einer Art internationaler Clearing Union, die der ganzen Welt die Vorteile bringt, die einheitliche Bankensysteme für die nationalen Wirtschaften haben.

Die Bezeichnung »Eurogeld« erhielten ursprünglich die außerhalb der USA umlaufenden Dollars, weil sie als erste Bank die »Banque Commerciale pour l'Europe du Nord« in Paris anbot, eine Sowjet-Bank, deren Telegrammadresse »Eurobank« lautet. Als nach dem Zweiten Weltkrieg die Sowjetunion zur Wiederaufbau-Finanzierung große Mengen Gold, Platin, Holz etc. verkaufte, wurden diese in damals knappen Dollars bezahlt, die die Russen aber nicht amerikanischen Banken anvertrauten, sondern ihren eigenen in Europa, der erwähnten Bank in Paris, die Moskau 1921 von russischen Emigranten erwarb, und der ältesten sowjetischen Auslands-Bank, der »Moscow Narodny Bank« in London, die 1919 gegründet wurde und Filialen in Berlin, Paris und Shanghai errichtete. Auf Grund des »Alien Property Custodian Act« fürchteten die Russen die Beschlagnahme oder ein Einfrieren ihrer Guthaben in den USA, und unbegründet war diese Furcht nicht, denn am 30. März 1951 verfügte ja z. B. das Schatzamt der USA die Einstellung aller amerikanischen Zahlungen an in Ostblockländern wohnende Private, die Pensionen, Altersrenten, Leibrenten oder Zinszahlungen aus den USA zu erhalten hatten, »weil die kommunistischen Regierungen diese Devisen mißbrauchen«. Die Sowjet-Dollars blieben also in Europa und wurden von den Sowjet-Banken ausgeliehen:

Der Euromarkt entstand als Folge des »Kalten Krieges«.

Verglichen mit den heutigen Eurogeld-Umsätzen waren diese sowjetischen Dollar-Ausleihungen lächerlich gering, aber rasch kamen ja immer mehr amerikanische Dollars auf den Markt, weil amerikanische Unternehmen riesige Beträge im Ausland investierten und vor allem auch amerikanische Bank-Filialen in London mehr und mehr Eurodollar-Geschäfte machten. Denn in den USA hatte der Federal Reserve Board die »Regulation Q« erlassen, die die Verzinsung von Sichteinlagen verbot, es gab die »Regulation M« und die »Regulation

D« und seit 1963 eine »Zinsausgleichssteuer«. All diese Dollarausfuhr- und Zinssenkungs-Bestrebungen änderten nichts am Abwertungs-Risiko, das jeder Dollarbesitzer zu tragen hatte, und dementsprechend entwickelten sich die Zinssätze auf dem Euromarkt. Die betrugen 1969 z. B. durchschnittlich 11%, während der Maximal-Zins in den USA damals auf 5¼ % festgelegt war. Es war also ein hervorragendes Geschäft, Geld aus den USA abzuziehen und auf dem Euromarkt anzulegen, und alle Multinationalen taten das. Viele von diesen direkt aus den USA stammenden Dollars flossen wieder kurzfristig – und so in den Zahlungsbilanzen nicht aufscheinend – nach Amerika zurück, nur entsprechend teurer. Zwar hörte dieses Geschäft 1974 durch die Aufhebung der amerikanischen Zinsregulierung auf. Aber am 13. März 1973 hatten ja endlich auch die Notenbanken aufgehört, sich weiter an das Bretton Woods-Abkommen zu halten und alle ihnen angebotenen Dollars zu kaufen. *Nur* noch am Euromarkt waren sie unterzubringen, und mehr und mehr Dollars gab es nicht nur durch das amerikanische Handelsbilanz-Defizit oder die amerikanischen Auslands-Militärausgaben und Direkt-Investitionen, sondern ja auch dadurch, daß 1960 der Weltwert der Mineralölförderung 11,5 Milliarden Dollar betrug und zwei Jahrzehnte später 808 Milliarden und daß – nicht zuletzt durch die Ölpreis-Vervielfachung – das Welthandelsvolumen 1970–84 von 638 auf 3975 Milliarden Dollar zunahm. Da gab es derartige Mengen Auslands-Dollars, daß die Notenbanken den Euromarkt nicht nur tolerierten, sondern als Segen betrachteten, denn der verminderte die Inflation: Wenn eine Bank durch die Finanzierung von Exportgeschäften oder wie immer sonst Dollars einnahm, konnte sie sie ihrer Notenbank anbieten, sie erhielt den Dollar-Gegenwert in nationaler Währung und der nationale Geldumlauf wuchs. Sie konnte die Dollars aber auch auf dem Euromarkt ausleihen, und die hatten dann keinen Einfluß auf die nationale Geldmenge. Allerdings die nationale Notenbank auch keinerlei Einfluß auf das Kreditgebaren der betreffenden Bank:

Der Eurogeldmarkt wird von niemandem *kontrolliert.* Für das Eurogeld – nach wie vor fast nur Dollars – gibt es keinerlei Reserve-Vorschriften. Auch wenn eine Bank das Doppelte oder Dreifache ihrer Einlagen an Eurokrediten vergibt, kann keine Notenbank etwas dagegen tun, denn das Eurogeschäft wird ja auch über Tochter-Institute abgewickelt, die ebensogut auf den Cayman-Inseln wie irgendsonstwo domiziliert sein können. Normalerweise geschieht das nicht. Aber das Kreditvolumen *jeder* Bank ist nicht nur 20- bis 30mal höher als ihr Eigenkapital, es ist auch mindestens um vier Fünftel höher als die Einlagen, und so wird durch jede Bank Geld *geschaffen.* Nahmen am Euromarkt zuerst nur zwei und lange nur etwa 20 Banken teil, so waren es 1983 über 1100. Zwar wird angenommen, daß sich das Geschäft schließlich auf etwa 600 konzentrieren wird. Aber die Umsätze sind längst derart, daß dieses *neu* geschaffene Eurogeld jährlich Hunderte Milliarden Dollar beträgt und ebenso die Euro-Zinsen jährlich in die Hunderte Milliarden gehen, denn die fallen ja Tag und Nacht an, und so hat *Eurogeld längst ein Eigenleben;* sein Wachstum betrug 1974–79 z. B. durchschnittlich 23% jährlich. Da wurden 1963 Euroanleihen von zusammen 138 Millionen Dollar aufgelegt. Zwei Jahrzehnte später für rund 80 Milliarden oder das 580fache. Der »Bank für Internationalen Zahlungsausgleich« in Basel und der »Morgan Guaranty Trust Co.« in New York zufolge war *die Entwicklung des Euromarkt-Volumens* in Milliarden Dollar brutto und netto (d. h. nach Verrechnung der Interbank-Positionen und anderer Doppelzählungen) etwa:

	brutto		brutto	netto
1955	0,1	1978	895	560
1960	0,5	1980	1 230	780
1965	14,0	1982	1 980	1 340
1970	110,0	1985	2 660	2 120
1975	460,0			

Diese binnen *einer* Generation auf das rund 27000fache angewachsenen Beträge mußten »untergebracht« werden. Die kleinsten wie die größten Banken leben von der Zins-»Marge«, dem Unterschied an Zins, den sie für Einlagen bezahlen und für ihre Kredite kassieren. Jede Bank hat Kosten und ist so *gezwungen,* Geld zu verleihen, und so wurde die Konkurrenz rasch sehr scharf und immer öfter ignoriert, daß *Souveränität kein Ersatz für Solvenz* ist und die Kreditwürdigkeit von Regierungen noch sorgsamer als die von Privaten geprüft werden müßte, weil die zum Zahlen kaum je zu zwingen sind oder jedenfalls viel schwieriger als Private. Normalerweise wird, wer einen Bankkredit sucht, gefragt, wie er sich die Rückzahlung vorstelle und muß entsprechende Unterlagen beibringen. Wie Milliarden-Pleiten beweisen, gibt es auch Ausnahmen von dieser althergebrachten Prozedur, aber eben nur Ausnahmen, während im Kreditgeschäft mit Regierungen stets ganz andere Regeln gelten: Die Regierung, die eine Euroanleihe begeben will, sucht einen »Konsortialführer« und findet den mühelos, weil die Provisionen im Emissionsgeschäft hoch sind und die Konkurrenz der Banken, wie gesagt, groß. Die im Konsortium führende Bank findet ebenso leicht Partner, denn die Beteiligung an Emissions-Konsortien beruht fast ausschließlich auf Gegenseitigkeit, und alle Teilnehmer gedenken die Schuldverschreibungen nicht selber zu behalten, sondern an ihre Kunden weiterzugeben. Für die sind – falls die zur Zeichnung auffordernden Banken große Namen haben und falls das kreditsuchende Land keinen weltweit schlechten trägt – die Konditionen das Ausschlaggebende, vor allem der Zins und ob der Ertrag steuerfrei ist. Besonders amerikanische Banken suchten einander in diesen Konditionen zu übertrumpfen, und Wegbereiter waren da die »Chase Manhattan« und die »Citibank«, zwei alte Rivalen um den ersten Platz der Banken-Weltrangliste. Der Präsident der »Chase«, David Rockefeller, reiste nach Moskau und Peking wie nach Brasilia und Pretoria. Er wurde »ein intimer Freund« des Schahs von Iran, bestand darauf, in allen Hauptstädten von den Staatspräsidenten oder Königen empfangen zu werden und eröffnete Filialen seiner Bank auch dort, wo die Geschäftsmöglichkeiten minimal waren. Für die »Citibank« bereiste Walter Wriston die Welt. Und hatte die »Citibank« 1971 (als sie die »Chase Manhattan« vom ersten Platz der Banken in den USA verdrängte) Auslandsniederlassungen in 27 Ländern, so zehn Jahre später in 78. Immer mehr Dritte-Welt-Finanzminister wurden in Versuchung geführt, ihre Budgets statt durch Ausgabenbeschränkung durch neue Kredite zu »decken«. Bereits 1970 stammten z. B. 40% des Gesamtertrags der »Citibank« aus Entwicklungsländern. Indonesien hatte im April 1966 den Staatsbankrott erklärt, weil seinen damals 2,7 Milliarden Dollar Auslandsschulden ganze acht Millionen Dollar Währungsreserven gegenüberstanden. Aber zehn Jahre später sagte Walter Wriston: »Djakarta zahlt so gut wie London.« Zaire wurde »das Brasilien Afrikas« genannt, und obwohl Präsident Mobuto Sese Seku geradezu unvorstellbare Summen für seine Privatpaläste und buchstäblich Dutzende Besitzungen in Europa ausgab, finanzierten amerikanische Banken seine Sport-Arenen und was immer »das größte der Welt« werden sollte, ein völlig unrentables Stahlwerk ebenso wie 19 andere unwirtschaftliche »Super-Projekte«. Daß die 1958 aufgelegte Weltbank-Anleihe an Zaire zwei Jahre später in New York auf 46 stand, störte niemanden, und als Mobuto die Zinszahlungen einstellte, erhielt er neue Zahlungsfristen. Er ignorierte die Reformvorschläge des Internationalen Währungs-Fonds, und als die Weltbank einen holländischen Experten nach Kinshasa sandte, brachen Soldaten in sein Haus ein und vergewaltigten seine beiden Töchter. Vier Wochen später erhielt Mobuto einen neuen amerikanischen Kredit.

Nun darf der Fall Zaire natürlich nicht verallgemeinert werden. Aber *zu* viele Entwicklungsländer und Schwellenländer bekamen *zu* leicht Geld, und so kam es auch hier zum *Eigenleben der Schulden und zum Zinseszins-Effekt,* geriet das Wachstum der Entwicklungsländer-Verschuldung außer Kontrolle.

Der Weltbank, der OECD und der BIZ zufolge betrugen die Auslands-Verbindlichkeiten der Entwicklungsländer im Jahre 1955 etwa 10 Milliarden Dollar, der Schuldendienst damals 700 Millionen. Zehn Jahre später waren es 38 Milliarden und 3,4 Milliarden. Im Jahre 1975 bereits 179 Milliarden Dollar Schulden, die über 26 Milliarden Zinsen und Amortisation kosteten und 1985 schließlich 970 Milliarden mit 198 Milliarden Kosten. Nun waren Zinsen und Amortisationen weit höher als zehn Jahre zuvor die Gesamtschuld. Und die war nun fast hundertmal so hoch wie 1955. Vor allem zur Zeit hoher Dollar-Kursverluste (und der Hoffnung auf entsprechende Dollar-Entwertungs-Gewinne) nahmen die Entwicklungsländer riesige Kredite auf, 1975–78 z. B. betrug die Schulden-Zuwachsrate 23% jährlich gegen 1982–83 »nur« 9% und 1984–85 rund 4,5%. Etwa die Hälfte aller Kredite erhielten die Entwicklungsländer durch private Banken, und manche dieser Institute übernahmen sich: Einer Analyse des Federal Reserve Board zufolge hatten z. B. die neun führenden Geschäftsbanken der USA in den iberoamerikanischen »Problem-Ländern« Argentinien, Brasilien, Chile, Mexiko und Venezuela 1982 über 42 Milliarden Dollar ausstehen, und die entsprachen 155% ihres gesamten Eigenkapitals. Die fünf Schweizer Großbanken hingegen hatten in den gleichen Ländern damals nur 4,5 Milliarden oder etwa 50% ihres Eigenkapitals an Ausständen, und sämtliche Schweizer Privatbank-Forderungen an »Problem-Länder« machten 1985 nur 5% von deren Gesamt-Aktiven aus.

Daß von allen Dritte-Welt-Ländern die Iberoamerikas die meistverschuldeten sind, liegt nicht zuletzt an der »Dollar-Diplomatie«, aber natürlich auch an den bis heute viel zu niedrigen Steuereinnahmen. Die Regierungen *mußten* Exportabgaben als wichtigste Finanzierungsquelle benutzen, und die dienten auch als Sicherheit für Auslands-Kredite. Schon vor dem Zweiten Weltkrieg war *die Verschuldung Iberoamerikas* relativ sehr hoch, und Chile z. B. hatte 1935 bei Gesamt-Staatseinnahmen von 58 Millionen Dollar 47 Millionen Zins- und Amortisationsverpflichtungen jährlich, die natürlich nicht erfüllt werden konnten. Durch den Zweiten Weltkrieg konnte Iberoamerika dann etwa 1100 Millionen Dollar Schulden zurückzahlen, aber 1958 betrug (einem US-Kongreßausschuß zufolge) die Auslandsverschuldung 7,3 Milliarden Dollar bei damals etwa 49 Milliarden Gesamtwirtschaftsleistung.

Die Schulden machten also rund 15% des Bruttosozialprodukts aus. 1985 aber 58%. Denn heute entfallen auf Iberoamerika fast die Hälfte *aller* Schulden der Dritten Welt, sie stiegen 1970–80 von 21 auf 212 Milliarden Dollar und betrugen (der CEPAL, der UN-Wirtschaftskommission für Lateinamerika, zufolge) 1985 rund 345 Milliarden. Sie werden 1995 etwa 554 Milliarden betragen, falls die Exporteinnahmen um jährlich 8% zunehmen und ein Viertel dieser Einnahmen für den Schuldendienst aufgewendet wird; auf 660 Milliarden, falls nur ein Fünftel aller Ausfuhrerträge diesem Zweck dient. Dabei scheint diese CEPAL-Berechnung optimistisch, denn 1984 waren 40% aller Exporteinnahmen nötig gewesen, um die vereinbarten Zinsen – durchschnittlich 12% – und die Amortisationen zu decken. Bereits 1984 wurden 15 Milliarden Dollar mehr Zinsen bezahlt, als Iberoamerika an neuen Krediten oder Kreditverlängerungen erhielt, und so unterblieben dringend benötigte produktive Investitionen.

Der »Inter-American Development Bank« zufolge war die Entwicklung 1978–84:

Export-Zunahme um 74% auf 114,5 Milliarden Dollar.

Schuldenwachstum um 133% auf 354 Milliarden.

Zunahme der Zinszahlungen ans Ausland um 276% auf 41 Milliarden.

Langfristig war die fast unglaubliche *Schulden-Entwicklung der fünf wichtigsten Kreditnehmer Iberoamerikas:*

	Milliarden Dollar			Dollar pro Kopf		
	1928	1958	1984	1928	1958	1984
Argentinien	0,92	2,7	45,0	97	135	1 500
Brasilien	0,85	1,7	97,5	27	27	780

Chile	0,3	0,3	20,0	81	40	1 665
Mexiko	0,7	0,51	93,0	44	15	1 274
Venezuela	0,023	0,008	35,0	7	1,2	2 330

All diese Schulden werden heute als »rückzahlbar« betrachtet, Zinsen gestundet, »Umschuldungs-Abkommen« getroffen und weiter als Aktive verbucht, was so gut wie sicher *nie* zurückbehahlt werden wird; dies bedeutet eine immense »Wirtschaftshilfe« an die Dritte Welt. Denn längst steht fest:
Falls die Schuldner ihre Zahlungen einstellen, können die Gläubiger real *ebensowenig tun wie 1973/74 und 1979/80 gegen die Ölpreis-Vervielfachung.* Riesige Summen *werden* abgeschrieben werden müssen – und nicht nur an Drittwelt-Krediten. Denn Venezuelas 2330 Dollar Auslandsschuld pro Kopf sind ja z. B. gering gegenüber den 8530 Dollar pro Kopf, die Israel 1985 dem Ausland schuldete. Insgesamt betrugen Israels Schulden nun 58 Milliarden Dollar, davon 23 Milliarden Binnenschuld bei nur 21 Milliarden Gesamtwirtschaftsleistung. Die Gesamtschuld erreichte so (bei 4,1 Millionen Einwohnern) 14.150 $ pro Kopf. Und auch das war *nicht* der Weltrekord, den halten nun, wie schon gezeigt, die Vereinigten Staaten mit 26.660 und amtlich »korrigiert« zwischen 35.235 und 50.503 Dollar pro Kopf.
Solange die Amerikaner »nur sich selber« Geld schuldeten, blieb die amerikanische Kredit- und Währungspolitik weitgehend eine »interne« Angelegenheit. Durch Bretton Woods wurde sie, wie bereits geschildert, ein *Welt*-Problem, und da sich heute dessen Dimensionen in einem atemraubenden Tempo ausweiten *das* akuteste aller Welt-Probleme.
Schon bevor die Vereinigten Staaten zur »Supermacht« aufstiegen, bereits 1914–40, vervierzigfachte sich die Bundesschuld. In den ersten 15 Jahren nach dem Zweiten Weltkrieg aber wurden staatlich und privat mehr Schulden gemacht als während der 170 Jahre seit der Unabhängigkeitserklärung von 1776 zusammengenommen. Und auch das war erst ein zahmer Beginn. Denn wenn die Bundesschuld 1945 rund 257 Milliarden be-

trug, so wurden 1985, wie gesagt, *zwei* Billionen *Dollar = zwei Millionen Millionen Bundesschuld überschritten,* und binnen fünf weiteren Jahren werden es drei Billionen sein. Und da sind die amtlichen, amerikanischen Schuldenzahlen ebenso umstritten wie die Budget-Defizit-Zahlen: Am 13. Juni 1983 veröffentlichte das »Joint Economic Committee«, der Gemeinsame Wirtschaftsausschuß des US-Kongresses, eine Untersuchung über die Gesamt-Verpflichtungen der Regierung, die auch die Eventual-Verpflichtungen des Bundes einschließt. In dieser Berechnung wurden vor allem die Pensions- und Soziallasten-Verpflichtungen berücksichtigt, die in den publizierten Schulden-Statistiken *fehlen,* und so kam der Kongreß-Ausschuß für 1983 nicht auf 1389 Milliarden Schulden, sondern auf 6873,5 Milliarden. Statt auf 6040 Dollar auf *29.885 Dollar Bundesschuld pro Kopf der Gesamtbevölkerung.* Nun berücksichtigte der Kongreß auch die staatliche Bankeinlagen- und die Hypotheken-Versicherung, die staatliche Versicherung gegen Kernkraftwerksunfälle, die Schäden-Deckung bei Enteignung amerikanischer Auslands-Investitionen etc. etc. Das Schatzamt arbeitete deshalb eine Studie aus, die die Wahrscheinlichkeit dieser Haftungsfälle anders beurteilt als der Kongreß und so auf »nur« 3447 Milliarden Bundesschuld kam. Damit aber *zugab,* daß die veröffentlichte Zahl von 1389 Milliarden *falsch* und um 2058 Milliarden Dollar zu niedrig war. Und dieser »Berechnungs-Unterschied« war das *Zweitausendfache* der *Gesamt*-Bundesschuld des Jahres 1914, die fast genau *eine* Milliarde oder rund zehn Dollar pro Kopf betragen hatte. Wobei übrigens sowohl der Kongreß wie das Schatzamt nicht daran dachten, auch den Banknotenumlauf der USA als Staatsschuld zu betrachten.
Ob die *jemals* bezahlt wird, ist fraglich. Jedenfalls kann sie nicht von den heute lebenden Amerikanern abgetragen werden, und die sind auch nicht in der Lage, die enorm angewachsenen Zinsen *und* das Budget-Defizit *und* das Handelsbilanz-Defizit durch ihre Ersparnisse zu decken. Folgerichtig ist seit

1984 auch *die Kapital-Bilanz der Vereinigten Staaten negativ*, sind sie nicht länger eine Gläubiger-Nation, sondern wie bis zum Ersten Weltkrieg eine Schuldner-Nation, und zwar der größte Netto-Schuldner der Welt und aller Zeiten.
Die letzten amtlichen amerikanischen Angaben sind die der Kapital-Bilanz ultimo 1983. Damals standen einem Auslandsvermögen und Auslandsguthaben der USA von 887,5 Milliarden Dollar fremde Aktiva von 781,5 Milliarden gegenüber, betrug der amerikanische Aktivsaldo also noch 106 Milliarden. Aber 1984 betrug allein das fremdfinanzierte Budget-Defizit nominell 220 und »korrigiert« 452 Milliarden, und da betrug das Außenhandels-Defizit der USA 123,5 Milliarden Dollar: *Die Netto-Auslandsverschuldung der Vereinigten Staaten war 1985 also mindestens dreimal so groß wie die Brasiliens.* Der Unterschied ist allerdings der, daß die Schulden der USA vorwiegend auf die *eigene* Währung lauten und es für sie nur bedingt Zahlungsfristen gibt; andererseits aber auch, daß die USA *keine* Ausfuhr-Überschüsse haben, mit denen sie die Zinsen und Amortisationen ihrer Schulden decken könnten, daß diese Auslands-Schulden also weiterwachsen *müssen*.
Die Kapital-Bilanz berücksichtigt natürlich auch die Auslands-Investitionen, und waren die europäischen Direkt-Anlagen in den USA lange gering, weil vorwiegend Aktien und Obligationen gekauft (und an diesen, wie geschildert, riesige Beträge verloren) wurden, so stiegen sie seit der Dollar-Schwemme der siebziger Jahre rasch an.
Die Auslands-Direktanlagen in den Vereinigten Staaten, die 1929–50 nur von 1,4 Milliarden Dollar auf 3,4 zugenommen hatten, stiegen 1970–80 von etwa 13 auf 90 Milliarden und betrugen 1985 mit rund 160 Milliarden die Hälfte der amerikanischen Direkt-Anlagen im Ausland.
Schon das schien manchen Amerikanern zu viel, und bereits im Juli 1974 hatte der demokratische Abgeordnete John Dent ein Gesetz zur Begrenzung der Auslands-Investitionen in den USA eingebracht, »um amerikanische Unternehmen und ame-

rikanische Arbeiter vor Fremdherrschaft zu schützen«. Kein Ausländer sollte mehr als 5 % der Stimmrechte einer amerikanischen Aktiengesellschaft oder mehr als 35 % ihres nicht stimmberechtigten Kapitals besitzen dürfen. Damals wurde dieses Gesetz abgelehnt, aber ähnliche sind mit Sicherheit zu erwarten; und stets waren und blieben Fremdkapital-Beteiligungen am Bergbau und der Energiegewinnung aus Wasserkraft und durch Kernkraftwerke, an der Binnen- und Küstenschiffahrt sowie der Luftfahrt und natürlich an allen Unternehmen, die »Geheimnisträger« sind, verboten. Ein Gleichziehen des Fremdkapitals mit Mitspracherecht in den USA mit dem amerikanischen im Ausland scheint deshalb schwierig oder unmöglich. Abgesehen davon, daß Direkt-Investitionen in den USA natürlich auch die Verlagerung europäischer Arbeitsplätze nach Amerika bedeuten.

Immerhin, 160 Milliarden Dollar Fremdkapital *sind* heute in den USA durch *reale* Werte gedeckt und unterstehen der Kontrolle der Kapitalbesitzer. Aber *die ausländischen Langfrist-Guthaben gegenüber den Vereinigten Staaten stiegen 1970–85 von 45 auf 964 Milliarden Dollar.* Nach wie vor bestehen sie überwiegend aus amerikanischen Wertpapieren und Schuldverschreibungen aller Art, und da stiegen allein 1973–83 auch die von amerikanischen Banken verwalteten Festgelder von Ausländern von 2,6 auf 76 Milliarden, binnen einem Jahrzehnt auf das fast Dreißigfache, und seither verdoppelten sich diese »time deposits«.

Wie sicher sind die und all die anderen Fremdgelder?

Einer der angesehensten amerikanischen Wirtschaftsprüfungsgesellschaften, der »Arthur Anderson & Co.«, zufolge, werden von den jetzt rund 15000 amerikanischen Banken 1990 höchstens noch 9600 bestehen. Seit die erwähnten Zinsbeschränkungen aufgehoben wurden, setzten amerikanische Kreditinstitute ganze Heere von Provisions-Agenten ein, um sich gegenseitig Einleger abzujagen. Speziell geschulte Leute werben bei finanzkräftigen Firmen und Privaten per Telefon

um Geld, und während so die Geldbeschaffungs-Kosten enorm stiegen, schrumpften die Zins-Margen. Immer riskantere Kredite wurden erteilt, und als schließlich auch noch die Schranken zwischen Sparkassen und Geschäftsbanken fielen, stieg die Zahl der Kreditinstituts-Zusammenbrüche rapide: Die betrug im Durchschnitt der Jahre 1950–75 vier jährlich. 1980–85 waren es jährlich 38, und allein 1984 betrug die Rekordzahl 79. Die Zahl der »Problem-Banken« (deren Geschäftsführung und Krediterteilung »Anlaß zu Besorgnis und zu Kritik« gibt und deren Liste die »Federal Deposit Insurance Corporation« führt) betrug nun 719 statt 1976 erst 380.
Amerikanische Wachstums-Rekorde, die als »Beweis ungebrochener Vitalität« gelten, erweisen sich immer öfter als für die Steuerzahler höchst kostspielige Hybris. Typisch für diese Art »Erfolg« ist die kalifornische »Financial Corporation of America«, die Holdinggesellschaft des größten Spar- und Darlehensinstituts der Vereinigten Staaten.
Noch im Jahre 1975 hieß dieses Unternehmen »Budget Industries Corporation« und wies eine Bilanzsumme von 380 Millionen Dollar aus. Bei der Namensänderung 1978 waren es 900 Millionen. Vier Jahre später aber 6,7 Milliarden und im August 1984 dann mit 32,7 Milliarden das fast *Hundertfache* von nur zehn Jahren zuvor. Diese Aufblähung gelang durch Fusionen, vor allem aber durch die erwähnten hohen Provisionen für Depositen-Aufbringer. Diese Einlagen brachten schließlich keine Gewinne, sondern immer höhere Verluste, und im August 1984 wurden die Anteile der »Financial Corporation« mit fünf Dollar gehandelt, statt mit 20 im März des gleichen Jahres. Da war das Unternehmen reif für die Rettung durch die »Allgemeinheit«, die Regierung mußte 1,4 Milliarden Dollar zur Verfügung stellen, um einen spektakulären Zusammenbruch zu verhindern.
Natürlich darf der Fall der »Financial Corporation of America« nicht verallgemeinert werden. Aber Schwierigkeiten von Spar- und Darlehenskassen gibt es in letzter Zeit *sehr* viele, und

all diese Institute weisen aus dem Ausland stammende Einlagen *nicht* gesondert aus (wie die Banken das müssen). Im März 1985 sah sich der Gouverneur von Ohio bekanntlich gezwungen, 71 solcher Institute in seinem Staat zu schließen – die erste derartige Maßnahme in den USA seit 1933 –, und als Folge sank der Dollar-Kurs in Frankfurt innerhalb einer Woche um 20 Pfennig, während der New Yorker Gold-Preis um rund 12 % auf 339 Dollar die Unze stieg. Kaum beruhigte sich die Lage in Ohio, gab es eine ähnliche Krise in Texas.
Besorgniserregend ist auch die amerikanische Kapitalmarkt-Entwicklung. In den Vereinigten Staaten schätzen zwei altangesehene Firmen, »Moody's« und »Standard & Poor«, die Bonität der Obligationen ein, und wenn die solidesten Unternehmen des Prädikat »AAA« erhalten, so gelten die mit »BB« oder noch schlechter taxierten als »Junk Bonds«, etwa »Trödlerware« oder »Ausschuß«. Falls diese Anleihen überhaupt unterzubringen sind, müssen sie höhere Zinsen bezahlen, um das Risiko auszugleichen. Mehr und mehr aber geben nun diese höheren Zinsen den Ausschlag und nicht länger die Bonität; die Neuausgabe von »Junk Bonds« nahm 1981–84 von 1,4 auf 14,2 Milliarden Dollar zu:
Im amerikanischen Kreditwesen werden immer höhere Risiken akzeptiert, und es kam zum »Cowboy-Kapitalismus« (wie »Newsweek« am 13. Mai 1985 einen Artikel überschrieb). Noch vor wenigen Jahren hätte kein Pensions-Fonds, keine Versicherungsgesellschaft und kein ernstgenommener Vermögensverwalter »Junk Bonds« in sein Portefeuille genommen. Dann spezialisierte sich die Makler-Firma »Drexel Burnham Lambert« auf die Unterbringung, und heute werden »Junk Bonds« nicht nur dazu verwendet, »AA«-Unternehmen aufzukaufen, sie werden mehr und mehr auch als »Sicherheit« für Sparkassen-Einlagen benutzt und in Europa abgesetzt. Denn hier wurde anscheinend niemand durch Schaden klug. Da ist Bernie Cornfelds »Investors Overseas Service« IOS vergessen, der 1970 mehr als 800000 Kunden, darunter 320000 in West-

deutschland, ebenso gründlich ausplünderte wie im 19. Jahrhundert Jay Gould oder Drew die Leute, die ihnen vertrauten. IOS war nur eine von drei Dutzend amerikanischen Firmen, die durch 7 bis 11 % Provision Vertreter im Ausland gewannen und »Prominente« engagierten, die sie gegen unangenehme Fragen abschirmten; aber an »einmalige amerikanische Gewinn-Chancen« wird nach wie vor geglaubt, und so werden heute »Junk Bonds« ebenso gekauft, wie vor zehn Jahren »Wandelanleihen«.
Diese Papiere bieten die Vorteile von Obligationen – einen festen Zinsertrag und festen Rückzahlungsbetrag –, können aber auch in Aktien der Schuldner-Unternehmen umgewandelt werden und versprechen so Kursgewinne. Allein 1968/69 wurden für drei Milliarden Dollar solche amerikanischen Anleihen auf dem Eurobond-Markt plaziert. Mitte 1970 jedoch brachten viele nur noch die Hälfte ihres Ausgabepreises. Denn während die Aktienkurse sanken, stiegen die Festgeld-Zinsen auf nie für möglich gehaltene Höhen, und es gab zweistellige Inflationsraten. Dazu traten Konkurse wie die der »Penn Central«, der größten privaten Eisenbahngesellschaft der Welt, am 21. Juni 1970, und so waren Obligationen-Kurse von 15 bis 20 % des Nennwertes nicht mehr selten, und die Wandelanleihe der »Commonwealth United« z. B. stand auf 4 %, deren Inhaber verloren 96 % ihres Geldes.
Von den amerikanischen Eisenbahnen als »Kapitalbildner durch Konkurse« war in diesem Buch ausführlich die Rede, aber das wird heute als »tote Geschichte« abgetan. Der Fall der »Penn Central Transportation Company« bewies jedoch, daß zwischen den Konkursen des Jahres 1970 und denen von 1870 so gut wie kein Unterschied bestand, und daß gegen 15 Penn-Direktoren Strafverfahren eröffnet wurden, verminderte die Milliardenverluste der Penn-Anleger um keinen Cent. Ähnliche Konkurse aber sind zu Dutzenden zu erwarten. Denn generationenlang und unaufhaltsam geschah, was Präsident Abraham Lincoln vier Tage vor seiner Ermordung, am 10.

April 1865, als Folge des Sezessionskrieges vorausgesagt hatte: »Als Ergebnis dieses Krieges wird es zu Großunternehmen kommen, die *eine Ära der Korruption in höchsten Kreisen* auslösen und die versuchen werden, ihre Herrschaft dadurch zu verewigen, daß sie die Vorurteile der Massen anstacheln ..., bis der Reichtum in wenigen Händen und die Republik zerstört ist. Ich habe mehr Angst um mein Land als inmitten des Krieges ...«

Wie Lincoln warnten Dutzende großer Amerikaner und Dutzende Ausländer. Der deutsche Nationalökonom Gustav Schmoller z. B. schrieb 1904: »In Amerika ringen zwei Richtungen miteinander: Der alte politisch-moralische Idealismus der Begründer der Union und der Wuchergeist der Geldmacher, der nur den momentanen Gewinn kennt, skrupellos alle Grundsätze preisgibt, wenn Millionen zu machen sind ... Der versucht, die Preise künstlich zu heben und zu senken zugunsten einer kleinen Minorität ... Der stand Pate beim Zollsystem ... und wird weiter auf Eroberungen und Annexionen dringen ... Die große Frage der Zukunft ist, ob die Geldmacher oder die anständigen, auf die Zukunft sehenden Leute die Oberhand haben ...«

Bereits 1950 warnte Bernard Baruch: »Die Kosten des modernen Krieges wie des friedensmäßigen Lebens sind so enorm gestiegen, weil wir ein Gebäude der Verschuldung errichtet haben, das eine immense Gefahr für unsere gesamte Wirtschaftsstruktur und unser gesamtes Wirtschaftssystem bildet. *Alles,* was in Amerika geschaffen wurde, ist durch diese Schulden in Gefahr.«

Am 30. August 1951 stellte Ex-Präsident Herbert Hoover fest: *»Amerika hat nicht Invasions-Armeen zu fürchten, sondern seine innere Entwicklung.* Wir sind in Gefahr, Selbstmord zu begehen, indem wir harte Arbeit scheuen, indem wir unsere Grundstoffe vergeuden und im Dollar den *einzigen* Wertmaßstab sehen. Wir nehmen des Augenblicks-Gewinnes wegen unsere inneren Übelstände hin, dulden zynisch Unehrenhaftig-

keit in den höchsten Ämtern. Wir lassen uns von Interessen-ten-Cliquen erpressen und machen Schulden und immer mehr Schulden, und *das* kann zu unserem Untergang führen!«
Ähnliche Warnungen gab es Hunderte – und keine stammte von »Anti-Amerikanern«. Aber wer immer in den Vereinigten Staaten gerade an der Macht war, ignorierte sie, und daß sie hier zitiert werden, wird auch viele Europäer nur zu der Frage veranlassen: Wurden nicht dennoch *alle* amerikanischen Krisen überstanden? Erwies sich diese Schwarzmalerei nicht immer wieder als falsch? Hat nicht auch Ronald Reagan wieder die Krise *überwunden*, die es bei seinem Amtsantritt zweifellos gab?
Wenn Anfang 1981 in den USA 98 Millionen Arbeitsplätze bestanden, so zu Beginn des Jahres 1985 über 106 Millionen, acht Millionen zusätzliche *waren* also geschaffen worden, und ebenso *wurde* die Inflationsrate von 12,5 auf 4 % gesenkt.
Nur geschah das nicht durch Verminderung der Geldmenge, sondern durch die *real* nach wie vor viel zu hohen Zinsen, die den Dollar-Kurs hoch trieben und hoch hielten und so die Einfuhr 1980–84 um fast 90 Milliarden Dollar steigen ließen. Diese billigen Importe drückten, wie schon gesagt, die Inflationsrate herab.
Die Krisenbekämpfung erfolgte nach altbewährtem Rezept: Im Jahre 1980 betrugen die Militärausgaben der USA 136 Milliarden Dollar. Ronald Reagan will während seiner Amtszeit 2100 Milliarden ausgeben. Wenn Präsident F. D. Roosevelt vor dem drohenden Wirtschafts-Zusammenbruch in den Zweiten Weltkrieg flüchtete und Präsident Kennedy auf den Mond, für das »Apollo-Programm« der amerikanischen Mondlandung vom 20. Juli 1969 über 24 Milliarden Dollar ausgab, so sucht Präsident Reagan die irdischen durch Weltraum-Rüstungsausgaben zu »ergänzen«, soll seine »Strategic Defense Initiative« SDI, sein »Star-Wars-Plan« schon »bis zur Erreichung der ersten Resultate« 60 Milliarden kosten – so viel, wie im Jahre 1935 die *Gesamt*-Wirtschaftsleistung der USA ausmachte.

Die Vervielfachung der Militärausgaben der USA war eine der »Konjunkturspritzen« Ronald Reagans, die Verdopplung der Bundesschuld eine weitere. Aber es gibt noch eine andere Ursache für die scheinbare neue Wirtschaftsblüte der USA. Grundregel war bisher gewesen: Hohe Zinsen senken den Verbrauch. Nicht nur, weil mehr gespart wird, sondern weil Abzahlungskäufe und Hypotheken zu teuer werden. Budget-Defizite aber bedeuten Schuld-Zinsen *ohne* entsprechende Steuererhöhungen. Und die immensen Staatsschulden der USA bedeuten – erstmals in der Finanzgeschichte der Welt – *hohes Zins-Einkommen der Verbraucher-Massen:* Die amerikanischen Einlagen-Zinssätze wurden, wie gesagt, freigegeben. Aber gleichzeitig fielen die Minimalbeträge für hoch rentierende Anlagen, machten Makler-Firmen wie »Merrill Lynch«, die Tausende Büros überall in den USA besitzen, auch die Anlage kleiner Beträge in Staatspapieren, als Festgeld etc. möglich. Dutzende Millionen Amerikaner zahlen heute nicht nur, sondern *kassieren* auch hohe Zinsen, und so betrugen (dem Federal Reserve Board, der »Data Resources Inc.« und »Morgan Stanley & Co.« zufolge) 1983 die *persönlichen* Zins-Einkommen um 174 Milliarden Dollar *mehr* als die persönlichen Zins-Zahlungen, 1984 um 196 Milliarden mehr. Machte das persönliche Zins-Einkommen durchschnittlich 5 % des Gesamt-Einkommens Privater aus, so nun 14 %, und der Anteil steigt rapide. Auch diese Zinseinnahmen aber stammen weitgehend aus dem Ausland, das ja das Zahlungsbilanz-Defizit der USA ebenso deckt wie das Budget-Defizit.
Nicht Amerika half die Krise in Europa überwinden, sondern umgekehrt. Auch »die Arbeitsplätze, die Reagan schuf«, stammen weitgehend aus Europa, denn das Kapital, das statt in Europa investiert zu werden in die USA emigrierte, schuf *dort* neue Arbeitsmöglichkeiten. Ebenso tat das japanisches Kapital. Von den Vereinigten Staaten und Japan wurde gesagt, ihre Ergänzungsmöglichkeiten seien geradezu ideal, weil die Amerikaner seit jeher mehr Geld ausgeben, als sie haben und die Ja-

paner sich auch heute noch für arm halten und sparen wie kein anderes Volk auf der Erde. Tatsächlich stand 1984 einem US-Handelsdefizit mit Japan von 37 Milliarden Dollar ein japanischer Kapital-Zufluß in die USA von 26 Milliarden gegenüber. Da wachsen die japanischen Direkt-Investitionen rapide, kam es zu Gemeinschafts-Unternehmen wie denen von »Toyota« und »General Motors« in Fremont in Kalifornien. Da übernimmt Japan aber auch mehr und mehr US-Schatzscheine und hilft so das Budget-Defizit zu tragen. Die Bank von Japan wurde bereits »die Filiale Tokio des Federal Reserve Systems« genannt.

Und so reduziert sich im Grunde alles auf die eine Frage:

Wie lange kann das Ausland die amerikanische Schuldenwirtschaft in Gang halten?

Gewiß, auch bei allen in diesem Buch genannten Schulden-Zahlen muß berücksichtigt werden, daß die Langfrist-Vergleiche hinken, weil die *allgemeine* Geldentwertung berücksichtigt werden müßte. *Wie* groß die Kaufkraftverluste des Dollars in den letzten Jahrzehnten waren, ist umstritten, darüber gibt es weit auseinanderklaffende Berechnungen, aber einen guten Maßstab bildet der amerikanische »Moody's«, der Rohwaren-Weltmarktpreis-Index, der am 31. Dezember 1931 mit 100 begann. Der stand Ende August 1979 auf 1300, und diesem Index zufolge war ein Dollar von Ende 1931 nun etwa 7,7 Cents wert. Ende 1984 stand »Moody's« auf 1000, d. h., da hatte sich der Dollar auf 10 Cents erholt, und Ende August 1985 entsprach der Moody-Stand von 895 etwa einer Dollar-Entwertung 1931–85 von 100 auf 11,2 Cents oder rund einem Neuntel. Aber viele der Schulden-Zahlen bedeuten Verhundert-, ja Vertausendfachungen und nicht Verzehnfachungen. Auch den Kaufkraftschwund berücksichtigt, bleiben Amerikas Schulden derart enorm, daß die Frage lauten muß: Wie lange *kann* die Welt die mittragen? Gar nicht zu reden davon, wie lange sie sie mittragen *will?*

Diese Fragen kann heute *niemand* beantworten, denn keineswegs nur wirtschaftliche und weltpolitische Faktoren und all ihre Wechselwirkungen müßten berücksichtigt werden, sondern ebenso massenpsychologische. Da müßte man die Wahl-Resultate in Dutzenden Ländern ebenso richtig voraussagen können wie ihre Sozialprodukte, und da dürfte es die immer rascher wachsende Schattenwirtschaft so wenig geben wie gewollte statistische »Fehler«. Aber fest steht:

Die große Abrechnung kommt. Denn nach wie vor gilt, was Marcus Tullius Cicero bereits im Jahre 55 v. Chr. dem Senat in Rom erklärte: »Wenn der Staat nicht in Bankrott gehen soll, muß der Staatshaushalt ausgeglichen werden. Da müssen die öffentlichen Schulden verringert und vollwertig zurückbezahlt werden. Da muß die Arroganz der Behörden kontrolliert und gemäßigt werden ... Da müssen die Bürger wieder lernen zu arbeiten, statt auf öffentliche Rechnung zu leben!«

Die Chance, daß es dazu in den Vereinigten Staaten rechtzeitig kommt, ist gering, wenn nicht Null. Denn niemand ist so blind wie der, der nicht sehen *will* – und immer mehr Amerikaner flüchten aus der Wirklichkeit, wollen nicht sehen, daß sich die Welt änderte. Mehr und mehr Wähler schwanken zwischen müdem Stumpfsinn und hektischer Fernseh-Phantasie hin und her und genießen – wie Präsident Kennedy es sagte – »die Bequemlichkeit einer Meinung ohne die Unbequemlichkeit des eigenen Denkens«. Dementsprechend sind die Gewählten: Schlau. Eng. Ohne Horizont und Gewissen. Damit aber ist eine radikale, amerikanische »Währungsreform« so unausweichlich wie es die deutschen von 1923 und 1948 waren. Und da gibt es weltweit für das Dollar-Problem nur *eine* Lösung:

Wie das Pfund aus einer Welt-Währung wieder eine nationale wurde, muß der Dollar wieder zum nur-amerikanischen Zahlungsmittel werden. Das heißt, die Euro-Dollars und *alle* nicht von in den USA domizilierten Banken gewährten Dollar-Kredite müssen in ein vom inneramerikanischen Geldumlauf *unabhängiges* Zahlungsmittel umgetauscht werden, gleich, ob das »Bancor« oder »Sonderziehungsrecht« heißt. Aus der Aufgabe der Gold-Konvertierung des Dollars im Jahre 1971 muß endlich die Konsequenz gezogen werden. Nach wie vor *ist* der Dollar eine Art »Leitwährung«, und solange mit in den USA gedruckten Dollars oder von den USA gemachten anderen Schulden weltweit alles zu kaufen ist und sich Tag und Nacht die *außerhalb* der Vereinigten Staaten umlaufenden und jeder Kontrolle entzogenen Dollars wild vermehren, bleibt das Dollar-Problem unlösbar, damit die Welt-Schulden- und die Welt-Zins-Frage.

Was ein neuer Binnen-Dollar wert sein würde?

Dollarwert-Prognosen und damit vor allem *Goldpreis-Prognosen* gab und gibt es unzählige – und je fachkundiger die Prognostiker schienen, als desto falscher erwiesen sich ihre Voraussagen: Der damalige Schatzamts-Untersekretär der USA, Paul Volcker, z. B. erklärte im Dezember 1969: »In einem Jahrzehnt wird vom Goldpreis nur mehr in den Rohstoffberichten der Zeitungen die Rede sein.«

Edward Bernstein, ehemaliger IMF-Forschungsdirektor im Juni-Heft 1970 von »Fortune«: »Die Goldpreis-Steigerung wird etwa 2 % jährlich betragen, der Goldpreis 1980 etwa 45 Dollar die Unze.«

Das »Economics Department« (die Volkswirtschaftliche Abteilung) einer der bedeutendsten Goldminengesellschaften, der »Consolidated Gold Fields Ltd.«, meinte im Mai 1972 (als der Londoner Goldpreis $ 52,50 betrug): »Goldpreis 1980 etwa 84 bis 87 Dollar die Unze.« (De facto Maximum 15.1.1980: 835 $, Durchschnitt 1980: 612 $.)

Schließlich Ron Rayner, Gold-Spezialist der Maklerfirma »Bache, Halsey, Stuart Shields« in London im Februar 1983 (als der Goldpreis bei rund 500 Dollar stand): »Im Januar 1985 tausend Dollar die Unze. Beim ersten großen Banken-Zusammenbruch 1750.« (De facto Januar 1985: 295.)

Was leider nicht bedeutet, daß es nicht sehr große Banken-Zusammenbrüche geben wird. Aber wie immer sich der Goldpreis entwickelt, so spiegelt er zwar die Einschätzung des Dollar-Wertes wieder, aber dessen Kurs bestimmen auch zahlreiche andere Faktoren. Bei 835 Dollar die Unze hätte der Dollar-Kurs in Frankfurt, wie schon gesagt, nicht DM 1,70, sondern nur 18 Pfennig betragen dürfen. Aber tatsächlich betrugen *die drei wichtigsten Dollar-Kurse*

Ein Dollar =	Schweizer Franken	Deutsche Mark	Yen
1954	4,28	4,20	360
1964	4,315	3,977	358

Zwischen Ende 1971 und Mitte 1973 Dollar-Kurswert gegenüber dem Schweizer Franken rund 26,6 %, gegenüber der DM 23,6 %, gegenüber dem Yen 17,5 % gesunken
Kursverluste 1978 über Nacht bis 5 %, gegenüber vielen Valuten binnen einer Stunde bis 2 %

Februar 1980	1,635	1,745	240
Februar 1985	2,855	3,38	= höchste Notierung seit Sept. 1971
August 1985	2,35	2,846	238
November 1985	2,13	2,605	210

Diese Kurse beruhen (wie schon im ersten Kapitel dieses Buches geschildert) darauf, daß riesige Dollar-Mengen für Zinszahlungen und Schulden-Tilgungen gebraucht werden. Der Dollar ist deshalb heute hoch überbewertet – und sobald die Zinszahlungen wesentlich vermindert oder gar eingestellt werden, muß der Dollar fallen. Und zwar fallen wie noch nie. Denn *die Aufstiegs-Faktoren, die Amerika zu etwas Besonderem machten,* gibt es nicht länger. Weder die Massen-Einwanderung des 19. Jahrhunderts, noch die geschilderten Land-Erwerbungen, die die amerikanische Agrarproduktion konkurrenzlos machten und zugleich Kapital in Form von Gold, Silber, Öl etc. bedeuteten. Da gibt es heute weder die billigste Energieversorgung der Welt, die allein schon der amerikani-

schen Industrie einen riesigen Vorsprung sicherte, noch riesige, eigene Eisenerzvorkommen. Da gibt es keine europäischen Bruderkriege mehr, von denen die USA profitierten, überhaupt keine Kriegsgewinne mehr, sondern nur noch Militär-*Lasten.* Die Vereinigten Staaten wurden zu einem Industriestaat unter anderen – und mit geringeren natürlichen Ressourcen als denen der Sowjetunion oder Chinas und einer *weit* geringeren Produktivität als der Japans. *Real* – die Dollar-Überbewertung berücksichtigt – sind schon heute die *produktiven* Gesamtwirtschaftsleistungen der Vereinigten Staaten, Japans und Westdeutschlands etwa gleich, und dementsprechend wird nach dem großen Reinemachen das Kursverhältnis zwischen Dollar, Yen und DM sein.
Dieses Hinwegfegen der Papier-Billionen wird *allen* Wirtschaften furchtbare Verluste bringen. Aber untergehen werden die Vereinigten Staaten so wenig wie Westeuropa. Die Industriestaaten-Bevölkerung wächst nur noch langsam oder überhaupt nicht mehr. Die Weltbevölkerung wohl, binnen einer halben Generation müssen wir für mindestens eine Milliarde *mehr* Menschen sorgen, und das heißt, daß *ungeheure ungetane Arbeit wartet.* Und die braucht *nicht* durch neue Schulden finanziert zu werden. Kapital und Kaufkraft können aus dem »Nichts« geschaffen werden, indem heute wertloses Meerwasser nuklear entsalzt wird und heute unfruchtbare und damit wertlose Trockengebiete befruchtet werden – und diese bewässerbaren Trockengebiete sind zehnmal größer als das Nutzland der Vereinigten Staaten. Diese Bewässerung bedeutet Nutzung von Sonnenenergie, die heute zurück in den Weltraum strahlt – und bei zwei Ernten nutzt jeder Hektar Neuland 70000 Kilowattstunden zusätzliche Sonnenenergie jährlich. Allein in Nordafrika könnte von der agrarisch eine Menge gewonnen werden, die der doppelten heutigen Welt-Stromerzeugung gleichkommt. Da enthält die Luft jede vorstellbare Menge Stickstoff und ist damit eine unerschöpfliche Fruchtbarkeits-Reserve – und bewässerter und richtig gedüngter Boden bringt

den tausend- bis zweitausendfachen Hektar-Geld-Ertrag von trockenem Weideland. Da bedeutet entsalztes Meerwasser durch Elektrolyse Wasserstoff und die Möglichkeit der Umstellung unserer Kohlenwasserstoff-Wirtschaft auf eine umweltfreundlichere Wasserstoffwirtschaft, können die Luftfahrt und die Welt-Schiffahrt dem Nach-Öl-Zeitalter angepaßt werden. Da gibt es *kein materielles Problem, das nicht mit bereits heute vorhandenen Mitteln zu lösen wäre,* sobald wir aufhören, statt für den Tod für das *Leben* zu planen und zu arbeiten. Und *falls* wir aus der zweihundertjährigen Geschichte des Dollars die entsprechenden Lehren ziehen und beherzigen, was Nikolaus Oresme bereits im Jahre 1355 wußte: Daß das Geld dem Feuer gleicht. Daß es ein hervorragender Diener ist, aber der schlechteste und gefährlichste aller Herren.

Literatur

Adams, Brock, *America's Economic Supremacy*, N.Y. 1947
Adams, Gordon, *The Iron Triangle*, N.Y. 1981 (Analyse des »Militärisch-Industriellen Komplexes«)
Adams, James Truslow, *A Searchlight on America*, N.Y 1930
The Epic of America, N.Y. 1932
Aliber, Robert Z., *The International Money Game*, N.Y. 1973
Becker, Gary S., *Human Capital*, N.Y. 1964
Beckman, Robert C., *The Downwave. Surviving the Second Great Depression*, London 1983
Bemis, Samuel Flagg, *The Diplomacy of the American Revolution*, N.Y. 1935
Berg-Friedensburg, *Das Gold*, Stuttgart 1940
Bergsten, C. Fred, *The Dilemma of the Dollar*, N.Y. 1976
Bethmann, Johann Philipp Freih. v., *Die Zins-Katastrophe*, Königstein/Ts. 1982
Bolles, Albert S., *Financial History of the U.S.*, N.Y. 1879–86
Borch, Herbert von, *Amerika. Dekadenz und Größe*, München 1981
Brooks, John, *Once in Golconda. A True Drama of Wallstreet 1920–38*, London 1970
Brown, Dee, *Hear that Lonesome Whistle Blow*, N.Y. 1977 (Gesch. d. amerik. Eisenbahnbauten)
ders., *The Year of the Century: 1876*, N.Y. 1976
Brown, Ralph H., *Historical Geography of the U.S.*, N.Y. 1948
Burns, Arthur F., *The Business Cycle in a Changing World*, N.Y. 1969
Cassel, Gustav, *Die Krise im Welt-Geldsystem*, Berlin 1933
Chalmers, R., *A History of Currency in the British Colonies*, London 1893
Collins, John M.: US-Soviet Military Balance 1980–85. Washington 1985

Coman, Katherine, *The Industrial History of the U.S.*, N.Y. 1910
Commager, Henry Steele, *The American Mind*, N.Y. 1950
Connell-Smith, G., *The United States in Latin America*, London 1975
Council of Economic Advisers, *Annual Report to the President*, Washington, jährl.
Davis, J. P., *The History of the Union Pacific Railroad Company*, Chicago 1894
Denny, Ludwell, *L'Amérique conquiert l'Angleterre*, Paris 1933
Dewey, D. R., *Financial History of the U.S.*, London 1903
Dewhurst, J. Frederic a. Associates, *America's Needs and Resources*, N.Y. 1947
Diwok, Fritz, *Gold, Dollar und unser Geld*, Wien 1968
Doane, Robert R., *The Measurement of American Wealth*, N.Y. 1933
Drascher, Wahrhold, *Das Vordringen der Ver. St. im westindischen Mittelmeergebiet*, Hamburg 1918
Dulles, Eleanor Lansing, *The Bank of International Settlements*, N.Y. 1932
dies., *The Dollar, the Franc and Inflation*, N.Y. 1933
Durrer, Marco, *Die Schweizerisch-Amerikanischen Finanzbeziehungen im Zweiten Weltkrieg*, Bern 1985
Faulkner, Harold Underwood, *Amerikanische Wirtschaftsgeschichte*, Dresden 1929
ders., *From Versailles to the New Deal*, New Haven, 1952
Friedman, Milton a. Anna Jacobson-Schwartz, *A Monetary History of the U.S. 1867–1960*, Princeton 1963
Gaettens, Richard, *Inflationen. Das Drama der Geldentwertungen vom Altertum bis zur Gegenwart*, München 1955
Garrett, Garet a. Murray R. Rothbard, *The Great Depression and New Deal Monetary Policy*, San Francisco 1980
Gilpin, Robert, *U.S. Power and the Multinational Corporation*, N.Y. 1975

Glier, L., *Steuern und Schulden der Ver.St. von Amerika*, Stuttgart 1923
Green, Timothy, *The World of Gold Today*, London 1974
Gunther, John, *Inside U.S.A.*, N.Y. 1947
Hammond, Bray, *Banks and Politics in America from the Revolution to the Civil War*, Princeton 1959
Hartley, Livingstone, *Our Maginot Line*, N.Y. 1939
Hepburn, A. Barton, *History of Coinage and Currency in the U.S.*, N.Y. 1915
Heren, Louis, *The New American Commonwealth*, London 1968
Historical Statistics of the U.S. 1789–1945, Washington 1949
Hodge's Bank Note Safeguard, N.Y. 1863
Hovey, Carl, *The Life Story of J. P. Morgan*, N.Y. 1911
Hutchison, Keith, *Rival Partners: America and Britain in the Post-War-World*, N.Y. 1946
Javits, Benjamin A., *Peace by Investment*, N.Y. 1951
Josephson, Matthew, *The Robber Barons. The Great American Capitalists 1861–1901*, N.Y. 1934
Keynes, John Maynard, *The General Theory of Employment, Interest and Money*, London 1935
Kindleberger, Charles P., *Manias, Panics and Crashes*, London 1978
King, J. W., *The Wealth and Income of the People of the U.S.*, N.Y. 1916
Lane, Franklin K., *The American Pioneer*, N.Y. 1919
Lary, H. B., *Problems of the U.S. as World Trader and Banker*, N.Y. 1963
Leberke, Botho, *Die wirtschaftlichen Ursachen des amerikanischen Kriegseintritts 1917*, Berlin 1940
Leger Sivard, Ruth, *World Social and Military Expenditures*, London 1979
Léon, Edwin de, *La Vérité sur les Etats Confédérés de l'Amérique*, Paris 1862

Leuenberger, Theodor, *Herrschaftsstruktur und Machtverteilung im politischen System der USA*, Berlin 1981
Luttwak, Edward N., *The Pentagon and the Art of War*, N.Y. 1985
MacDougall, Donald, *The World Dollar Problem*, London 1957
Mautner, Wilhelm, *Die Verschuldung Europas*, Frankfurt/M. 1923
Martin, Paul C., *Cash – Strategie gegen den Crash*, München 1985
Mayer, Anton, *Finanzkatastrophen und Spekulanten*, Leipzig 1938
Medberry, James, *Men and Mysteries of Wall Street*, N.Y. 1878
Merritt, Giles, *World out of Work*, London 1982
Mills, C. Wright, *The Power Elite*, N.Y. 1956
Minden, Gerold von, *Die Kriegswirtschaft der USA 1917/18*, Jena 1939
Morgenthau Jr., Henry, *Diaries* (Vorabdruck *Colliers*, N.Y. IX. 1947 ff.)
Morison, S. E. S. Commager, *The Growth of the American Republic*, Oxford 1962–1963
ders., *The Oxford History of the American People*, Oxford 1965
Myers, Gustavus, *History of the Great Fortunes*, Chicago 1910
Nevins, Allan, *The New Deal and World Affairs*, New Haven, Conn. 1952
O'Connor, Harvey, *Steel Dictator*, N.Y. 1935
Oberholtzer, E. P., *Jay Cooke, Financier of the Civil War*, Philadelphia 1907
Picard, Ernest, *Die Finanzierung der amerikanischen Eisenbahngesellschaften*, Jena 1912
Pohl, Heinrich, *Amerikas Waffenausfuhr und Neutralität*, Berlin 1917
Pomaret, Charles, *L'Amérique à la Conquète de l'Europe*, Paris 1931

Porteous, John, *Münzen. Geschichte und Bedeutung in Wirtschaft, Politik und Kultur*, Frankfurt 1969
Reibnitz, Kurt Freih. v., *Amerikas internationale Kapitalwanderungen*, Berlin 1926
Rufener, L. A., *Money and Banking in the U.S.*, Boston 1934
Salter, Arthur, *Foreign Investment*, Princeton 1951
Sampson, Anthony, *The Seven Sisters*, London 1975 (Welt-Ölkonzerne)
Schlesinger Jr., Arthur, *The Age of Jackson*, N.Y. 1945
Schlote, Werner, *British Overseas Trade from 1700 to the 1930's*, Oxford 1952
Shuman, James B. a. David Rosenau *The Kondratieff Wave*, N.Y. 1972
Singer, Mark: Funny Money. N.Y. 1985
Sorba, Antal *Die große Schröpfung. 5000 Jahre Wirtschaft trotz Finanzamt*, Düsseldorf 1970
Spillmann, Kurt R.: Amerikas Ideologie des Friedens. Bern 1984
Stamp, Kenneth M., *The Era of Reconstruction 1865–1877*, N.Y. 1965
Statistical Abstract of the United States, Washington, jährlich
Steffens, Daniel, *Von Babylon bis Wallstreet. Ein Gang durch die finanzielle Weltgeschichte*, Landschlacht 1926
Summer, W. G., *History of American Currency*, N.Y. 1874
Tansill, Charles Callan, *Amerika geht in den Krieg*, Stuttgart 1949
Terkel, Studs, *Der Amerikanische Traum. 44 Gespräche mit Amerikanern*, Berlin 1981
Triffin, Robert, *Europe and the Money Muddle*, New Haven 1957
U.S. Department of Commerce, *Policy Aspects of Foreign Investment by U.S. Multinational Corporations*, Washington 1972
U.S. Federal Trade Commission, *The International Petroleum Cartel*, Washington 1952

Vaerting, M. T., *Europa und Amerika,* Bern 1950
Van Deusen, Glyndon G., *The Jacksonian Era,* N.Y. 1959
Warshow, Robert Irving, *Von Drew bis Pierpont Morgan. Die Geschichte der Wallstreet-Milliardäre,* Berlin 1931
Webb, Carlos Morgan, *The Money Revolution,* N.Y. 1935
Winkler, Max, *Foreign Bonds – An Autopsy,* Philadelphia 1933
Zischka, Anton, *La Guerre Secrète pour le Pétrole,* Paris 1933
ders., *Brot für zwei Milliarden Menschen,* Leipzig 1938
ders., *Öl-Krieg. Wandlung der Weltmacht Öl,* Leipzig 1939
ders., *Krieg oder Frieden. Die Chancen des Friedens in unserer Welt,* Gütersloh 1961
ders., *Das Ende des Amerikanischen Jahrhunderts. USA – Land der begrenzten Möglichkeiten,* Oldenburg 1972
ders., *Das Nach-Öl-Zeitalter. Wandel und Wachstum durch neue Energien,* Düsseldorf, 1981

Register

Jack Kemp
Roland Leuschel

Die amerikanische IDEE

Wachstum – unsere Zukunft

Wirtschaftsverlag Langen-Müller/Herbig

Paul C. Martin

Cash Strategie gegen den Crash

Wirtschaftsverlag Langen-Müller/Herbig